◎ 杨桦 李大勇 徐翌成 著

资本无疆

Beyond Boundaries

跨境并购全景透析

A Panoramic Analysis of Cross-border Mergers and Acquisitions

江苏人民出版社

跨境并购课题研究组成员

组　长：杨　桦

副组长：李大勇　徐翌成

成　员：（按姓氏笔画排序）

王　扬　王　庆　王立华　王会峰　王建飞

申　柯　兰　奇　刘会军　刘肇怀　闫建霖

孙　莹　杨艳华　杨慧鹏　吴福昌　余　燕

张　琦　张慧芳　周　璐　赵金萍　柴　杰

徐　亮　徐　敏　唐　勇　姬　利

跨境并购课题研究参加单位

主持单位：中国上市公司协会

合作单位：中国国际金融有限公司

参与单位：中信证券股份有限公司

海通证券股份有限公司

富而德律师事务所

霍金路伟国际律师事务所

毕马威企业咨询（中国）有限公司

天元律师事务所

中联重科股份有限公司

招商银行股份有限公司

三一重工股份有限公司

深圳英飞拓科技股份有限公司

清科集团

序　言

随着股权分置改革的完成,资本市场并购重组唱响了全流通时代的主旋律。境内并购重组进程的加快,对于优化资源配置、促进增长方式转型和产业结构升级发挥了积极作用。与此同时,受全球金融危机的影响,全球并购重组步伐加速,为我国企业参与全球资源配置和提升国际竞争力提供了机会。当前,对于具备条件的企业来说,有目的、有选择地推进跨国并购是较好的时机。

从中国经济的发展阶段来看,如果说过去 30 年,我国对外开放的主要载体是"引进来"的话,那么在今后,"引进来"与"走出去"相结合将成为中国对外开放的主要形式。在经济全球化大背景下,由经济大国走向经济强国,我们必须以企业为主体,充分利用"两个市场、两种资源",成为主导全球经济资源配置的参与者,才能更有效地促进我国经济实现"转方式、调结构、提质量",不断提升中国在国际分工中的地位。目前,中国企业"走出去",我们有意愿,东道国有需求,是我国实现互利共赢开放战略的重要组成部分;是以我为主、通过重组外部市场和资源放大自身优势的重大举措,是加快经济增长方式转型的重要途径。

工业化中期,是我国培育具有全球竞争力企业的重要时期。从主观上看,经历 30 多年改革开放的洗礼,我国企业经历了国内和国际市场激烈竞争的考验,企业家队伍逐渐成熟,企业的生产规模、技术能力、管理水平很多已接近或达到了国际水平。一些企业开始进入所在产业的前沿竞争,表现出了较强的竞争力。随着 20 多年资本市场的发展,目前资本市场聚集了我国企业中最为优秀的一群。它们不仅资源和资本实力较强、法人治理结构相对完善,而且有资本市场和融资通道的支持,更加具备"走出去"的条件。种种迹象表明,本土资本为主的跨国公司正在成长。客观上讲,全球金融危机和后续的欧债危机导致全球企业资产价格下跌,加之人民币升值、国家外汇储备充裕,为我国企业重组全球资源、加快国际化提供了机会。跨国并购是企业以较低成本快速成长的重要途径,但也是风险很大的投资。当前,对于中国企业而言,培育和锻炼具有全球视野、战略思维能力企业家,造就精通国际化经营管理的专业人才队伍,建设开放包容的企业文化,形成强大的软实力,是必须练好的基本功。

培育大型跨国金融企业,提升金融业国际竞争力的迫切性日益凸显。目前我国已有一批金融机构通过在境外设立分支机构和跨境并购实现了"走出去",支持了实体企业的"走出去"。但与跨国金融公司相比,我国金融企业的国际化之路才刚刚开始。目前,我国实体企业的跨境并购和国际贸易规模日益扩大,特别需要金融机构的支持,包括"走出去"的支持;而实体企业日益增长的海外投资和贸易又为金融机构快速建立海外机构,实现规模化发展提供了市场空间。可喜的是,已经出现了招行并购永隆银行、工行并购南非标准银行、中信并购里昂证券等案例。未来几年是重要的机会窗口,具备条件的金融企业应进一步完善全球服务网络,构建与我国贸易投资格局相匹配的金融服务链条。实践表明,金融国际化与实体经济国际化必须相辅相成。

"走出去"是企业利用全球化的历史机遇,提高国际竞争力的长期战略,必须遵循互利共赢的原则,着眼于可持续发展。要接受个别企业的教训,摈弃唯利是图、掠夺式的"一锤子买卖"。也就是在争取自身发展的同时,必须注重促进东道国经济社会的发展,承担应有的社会责任。由于文化差异和利益原因,企业在"走出去"过程中,仍会遇到不少问题甚至冲突,因此,尊重东道国的法律和社会习俗,保持与政府的沟通、与供应商协调、与民众的交往,实现价值认同,成为一家受当地政府欢迎、居民尊重、融入当地社会的企业公民,是中国企业更加成熟、不断壮大所必须具备的素质。

企业"走出去"需要政府和资本市场的支持。目前的政府管理体制仍比较适合把外资企业"引进来",还不太适合本国企业"走出去"。总体上看,境外并购审批环节过多、涉及部门过多,大多为串联式的审批,耗时过长。近年已有一些案例,由于项目审批远远超过政府承诺的时限,导致丧失并购良机或成本被大幅抬高。为了适应企业"走出去"的需要,应对不同行业和不同标的规模的项目区别对待,对外部性很小项目应简化审批,或实行备案制。对需要审批的要优化审批流程,提高行政效能。目前我国处于通过企业并购重组加快产业结构调整的重要阶段。并购是在短期需要巨额资金支持的商业活动,包括已经进入资本市场的上市公司,融资难仍是企业并购重组的重要障碍。深化资本市场改革,简化已开通的融资方式,开发更多融资并购工具,不仅会大大推进境内企业的重组,也会促进企业"走出去"的并购活动。

杨桦同志结合多年来对并购重组实践的监管经验,组织国内外相关机构对上市公司跨境并购进行了深入研究,形成了《资本无疆:跨境并购全景透析》这本书。本书结合中国上市公司跨境并购现状、发展特点及趋势,深入分析了我国上市公司跨境并购以及主要欧美国家对外国投资者跨境并购境内企业的各种法律监管制度;对中国上市公司跨境并购的主要模式,操作程序、要点和主要障碍进行系统性分析;同时,借鉴境外成熟资本市场对本国企业跨境并购的监管制度,提出进一步完善我国上市公司跨境并购的政策建议。特别是大量上市公司跨境并购的经典案例为中国企业"走出去"提供了指南和启示。这本有关我国上市公司跨境并购的专著,为推进跨境并购做出了贡献。

杨桦同志以他敏锐的洞察力、前瞻性眼光和对企业、资本市场的深度了解,通过此书从多个维度研究、剖析了企业跨境并购的问题。我相信阅读此书,企业管理者和资本市场从业人员都会从中获得启迪。我希望有更多的实践者和研究者共同研究和促进我国跨境并购的发展,造就越来越多以本国资本为主体的有竞争力的跨国公司。

陈清泰

原国务院发展研究中心党组书记、中国上市公司协会会长

2013 年夏

前　言

　　2008年至今短短5年时间,从美国的次贷危机,到欧债危机的持续蔓延,全球经济经历了两轮危机。而中国上市公司的身影频频出现在国际并购交易的舞台上,从三一重工并购普茨迈斯特、中海油服并购挪威Awilco、兖州煤业并购澳洲菲利克斯,到招商银行并购永隆银行、中联重科并购意大利CIFA、英飞拓并购March Networks……,投资数量、投资规模都呈现快速增长的趋势,但与之相对应中国上市公司跨境并购的诸多制度缺陷和障碍也日益暴露出来,如审批程序复杂、支付手段单一、并购战略性不强、整合能力不足、国内中介机构服务能力有待提升等等,这无疑增加了中国上市公司跨境并购的难度。但目前国内很多研究成果主要侧重于国内资本市场的并购重组,对跨境并购则着墨较少,在这种理论和实践背景下,我们认为讨论和研究中国企业尤其是上市公司的跨境并购问题尤其重要。

　　本书的目的是研究中国上市公司跨境并购的实践和制度问题。本书结合中国上市公司跨境并购现状、发展特点及趋势,深入分析了我国上市公司跨境并购的相关监管制度及主要欧美国家对外国投资者跨境并购境内企业的各种法律监管制度,并对中国上市公司跨境并购的主要模式、操作程序、要点和主要障碍进行梳理和剖析,同时,借鉴境外成熟资本市场对本国企业跨境并购的监管制度,提出进一步完善我国上市公司跨境并购的制度建议。最后,详细评析了近年来我国上市公司跨境并购的诸多经典案例,以期有一定的指导意义。

　　回顾历史,其实早在1992年,党的十四大报告就提到要"积极扩大我国企业的对外投资和跨国经营",这标志着"走出去"思想的萌芽开始孕育。但改革开放之后的很长一段时间内,中国经济主要处于"引进来"阶段,从"三来一补"到引进技术,从引进企业到引进管理水平,对外直接投资规模一直较低,到2000年累计仍不足300亿美元。直到2001年"十五"计划正式将

"走出去"确定为国家战略，到2006年的"十一五"规划提出要支持有条件的企业"走出去"，到2011年"十二五"规划中提出要加快实施"走出去"战略，再到十八大报告提出"加快走出去步伐，增强企业国际化经营能力，培育一批世界水平的跨国公司"，一条积极稳妥、有序推进的"走出去"路线清晰地展现在眼前。

近20年来，伴随着我国经济的发展和资本市场的快速成长，作为中国经济中坚力量和战略引擎的上市公司数量和资金实力不断壮大，其在跨境并购中扮演愈加重要的角色，尤其是危机时的海外抄底，上市公司跨境并购数量和规模激增，但相对我国企业的跨境并购总体来看，上市公司跨境并购仍处于初级阶段。据中金公司和清科研究中心统计，2006年到2012年，中国上市公司完成跨境并购210起，占中国企业跨境并购1334起的15.74%；在已披露金额的205起交易中，交易金额为332.33亿美元，占全部企业跨境并购金额2315.32亿美元的14.35%。然而，从境外并购市场实践来看，以上市公司为主体参与国际资本运作已成为全球并购的主要趋势，例如美国上市公司跨境并购占全美企业跨境并购的数量已达到71%，英国、德国和法国分别为77%、55%和86%。

实际上，近年来跨境并购的活跃充分反映了中国上市公司的内生需求，一是随着国内资本市场的发展繁荣，无论是大型国有控股上市公司，还是中小民营上市公司都获得了更多来自资本市场的支持，特别是在全球金融危机之后，使得它们的资金似乎越来越充裕，资本已经不是上市公司发展的瓶颈，激发了中国上市公司走出去的动机；二是随着劳动力成本和原材料价格的上升，加之人民币升值压力，上市公司与其他企业一样也面临着更多的生存困难，靠成本维系的优势日渐丧失，中国上市公司在技术升级和品牌突破方面的强烈需求推动了大量中国上市公司将并购目标转向欧美国家。这两重因素共同催生了跨境并购的扩张。

从实践来看，上市公司的跨境并购还存在一些需要解决的制度性问题。国内审批程序的复杂化与跨境并购的需求难以相适应，以股份为对价的障碍制约了跨境并购的支付手段，重大资产重组的相关规定有些与国际惯例不匹配，也较难适应跨境并购的客观情况。串行的审批制度严重制约跨境并购的快速发展,目前境内 A 股上市公司进行跨境收购,如按照正常审批流程,交易全程(包含前期尽职调查、商业谈判及后续审批)大约需要 8 至 10 个月的时间,其中国内有关监管机构审批约需 4 至 6 个月时间。而根据国际惯例,根据交易规模的不同及执行难度的不同,境外卖家一般预期在 3 至 6 个月的时间内完成交易。因此,改进和完善审批程序是推动上市公司跨境并购所需要解决的主要问题之一。

本书关注的第二个主要问题涉及跨境并购的实务操作。针对上市公司跨境并购所涉及的各个方面,本书对跨境并购的主要模式、一般操作程序和重要操作要点进行了重点剖析,并从宏观和微观两个方面分析了影响跨境并购的国内外政策法规因素、东道主国家工会组织因素、社会文化心理因素、社会责任因素以及企业战略决策、信息、沟通谈判、估值、并购资金筹措等,并提出相应的应对策略。

此外,为增强实务操作性,本书还对 A 股上市公司收购境外上市公司、境外非上市公司以及部分收购上市公司股权等大量案例的交易情况、收购方案、实施效果等进行评析,以便于上市公司跨境并购的实践借鉴。

最近几年,我国上市公司跨境并购活动实践取得了重大成效。但上市公司跨境并购是一项复杂的极具挑战的系统性工程,它的研究和实践在我国只能算是刚刚起步,希望通过本书对跨境并购法规和实务的研究,能够对国内上市公司和从事跨境并购的有关方面业内同行具有实践指导作用,并进一步促进上市公司跨境并购的发展。

原中国证监会上市公司部主任、中国上市公司协会副会长

2013 年夏

目 录

第一章　中国上市公司
跨境并购的实践概述

第一节　中国上市公司跨境并购的背景

一、跨境并购是我国经济融入全球经济体系的必要举措

从全球经济发展状况来看,全球化大趋势不可逆转,并已进入了多极发展的新阶段,更多的像中国、印度、巴西这样新兴市场的经济体在全球市场和经济中扮演着越来越重要的角色。世界范围内的跨境投资、并购、技术合作和产业转型发展迅猛,各个国家也更加注重依靠外国投资来促进本国经济发展,中国企业海外投资的机遇显著增加。在全球经济一体化发展的浪潮中,中国正从一个资本流入大国向对外投资大国转变,中国企业也正从被收购角色逐渐转变为资产收购者。

从中国经济的发展阶段来看,尽管近年来中国经济发展成就巨大,但经济结构不合理的矛盾长期积累,出现了要素利用效率低、环境污染严重、产业布局不够合理等问题。中国经济要保持长期、持续和快速稳定发展,就必须改弦易辙,摒弃粗放式的传统经济增长模式,提高资源配置效率,一方面实现国内的体制改革和机制创新,另一方面更多地参与到全球经济活动中,更有效地利用全球市场和资源实现经济转型。

在经历并分享了中国经济的快速发展后,中国企业也进入了一个新的成长阶段,面临全球经济环境变化、国内市场饱和、行业周期波动、进一步扩张受到资源约束等发展瓶颈,逐渐开始放眼全球,思考未来的发展战略、经营方向和盈利增长点。而此时,全球化经营成为了一种必然的趋势和重要的战略选择,如何增强全球化产业布局及资源配置以及如何拓展海外市场,成为中国企业未来发展中迫切需要解决的核心问题。

与此同时,在完成了原始资本积累及国内市场开拓后,国内的企业群体也

在不断壮大,资产规模、盈利能力、专业人才储备、市场化经营能力及全球知名度均不断提升。可以说,相当多的中国企业已具备了一定的综合实力,掌握了较为充裕的资源,并已将视线转向了更为广阔的海外市场。从政策环境来看,我国各个监管部门在鼓励和引导企业实施海外投资、跨境并购等方面也在逐步完善法律体系和监管环境,为我国企业走出国门、参与全球化经营保驾护航。二十多年来,中国资本市场的发展也为中国企业的不断壮大提供了资本运作的平台,并已逐渐成为了中国经济的"晴雨表"。总体来看,中国经济的不断发展、政策环境及资本市场的支持以及企业自身实力的不断增强使中国企业更深入地参与全球化成为可能,亦使中国企业具备了海外投资及跨境收购的实力。

正是在这样的大背景下,中国企业已经进入了"全球化"活跃期,越来越多的企业通过跨境并购的方式参与到全球市场中。近年来,中国对外投资几乎涉及了国民经济的所有主要行业,而跨境并购已成为中国企业对外直接投资的主要方式,亦成为我国经济融入全球经济的必要举措。相比直接投资,跨境并购能够使企业更高效、快捷地获取海外市场的优质资源、成熟渠道和关键技术,降低企业的"摸索"成本,提高运营效率和投资回报。从统计数据来看,中国已成为全球第二大并购国,仅次于美国,并购市场总规模已接近 2 400 亿美元,但并购市场规模占 GDP 比重仍然较低,相比美国、日本、英国、德国等国家仍有较大的提升空间。跨境并购交易在中国并购市场中占据了重要位置,并将随着我国企业逐步融入全球化经营而持续提高。

二、上市公司跨境并购的发展尤其值得关注

尽管近年来,我国企业跨境并购获得了快速的发展,积累了不少经验,但总体而言,跨境收购仍是一项复杂的极具挑战的系统性工程,陌生的市场、法律体系和监管环境,往往使缺乏并购经验的企业"望而生畏"。考虑到跨境并购的高难度和高风险性,收购方需要对并购目标所在的地域、市场以及并购目标的业务、财务和法律等各方面做详细的尽职调查,以判断交易的可行性及潜在风险。因此,跨境交易对于收购方的综合实力有较高的要求,收购方需要具备科学的决策机制、较强的资金实力、丰富的并购交易操作经验和市场化的运作模式。因此,上市公司作为跨境并购的收购主体,有着非上市公司难以比拟的优势。

从我国资本市场的发展现状来看,近年来我国上市公司数量稳步增长,大部分行业的支柱企业均已完成了上市。可以说,我国的资本市场已成为了经济发展的重要指标。对于中国很多上市公司而言,其在国内的行业地

位已逐渐稳固,进一步的发展需要考虑全球化扩展,并逐渐成为一个巨型的跨国企业。单纯地将自己的产品和服务推向国际市场并不足以完成其布局全球的战略需求,而利用并购的方式在目标地域拓展业务往往有着良好的效果。因此,跨境并购也成为了中国上市公司进行全球化发展的重要手段。

　　然而从统计数据来看,尽管上市公司跨境并购交易占中国企业整体跨境并购交易的比重近年来已显著提升,但规模占比仍然较低,尚不到15%。从境外并购市场实践来看,以上市公司为主体参与国际资本运作已成为全球并购的主要趋势。例如美国、英国和法国的上述数据均已超过70%。可以说,中国上市公司在跨境并购交易中的重要作用和独特优势并没有得到有效地发挥,究其原因,仍然存在一定的制度限制,例如:复杂而冗长的审批程序、单一的支付手段和不甚通畅的融资渠道都在一定程度上抑制了上市公司跨境并购的积极性。

表 1　2006—2012 年中国上市公司跨境并购统计分析

年份	上市公司跨境并购总额（US$M）	中国企业跨境并购总额（US$M）	上市公司跨境并购占比	上市公司跨境并购案例个数	中国企业跨境并购案例个数	上市公司跨境并购占比
2006	986.8	16 879.10	5.85%	2	66	3.03%
2007	1 063.81	15 220.55	6.99%	14	130	10.77%
2008	13 882.36	28 314.13	49.03%	22	160	13.75%
2009	4 621.15	26 552.99	17.40%	23	177	12.99%
2010	3 949.98	41 227.23	9.58%	27	245	11.02%
2011	3 247.31	46 229.81	7.02%	51	279	18.28%
2012	5 481.75	57 108.00	9.60%	71	277	25.63%
合计	33 233.16	231 531.81	14.35%	210	1 334	15.74%

来源:中金公司,清科研究中心

　　上市公司在我国企业群体中的重要性毋庸置疑,其发展一定程度上代表了我国经济的发展水平,而上市公司在跨境并购中具有独特的优势和地位,同时又面临更多的制度约束和审批限制,因此上市公司跨境并购活动也就尤其值得研究和关注。但目前关于上市公司跨境并购的相关研究较少,本书旨在引起监管部门和业界对于上市公司跨境并购发展现状的关注,并通过制度比较、数据分析、案例回顾等方式对上市公司跨境并购进行一定的分析研究。

本书的跨境并购又称海外并购(Outbound Mergers & Acquisitions),是指一国企业(又称收购方)为了达到某种目标,通过一定的方式和支付手段,将另一国企业(又称被收购方)的所有资产或足以对运营活动形成重大影响的股权收买下来,从而对被收购方的经营管理形成控制或重大影响的行为。

而本书所研究的中国上市公司跨境并购是指在中国境内上市的公司作为收购方,收购海外的企业或资产,并希望通过收购对被收购方产生一定的影响或形成控制。因此,本书所研究的交易范围主要是收购股比在 20% 以上的,或收购股比低于 20% 但收购完成后,收购方能够对被收购方产生一定影响的中国上市公司海外并购交易。其中,上市公司是指在上海证券交易所或深圳证券交易所上市的 A 股、B 股上市公司,不包括在香港或其他国家的证券交易所上市的中国企业。

第二节　中国企业跨境并购的驱动因素

一、中国企业跨境并购的必要性

全球经济的一体化和市场环境的多变化,不断对企业的生存和发展提出了新的严峻挑战。为了保持竞争优势、获得领先技术、增强研发能力,企业纷纷采取并购策略,加快创新速度,在市场竞争中求生存、求发展,这已成为企业实施并购、开展资本运营的内在动力。目前,推动我国企业实施跨境并购的动力来源于多方面,主要包括:

(一)获取经济活动所必需的自然资源

在全球范围内对石油、天然气、矿产等不可再生资源进行争夺,已经成为各国企业并购的重要战略。能源类企业为了实现优质资源的全球布局及整合无疑需要通过并购手段来实现。

我国的 GDP 增长一直伴随着自然资源的大量消耗。这些资源本身在国内的储量或产量并不能够满足国家经济发展的需求,因此它们的消耗必须大量依赖进口。据海关总署和国家统计局的数据,2011 年中国共生产原油 2.04 亿吨,同期进口原油近 2.54 亿吨,进口占比 55.4%,说明原油对进口的依赖性极强。铁矿石也面临着相似的情况:虽然近年其自给率有所提升,但是仍未超过 50% 的水平,大部分原料仍然依赖于进口;工信部印发的钢铁行业"十二五"规划,明确提出了要优化铁矿资源全球配置并鼓励在资源优势国周边建立原料供应基地。而天然橡胶的供给环境更是严峻,2012 年 8 月工信部在《煤制橡胶产业发展新情况》中指出我国天然橡胶的自给率仅为 22%,其价格更是因供需变化的不平衡而快速增长。

大量的消耗性资源依赖于进口,不仅使中国在相关领域缺乏定价权并且暴露在大宗商品的价格风险下,更是在一定程度上涉及了国家安全问题。长远来看,中国可能面临资源的短缺,因此从经济发展的战略意义上考虑,为支撑国内经济的快速稳定发展,通过跨境并购获取经济活动所必需的自然资源日益必要和迫切。

(二)实现产业升级和技术创新

在过去的十年里,中国利用极具优势的劳动力红利,把自己变成"世界工厂"并取得了快速的进步。但是劳动力成本的持续上升却使得以基础加工为主的制造业利润越来越低,向高附加值业务转型的产业升级迫在眉睫。在产业升级的过程中,企业对科技水平、全球渠道、创新能力等要素的依赖度极高。企业若是独立发展,这些要素往往需要长期的积累,但是对西方一些拥有相对优势的企业进行并购,却是一个快速而高效的办法。近年中国企业在机械制造、汽车、清洁技术等领域频频出手,上演了跨境并购的热潮。

同时,技术与人才是一家企业得以持续发展的动力和源泉,也是实现产业升级的必备要素。企业如果不能拥有创新技术和人才优势,那么必然会在激烈的竞争中处于劣势。企业完全依靠自己的力量去独立开发创新技术并不一定划算,因为这种方法不仅风险大、代价高,而且周期长,所以要想在短时间内迅速获得创新技术与人才优势以及提升管理水平,并购是更便捷的方式。近年来,我国企业为了获得先进技术,迅速提高自己的技术实力而进行的跨境并购屡见不鲜。

(三)实现多元化资产配置,分散风险

多元化经营可以扩大企业盈利的来源,降低单一化经营的风险。多元化经营的实现有两种途径:一种是依靠企业内部积累,另一种是通过并购。由于依靠企业内部积累的过程和时间较长,因此并购就成为企业迅速实现多元化经营的首选。通过多元化经营回避行业的周期性风险,成为企业并购的重要动力。

从分散市场风险的角度来看,不同市场的成长机会不尽相同,当一国处在商业周期低谷时,另一国则可能正处于高峰期;当某一产品在发达国家市场处于衰退期时,它可能在发展中国家正处在成长期。不同的商业周期和产品生命周期为企业提供了不同的机会。在国内市场趋向于饱和或竞争较为激烈的情况下,企业可以通过拓展海外市场,规避商业周期风险,延长产品的生命周期,实现市场的突破。而拓展海外市场最为便捷的方式就是通过跨境并购来获得成熟的渠道和市场。

二、中国企业跨境并购的可行性

从宏观经济背景来看,中国经济的快速增长和近年来海外资产价格的下降推动了中国企业跨境并购的日益活跃。具体来看,体现在以下方面:

（一）中国经济快速发展,催生了大量有实力的企业

改革开放以来,中国经济实现了快速发展,涌现了大量的有实力的企业,这些企业在国内市场的各个行业已经占据了领先地位。2012 年,中国大陆(含香港在内,不包括台湾)在世界 500 强企业名单中的上榜公司连续第 9 年增加,共有 73 家公司上榜,比 2011 年增加了 12 家;如果包括台湾在内,中国今年共有 79 家公司上榜。这其中,不仅有中国石油、中国石化、工商银行、中国移动等收入达到几千亿人民币,甚至上万亿人民币的大型国有企业,也有华为投资、联想集团等知名民营企业。为了追求进一步的扩张及发展,这些有实力的企业逐步将目光投向了其他国家的市场。

（二）资本市场快速发展,上市公司日益成熟,与国际市场逐步接轨

近 20 年来,我国资本市场从无到有,从小到大,伴随我国经济的发展实现了快速成长,为大量的国内企业提供了资本运作的平台。随着制度体系的建立及完善,我国资本市场和上市公司不断成熟,逐步与国际市场接轨,市场化的交易越来越多,投资者也渐趋理性。

截至 2012 年年底,中国境内 A、B 股上市公司共 2 494 家,较 2006 年 1 434 家增长 74%;从市值来看,2006 年上市公司总市值为 8.9 万亿元,2012 年年底总市值大幅增至 23 万亿元。上市公司资金实力和群体数量的不断壮大,显示了国内市场上存在更多的上市公司和资金可以参与到跨境并购活动中来,借助国内资本市场的平台进行跨境并购。其次,中国资本市场估值水平相对海外市场处于较高水平,从而使中国上市公司的融资成本相对较低,使其跨境收购具有更为有利的条件。

与此同时,中国资本市场的不断发展,也为有跨境并购需求的企业提供了更丰富的融资渠道,而银行并购贷款的出现和私募股权投资机构的发展也为企业提供了有力的融资支持。解决了资金这最大的障碍之一,上市公司跨境并购的发展势不可挡。

（三）经济危机导致资产价格大幅下降

从 2007 年下半年美国次贷危机的爆发，到 2009 年末显现并持续到现在的欧债危机，全球经济一直处于持续的动荡中。经济危机的蔓延抑制了全球经济的活跃程度，需求的疲软直接反映到了大幅下降的大宗商品价格：NYMEX 原油价格从 140 美元的高位一度曾下探到 50 美元以下；铁矿石价格也从 200 美元/吨的历史高位近乎腰斩，现在回升至 130 美元/吨左右。类似的，其他大宗商品价格也较经济危机前大幅下降，为中国企业实现全球范围内的资源配置提供了极好的机遇。

另一方面，需求疲软也拖累了全球实体经济，西方企业的销售与利润均有较大幅度的下降，投资者对市场信心不佳，企业股价表现较差，例如 S&P 500 从 1 400 点附近一度曾跌破 700 点；德国的 DAX 指数从 8 000 点左右一度下探到 4 000 点；法国的 CAC 40 和英国的 FTSE 100 指数也有显著的跌幅。境外上市公司股价的大幅下挫，对全球范围内有意通过并购而进行扩张的企业具有极强的吸引力，尤其是对表现相对较好的中国上市公司。

表 2　2008—2012 年全球各主要经济体 GDP 增长率

GDP 增长率（%）	2008	2009	2010	2011	2012
全球	2.8	−0.6	5.1	3.8	3.2
发达经济体	0.1	−3.5	3	1.6	1.2
美国	−0.3	−3.1	2.4	1.8	2.2
欧元区	0.4	−4.4	2	1.4	−0.6
日本	−1.0	−5.5	4.5	−0.8	2.0
新兴市场和发展中国家	6.1	2.7	7.4	6.2	5.1
俄罗斯	5.2	−7.8	4.3	4.3	3.4
中国	9.6	9.2	10.4	9.2	7.8
印度	6.9	5.9	10.1	6.8	4.0
巴西	5.2	−0.3	7.5	2.7	0.9

来源：IMF

（四）人民币升值，购买力提升

自汇率改革以来，人民币汇率长期具有升值趋势。从当初的"8"时代到现在 6.3 左右的汇率，人民币已累计升值近 30%。这对中国上市公司的人民币资产价值和其在国际上的购买力,都有着极大的提升。而购买力的提升,也带动了跨国并购的整体发展。

　　总体而言,中国经济和资本市场的快速发展为中国企业,尤其是上市公司跨境并购提供了坚实的基础,而全球性的金融危机为中国企业跨境并购提供了难得的机遇和契机。

第三节　中国上市公司跨境并购特点及趋势

　　随着我国经济的快速发展以及上市公司综合实力的大幅提升,近年来,A股上市公司积极响应"走出去"号召,通过跨境并购获取境外市场、技术和资源,快速提升公司综合竞争力和国际影响力,取得可喜成绩。总体来看,2006年以来,国内A股上市公司累计完成了210单跨境并购,交易金额合计超过330亿美元;交易标的分布在金融、能源、资源、机械制造等A股上市公司实力较强的行业;交易标的所在地区集中于亚洲(香港、日本)、欧美等经济发达地区以及大洋洲和非洲等资源丰富地区。

一、并购标的行业分布较为集中

(一)并购目标以金融业和资源类行业为主

　　从行业来看,2006—2012年,中国上市公司完成的跨境并购交易广泛分布在能源及矿产、IT、机械制造等20多个领域。从并购金额方面来看,金融行业以21笔并购案例、161.28亿美元的并购金额远超其他行业,其并购金额占并购总额的比例近五成,成就这一突出数据得益于2008年工商银行49.36亿美元收购南非标准银行及招商银行46.56亿美元收购香港永隆银行两笔巨额并购交易。能源及矿产行业紧随其后,2008年中海油服25.00亿美元收购Awilco、2009年兖州煤业29.92亿美元收购菲利克斯以及2010年中石油15.53亿美元收购Arrow Energy三笔大额收购案例推动能源及矿产行业收获125.73亿美元并购总额,此外再无行业并购总额超过百亿。

　　从并购案例数量上看,能源及矿产行业享有38笔最高上市公司跨境并购案例,占全部案例的18.10%;机械制造行业凭借35起并购案例位居第二;互联网行业相对冷清,仅有1笔并购案例发生。

表3 2006—2012年中国上市公司跨境并购行业分布统计(按被并购方)

行业	案例数	比例	披露交易金额的案例数	并购总额(US$M)	比例	平均并购金额(US$M)
能源及矿产	38	18.10%	36	12 572.87	37.83%	349.25
机械制造	35	16.67%	34	1 335.58	4.02%	39.28
金融	21	10.00%	20	16 127.57	48.53%	806.38
IT	18	8.57%	18	210.236	0.63%	11.68
化工原料及加工	14	6.67%	14	203.214	0.61%	14.52
电子及光电设备	13	6.19%	13	202.976	0.61%	15.61
建筑/工程	11	5.24%	11	551.37	1.66%	50.12
汽车	8	3.81%	8	90.94	0.27%	11.37
电信及增值业务	7	3.33%	7	61.01	0.18%	8.72
清洁技术	7	3.33%	6	98.12	0.30%	16.35
食品 & 饮料	6	2.86%	6	117.83	0.35%	19.64
纺织及服装	4	1.90%	4	135.03	0.41%	33.76
生物技术/医疗健康	4	1.90%	4	56.02	0.17%	14.01
房地产	4	1.90%	4	465.554	1.40%	116.39
物流	3	1.43%	3	184.81	0.56%	61.60
半导体	2	0.95%	2	4.85	0.01%	2.43
连锁及零售	2	0.95%	2	12.88	0.04%	6.44
农/林/牧/渔	2	0.95%	2	84.66	0.25%	42.33
互联网	1	0.48%	1	4.99	0.02%	4.99
其他	10	4.76%	10	712.66	2.14%	71.27
合计	210	100.00%	205	33 233.17	100.00%	162.11

来源:中金公司,清科研究中心,Dealogic

(二)跨境并购逐步向制造业和消费业拓展

我国企业跨境并购的重点已不局限于能源与矿产资源领域,开始向制造与消费行业拓展。拥有技术、品牌与销售渠道的海外企业正在成为中国上市公司跨境并购的首选。这类目标企业多数是家族式企业,具有清晰的股权结构。在收购谈判过程中,双方就交易结构与交易价款更容易达成一致。

从跨境并购交易涉及的行业来看,中国上市公司跨境并购行业多元化日趋明显,从2006年仅涉及两类行业,到2012年共涉及15类行业,且行业分布较为平均,除机械制造业完成13笔并购交易外,其他行业大多完成2—3笔交易,能源及矿产行业也仅完成 5 笔并购交易,占总交易数量的比例也降至 2007 年以来最低的 10.9%。

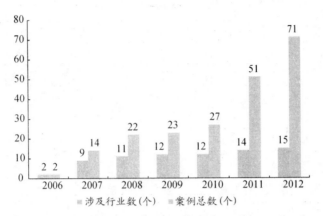

图 1 2006—2012 年中国上市公司跨境并购涉及行业变化趋势

来源:中金公司,清科研究中心,Dealogic

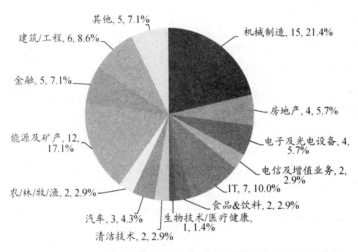

图 2 2012 年中国上市公司跨境并购行业分布(按数量,个)

来源:中金公司,清科研究中心,Dealogic

二、并购标的集中于经济发达或资源丰富地区

中国上市公司跨境并购活动中,境外市场的活跃程度与其经济体的繁荣程度或资源丰富程度有一定关联。其中,亚洲凭借中国上市公司在香港、日本和东南亚国家的频繁并购活动,以 71 起涉及中国上市公司的跨境并购案例数及

133.28 亿美元的并购金额位列境外各洲之首；欧洲、北美洲也因其发达的经济水平在 2006—2012 年中成功吸引了多家中国上市公司前往拓展并购业务，两大洲中国上市公司跨境并购案例分别为 57 起、49 起；由于大洋洲能源及矿产资源极其丰富，所以虽然仅有 17 笔涉及中国上市公司的跨境并购交易，但却以 56.32 亿美元的并购总额位居欧洲之后，主要是因为兖州煤业收购澳大利亚菲利克斯单笔金额就已达 29.92 亿美元，另外中石油收购 Arrow Energy 的金额也达 15.53 亿美元；非洲虽仅有 11 起并购案例，但凭借 2008 年工商银行 49.36 亿美元收购南非标准银行的单笔巨额交易拉动，该洲并购交易总额高达 53.37 亿美元。

表 4　2006—2012 年中国上市公司跨境并购地域分布（按被并购方）

地域	案例数	比例	披露金额案例数	并购金额（US$M）	比例	平均并购金额（US$M）
亚洲	71	33.81%	70	13 328.00	40.10%	190.40
欧洲	57	27.14%	55	5 783.77	17.40%	105.16
北美洲	49	23.33%	48	2 474.17	7.44%	51.55
大洋洲	17	8.10%	16	5 632.34	16.95%	352.02
非洲	11	5.24%	11	5 337.59	16.06%	485.24
南美洲	5	2.38%	5	677.3	2.04%	135.46
合计	210	100.00%	205	33 233.17	100.00%	162.11

来源：中金公司，清科研究中心，Dealogic

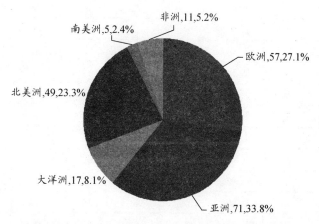

图 3　2006—2012 年中国上市公司跨境并购境外地域分布（按被并购方，数量，个）

来源：中金公司，清科研究中心，Dealogic

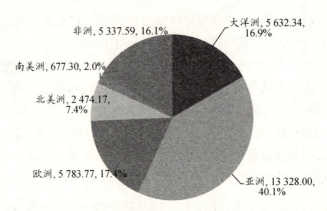

图 4　2006—2012 年中国上市公司跨境并购境外地域分布（按被并购方，金额，US$M）

来源：中金公司，清科研究中心，Dealogic

表 5　2006—2012 年中国上市公司跨境并购国家/地区分布（按被并购方）

国家/地区	案例数	比例	披露金额案例数	并购金额（US$M）	比例	平均并购金额（US$M）
美国	29	13.81％	28	873.952	2.63％	31.21
加拿大	19	9.05％	19	1 597.22	4.81％	84.06
中国香港	27	12.86％	27	9 393.86	28.27％	347.92
德国	19	9.05％	18	640.62	1.93％	35.59
澳大利亚	16	7.62％	15	5 569.84	16.76％	371.32
日本	10	4.76％	10	126.31	0.38％	12.63
新加坡	10	4.76％	9	2 235.10	6.73％	248.34
法国	6	2.86％	5	384.58	1.16％	76.92
意大利	7	3.33％	7	542.606	1.63％	77.52
荷兰	5	2.38％	5	162.41	0.49％	32.48
泰国	6	2.86％	6	591.984	1.78％	98.66
以色列	3	1.43％	3	14.68	0.04％	4.89
英国	3	1.43％	3	1 026.23	3.09％	342.08
埃及	2	0.95％	2	107.28	0.32％	53.64
比利时	2	0.95％	2	285.3	0.86％	142.65
加纳	3	1.43％	3	17.14	0.05％	5.71
玻利维亚	2	0.95％	2	16.83	0.05％	8.42
印度尼西亚	2	0.95％	2	70	0.21％	35.00
捷克	2	0.95％	2	25	0.08％	12.50

（续表）

国家/地区	案例数	比例	披露金额案例数	并购金额（US$M）	比例	平均并购金额（US$M）
南非	4	1.90%	4	5 095.07	15.33%	1 273.77
瑞典	2	0.95%	2	5.46	0.02%	2.73
瑞士	2	0.95%	2	9.63	0.03%	4.82
中国台湾	3	1.43%	3	90.41	0.27%	30.14
越南	2	0.95%	2	19.44	0.06%	9.72
印度	1	0.48%	1	8.532	0.03%	8.53
阿根廷	1	0.48%	1	600	1.81%	600.00
巴西	1	0.48%	1	59.5	0.18%	59.50
保加利亚	1	0.48%	1	6.67	0.02%	6.67
波兰	2	0.95%	2	142.96	0.43%	71.48
俄罗斯	1	0.48%	1	1	0.00%	1.00
厄立特里亚	1	0.48%	1	80	0.24%	80.00
菲律宾	1	0.48%	1	70	0.21%	70.00
芬兰	1	0.48%	1	9.3	0.03%	9.30
哥伦比亚	1	0.48%	1	0.97	0.00%	0.97
哈萨克斯坦	1	0.48%	1	40.52	0.12%	40.52
吉尔吉斯	1	0.48%	1	66	0.20%	66.00
加蓬	1	0.48%	1	38.1	0.11%	38.10
开曼群岛	1	0.48%	1	8.42	0.03%	8.42
老挝	1	0.48%	1	18	0.05%	18.00
卢森堡	1	0.48%	1	30.99	0.09%	30.99
马来西亚	1	0.48%	1	1.07	0.00%	1.07
孟加拉	1	0.48%	1	0.05	0.00%	0.05
墨西哥	1	0.48%	1	3	0.01%	3.00
挪威	1	0.48%	1	2 500.00	7.52%	2 500.00
新西兰	1	0.48%	1	62.5	0.19%	62.50
丹麦	1	0.48%	1	2.6	0.01%	2.60
中国澳门	1	0.48%	1	582.06	1.75%	582.06
合计	210	100.00%	205	33 233.19	100.00%	162.11

来源：中金公司，清科研究中心，Dealogic

三、并购主体以国有上市公司为主

（一）先通过母公司完成跨境并购再择机注入上市公司或单独上市已成为常见模式

从统计数据来看，近年来我国上市公司跨境并购占我国企业全部跨境并购的比例逐年上涨，但无论交易总金额还是交易单数的占比均仅占 15% 左右。虽然上市公司在融资渠道、市场形象等方面均具有明显优势，但在部分交易中，直接通过上市公司收购，从前期信息保密、后续审批时间等方面均面临更大的挑战和障碍。

我国现行的境外并购监管体系执行的是"多部委监管、事前审批"模式，一宗境外并购涉及审批环节繁多，各部委之间审核相对独立，企业需事先同时与多个部委进行沟通并获得认可。这种制度设计在市场化程度低和并购市场不活跃的背景下，对上市公司跨境并购的实施影响程度可能不大，但随着改革开放的深化、上市公司的不断崛起、并购市场的日益活跃，多部门的严格审批制日益成为中国企业走出去和上市公司跨境并购的掣肘，制度设计越来越难以满足企业跨境并购的需要。

从并购项目的实际执行来看，现行的审批制度确实给中国企业走出去增加了难度。中国企业的海外并购交易需要设置一系列的政府审批作为交易生效的先决条件，境外市场往往很难理解，从而产生一系列问题：（1）境外交易对手会认为交易存在重大不确定性而向中国企业提高要价；（2）境外市场可能会产生误解，以为中国政府在背后主导（特别是在国有企业海外收购中），从而将纯粹的商业化行为政治化，导致交易失败；（3）因为需要事先进行国内的审批，交易的完成往往耗时许久，特别是相对于一般境外市场主体而言，大幅增加了交易的不确定性；有时，甚至国内的审批要求和交易对手的期望或国外市场的监管要求无法兼容，使交易无法继续。事实上，对于国内企业来说，现行不透明、多环节的复杂审批制度也往往使企业在执行海外收购中感到困难重重，特别是由于跨境并购往往对时效性有着较高的要求，目前多环节的审批程序也给市场化交易的开展增加了一定的不确定性。近期，国开行拟收购 RBS 飞机租赁业务失败的案例即从一个侧面上反映出此类问题。

根据市场公开信息统计，中国上市公司境外并购从首次对外公告起至交割完成，往往需要 4 至 5 个月时间，其中主要是履行境内外审批。而境外成熟资本市场上市公司所从事的跨境并购交易从首次公告到交割完成的时间约为 3 个月；此外，中国市场非上市公司这一数据为 2 至 3 个月，均低于 5 个月的平均水平。这从侧面说明目前我国上市公司跨境并购的审批时间确实较长,因此增加了交易本身的不确定性,也给外方造成了负面影响。

表6　中国上市公司并购交易首次公告到交易完成时间

上市公司并购交易	交易公告至完成的时间(月)
招商银行收购香港永隆银行	5
兖州煤业收购澳大利亚菲利克斯	4
中海油服收购 Awilco	4
工商银行收购工银亚洲	4
中国石油收购新加坡石油公司	3
中国石油收购英士利集团旗下资产	5
中行收购新加坡飞机租赁公司	N. A.
中国石油收购阿萨斯巴卡公司麦凯河的部分资产	5
中石化并购华润石油资产	4
工商银行收购阿根廷标准银行及其关联公司	16
平均时间	5

资料来源:wind 资讯、中金公司

因此,在 2006 年至 2012 年三季度的跨境并购案例中,出现一批上市公司集团母公司赴海外并购的身影,通过对已披露跨境并购的分析,发现此类并购交易具有以下特点:

1. 行业以能源矿产类为主

中石化和中石油通过母公司中国石油化工集团公司和中国石油天然气集团公司或者集团下非上市公司完成了多笔跨境并购,包括中石化集团公司 2009 年收购瑞士 Addax,中石油集团公司通过下属公司中国石油天然气勘探开发公司收购壳牌公司西加拿大不列颠哥伦比亚省 Groundbirch 区块资产 20% 权益。除 A 股上市的两桶油外,钢铁行业龙头企业武钢集团 2009 年出资 4 亿美元(约 27.31 亿元人民币)认购巴西 EBX 集团旗下 MMX 公司的股份。

2. 交易金额较大

中石化集团通过子公司国际石油勘探开发有限公司斥资 72.4 亿美元现金,以每股 52.8 加元收购了总部在瑞士、上市在加拿大的 Addax 石油公司,该笔交易成为迄今为止中国公司进行海外资产收购最大的一笔成功交易。2012 年初,中石油集团公司通过下属公司中国石油天然气勘探开发公司收购皇家荷兰壳牌位于加拿大 Groundbirch 的"页岩气"项目 20％权益,涉资逾 10 亿美元。

3. 待实现稳定运营后再另行注入上市公司可降低操作难度

以上市公司的控股股东为收购主体而非以上市公司为主体,主要原因在于:一是规避了重大并购活动对上市公司带来的风险冲击和披露义务,简化了决策流程,避免了股东大会审议通过的繁文冗节,便于提高并购决策的效率;二是也在一定程度上减少了监管部门的审核环节;三是有利于改善上市公司财务表现、增加集团公司股权比重亦或是帮助上市公司拓展海外业务规模,部分完成跨境并购的集团母公司还会将优质的海外资产注入上市子公司内。

例如:2006 年,中石化集团与安哥拉国家石油联合公司的合资企业 Sonangol Sinopec International Ltd(简称"SSI 公司")通过公开竞标获得这 15、17 和 18 三个海上油田区块的股权,中石化集团持有该合资企业 75％的股权。2010 年,中石化集团下属上市公司中国石化成功通过在香港设立的全资子公司斥资 16.78 亿美元收购了中国石油化工集团公司所持 SSI 公司 55％股权。本次资产注入完成后,中国石化股份剩余原油探明储量增加了 1.02 亿桶,增长 3.6％,原油产量增加了 7.252 万桶/日,增长 8.8％,扩大了公司上游业务规模,增强了上游实力。通过此次海外资产的收购,公司在取得大型海外油气资产的同时,亦得以获得并吸收上游业务海外经营的相关人才、管理体制以及业务运作经验,有助于进一步增强公司国际化经营水平,提高国际竞争力;安哥拉 18 区块东区日产能为 15.91 万桶,SSI 公司 2009 年前 11 个月实现净利润人民币 19.81 亿元,净利润率达 20.9％,此次交易对于提升公司收益、利润率水平、现金收入及实现股东长期价值最大化具有积极的促进作用。另外,此次海外资产注入有利于减少中国石化与集团公司及其附属企业之间的互供项下持续性关联交易。

再如:2011 年 1 月,烟台万华控股股东万华实业通过海外控股子公司收购匈牙利 Borsod Chem 公司(以下简称"BC 公司")96％的股权。BC 公司位于欧洲的匈牙利,大部分生产设施都集中在匈牙利的卡辛茨巴茨卡市,拥有 MDI 生产能力 18 万吨/年、TDI 产能 9 万吨/年和 PVC 产能 40 万吨/年;除此之外,BC 公司在建 16 万吨/年 TDI 装置,该装置完工率约为 80％。收购完成的同时,万华实业承诺将在 BC 公司运营状况显著改善后 18 个月内,通过合并,如资产注入,解决与现有上市公司的同业竞争问题。通过该笔收购,万华实业完成了 MDI 制造的全球布局,产能进入行业全球前三位,另外 BC 公司的 TDI 生产也为万华实业实现了产品和地域互补。

4. 待收购资产实现稳定运营后独立上市也成为可行模式

相对于将收购资产注入已有上市公司，收购资产独立上市更有利于资本市场给予合理定价，对后续的资本市场运作有一定帮助，也一定程度上避免了注入资产与已有资产缺乏协同效应而产生的资产价值折扣，监管部门审核和过多的披露义务。

例如：2007 年 8 月，中国铝业母公司中铝公司以 8.6 亿美元成功收购加拿大秘鲁铜业公司。通过该次收购，中铝公司获得已探明的铜当量金属资源量约 1 200 万吨，为全球待开发的特大型铜矿之一，并因此获得秘鲁特罗莫克(Toromocho)铜矿项目的开发权。2013 年 1 月，中铝公司为秘鲁特罗莫克铜矿项目设立的中铝矿业国际有限公司在香港上市，集资约 4 亿美元。通过一系列收购和上市，中国铝业公司发展战略实施重大转变，由单一的铝金属专业性矿业公司向国际化多金属矿业公司转型。

(二)国有上市公司成为跨境并购中流砥柱

在中国市场上，国有上市公司具备政策倾斜、规模大、资金充裕、信誉佳、易获得贷款等多方面先天优势，一直以来都是中国上市公司跨境并购的中流砥柱。根据 2006—2012 年中国上市公司跨境并购数据，国有上市公司跨境并购 101 起案例、成就 306.21 亿美元并购总额，占比分别为 48.1%、92.1%，虽然从案例数量方面来看，国有上市公司跨境并购活跃度略微低于民营上市公司，但从并购金额方面来看，国有上市公司以压倒性的优势占据了主导地位，国有企业的先天优势体现得淋漓尽致。但是值得注意的是，在"走出去"战略指导下，我国民营企业整合风险意识逐步增强，对国外投资环境、法律法规限制及当地文化日渐熟悉，因此民营企业跨境并购积极性近年来不断高涨。

表 7　2006—2012 年跨境并购的中国上市公司企业性质分布

中国上市公司企业性质	并购案例数	比例	并购金额 （US$M）	比例
国有企业	101	48.1%	30 621.62	92.1%
民营企业	109	51.9%	2 611.55	7.9%
合计	210	100.00%	33 233.17	100.00%

来源：中金公司，清科研究中心，Dealogic

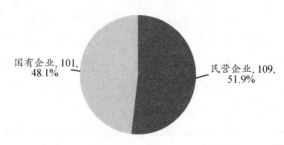

图5 2006—2012年跨境并购的中国上市公司企业性质分布（按数量，个）

来源：中金公司，清科研究中心，Dealogic

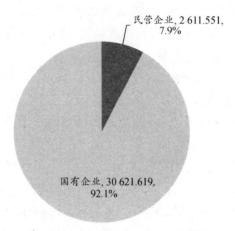

图6 2006—2012年跨境并购的中国上市公司企业性质分布（按金额，US$M）

来源：中金公司，清科研究中心，Dealogic

（三）主板上市公司实力较强，跨境并购占据主导地位

根据之前对进行跨境并购的上市公司规模的分析，规模越大的上市公司便越有实力和能力支撑大型的跨境并购活动，也越热衷通过不断的兼并收购扩大自己的业务规模，此结论在跨境并购的上市企业上市地点分布这里也得以验证。在我国主板市场上市的企业多为大型企业，经营模式成熟、盈利能力稳定，因此，也正是这样的企业引领着中国上市公司的跨境并购潮流，在2006—2012年中国上市公司跨境并购的案例中，主板上市公司成功实现的跨境并购案例高达135起，并购金额321.98亿美元，占比分别为64.29%、96.88%，其中上海证券交易所主板企业占据主导地位。

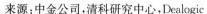

表8 2006—2012年跨境并购的中国上市公司上市地点分布

中国上市公司上市地点	并购案例数	比例	并购金额 （US$M）	比例
上海证券交易所主板	107	50.95%	30 541.83	91.90%
深圳证券交易所主板	28	13.33%	1 655.69	4.98%
深圳证券交易所中小板	57	27.14%	885.53	2.66%
深圳证券交易所创业板	18	8.57%	150.12	0.45%
合计	210	100.00%	33 233.17	100.00%

来源：中金公司，清科研究中心，Dealogic

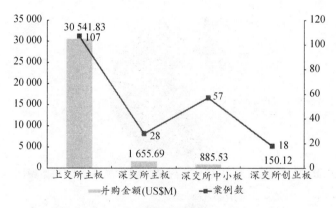

图7 2006—2012年跨境并购的中国上市公司上市地点分布

来源：中金公司，清科研究中心，Dealogic

四、大规模并购交易占据主要地位

（一）超过1亿美元的大额并购占据主导地位

2006年至2012年，133家中国上市公司共完成210起跨境并购，在已披露金额的205起并购交易中，并购金额总计达332.33亿美元。其中，小额并购因占用资金量少所以发生得比较频繁，并购金额在2 000万美元以下的案例共有120起，占所有披露金额并购交易总数的58.54%，并购金额共计7.21亿美元，仅占全部金额的2.17%；介于2 000万美元和1亿美元之间的案例共有45起，披露金额共计23.70亿美元，分别占比21.95%和7.13%；1亿美元以上的并购案例共有40起，占所有披露金额并购交易总数的19.51%，虽然为数不多，但301.42亿美元的披露的并购总额占所有披露金额并购交易总额的90.70%，大额并购主导中国上市公司跨境并购市场。

表9 2006—2012年中国上市公司跨境并购规模分布表

并购金额范围 （美元）	并购案例数 （已披露金额）	比例	并购金额 （US$M）	比例
A：小于等于2 000万	120	58.54%	721.699	2.17%
B：2 000万—1亿（含1亿）	45	21.95%	2 369.94	7.13%
C：大于1亿	40	19.51%	30 141.54	90.70%
合计	205	100.00%	33 233.17	100.00%

来源：中金公司，清科研究中心，Dealogic

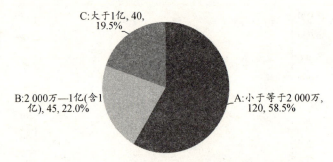

图8 2006—2012年中国上市公司跨境并购规模分布（按数量，个）

来源：中金公司，清科研究中心，Dealogic

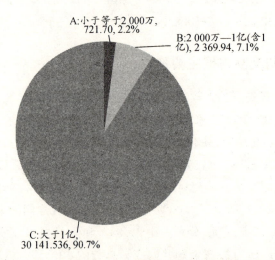

图9 2006—2012年中国上市公司跨境并购规模分布（按金额，US$M）

来源：中金公司，清科研究中心，Dealogic

据统计，从 2006 年至 2012 年，在已披露金额的 205 起交易中，2011 年上市公司跨境并购活跃度显著增加，较 2010 年增加 25 起交易，虽然 2011 年因欧债危机蔓延及全球经济衰退等因素拖累，上市公司跨境并购金额较 2010 年同期有所下降，但是经济下滑的同时也使得项目价值低估，正是进行跨境并购的有利时机，2011 年上市公司跨境并购活跃度逆势上扬。并购总额方面，2008 年工商银行 49.36 亿美元收购南非标准银行，招商银行 46.56 亿美元收购香港永隆银行，中海油服 25.00 亿美元成功收购 Awilco，在以上三笔巨额上市公司跨境并购案例推动下，2008 年并购金额达 138.82 亿美元，在历年中占比 44.26%。平均并购金额方面，由于 2006 年仅发生两起上市公司跨境并购案例，且中国银行收购新加坡飞机租赁公司的单笔交易金额就达 9.78 亿美元，因此当年平均并购金额以 4.93 亿美元的成绩仅次于 2008 年的 6.31 亿美元最高水平。

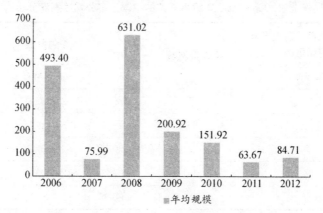

图 10　2006—2012 年中国上市公司跨境并购年均规模统计分析

来源：中金公司，清科研究中心，Dealogic

（二）大规模高效益企业支撑巨额交易的产生

从上市公司的规模来看，2006—2012 年中国上市公司跨境并购案例中，中国上市公司实现并购上一年的营业收入在 1—10 亿美元（含 10 亿）的案例数最多，达 87 起，占全部案例 41.43%；虽然营业收入大于 100 亿美元的上市公司跨境并购案例仅有 26 起，但其创造的并购总额最多，为 151.52 亿美元，占全部金额 45.59%。从上市公司的盈利能力来看，虽然实现并购上一年净利润小于 1 亿的中国上市公司跨境并购最活跃，有多达 132 起案例，但实现的并购总额占比仅为 6.05%；而净利润大于 100 亿的上市公司并购总额合计占比高达 37.92%。由此可见，上市公司规模越大、经营效益越好，就具备越强的实力支撑大规模的跨境并购。

表10 2006—2012年跨境并购的中国上市公司营业收入分布

中国上市公司并购上一年营业收入范围 (美元)	并购案例数	比例	并购金额 (US$M)	比例
A:小于等于1亿	36	17.14%	410.121	1.23%
B:1—10亿(含10亿)	87	41.43%	2 566.53	7.72%
C:10—100亿(含100亿)	61	29.05%	15 104.25	45.45%
D:大于100亿	26	12.38%	15 152.26	45.59%
合计	210	100.00%	33 233.16	100.00%

来源:中金公司,清科研究中心,Dealogic

表11 2006—2012年跨境并购的中国上市公司净利润分布

中国上市公司并购上一年净利润范围 (美元)	并购案例数	比例	并购金额 (US$M)	比例
A:小于等于1亿	132	62.86%	2 009.91	6.05%
B:1—10亿(含10亿)	43	20.48%	8 642.16	26.00%
C:10—100亿(含100亿)	21	10.00%	9 980.58	30.03%
D:大于100亿	14	6.67%	12 600.51	37.92%
合计	210	100.00%	33 233.15	100.00%

来源:中金公司,清科研究中心,Dealogic

（三）企业实力的增长推动交易规模的提高

中国上市公司在进行跨境并购交易时,需要根据自身实力对照并购交易规模,选择适合企业规模实力的并购目标。通过对中国上市公司跨境并购交易规模和并购方企业规模的对比分析,可以得出2006年至2012年中国上市公司所完成的210笔并购交易平均占企业上一年净利润11.89%,即中国上市公司每年所进行的跨境并购交易通常会占净利润的十分之一。通过历年的数据对比可以看出,在国内经济面临下行压力的同时,上市公司在进行跨境并购活动时会较为谨慎,其所完成的跨境并购交易总金额占净利润的比例呈现逐年下降趋势。

根据对不同行业的分析,能源/矿产、金融、房地产等传统行业,规模较大且盈利状况较为良好,跨境并购交易的总金额占企业净利润的比重较低;而IT、互联网、生物技术/医疗健康、电子及光电设备等新兴行业,企业规模相比传统行业较小,盈利规模较低,另一方面并购目标企业或资产在成熟市场估值较高,从而造成此类新兴行业中上市企业所进行的跨境并购交易的总金额占企业净利润的比重相对较高。

　　很多国内企业因为盲目并购已给自身带来严重的财务负担,因此,中国上市公司在进行跨境并购前一定要有明确的战略,对自己以及收购目标有准确的认识,正确评估自身实力,避免收购过度透支。

表 12　2006—2012 年跨境并购的中国上市公司规模分析

年份	案例数	上市公司跨境并购总额(US$M)	上市公司跨境并购上一年净利润(US$M)	上市公司跨境并购总额/净利润之和
2006	2	986.8	3 556.60	27.75%
2007	14	1 063.81	20 791.46	5.12%
2008	22	13 882.36	39 996.07	34.71%
2009	23	4 621.15	35 060.94	13.18%
2010	27	3 949.98	57 498.89	6.87%
2011	51	3 247.31	54 685.20	5.94%
2012	71	5 481.75	67 913.41	8.07%
合计	210	33 233.16	279 502.57	11.89%

来源:中金公司,清科研究中心,Dealogic

表 13　2006—2012 年跨境并购的中国上市公司规模分析

行业	案例数	并购总额(US$M)	上市公司跨境并购上一年净利润(US$M)	上市公司跨境并购总额/净利润之和
机械制造	35	1 335.58	3 714.11	35.96%
能源及矿产	38	12 572.87	96 227.30	13.07%
金融	21	16 127.57	166 742.84	9.67%
IT	18	210.24	592.63	35.47%
电子及光电设备	13	202.98	313.27	64.79%
化工原料及加工	14	203.21	500.68	40.59%
建筑/工程	11	551.37	2 060.43	26.76%

（续表）

行业	案例数	并购总额（US$M）	上市公司跨境并购上一年净利润（US$M）	上市公司跨境并购总额/净利润之和
汽车	8	90.94	584.45	15.56%
电信及增值业务	7	61.01	189.94	32.12%
清洁技术	7	98.12	559.10	17.55%
食品&饮料	6	117.83	161.66	72.89%
纺织及服装	4	135.03	669.93	20.16%
生物技术/医疗健康	4	56.02	74.92	74.77%
房地产	4	465.55	2 884.98	16.14%
物流	3	184.81	1 476.27	12.52%
半导体	2	4.85	25.22	19.23%
连锁及零售	2	12.88	780.28	1.65%
互联网	1	4.99	13.70	36.42%
农/林/牧/渔	2	84.66	47.66	177.65%
其他	10	712.66	1 883.17	37.84%
合计	210	33 233.17	279 502.54	11.89%

来源：中金公司，清科研究中心，Dealogic

五、并购方式多以控股收购为主

由于股权并购方式法律程序简单、可以保持并购标的企业生产经营连续性，因此也更容易被并购标的企业所接受。在 2006—2012 年中国上市公司跨境并购的 210 起案例中，并购方收购目标企业部分资产的案例仅 26 起，占统计中全部案例的 12.38%，其余 184 起并购案例均通过股权收购的方式实现，且通过该方式实现的并购交易总额占比高达 90.63%。在 184 起股权并购案例中，获全部股权的并购交易以 13 345 亿美元交易金额占全部金额的 40.15%，由此可见，在中国经济大步跃进的环境下，中国上市公司也得以快速发展壮大，其经济实力及企业信誉足以支撑其全额收购交易标的。

表 14　2006—2012 年中国上市公司跨境并购方式分布

方式			案例数	比例	并购总额（US$M）	比例
股权收购	全部收购	获全部股权	75	35.71%	13 344.85	40.15%
	部分收购	获50%以上股权	56	26.67%	5 392.64	16.23%
		获50%以下股权（含50%）	53	25.24%	11 383.35	34.25%
资产收购			26	12.38%	3 112.95	9.37%
合计			210	100.00%	33 233.79	100.00%

来源：中金公司，清科研究中心，Dealogic

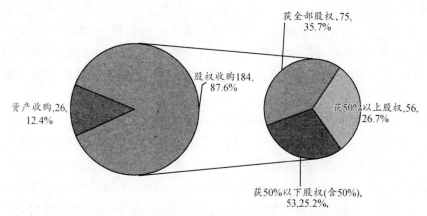

图 11　2006—2012 中国上市公司跨境并购方式分布（按数量，个）

来源：中金公司，清科研究中心，Dealogic

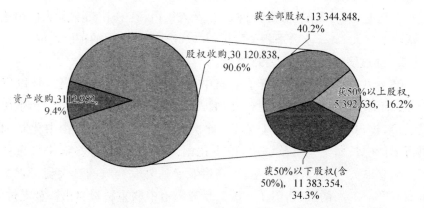

图 12　2006—2012 年中国上市公司跨境并购方式分布（按金额，US$M）

来源：中金公司，清科研究中心，Dealogic

目前,很多企业也开始选择合资架构,说明企业掌握了更加灵活的投资战略,至少很多企业希望先小步走再运筹帷幄更大更具战略意义的交易。过去中国企业偏好通过成为控股股东的方式达成并购,但实际上,控股方式有时会遇到很多不确定因素并引发收购国对企业并购动机的质疑,这在矿业资源类行业的并购中尤其明显。至少与2、3年前相比,这些企业更愿意以合资方式架构企业,交易的结构越来越灵活。

六、跨境并购融资渠道逐步多元化

中国上市公司走向海外的资金来源除自有资金以外,主要来自国家支持,国家开发银行、中国进出口银行和国有四大行的贷款是大型央企和国企走向海外的主要资金来源。对于民企,自有资金占很大比例,另一方面,其更愿意和国际上的PE以及大型企业组成投资联合体进行项目投资,比单打独斗更具优势。另外,随着融资渠道的多元化,很多企业选择找海外的银行贷款,到海外融资。从上市公司跨境并购披露的信息可以看出,并购交易的资金来源呈现多元化:

(一)充分利用资本市场募集资金支持跨境并购

利用资本市场募集的超募资金和定向增发资金用于跨境并购逐渐被上市公司所采用。例如,巨星科技收购Goldblatt等四家公司资产、焦点科技收购台湾文笔国际旗下资产、福瑞股份收购法国Echosens SA、桑乐金收购德国Saunalux公司以及国联水产收购美国Sunnyvale Seafood公司等跨境并购交易的资金均来自上市公司的超募资金,此类交易的所涉及金额均较低。吉恩镍业则利用定向增发募集并购资金,2009年吉恩镍业向不超过10名的特定投资者定向增发不超过6 000万股,募集资金11亿元人民币,其中1.65亿元人民币用于投资认购加拿大Liberty公司相关股份,并以此获得该公司的控股地位。

(二)通过境外平台进行海外融资

2008年中化国际通过全资子公司中化国际(新加坡)有限公司,以每股0.26元新币的价格部分要约收购新加坡GMG Global Ltd 51%共计约10.3亿股股份,收购总金额约2.7亿新币,此次收购所需资金主要由中化新加坡向银行申请中长期美元贷款解决,由中化国际提供担保。同年,中联重科斥资1.626亿欧元与共同出资人弘毅、高盛及曼达林联合收购意大利工程机械制造商CIFA100%的股权,除了5 000万美金由中联重科以自由资金支付外,其余部分则由在香港成立的、用于收购CIFA股权的香港特殊目的公司Zoomlion Heavy Industry(HK) Co. Ltd.向巴克莱银行香港分行借款2亿美元予以解决。

（三）灵活选择以技术使用权出资等出资方式

目前并购仍以现金出资为主。很多企业选择合资架构，说明企业掌握了更加灵活的投资战略，至少很多企业希望先小步走再运筹帷幄更大更具战略意义的交易。除以现金出资和合资方式进行并购外，中国上市公司也灵活选择以技术使用权出资。2011 年东软集团以无形资产 Neusoft Enterprise Mobile Solution（以下简称"NEMS"）技术使用权出资，认购美国 Appconomy，Inc. 新增发行的优先股股份 6 903 220 股，认购完成后，东软集团持有 Appconomy 已发行股份的 20%，成为其参股股东。NEMS 技术是指东软建立的面向移动互联网行业、跨移动终端操作系统的应用运行环境，支持 W3C 标准和 JIL Widget 规范，开放终端能力和网络能力，该技术使用权经北京中天和资产评估有限公司评估价值为 2 493.44 万元人民币。

（四）私募资本的崛起为跨境并购提供了一条新的战略路径

中国企业跨境并购过程中，实体企业开始更多地选择和投行、PE 等金融机构组团"走出去"，以解决国际化推进过程中的融资问题。中国企业"走出去"面临的主要问题是融资难，尤其是民营企业，原因在于一方面民营企业自身不愿意找银行融资，另一方面是银行的放贷条件比较严格，民营企业难以通过审查。为解决"融资难"问题，越来越多的实体企业开始和投行、PE 等金融机构"携手"。同时，中国的 PE 机构也正在及时调整自身的投资策略，一部分实力雄厚的 PE 机构，例如弘毅投资、中信产业基金等，均积极地发掘中国企业"走出去"过程中蕴藏的投资价值。近年来 PE 支持产业"走出去"的案例呈现增多态势，一方面 PE 可以提供充裕的资金支持，另一方面，PE 机构往往具有更高效的信息渠道、更好的国际化视野和更多的海外投资经验，这可以为企业提供额外的帮助。此外，有些中国企业在国际市场缺少知名度，与国际化 PE 巨头联合，无疑可以提升名气和信任度。

表 15　中国上市公司与 PE 机构合作完成跨境并购典型案例

跨境并购案例名称	完成时间	并购金额	涉及 PE 机构	交易内容
中联重科收购意大利 CIFA	2008 年	2.71 亿欧元	弘毅投资、高盛和曼达林基金	中联重科与弘毅投资、高盛和曼达林基金收购意大利工程机械制造商 CIFA 全部股权，耗资 2.71 亿欧元，中联重科占股 60%，曼达林、高盛和弘毅占股 40%

（续表）

跨境并购案例名称	完成时间	并购金额	涉及 PE 机构	交易内容
三一重工收购德国普茨迈斯特	2012 年	3.6 亿欧元	中信产业基金	三一重工携手中信产业基金共同出资 3.6 亿欧元收购德国普茨迈斯特 100% 股权，其中三一德国收购 90%，中信基金收购 10%
博盈投资收购奥利地公司斯太尔	2012 年	5 亿元人民币	硅谷天堂	硅谷天堂 2012 年 4 月份以 2.8 亿元人民币购得奥利地公司斯太尔，完成交割后旋即以 5 亿元人民币转手卖给上市公司博盈投资；上市公司则选择了定增募资的方式以现金收购标的资产

（五）地方政府和主权财富基金设立海外产业投资基金帮助境内企业完成跨境并购

为适应中国企业"走出去"的战略需要，一些地方政府设立和运作旨在帮助境内企业在海外收购兼并的投资基金，为国内企业跨境并购提供商业化、市场化的操作平台及专业化的投融资综合服务。2012 年年初，上海市政府资助设立了赛领国际投资基金，这是一支资金规模高达 500 亿元人民币（约合 80 亿美元）的国际投资基金，基金的设立主要是为了帮助境内企业在海外收购兼并。

除地方政府的支持外，2012 年上半年，中国主权财富基金中国投资有限责任公司与比利时联邦控股公司（Belgian Federal Holding Company）和私人股本集团 A Capital 合作组建一个小型基金，以帮助中国企业投资于欧洲市场。该基金旨在与中国企业一起，收购在中国有巨大发展潜力的欧洲中型企业的少数股权。基金设立之初，基金计划和中国企业一起，投资于中国目前尚不发达的汽车、环保或消费者品牌产品领域的欧洲企业，投资规模在 3 000 万至 5 000 万欧元之间。此前，中投公司与 BlackRock 酝酿推出中国主题投资基金，旨在帮助中国吸引合适的外商投资，并帮助中国企业全球化。

（六）并购基金也逐步成为跨境并购的资金来源

中国上市公司在进行并购活动或战略投资时，依然面临着资金短缺的问题。银行并购贷款、银团贷款等其他融资方式由于条件严苛、流程复杂等问题，对于一般的企业来说操作较为困难。通过设立并购基金，实业资本可以向社会募集资金，藉此解决资金短缺问题。

2011 年，中国农牧业龙头企业新希望集团发起设立新希望产业基金二期，将目光投向了欧洲和日本等发达市场中的农业和食品类家族企业，希望通过入股的方式将其引入仍有巨大潜力的中国市场。规模达 2 亿美元的新希望产业基金二期,将主要投资海外市场。投资者除新希望集团外,还包括淡马锡,农作物加工企业——美国 ADM 及综合商社日本三井物产。2011 年,复星国际有限公司(Fosun International Ltd.)宣布与美国保德信金融集团(Prudential Financial Inc.)合资成立一支总额达 6 亿美元的投资基金,保德信和复星将分别出资 5 亿美元和 1 亿美元,保德信将成为合伙制基金的有限合伙人(LP),而复星则将担任负责投资决策的普通合伙人(GP)。新成立的这支基金将投资在中国存在重大商业机会的中国和外国公司。作为中国最大的民营综合企业,复星国际还准备成立一支 10 亿美元(约人民币 63 亿 6 810 万元)的全球基金,要把握近年欧美资产被低估时进行跨境并购,扩大投资规模。

第四节　中国上市公司的机遇与挑战

在中国经济快速发展的助推下,中国企业也进入了一个全新的成长和发展阶段,纷纷积极寻求新的经营方向和盈利增长点。而此时,全球化成为了一种必然的趋势和重要的战略选择。

中国经济的不断发展、资本市场的逐渐成熟、企业自身实力的不断增强使中国企业更深入地参与全球化成为可能,亦使中国企业具备了跨境收购的实力。而全球范围内金融危机的爆发、海外资产价格的下跌,亦为中国企业海外收购提供了绝佳的机遇。在内外部条件的共同作用下,越来越多的中国企业活跃在跨境并购的舞台上,将触角伸向海外,寻求外延式的快速扩展。

考虑到跨境并购的高难度和高风险性,收购方需要对并购目标所在的地域、市场以及并购目标的业务、财务和法律等各方面做详细的尽职调查,以判断交易的可行性及潜在风险,同时需要熟悉市场化的操作,因此,一般而言,上市公司在跨境并购中相比非上市公司具有更显著的优势。但同时跨境交易也对中国企业,尤其是上市公司,提出了较高的要求和挑战,只有那些具备科学的决策机制、较强的资金实力、丰富的并购交易操作经验和市场化的运作模式的企业,才能够及时有效地抓住市场机遇,成功地进行跨境并购及后续整合。

"路漫漫其修远兮,吾将上下而求索"。我国上市公司跨境并购方兴未艾,一方面面临着巨大的、史无前例的市场机遇,另一方面也承受了政治、经济、市场、监管等各种投资风险,同时又受到具有中国特色的法律体系、资本市场规则的约束,因此,上市公司跨境并购具有重大而特殊的研究意义。本研究旨在通过分析我国上市公司跨境并购所面临的特殊背景和监管体系,比较境内外市场的异同,回顾经典案例;力求剖析我国上市公司跨境并购的发展特点、未来趋势及面临的挑战,并最终得到可行的政策建议,为促进上市公司跨境并购而助力。

第二章　中国上市公司
跨境并购的相关法规制度

❀❀❀❀❀❀❀❀❀❀❀❀❀❀❀❀❀❀❀❀❀❀❀❀❀❀❀❀❀❀❀❀❀❀❀❀

第一节　国内相关监管制度

一、概述

（一）"引进来"与"走出去"

在改革开放之初，中国的经济发展急需资金、先进的技术和管理经验，这一时期主要是以吸引外商直接投资为主。经过逐步的发展，中国的经济有了一定的基础，外汇储备逐年增加，境内企业具有了参与国际竞争的实力，中国政府开始逐步将境外投资纳入整体的投资战略中进行考虑。

1997年，江泽民同志提出"更好地利用国内国外两个市场、两种资源，积极参与区域经济合作和全球多边贸易体系，鼓励能够发挥我国比较优势的对外投资"①，"'引进来'和'走出去'，是我们对外开放方针的两个紧密联系、相互促进的方面，缺一不可"②。此后，"走出去"被逐步提高到中国的国家战略层面，并通过一系列的中央政府文件加以落实。

党的十七大报告明确指出："坚持对外开放的基本国策，把'引进来'和'走出去'更好地结合起来，扩大开放领域，优化开放结构，提高开放质量，完善内外联动、互利共赢、安全高效的开放型经济体系，形成经济全球化条件下参与国际经济合作和竞争的新优势。"③

---

① 《江泽民在中国共产党第十五次全国代表大会上的报告》，1997，http://news. xinhuanet. com/ziliao/ 2003－01/20/content_697189. htm

② 《走出去战略的形成历程》，重庆国际技术合作促进协会，http://www. cqgo. org. cn/UIlayer/web/ ShowArticle. aspx? ArticleID＝86

③ 《胡锦涛在党的十七大上的报告》，2007，http://news. xinhuanet. com/newscenter/2007－10/24/con- tent_6938568_4. htm

党的十八大报告进一步指出:"统筹双边、多边、区域次区域开放合作,加快实施自由贸易区战略,推动同周边国家互联互通。提高抵御国际经济风险能力。"①

《国民经济和社会发展第十二个五年规划纲要》专门用一章论述"引进来"与"走出去"的统筹问题,要求加快实施"走出去"战略,"按照市场导向和企业自主决策原则,引导各类所有制企业有序开展境外投资合作。深化国际能源资源开发和加工互利合作。支持在境外开展技术研发投资合作,鼓励制造业优势企业有效对外投资,创建国际化营销网络和知名品牌。逐步发展我国大型跨国公司和跨国金融机构,提高国际化经营水平。加快完善对外投资法律法规制度,积极商签投资保护、避免双重征税等多双边协定。健全境外投资促进体系,提高企业对外投资便利化程度"。②

在 2012 年 11 月召开的党的十八大上,胡锦涛同志就"走出去"战略问题提出进一步的要求,"加快走出去步伐,增强企业国际化经营能力,培育一批世界水平的跨国公司"③。

上述政策表明,国家对于"走出去"战略的鼓励态度是明确的,并且在未来一段时间内,"走出去"都将是我国的重要战略,对于国民经济发展具有重要意义。

(二) 我国对上市公司境外投资的监管体制

中国上市公司跨境并购是中国企业境外投资的重要组成部分,目前受多个政府部门的监管。目前,构成中国上市公司跨境并购的整体监管体系的法律依据主要包括:

1.《中华人民共和国公司法》("公司法");

2.《中华人民共和国证券法》("证券法");

3.《国务院对确需保留的行政审批项目设定行政许可的决定》、《国务院关于投资体制改革的决定》;

4. 国家发展与改革委员会("国家发改委")和商务部根据国务院的上述决定制定和发布的《境外投资项目核准暂行管理办法》("发改委 21 号令")、商务部《境外投资管理办法》("商务部 5 号令");

---

① 《胡锦涛在党的十八大上的报告》,2012,http://www.xj.xinhuanet.com/2012-11/19/c_113722546.htm
② 《国民经济和社会发展第十二个五年规划纲要》,2011,http://www.gov.cn/2011lh/content_1825838_13.htm
③ 《胡锦涛在中国共产党第十八次全国代表大会上的报告》,2012,http://news.xinhuanet.com/18cpcnc/2012-11/17/c_113711665.htm

5. 中国银行业监督管理委员会("中国银监会")根据《中华人民共和国银行业监督管理法》、《中华人民共和国行政许可法》("行政许可法")和《中华人民共和国商业银行法》等法律、行政法规及《国务院对确需保留的行政审批项目设定行政许可的决定》制定的《中国银行业监督管理委员会中资商业银行行政许可事项实施办法》;

6. 中国保险业监督管理委员会("中国保监会")根据《中华人民共和国保险法》及《国务院对确需保留的行政审批项目设定行政许可的决定》制定的《保险公司设立境外保险类机构管理办法》;

7.《中华人民共和国外汇管理条例》、国家外汇管理局制定的《境内机构境外直接投资外汇管理规定》等部门规章;

8. 国务院国有资产监督管理委员会及地方各级国有资产监督管理部门("国资委")制定的有关国有资产管理规定。

其中,中国证券监督管理委员会("中国证监会")从证券市场管理及规范证券发行和交易行为的角度对中国上市公司的跨境并购进行监管,包括上市公司的规范运作及公众股东权益保护,根据交易的不同情况涉及信息披露、重大资产重组、发行股票和公司债券/可转债募集资金等。

国家发改委从境外投资项目核准角度对跨境并购进行监管,负责境内各类法人直接或其通过在境外控股的企业或机构在境外进行的投资(含新建、购并、参股、增资、再投资)项目的核准以及跨境并购融资可能涉及的发行企业债券的核准;商务部对境内企业通过新设、并购等方式在境外设立非金融企业或取得既有非金融企业的所有权、控制权、经营管理权等权益的行为实施管理和监督,负责境内企业对外投资开办企业(金融企业除外)的核准;作为金融行业主管机关,中国银监会和中国保监会对境内商业银行和保险公司的跨境并购进行核准和监管[1]。

国家外汇管理局及其分支机构("外汇局")对境内机构境外直接投资的外汇收支、外汇登记实施监督管理。国资委从国有资产和国有产权管理的角度对国有上市公司的跨境并购进行监管,除此之外,中国人民银行对境内商业银行向上市公司提供并购贷款、上市公司发行中期票据、短期融资券进行监管[2];中国财政

---

[1] 实践中境内商业银行和保险公司的跨境并购无需取得国家发改委及商务部的境外投资核准,这使得中国银监会和中国保监会对于境内商业银行和保险公司的跨境并购监管有别于一般的行业主管部门。

[2] 中期票据、短期融资券的注册部门为中国银行间市场交易商协会,中国人民银行不直接对上市公司发行中期票据、短期融资券进行审批,但负责颁布相关部门规章以及依法对交易商协会、同业拆借中心和中央结算公司进行监管。

部对符合条件的上市公司境外投资以直接补助、贷款贴息等方式进行支持①；国家税务总局对上市公司境外投资涉及的税务登记、纳税申报、税款缴纳等进行监管。

二、证监会对上市公司跨境并购以及上市公司募集资金的监管

中国证监会目前并无专门适用于上市公司境外并购的规则，对上市公司跨境并购的监管体系存在于上市公司并购的整体监管体系之内，其主要法规依据是《公司法》、《证券法》、《上市公司重大资产重组管理办法》（"重组办法"）、《上市公司证券发行管理办法》（"发行管理办法"）、《上市公司非公开发行股票实施细则》（"实施细则"）、证监会制订的其他相关规章和规范性文件以及上海证券交易所（"上交所"）及深圳证券交易所（"深交所"）上市规则等。

根据交易金额及具体交易情况，中国证监会的监管也呈现出不同的特点。总体上，上市公司境外并购，按收购标的的情况可分为不涉及重大资产重组程序的收购和按照重大资产重组程序进行的收购；按收购资金来源可分为通过自有资金、债务融资（如银行贷款、发行企业债券、公司债券、中期票据、短期融资券等）、股权融资（包括公开发行、非公开发行及配股）以及混合融资（包括可转债及可分离债）进行的收购。上述各类境外收购中，信息披露是所有上市公司跨境并购均需关注的，而重大资产重组、发行股份/债券募集资金则是达到相应标准的跨境并购需履行的程序。

（一）持续信息公开

对于上市公司而言，真实、完整、准确地向投资人披露公司相关信息是其基本的义务，披露的形式包括定期报告和临时报告。在上市公司跨境并购交易中，信息披露义务贯穿于整个交易过程。对属于"重大事件"（指对上市公司股票及其衍生品种交易价格可能产生较大影响的事项）的跨境并购，通常涉及投资决策（董事会/股东大会决议）、签署协议、交易进展情况、定期报告的披露；对于重大资产重组和发行股份/债券募集资金，通常涉及《重组办法》及《发行管理办法》等法规要求的披露；对于未达到上述标准的跨境并购，也通常会在定期报

---

① 财政部一般每年根据《财政部、商务部关于印发〈对外经济技术合作专项资金管理办法〉的通知》（财企〔2005〕255号）发布当年专项资金申报工作的具体通知，如2012年的通知中规定专项资金的范围包括贷款贴息、不超过投资额15%的前期费用、资源回运保费、"走出去"人员人身意外伤害保险、境外突发事件处置费用、外派劳务人员的适应性培训费用、企业投保海外投资保险的保费。

告中有所反映①。

（二）按照重大资产重组程序进行的跨境并购

中国上市公司进行的跨境并购,若金额巨大或达到构成重大资产重组标准的其他条件②,应根据《重组办法》、《关于规范上市公司重大资产重组若干问题的规定》、《公开发行证券的公司信息披露内容与格式准则第 26 号——上市公司重大资产重组申请文件》等规定申请中国证监会重大资产重组核准。

1. 重大资产重组的核准部门

中国证监会上市部负责监管上市公司的并购重组活动,但并非所有达到重大资产重组标准的跨境并购均需要提交中国证监会并购重组审核委员会（"并购重组委"）审核。若上市公司出售资产的总额和购买资产的总额占其最近一个会计年度经审计的合并财务会计报告期末资产总额的比例均达到 70％以上、上市公司出售全部经营性资产同时购买其他资产,或出现中国证监会在审核中认为需要提交并购重组委审核的其他情形时,上市公司应提交并购重组委审核;若上市公司购买的资产为符合《重组办法》第 50 条规定的完整经营实体且业绩需要模拟计算的,或者上市公司对证监会有关职能部门提出的反馈意见表示异议的,上市公司可以向中国证监会申请将重组方案提交并购重组委审核。

上市公司发行股份购买资产同时募集的部分配套资金,所配套资金比例不超过交易总金额 25％的,一并由并购重组委予以审核;超过 25％的,一并由发行审核委员会予以审核。

另外,上市公司申请发行股份购买资产,应当提交并购重组委审核,但上市公司按照经中国证监会核准的发行证券文件披露的募集资金用途,使用募集资金购买资产、对外投资的行为,不适用《重组办法》③。

---

① 根据《证券法》、上交所、深交所上市规则,上市公司应在每一会计年度的上半年结束之日起二个月内披露中期报告;在会计年度结束之日起四个月内披露年度报告;在每个会计年度前三个月、九个月结束后的一个月内披露季度报告。

② 根据《重组办法》第 11 条,达到以下标准之一,即构成重大资产重组:(1) 购买、出售的资产总额占上市公司最近一个会计年度经审计的合并财务会计报告期末资产总额的比例达到 50％以上;(2) 购买、出售的资产在最近一个会计年度所产生的营业收入占上市公司同期经审计的合并财务会计报告营业收入的比例达到 50％以上;(3) 购买、出售的资产净额占上市公司最近一个会计年度经审计的合并财务会计报告期末净资产额的比例达到 50％以上,且超过 5 000 万元人民币。购买、出售资产未达到前款规定标准,但中国证监会发现存在可能损害上市公司或者投资者合法权益的重大问题的,可以根据审慎监管原则责令上市公司按照《重组办法》报送申请文件。

③ 该问题涉及中国证监会上市部与发行部职权划分问题,实践中上市公司向境内对象非公开发行股份募集资金,募投项目为境外收购项目,按照非公开发行程序报中国证监会发行部核准。

2. 重大资产重组的主要程序

上市公司涉及重大资产重组的跨境并购一般包括以下主要程序[①]：

(1) 上市公司召开董事会审议重大资产重组事项，并提交股东大会批准（若能够完成审计和评估[②]等工作，可以仅召开一次董事会，否则召开第一次董事会并通过重组预案，完成审计、评估后再召开第二次董事会）；签署重大资产重组相关收购协议。

(2) 上市公司股东大会就重大资产重组事项作出决议。

(3) 按照《公开发行证券的公司信息披露内容与格式准则第 26 号——上市公司重大资产重组申请文件》等有关规定向证监会提交重大资产重组申请。

(4) 中国证监会对重大资产重组申请作出予以核准或者不予核准的决定。

(5) 上市公司在取得中国证监会上市公司重大资产重组核准后，完成重大资产重组交割，并编制实施情况报告书，与独立财务顾问和律师事务所出具的关于重大资产重组过程、资产过户等事宜的意见同时报告、公告。

3. 参考案例

根据公开披露的信息，深圳英飞拓科技股份有限公司（"英飞拓"）收购加拿大上市公司 March Networks Corporation（"March Networks"）100% 股权的重大资产重组主要时间节点如下：

(1) 2011 年 12 月 9 日，本公司第二届董事会第十九次会议审议通过了《〈关于公司重大资产购买方案〉的议案》，同意本公司进行本次收购。并在根据境内证券监管要求编制的《深圳英飞拓科技科技股份有限公司重大资产购买预案》中对本次交易进行了披露。

(2) 2011 年 12 月 9 日，目标公司特别委员会跟董事会审议通过协议收购。目标公司与英飞拓及加拿大英飞拓签订收购协议，并发布公告。

(3) 2011 年 12 月 21 日，本公司第二届董事会第二十次会议审议通过了《关于〈公司重大资产购买报告书(草案)及其摘要〉的议案》。

(4) 2012 年 1 月 10 日，本公司 2012 年第一次临时股东大会审议通过了

[①] 对于跨境并购交易而言，重大资产重组程序还需要和境外投资主管部门的核准程序衔接。实践中，中国证监会核准重大资产重组通常在发改委、商务部核准境外投资之后。

[②] 中国上市公司收购境外的上市公司股权案例中，目标公司受外国上市监管及商业保密限制，在收购完成前一般无法由中国会计师事务所按照中国企业会计准则对目标公司进行审计，实践中可在收购完成后一定期限内进行该审计。在收购完成之前，上市公司可按中国证监会要求提交目标公司所采纳的会计政策和中国企业会计准则之间的主要差异的说明，并由中国会计师事务所对该差异说明出具鉴证意见；因收购价格参考目标公司二级市场股票价格确定，收购境外上市公司股权一般不进行资产评估，但可由财务顾问提供估值报告。

《关于英飞拓科技股份有限公司重大资产购买方案的议案》。

（5）2012年2月2日，深圳市发改委批复同意英飞拓收购 March Networks Corporation 全部股权。

（6）2012年2月3日，目标公司取得安大略省高级法院通过意向性协议收购申请的中期裁定。

（7）2012年2月15日，深圳市经贸委批复同意英飞拓收购 March Networks Corporation 100％股权。

（8）2012年3月6日，国家外汇管理局深圳市分局批准同意英飞拓用汇申请。

（9）2012年3月20日，目标公司召开股东会，审议通过该协议收购。

（10）2012年3月23日，安大略省高级法院做出最终裁定，同意英飞拓收购目标公司。

（11）2012年4月13日，中国证监会出具了《关于核准深圳英飞拓科技股份有限公司重大资产重组方案的批复》（证监许可［2012］509号），核准本公司本次交易。

（12）2012年4月27日，公司完成了对加拿大 March Networks Corporation 的协议收购，并已完成了工商变更登记。

（13）2012年4月30日，March Networks 股票在多伦多交易所停止交易。

（14）2012年5月31日，March Networks 完成退市程序。

（15）2012年7月5日，英飞拓公布重大资产购买实施情况报告书、独立财务顾问的核查意见和律师事务所法律意见书。

（三）以发行股票募集资金进行的跨境并购

与非上市公司跨境并购相比，上市公司一个明显的优势是融资渠道更多，可通过公开或非公开发行股票、配股募集资金进行收购。《证券法》第二章、《发行管理办法》、《实施细则》、上交所、深交所上市规则及证监会制订的其他规章和规范性文件对于上市公司发行股票的具体要求作了明确规定。实践中，已有上市公司采用非公开发行股票募集资金进行跨境并购的案例，据笔者了解，目前尚无公开发行股票及配股募集资金进行跨境并购的案例。

非公开发行股票的特定对象应当不超过十名，并符合股东大会决议规定的条件；若发行对象为境外战略投资者，应当取得商务部批准。

1. 上市公司非公开发行股票的主要程序[①]

（1）上市公司召开董事会审议非公开发行事项，并提交股东大会批准（若能

---

① 对于涉及非公开发行的跨境并购交易而言，非公开发行股票程序还需要和境外投资主管部门的核准程序衔接，实践中中国证监会核准非公开发行通常在国家发改委、商务部核准境外投资之后。

够完成审计和评估的,可以仅召开一次董事会;否则,召开第一次董事会通过非公开发行预案,完成审计、评估后再召开第二次董事会)。

(2)董事会决议确定具体发行对象的,上市公司在召开董事会的当日或者前一日与相应发行对象签订附条件生效的股份认购合同。

(3)股东大会就发行证券事项作出决议。

(4)按照《实施细则》附件1《上市公司非公开发行股票申请文件目录》等有关规定向证监会提交发行申请文件。

(5)上市公司取得中国证监会非公开发行股份核准后六个月内,完成证券发行。

(6)验资完成后,上市公司和保荐人应当向证监会提交《证券发行与承销管理办法》第五十条规定的备案材料(包括发行情况报告书等)。

实践中上述非公开发行股票的程序全部完成一般需要多个月甚至更长的时间,若等非公开发行股票募集资金到位再进行交割,可能无法满足境外并购交易的付款时间要求。因此,上市公司可以先用自有资金或借款等方式融资完成收购项目的交割,再用非公开发行股票募集资金置换前期已投入的资金。

2. 参考案例

吉林吉恩镍业股份有限公司("吉恩镍业")非公开发行股票投资加拿大Liberty Mines Inc.("Liberty Mines")的主要时间节点如下:

(1) 2009年4月9日,吉恩镍业第三届董事会第十九次会议审议通过了《关于公司非公开发行 A 股股票发行方案》[①];同一日,吉恩镍业与 Liberty Mines 签署股份认购协议。

(2) 2009年4月21日,该项目经吉林省商务厅出具的吉商投合字[2009]49号文件核准[②]。

(3) 2009年4月21日,外汇局对该项目出具了外汇资金来源审查的核准批复[③]。

_____

① 除收购 Liberty Mines 项目外,吉恩镍业该次非公开发行股票方案的募投项目还包括合作开发镍钴矿等项目。

② 一般境外投资项目商务部门(同级)核准晚于发改委的境外投资项目核准。该项目的特殊性在于其投资金额为 3 000 万加元,按照发改委 21 号令,在国家发改委核准权限内(2011 年《国家发展改革委关于做好境外投资项目下放核准权限工作的通知》[2011]235 号》发布后,该投资金额的项目才下放到省级发改委核准);按照商务部 5 号令,该项目应由省级商务主管部门进行核准。

③ 根据 2012 年 9 月 23 日《国务院关于第六批取消和调整行政审批项目的决定》(国发[2012]52 号),境外投资外汇资金来源审核被正式取消(实践中之前一段时间已不再进行该项审查);吉恩镍业未公开其完成境外投资外汇登记的时间。

（4）2009 年 5 月 4 日，吉恩镍业 2008 年年度股东大会审议通过了《关于公司本次非公开发行 A 股股票方案的议案》。

（5）2009 年 5 月 16 日，国家发改委核准吉恩镍业投资入股目标公司。

（6）2009 年 5 月 25 日，吉恩镍业投资入股目标公司的股权过户办理完毕。

（7）2009 年 9 月 25 日，吉恩镍业第三届董事会临时会议审议通过了《关于明确公司 2009 年非公开发行股票募集资金上限的议案》。

（8）2010 年 1 月 8 日，吉恩镍业第四届董事会第二次会议审议通过了《关于调整公司非公开发行股票募集资金总额及项目具体安排的议案》。

（9）2010 年 4 月 19 日，经中国证监会股票发行审核委员会审核，吉恩镍业本次非公开发行股票申请获得有条件通过。

（10）2010 年 5 月 4 日，中国证监会出具批复核准本次发行。

（11）2010 年 5 月 19 日，吉恩镍业 2009 年年度股东会议审议通过了《关于公司非公开发行股票方案及授权有效期延期 6 个月的议案》。

（12）2010 年 6 月 28 日，完成验资。

（13）2010 年 6 月 30 日，完成本次发行的股权登记工作。

（14）2010 年 7 月 2 日，公布发行情况报告书。

（四）以其他方式募集资金进行的跨境并购

除直接发行股票外，上市公司跨境并购还涉及其他一些融资方式，如银行贷款，发行企业债券、公司债券、可转债、中期票据和短期融资券等，灵活利用这些融资方式可减轻上市公司跨境并购的自有资金压力。

1. 境内银行贷款

上市公司通过境内银行贷款融资进行跨境并购，应符合《商业银行并购贷款风险管理指引》中规定的条件，包括并购的资金来源中并购贷款所占比例不应高于 50%，期限一般不超过 5 年，借款人应提供充足的能够覆盖并购贷款风险的担保，包括但不限于资产抵押、股权质押、第三方保证以及符合法律规定的其他形式的担保①。原则上，商业银行对并购贷款所要求的担保条件应高于其他贷款种类。以目标企业股权质押时，商业银行应采用更为审慎的方法评估其股权价值和确定质押率，另外，上市公司应向银行说明还款资金来源充足，还款来源与还款计划相互匹配。

2. 发行企业债券

上市公司发行企业债券由国家发改委负责核准。上市公司发行债券，净资

---

① 实践中有的国家重点支持的项目可以突破并购贷款比例不超过 50%以及必须提供担保的限制。

产应不低于人民币 3 000 万元,累计债券余额不超过企业净资产(不包括少数股东权益)的 40%,最近 3 年可分配利润(净利润)应足以支付企业债券 1 年的利息,原则上累计发行额不得超过该项目总投资的 60%,除此之外,还应符合《企业债券管理条例》、《国家发展改革委关于推进企业债券市场发展、简化发行核准程序有关事项的通知》等法规的具体规定。

3. 发行公司债券

中国证监会负责上市公司发行公司债券的核准工作。上市公司发行公司债券应当符合《证券法》、《公司法》和《公司债券发行试点办法》等法规所规定的条件,如最近 3 个会计年度实现的年均可分配利润不少于公司债券 1 年的利息,本次发行后累计公司债券余额不超过最近一期期末净资产额的 40%等。

4. 发行可转债

可转债是指发行公司依法发行、在一定期间内依据约定的条件可以转换成股份的公司债券。与一般的债务融资相比,可转债的票面利率极低。上市公司发行可转债,除了需满足《证券法》第二章关于公开发行股票的一般条件外,还应满足最近 3 个会计年度加权平均净资产收益率平均应不低于 6%,发行后累计公司债券余额不超过最近一期期末净资产额的 40%,最近 3 个会计年度实现的年均可分配利润不少于公司债券 1 年的利息等条件。

5. 发行中期票据和短期融资券(非金融企业)

中期票据,是指具有法人资格的非金融企业在银行间债券市场按照计划分期发行的,约定在一定期限(一般为 3—5 年)还本付息的债务融资工具;短期融资券,是指具有法人资格的非金融企业在银行间债券市场发行的,约定在 1 年内还本付息的债务融资工具。

中期票据和短期融资券均属于非金融企业债务融资工具,需在中国银行间市场交易商协会注册,其发行利率、发行价格和所涉费率以市场化方式确定。

上市公司发行中期票据和短期融资券的待偿还余额不得超过企业净资产的 40%,其发行和注册应符合《银行间债券市场非金融企业债务融资工具管理办法》、《银行间债券市场非金融企业债务融资工具发行注册规则》、《银行间债券市场非金融企业中期票据业务指引》、《银行间债券市场非金融企业短期融资券业务指引》等法规及中国银行间市场交易商协会规则的规定。

三、我国境外投资主管部门对境外投资的核准和监管

2004 年,国务院颁布了《国务院对确需保留的行政审批项目设定行政许可的决定》,依照《行政许可法》和行政审批制度改革的有关规定,对国务院各部门

的行政审批项目进行了全面清理。由法律、行政法规设定的行政许可项目,依法继续实施;对法律、行政法规以外的规范性文件设定,但确需保留且符合《行政许可法》第十二条规定事项的行政审批项目①,根据《行政许可法》第十四条第二款的规定②,予以保留并设定行政许可。此外,国务院还发布了《关于投资体制改革的决定》,对于企业不使用政府投资建设的项目,一律不再实行审批制,区别不同情况实行核准制和备案制。

按照国务院上述决定,境外资源开发类和大额用汇投资项目审批由国家发改委核准,国内企业对外投资开办企业(金融企业除外)由商务部核准,商业银行对外从事股权投资审批由银监会负责,境内保险和非保险机构在境外设立(投资入股、收购)保险机构的审批由保监会负责③。

(一)发改委对境外投资项目的核准

根据《行政许可法》和《国务院对确需保留的行政审批项目设定行政许可的决定》,国家发改委于 2004 年制定了《境外投资项目核准暂行管理办法》(即发改委 21 号令),后来又陆续颁布了《国家发展改革委关于改进和完善报请国务院审批或核准投资项目的管理办法》(发改投资[2005]76 号)、《境外投资产业指导政策》(发改外资[2006]1312 号)、针对央企境外投资项目备案程序的《关于境外投资项目备案证明的通知》(发改办外资[2007]1239 号),会同商务部、国务院台办发布了《大陆企业赴台湾地区投资管理办法》的通知(发改外资[2010]2661号),还颁布了《关于完善境外投资项目管理有关问题的通知》(发改外资[2009]1479 号,"1479 号文")、《国家发展改革委关于做好境外投资项目下放核准权限工作的通知》(发改外资[2011]235 号,"235 号文")、《关于印发鼓励和引导民营企业积极开展境外投资的实施意见的通知》(发改外资[2012]1905 号)。按照国

---

① 《行政许可法》第十二条规定,"下列事项可以设定行政许可:(一)直接涉及国家安全、公共安全、经济宏观调控、生态环境保护以及直接关系人身健康、生命财产安全等特定活动,需要按照法定条件予以批准的事项;(二)有限自然资源开发利用、公共资源配置以及直接关系公共利益的特定行业的市场准入等,需要赋予特定权利的事项;(三)提供公众服务并且直接关系公共利益的职业、行业,需要确定具备特殊信誉、特殊条件或者特殊技能等资格、资质的事项;(四)直接关系公共安全、人身健康、生命财产安全的重要设备、设施、产品、物品,需要按照技术标准、技术规范,通过检验、检测、检疫等方式进行审定的事项;(五)企业或者其他组织的设立等,需要确定主体资格的事项;(六)法律、行政法规规定可以设定行政许可的其他事项"。

② 《行政许可法》第十四条第二款规定,"必要时,国务院可以采用发布决定的方式设定行政许可。实施后,除临时性行政许可事项外,国务院应当及时提请全国人民代表大会及其常务委员会制定法律,或者自行制定行政法规"。

③ 根据 2012 年 9 月 23 日《国务院关于第六批取消和调整行政审批项目的决定》(国发[2012]52 号),保监会对境内非保险机构在境外设立(投资入股、收购)保险机构(含保险公司分支机构)审批已经取消。

家发改委的有关规定,上市公司并购境外上市或非上市公司属中国企业境外投资项目,应向国家发改委或省级发改部门(合称"发改委")申请核准。发改委对境外投资项目的监管事项主要包括:

1. 对境外收购和竞标项目的事前确认

该程序仅适用于境外收购项目或境外投标项目,其他境外投资不需履行该程序。

2004年国家发改委21号令规定,境内各类法人及其境外控股企业或机构("投资主体")进行境外竞标或收购项目,应在投标或对外正式开展商务活动前向国家发改委报送书面信息报告。为应对大型境外收购和竞标项目明显增加的形势,2009年国家发改委发布1479号文,进一步明确境外收购和竞标项目应在开展实质性工作之前[即境外收购项目在对外签署约束性协议、提出约束性报价及向对方国家(地区)政府审查部门提出申请之前,境外竞标项目在对外正式投标之前],向国家发展改革委报送项目信息报告,并抄报国务院行业管理部门。2011年,发改委发布235号文,将报送项目信息报告的范围调整为中方投资额1亿美元及以上的境外收购和竞标项目。

中央管理企业可直接向国家发改委报送项目信息报告并抄报国务院行业管理部门,地方企业通过省级发改委报送项目信息报告。已有境外投资项目经国家核准的地方企业,可直接向国家发改委报送项目信息报告并抄报国务院行业管理部门,同时抄报省级发改委。

项目信息报告应说明投资主体基本情况、项目投资背景情况、收购目标情况、对外工作和尽职调查情况、收购或竞标的基本方案和时间安排等。国家发改委在收到项目信息报告后,对于报告内容符合规定要求的项目,在7个工作日内出具确认函,并抄送有关部门和机构;对于报告内容不符合规定要求的项目,将及时通知报送单位补充和完善。

2. 境外投资项目前期费用核准

按照发改委21号令,投资主体如需投入必要的项目前期费用涉及用汇数额的(含履约保证金、保函等),应向国家发改委申请核准。经核准的该项前期费用计入项目投资总额①。

---

① 相关法规对国家发改委前期费用核准所需提交的具体文件以及核准所需时间并没有明确规定。外汇局于2012年11月19日颁布的《国家外汇管理局关于进一步改进和调整直接投资外汇管理政策的通知(汇发[2012]59号)》规定前期费用累计超过10万美元的,需提供境内机构已向境外直接投资主管部门报送的书面申请,并未要求提交投资主管部门的核准文件。实践中发改委和外汇局的程序衔接待进一步明确。

3. 境外投资项目的核准/备案

根据发改委 21 号令的相关规定,投资主体就境外投资项目签署任何具有最终法律约束力的相关文件前,须取得发改委出具的项目核准文件或备案证明。

2011 年,为适应境外投资发展的需要,国家发改委经报请国务院同意,下放了境外投资项目核准权限。其中,地方企业实施的中方投资额 3 亿美元以下的资源开发类、中方投资额 1 亿美元以下的非资源开发类境外投资项目(特殊项目除外),由省级发改委核准;央企实施的上述境外投资项目,由企业自主决策并报国家发改委备案;对于中方投资额 3 000 万美元以上至 3 亿美元以下的资源开发类、中方投资额 1 000 万美元以上至 1 亿美元以下的非资源开发类境外投资项目,省级发改委在下发核准文件前,需报国家发改委登记①。但是,中方投资额 3 亿美元及以上的资源开发类、中方投资额 1 亿美元及以上的非资源开发类境外投资项目,仍由国家发改委核准。同时,前往未建交、受国际制裁国家,或前往发生战争、动乱等国家和地区的投资项目以及涉及基础电信运营、跨界水资源开发利用、大规模土地开发、干线电网、新闻传媒等特殊敏感行业等特殊项目,不分限额,由省级发改委或央企初审后报国家发改委核准或由国家发改委审核后报国务院核准。

国家发改委在受理项目申请报告之日起 20 个工作日内,完成对项目申请报告的核准或向国务院提出审核意见。如 20 个工作日不能作出核准决定或提出审核意见,由国家发改委负责人批准延长 10 个工作日,并将延长期限的理由告知项目申请人。上述期限,不包括委托咨询机构进行评估的时间。国家发改委在受理项目申请报告之日起 5 个工作日内,对需要进行评估论证的重点问题委托有资质的咨询机构进行评估,接受委托的咨询机构应在规定的时间内向国家发改委提出评估报告②。

发改委在审核过程中关注的重点:

(1) 投资项目;

(2) 投资方情况;

(3) 境外投资项目的必要性分析;

---

① 相关法规并未对该登记的性质和要求进行明确的规定,实践中省级发改委在进行核准前报国家发改委登记可能导致审批时间延长,若核准前登记改为事后备案更有利于加快核准进度。

② 实践中有的地方发改委指定企业委托当地特定机构编制可行性研究类似报告,企业因此需产生更多的费用。

（4）项目背景、投资环境情况、项目的外部意见及影响；

（5）被收购对象情况，股权收购类项目应包括被收购企业全称（中英文）、主要经营范围、注册地、注册资本、生产情况、经营情况及资产与负债等财务状况，股权结构、上市情况及最新股市表现、主要股东简况，被收购企业及其产品、技术在同行业所处地位、发展状况等；资产收购类项目应包括被收购资产构成，专业中介机构确定的评估价，资产所有者基本情况等；

（6）收购方案；

（7）融资方案，包括项目合作方案、项目资金运用、项目资金筹措；

（8）项目风险分析；

（9）其他事项，包括项目是否存在需要解决的问题、实施项目的下一步工作计划。

发改委的境外投资核准或备案文件，是投资主体依法办理外汇、海关、出入境管理和税收等相关手续的前置条件。未经有权机构核准或备案的境外投资项目，外汇管理、海关、税务等部门不得办理相关手续。

4. 已经核准的境外投资项目的变更核准

按照发改委 21 号令，已经核准的境外投资项目如出现下列情况之一的，需向发改委申请变更：

（1）建设规模、主要建设内容及主要产品发生变化；

（2）建设地点发生变化；

（3）投资方或股权发生变化；

（4）中方投资超过原核准的中方投资额 20％及以上。

变更核准的程序比照境外投资项目核准的相关规定执行。

（二）商务部对国内企业在境外投资非金融企业的核准和监管

按照《国务院对确需保留的行政审批项目设定行政许可的决定》和《国务院关于投资体制改革的决定》，商务部负责国内企业对外投资开办企业（金融企业除外）的核准。商务部曾于 2004 年制定了《关于境外投资开办企业核准事项的规定》、《关于内地企业赴香港、澳门特别行政区投资开办企业核准事项的规定》；2009 年，商务部《境外投资管理办法》（即商务部 5 号令）施行后，前述两个规定废止。目前，商务部依据《境外投资管理办法》、《企业境外并购事项前期报告制度》等规定，核准在我国依法设立的企业通过新设、并购等方式在境外设立非金融企业或取得既有非金融企业的所有权、控制权、经营管理权等权益的行为。

商务部对国内企业境外投资非金融业企业的主要监管事项包括：

1. 境外并购项目前期报告

在确定境外并购意向后，企业应按照《企业境外并购事项前期报告制度》及时向商务部及地方省级商务主管部门和国家外汇管理局及地方省级外汇管理部门提交《境外并购事项前期报告表》，包括境外并购标的企业、拟并购的股权、资产或业务情况、预计投资总额、资金筹措方案等。经确认的《境外并购事项前期报告表》是后续向商务部门报送的审批申请文件之一。

2. 境外投资核准

境外投资的审批由商务部或省级商务部门负责，具体的审批权限划分如下：

由商务部核准的境外投资包括：(1) 在与我国未建交国家的境外投资；(2) 特定国家或地区的境外投资（具体名单由商务部会同外交部等有关部门确定）；(3) 中方投资额 1 亿美元及以上的境外投资；(4) 涉及多国（地区）利益的境外投资；(5) 设立境外特殊目的公司。商务部核准上述境外投资应当征求我驻外使（领）馆（经商处室）意见。

由省级商务主管部门核准的境外投资包括：(1) 中方投资额 1 亿美元以下的境外投资；(2) 能源、矿产类境外投资；(3) 需在国内招商的境外投资。

对于需要由商务部核准的境外投资，中央企业直接向商务部提出申请，地方企业通过所在地省级商务主管部门向商务部提出申请，省级商务主管部门收到申请后应当于 10 个工作日内［不含征求驻外使（领）馆（经商处室）意见的 10 个工作日时间］对企业申报材料真实性及是否涉及商务部 5 号令第九条所列情形进行初审，同意后将初审意见和全部申请材料报送商务部。

商务部门对境外投资进行实质性审核，包括境外企业的名称、注册资本、投资金额、经营范围、经营期限、境内企业境外投资资金来源、投资的具体内容、交易结构、投资环境分析等等，同时商务部门还会审核是否存在《境外投资管理办法》第九条的情形，即境外投资是否会危害我国国家主权、安全和社会公共利益，违反我国法律法规，损害我国与有关国家（地区）关系，可能违反我国对外缔结的国际条约，或者涉及我国禁止出口的技术和货物等。

商务部收到省级商务主管部门转报或中央企业直接提交的申请后，于 5 个工作日内决定是否受理。申请材料不齐全或者不符合法定形式的，应当在 5 个工作日内一次告之申请人；受理后，应当于 15 个工作日内［不含征求驻外使（领）馆（经商处室）意见的 10 个工作日时间］做出是否予以核准的决定。核准后，原境外投资申请事项发生变更的，企业应参照原核准手续办理变更核准。

商务部根据《境外投资管理办法》建立了"境外投资管理系统"，对已核准的企业,颁发《企业境外投资证书》。境内企业在获得发改委和商务部门的核准后,持《企业境外投资证书》方可办理后续外汇、银行、海关、外事等手续,并享受国家有关政策支持。

3. 境外再投资备案

境内企业控股的境外企业的境外再投资,在完成法律手续后一个月内,应当报商务主管部门备案。企业填写并提交备案表后即视为完成备案手续。

(三)境外投资主管部门主要审批登记所需提交文件目录

1. 发改委境外投资项目核准

(1)项目申请报告(主要内容包括项目名称,投资方基本情况,项目背景情况及投资环境情况,项目建设规模,主要建设内容、产品、目标市场以及项目效益、风险情况,项目总投资,各方出资额、出资方式、融资方案及用汇金额、拟购并或参股公司的具体情况等);

(2)公司董事会决议或相关的出资决议;

(3)证明公司及合作外方资产、经营和资信情况的文件;

(4)银行出具的融资意向书(如有);

(5)以有价证券、实物、知识产权或技术、股权、债权等资产权益出资的,按资产权益的评估价值或公允价值核定出资额。应提交具备相应资质的会计师、资产评估机构等中介机构出具的资产评估报告或其他可证明有关资产权益价值的第三方文件;

(6)中外方签署的意向书或框架协议等文件;

(7)境外竞标或收购项目信息报告,并附国家发改委出具的有关确认函件;

(8)主管部门要求的其他文件。

2. 商务部境外投资核准[①]

(1)申请书(主要内容包括境外企业的名称、注册资本、投资金额、经营范围、经营期限、投资资金来源情况的说明,投资的具体内容、股权结构、投资环境分析评价以及对不涉及《境外投资管理办法》第九条所列情形的说明等);

(2)企业营业执照复印件;

(3)境外企业章程及相关协议或者合同;

(4)国家有关部门的核准或备案文件;

(5)并购类境外投资须提交《境外并购事项前期报告表》;

[①] 该等文件适用于商务部5号令第六条、第七条所规定的境外投资,上市公司开展商务部5号令第八条规定的境外投资,可直接打印申请表并报商务部门核准。

（6）主管部门要求的其他文件。

3. 外汇局境外投资前期费用登记

（1）《境外直接投资外汇登记业务申请表》及外汇登记凭证（未领取过外汇登记凭证的，提供营业执照及组织机构代码证）；

（2）前期费用累计超过10万美元的，需提供境内机构已向境外直接投资主管部门报送的书面申请及境内机构参与投标、并购或合资合作项目的相关真实性证明材料（包括中外方签署的意向书、备忘录或框架协议等）；

（3）外汇局要求的其他相关材料。

4. 外汇局境外投资外汇登记

（1）《境外直接投资外汇登记业务申请表》；

（2）营业执照或注册登记证明及组织机构代码证（多个境内机构共同实施一项境外直接投资的，应提交各境内机构的营业执照或注册登记证明及组织机构代码证）；

（3）非金融类境外投资提供境外投资主管部门颁发的《企业境外投资证书》（依据《关于外国投资者并购境内企业的规定》设立的特殊目的公司需提供商务部的批准或备案文件）；金融类境外投资提供相关金融主管部门对该项投资的批准文件；

（4）外国投资者以境外股权并购境内公司导致境内公司或其股东持有境外公司股权的，另需提供加注的外商投资企业批准证书和加注的外商投资企业营业执照；

（5）外汇局要求的其他相关材料。

四、银监会和保监会对境内商业银行和保险公司跨境收购的监管

有别于非金融行业的跨境收购，境内商业银行（国有商业银行、股份制商业银行、城市商业银行和城市信用社股份有限公司）收购境外机构以及境内保险公司收购境外保险公司和保险中介机构，分别由中国银监会和中国保监会负责核准和监管[①]。

（一）银监会对境内商业银行跨境收购的监管

按照《中华人民共和国银行业监督管理法》，国务院银行业监督管理机构（即中国银监会）负责对全国银行业金融机构及其业务活动的监督管理，并对经其批准在境外设立的金融机构以及银行业金融机构及其他金融机构在境外的

---

① 中资上市银行、境内上市保险公司的跨境并购，还应当接受中国证监会对上市公司跨境并购的监管。

业务活动实施监督管理。对于商业银行对外从事股权投资,《国务院对确需保留的行政审批项目设定行政许可的决定》明确规定应由中国银监会负责审批。

根据《中华人民共和国银行业监督管理法》、《中华人民共和国行政许可法》和《中华人民共和国商业银行法》等法律、行政法规及国务院的有关决定,银监会制定了《中国银行业监督管理委员会中资商业银行行政许可事项实施办法》。按照该办法,境内中资上市银行收购境外机构,应当符合以下条件:

(1) 资本充足率不低于8%;

(2) 权益性投资余额原则上不超过其净资产的50%(合并会计报表口径);

(3) 最近3个会计年度连续盈利;

(4) 申请前1年末资产余额达到1 000亿元人民币以上;

(5) 有合法足额的外汇资金来源;

(6) 公司治理良好,内部控制健全有效;

(7) 主要审慎监管指标符合监管要求;

(8) 银监会规定的其他审慎性条件。

国有商业银行和股份制商业银行申请设立境外机构由银监会受理、审查并决定。城市商业银行申请设立境外机构由所在地银监局受理并初步审查,中国银监会审查并决定。银监会一般自收到完整申请材料之日起6个月内作出批准或不批准该跨境并购的书面决定。

境内银行应在取得中国银监会或其他相关主管部门的核准文件[①]后,依照《国家外汇管理局关于境内银行境外直接投资外汇管理有关问题的通知》(汇发[2010]31号)到所在地国家外汇管理局分支机构办理境外直接投资外汇登记手续。

(二)保监会对境内保险公司跨境收购的监管

根据《中华人民共和国保险法》,国务院保险监督管理机构(即中国保监会)依法对保险业实施监督管理;保监会依照法律、行政法规制定并发布有关保险业监督管理的规章。对于境内保险和非保险机构在境外设立(投资入股、收购)保险机构,《国务院对确需保留的行政审批项目设定行政许可的决定》明确规定应由保监会负责审批[②]。

按照保监会制定的《保险公司设立境外保险类机构管理办法》和《保险资金

---

① 如中国证监会对上市公司跨境并购涉及的重大资产重组、发行股份、债券、可转债募集资金的核准。

② 见前注,按照《国务院关于第六批取消和调整行政审批项目的决定》,保监会对境内非保险机构在境外设立(投资入股、收购)保险机构(含保险公司分支机构)审批已经取消。

境外投资管理暂行办法实施细则》，保险公司收购境外保险公司和保险中介机构（保险代理机构、保险经纪机构和保险公估机构）的股权、且其持有的股权达到该机构表决权资本总额 20％ 及以上或者虽不足 20％，但对该机构拥有实际控制权、共同控制权或者重大影响，应由中国保监会审批和监管。境内上市保险公司应满足《保险公司设立境外保险类机构管理办法》和《保险资金境外投资管理暂行办法实施细则》规定的条件，包括开业时间、总资产、外汇资金、投资专业人员、偿付能力等条件。保监会一般自受理申请之日起 20 日内作出批准或者不予批准该跨境并购的决定。保险公司应当在境外保险类机构获得许可证或者收购交易完成后 20 日内，向中国保监会书面报告。

五、国有资产监督管理部门对国有资本控股、参股的上市公司跨境并购的监管

对于国有资产监督管理部门履行出资人职责的国有资本控股、参股的上市公司，其跨境并购行为还受到国有资产监督管理部门的监管。国有资产监督管理部门的监管不仅体现在国有资本控股、参股的上市公司的股东会、董事会依照《公司法》决定公司的重大事项时，国有资产监督管理机构派出的股东代表、董事，应当按照国有资产监督管理机构的指示提出提案、发表意见、行使表决权；对于国有资本控股的上市公司的境外股权投资，其投资决策、境外产权评估或估值的备案/核准、国有控股上市公司发行证券、境外产权管理等行为，应符合国有资产监督管理部门的相关规定。

（一）投资决策

按照《中央企业境外国有资产监督管理暂行办法》（国资委 26 号令），中央企业及其重要子企业（即各级独资、控股子企业）收购、兼并境外上市公司以及重大境外出资行为应当依照法定程序报国资委备案或者核准。

在中央企业及其各级独资、控股子企业的境外股权投资决策方面，国资委实行的是非主业境外投资需报国资委核准、主业境外投资需报国资委备案的制度。《中央企业境外投资监督管理暂行办法》（国资委 28 号令）规定，列入中央企业年度境外投资计划的主业重点投资项目，由国资委实行备案；未列入中央企业年度境外投资计划、需要追加的主业重点投资项目，中央企业应在履行企业内部投资决策程序后报送国资委备案，对项目有异议的，国资委应当在 20 个工作日内向企业出具书面意见。同时，中央企业原则上不得在境外从事非主业投资。有特殊原因确需投资的，应当经国资委核准。国资委依据相关法律、法规和国有资产监管规定，主要从非主业投资项目实施的必要性、对企业发展战

略和主业发展的影响程度、企业投资承受能力和风险控制能力等方面予以审核,在 20 个工作日内出具书面意见。

对于地方国有企业境外投资的决策机制,有的地方国资委已有明确规定。例如,按照《辽宁省监管企业投资管理暂行规定》,对企业主业内重大投资项目(包括境外投资项目)及非主业投资项目实行核准管理;对主业内非重大投资项目实行备案管理。

（二）境外产权评估或估值的备案/核准

按照《中央企业境外国有产权管理暂行办法》（国资委 27 号令）第十条,中央企业及其各级子企业独资或者控股的境外企业在境外发生转让或者受让产权、以非货币资产出资、非上市公司国有股东股权比例变动、合并分立、解散清算等经济行为时,应当聘请具有相应资质、专业经验和良好信誉的专业机构对标的物进行评估或者估值,评估项目或者估值情况应当由中央企业备案;涉及中央企业重要子企业由国有独资转为绝对控股、绝对控股转为相对控股或者失去控股地位等经济行为的,评估项目或者估值情况应当报国资委备案或者核准。

国务院国资委《关于加强中央企业境外国有产权管理有关工作的通知》（国资发产权〔2011〕114 号）进一步明确规定,中央企业及其各级子企业独资或者控股的境外企业发生国资委 27 号令第十条规定的应评估或者估值的经济行为时,应当聘请具有相应资质、专业经验、良好信誉并与经济行为相适应的境内外专业机构对标的物进行评估或者估值。其中:选择的境内评估机构应当具有国家相关部门确认的专业资质;选择的境外评估或估值机构应当遵守标的物所在国家或地区对评估或估值机构专业资质的相关规定。同时,报送备案或核准的评估或者估值报告书及其相关说明等资料应为中文文本。

按照国资委 27 号令,中央企业及其各级子企业独资或者控股的境外企业在进行与评估或者估值相应的经济行为（包括在境外发生受让产权）时,其交易对价应当以经备案的评估或者估值结果为基准。

（三）国资委关于国有控股上市公司发行证券有关事项的特别规定

对于通过发行股份（包括采用公开方式向原股东配售股份、向不特定对象公开募集股份,采用非公开方式向特定对象发行股份）募集资金进行的跨境并购,国有控股上市公司的国有控股股东应依照《国务院国有资产监督管理委员会关于规范上市公司国有股东发行可交换公司债券及国有控股上市公司发行证券有关事项的通知》（国资发产权〔2009〕125 号）取得国资委关于发行股份的批复。

具体而言,国有控股股东应当在上市公司董事会审议通过证券发行方案后,按照规定程序在上市公司股东大会召开前不少于 20 个工作日,将该方案逐级报省级或省级以上国有资产监督管理机构审核。国有股东为中央单位的,由中央单位通过集团母公司报国务院国有资产监督管理机构审核;国有股东为地方单位的,由地方单位通过集团母公司报省级国有资产监督管理机构审核。

国有资产监督管理机构在上市公司相关股东大会召开前 5 个工作日出具批复意见。国有控股股东在上市公司召开股东大会时,应当按照国有资产监督管理机构出具的批复意见,对上市公司拟发行证券的方案进行表决。上市公司股东大会召开前未获得国有资产监督管理机构批复的,国有控股股东应当按照有关法律法规规定,提议上市公司延期召开股东大会。

上市公司证券发行完毕后,国有控股股东应持国有资产监督管理机构的批复,就国有股东持有的股份变更事宜到证券登记结算机构办理相关股份变更手续。

（四）产权登记

按照《国家出资企业产权登记管理暂行办法》（国资委 29 号令）和《国家出资企业产权登记管理工作指引》,国家出资企业、国家出资企业（不含国有资本参股公司）拥有实际控制权①的境内外各级企业及其投资参股企业,应当纳入产权登记范围。国家出资企业所属事业单位视为其子企业进行产权登记。

企业发生产权登记相关经济行为时,应当自相关经济行为完成后 20 个工作日内,在办理工商登记前,申请办理产权登记。其中,因投资、分立、合并而新设企业或因收购、投资入股而首次取得企业股权的,应当办理占有产权登记。

六、外汇管理部门的监管

根据《中华人民共和国外汇管理条例》、《境内机构境外直接投资外汇管理规定》等规定,国家外汇管理局及其分支机构对境内机构境外直接投资的外汇收支、外汇登记实施监督管理。境外投资外汇管理主要包括境外投资外汇登记、前期费用外汇登记及境外投资外汇年检。

（一）前期费用外汇登记

若境内机构在境外投资设立项目或企业前,需向境外支付的与境外直接投资有关的费用,如保证金以及进行市场调查、租用办公场地和设备、聘用人员以

---

① 指国家出资企业直接或者间接合计持股比例超过 50%,或者持股比例虽然未超过 50%,但为第一大股东,并通过股东协议、公司章程、董事会决议或者其他协议安排能够实际支配企业行为的情形。

及聘请境外中介机构提供服务所需的费用等,根据《境内机构境外直接投资外汇管理规定》,应取得外汇局核准后汇出,境外投资前期费用一般不得超过境内机构已向境外直接投资主管部门申请的境外直接投资总额的15%。

2012年11月19日,外汇局颁布《关于进一步改进和调整直接投资外汇管理政策的通知(汇发[2012]59号)》("59号文")①,进一步简化境外投资外汇登记手续,取消境内机构向境外汇出境外投资前期费用核准,前期费用累计汇出额不高于10万美元(含)的,或者超过10万美元但未超过中方投资总额15%的,由境内机构注册地外汇局办理登记,银行根据外汇局相关业务系统中的登记信息为境内机构办理境外投资前期费用购汇及对外支付手续。

(二)境外投资外汇登记和外汇投资资金汇出手续

企业在取得主管部门的核准后,应按照59号文附件《资本项目直接投资外汇业务操作规程(外汇局版)》所要求的材料,向外汇局办理境外投资的外汇登记,外汇局审核申请材料无误后,向境内机构颁发境外直接投资外汇登记证(IC卡),企业办理完外汇登记后,可在外汇指定银行办理境外直接投资资金汇出手续。

在59号文颁布之前,《国家外汇管理局关于发布〈国家外汇管理局行政许可项目表〉的通知(汇发[2010]43号)》规定境外投资外汇登记自受理申请之日起20个工作日内办理完毕,59号文将该审理期限缩短为5个工作日以内,有利于企业尽快完成资金汇出及交割程序。

(三)重大变更事项外汇备案手续

在已登记境外企业发生长期股权或债权投资之日起60天内,境内机构应持境外直接投资外汇登记证、境外直接投资主管部门的核准或者备案文件及相关真实性证明材料到所在地外汇局办理境外直接投资外汇登记、变更或备案手续。

七、上市公司跨境并购境内审批程序示例图

以非金融业央企上市公司以超过3亿美金的对价,直接收购境外上市公司为例(属于央企的主业投资),按照是否达到重大资产重组,是否涉及发行股份募集资金的标准分类,其境内审批程序示例图②如下。

---

① 该通知自2012年12月17日起正式实施。

② 该流程图仅为根据法律及实践操作企业可进行的审批程序示例,采用不同的交易方案及项目的具体情况不同导致审批程序也可能不同(如为税务架构考虑新设离岸公司收购境外公司的审批程序即与直接进行收购的审批程序不同)。

（一）不涉及重大资产重组及发行股份募集资金的跨境并购

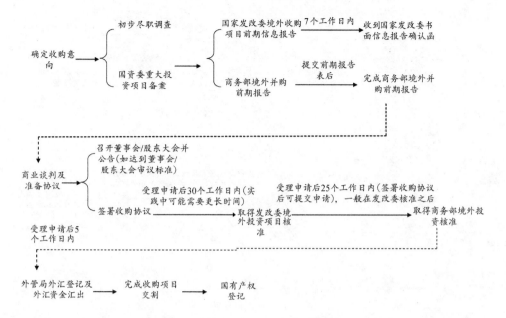

（二）发行股份募集资金进行的跨境并购（跨境并购交割发生在发行股份完成后）

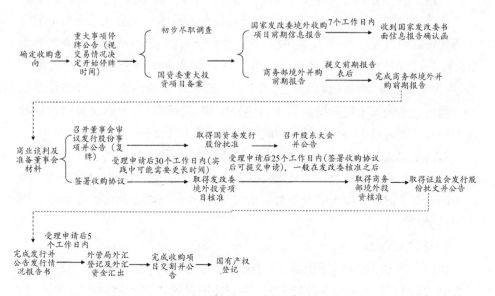

（三）按照上市公司重大资产重组程序进行的跨境并购

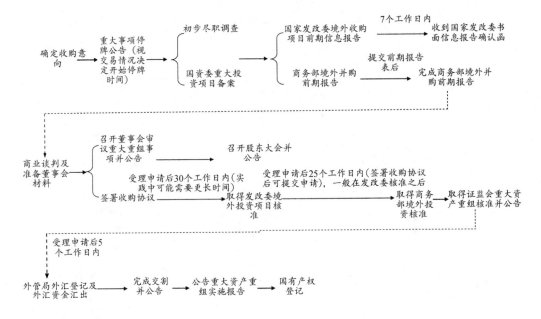

八、跨境换股的监管问题

境内上市公司以跨境换股方式进行境外并购,同时涉及"走出去"与"引进来",从境内投资者的角度,是境内上市公司股东以境内上市公司的股权或境内上市公司以增发股份,作为支付手段,收购境外公司的股权;从外国投资者的角度,是境外公司的股东以其持有的境外公司股权或者境外公司以其增发的股份,作为支付手段,购买境内上市公司股东的股权或者境内上市公司增发的股份。境内上市公司通过跨境换股进行境外收购,其结果,一方面使境内投资者持有境外公司的股份,同时,被并购的境外公司作为外资进入中国。

境内上市公司进行跨境换股,涉及到发改委、商务部等境外投资主管部门的核准及证监会对于境外投资及发行股份购买资产的监管,前文已有论述。对于外国投资者以股权作为支付手段并购境内上市公司涉及的其他相关监管问题,分析如下。

（一）适用范围

根据商务部、国务院国资委、国家税务总局、国家工商行政管理总局、国家外汇管理局 2006 年 8 月 8 日发布的《关于外国投资者并购境内企业的规定》（即"10 号令",后经商务部以 2009 年第 6 号令修改,以下简称"6 号令"）,跨境换股仅适用于以下境外公司:第一,应合法设立并且其注册地具有完善的公司法律制度;第二,公司及其管理层最近3年未受到监管机构的处罚;第三,除特殊目的公司(即境内公司或自然人为实现以其实际拥有的境内公司权益在境外上市而直接或间接控制的境外公司)外,境外公司应为上市公司,其上市所在地应具有完善的证券交易制度。

就拟进行换股交易的境外股权而言,必须符合以下条件:第一,股东合法持有并依法可以转让;第二,无所有权争议且没有设定质押及任何其他权利限制;第三,境外公司的股权应在境外公开合法证券交易市场(柜台交易市场除外)挂牌交易;第四,境外公司的股权最近1年交易价格稳定。其中第三、第四条不适用于特殊目的公司。

(二)利用外资政策和外资准入

与其他外商投资项目一样,跨境换股导致的外资收购境内上市公司,应符合我国利用外资产业政策,需符合《外商投资产业指导目录》和《中西部地区外商投资优势产业目录》的投资方向;涉及特殊行业(例如银行、保险、电信、医疗服务、出版传媒等),应根据有关法律、行政法规和部门规章取得相关行业主管部门的批准。总之,跨境换股应按照国务院《指导外商投资方向规定》、《外商投资项目核准暂行管理办法》(国家发改委第22号令)和其他有关规定履行外资准入的审核程序,取得发展改革部门和相关主管部门的批准。

(三)反垄断审查

按照《中华人民共和国反垄断法》第二十一条,对于上市公司跨境并购中涉及的经营者集中①达到国务院规定的申报标准的,经营者应当事先向国务院反垄断执法机构即商务部申报,未申报的不得实施集中。

根据《国务院关于经营者集中申报标准的规定》("国务院第529号令")第3条,经营者集中达到下列标准之一的,经营者应当事先向国务院商务主管部门申报:

1. 参与集中的所有经营者上一会计年度在全球范围内的营业额合计超过100亿元人民币,并且其中至少两个经营者上一会计年度在中国境内的营业额均超过4亿元人民币;

2. 参与集中的所有经营者上一会计年度在中国境内的营业额合计超过20亿元人民币,并且其中至少两个经营者上一会计年度在中国境内的营业额均超

---

① 按照《反垄断法》第20条和《国务院关于经营者集中申报标准的规定》第2条,经营者集中是指经营者合并、经营者通过取得股权或者资产的方式取得对其他经营者的控制权、经营者通过合同等方式取得对其他经营者的控制权或者能够对其他经营者施加决定性影响的情形;反垄断审查不仅限于跨境换股的情形,上市公司进行境外收购只要达到《国务院关于经营者集中申报标准的规定》规定的申报标准即应进行经营者集中申报。

过 4 亿元人民币。

国务院第 529 号令第 4 条进一步规定，经营者集中未达到规定的申报标准，但按照规定程序收集的事实和证据表明该经营者集中具有或者可能具有排除、限制竞争效果的，国务院商务主管部门应当依法进行调查。

（四）外国投资者并购境内企业安全审查

按照国务院办公厅《关于建立外国投资者并购境内企业安全审查制度的通知》（国办发［2011］6 号），外资并购涉及国家安全、需进行审查的行业范围为军工及军工配套企业，重点、敏感军事设施周边企业，关系国防安全的其他单位；关系国家安全的重要农产品、重要能源和资源、重要基础设施、重要运输服务、关键技术、重大装备制造企业。外国投资者并购上述行业和领域的境内企业，且取得实际控制权的，需进行安全审查。

"实际控制权"是指外国投资者通过并购成为境内企业的控股股东或实际控制人，包括下列情形：

1. 外国投资者及其控股母公司、控股子公司在并购后持有的股份总额在 50% 以上。

2. 数个外国投资者在并购后持有的股份总额合计在 50% 以上。

3. 外国投资者在并购后所持有的股份总额不足 50%，但依其持有的股份所享有的表决权已足以对股东会或股东大会、董事会的决议产生重大影响。

4. 其他导致境内企业的经营决策、财务、人事、技术等实际控制权转移给外国投资者的情形。

外资并购安全审查将紧紧围绕国家安全的原则，主要从四个方面审查：一是并购交易对国防需要的国内产品生产能力、国内服务提供能力和有关设备设施的影响；二是对国家经济稳定运行的影响；三是对社会基本生活秩序的影响；四是对涉及国家安全关键技术研发能力的影响。

（五）外资并购境内企业按照 6 号令应履行的程序

外国投资者（非特殊目的公司）以股权作为支付手段并购境内公司，按照 6 号令应履行的程序主要包括：

1. 就该并购报送商务部审批，商务部自收到规定报送的全部文件之日起 30 日内进行审核，符合条件的，颁发批准证书，批准证书上加注"外国投资者以股权并购境内公司，自营业执照颁发之日起 6 个月内有效"；

2. 境内公司自收到加注的批准证书之日起 30 日内，向登记管理机关、外汇管理机关办理变更登记，由登记管理机关、外汇管理机关分别向其颁发加注"自颁发之日起 8 个月内有效"字样的外商投资企业营业执照和外汇登记证；

3. 自营业执照颁发之日起 6 个月内，境内公司或其股东应就其持有境外公司股权事项，向商务部、外汇管理机关申请办理境外投资开办企业核准、登记手续；

4. 商务部在核准境内公司或其股东持有境外公司的股权后，颁发中国企业境外投资批准证书，并换发无加注的外商投资企业批准证书。

（六）外国投资者对上市公司的战略投资

按照《外国投资者对上市公司战略投资管理办法》（"战投办法"），外国投资者可以协议转让、上市公司定向发行新股及法律法规规定的其他方式，对已完成股权分置改革的上市公司和股权分置改革后新上市公司进行战略投资，取得该公司 A 股股份。

1. 主体资格要求

对上市公司进行战略投资的外国投资者，应符合以下条件：

（1）依法设立、经营的外国法人或其他组织，财务稳健、资信良好且具有成熟的管理经验；

（2）境外实有资产总额不低于 1 亿美元或管理的境外实有资产总额不低于 5 亿美元；或其母公司境外实有资产总额不低于 1 亿美元或管理的境外实有资产总额不低于 5 亿美元；

（3）有健全的治理结构和良好的内控制度，经营行为规范；

（4）近三年内未受到境内外监管机构的重大处罚（包括其母公司）。

2. 限制性要求

（1）无论以何种方式对上市公司进行战略投资，均需要报商务部批准。除取得商务部对外国投资者对上市公司进行战略投资的股东资格的原则批复外，在完成定向发行或协议转让后还需向商务部领取外商投资批准证书；

（2）通过定向发行向上市公司进行战略投资的，上市公司向证监会申请核准；通过协议转让方式进行的，外国投资者向证券交易所办理股份转让确认手续、向证券登记结算机构申请办理登记过户手续，并报中国证监会备案。投资者拟通过协议转让方式构成对上市公司的实际控制，获得商务部原则批复后，应向中国证监会报送上市公司收购报告书及相关文件，经中国证监会审核无异议后向证券交易所办理股份转让确认手续、向证券登记结算机构申请办理登记过户手续；

（3）取得的上市公司 A 股股份三年内不得转让；

（4）依据法律法规对外商投资有持股比例限制或禁止的行业应当符合其持股比例限制，属法律法规禁止外商投资的领域，投资者不得对上述领域的上市公司进行投资；

（5）投资分期进行的，首次投资完成后持股比例不低于该上市公司已发行股票的10%（特殊行业规定或已报主管部门批准除外）；

（6）除以下情形外，投资者不得进行证券买卖（B股除外）：

第一，投资者进行战略投资所持上市公司A股股份，在其承诺的持股期限届满后可以出售；

第二，投资者根据《证券法》相关规定须以要约方式进行收购的，在要约期间可以收购上市公司A股股东出售的股份；

第三，投资者在上市公司股权分置改革前持有的非流通股份，在股权分置改革完成且限售期满后可以出售；

第四，投资者在上市公司首次公开发行前持有的股份，在限售期满后可以出售；

第五，投资者承诺的持股期限届满前，因其破产、清算、抵押等特殊原因需转让其股份的，经商务部批准可以转让。

（七）国有上市公司股权转让特别规定

境内上市公司进行跨境换股涉及国有上市公司股权转让的，还应遵守《企业国有资产监督管理暂行条例》《国有股东转让所持上市公司股份管理暂行办法》《关于规范国有股东与上市公司进行资产重组有关事项的通知》等国有资产管理的相关规定。

1. 审批

国务院国资委负责国有股东转让上市公司股份的审核工作。中央国有及国有控股企业、有关机构、部门、事业单位转让上市公司股份对国民经济关键行业、领域和国有经济布局与结构有重大影响的，由国务院国资委报国务院批准。地方国有及国有控股企业、有关机构、部门、事业单位转让上市公司股份不再拥有上市公司控股权的，由省级国有资产监督管理机构报省级人民政府批准后报国务院国有资产监督管理机构审核。

2. 国有股东所持上市公司股份通过证券交易系统的转让

国有股东通过证券交易系统转让上市公司股份必须取得相应层级的国资主管部门的批准文件。按照《国有股东转让所持上市公司股份管理暂行办法》（"19号令"）的规定，国有控股股东在连续三个会计年度内通过证券交易系统累计净转让股份的比例未达到上市公司总股本的5%且不涉及上市公司控制权转移的，可由企业按内部决策程序自主决定；超过5%或者虽然不超过5%但会造成上市公司控制权转移的，需报经国有资产监督管理机构审核批准后实施。

3. 选择受让方

按照 19 号令的规定,国有股东协议转让上市公司股份,原则上应通过证券交易所公开股份转让信息,广泛征集受让方。只有在上市公司存在重大经营风险迫切需要进行重大资产重组、国民经济关键领域对受让方有特殊要求、国有企业内部整合以及上市公司回购及要约收购等特殊情况下,经批准,国有股东可不通过证券交易所征集受让方。

在与受让方签订转让协议后,应按照上市公司信息披露规则披露相关信息。

4. 交易价格的确定

国有股东转让所持上市公司股份,其转让价格将按市场定价原则确定。按照 19 号令的规定,国有股东协议转让上市公司股份的价格应当以上市公司股份转让信息公告日(经批准不需公开股份转让信息的以股份转让协议签署日为准)前 30 个交易日的每日加权平均价格的算术平均值确定,但不得低于该算术平均值的 90%。

但考虑到上市公司重组中的一些特殊情况,对国有股东存在将所持上市公司控股权转让后全部回购上市公司主业资产的以及为内部资源整合重组上市公司这两种特殊情形的,19 号令对其股份转让价格做出了例外规定,以保证国有经济整合和上市公司重组的顺利进行。

(八) 实践中的问题

以股份作为支付部分或全部并购对价的方式,一方面可减轻收购方的资金压力,另一方面也可以促使目标公司的原有股东成为收购方的股东,既可锁定卖方不退出,共同分担后续整合压力和风险,也可使卖方分享收购后新公司的成长潜力,是并购交易中常见的方式。近年来,通过换股方式进行并购在中国上市公司收购境内企业的案例中屡见不鲜,已出现例如东方航空吸收合并上海航空、上海医药吸收合并上实医药及中西药业、济南钢铁吸收合并莱芜钢铁等;同样在境外,以换股方式进行并购也是一种主要的并购手段。

但在实际操作中,国内对于境内上市公司以股份为对价支付方式收购境外企业并未出台单独的规定,而是参照境外企业以股份为对价并购境内企业(6 号令)或境外企业认购境内上市公司股份《战投办法》的相关规定执行;由于上述规定制定初衷是规范境外企业对国内企业的投资,因此对跨境换股的适用性不强。

例如:6 号令允许外国投资者以股权作为支付手段并购境内公司股权,但同时严格限定了境外标的股权性质,即要求"境外公司应为上市公司,境外公司的股权应在境外公开合法证券交易市场挂牌交易。"而在上市公司跨境并购的实务操作中,交易标的为上市公司股权的非常少,多数是非上市股权或资产。因此,6号令的应用范围非常有限。

再如,《战投办法》虽然允许A股上市公司向境外战略投资者发行股份,但依然存在如下诸多限制:一是发行股份比例不低于已发行股份的百分之十;二是"战略投资者"取得的A股上市公司的股份三年内不得转让;三是"外国战略投资者"需满足一系列严格条件。这些规定从外商投资角度,较好地保护了A股上市公司的利益,但对于上市公司以股份作为对价,导致境外卖方成为"被动战略投资"的交易,若严格参照该规定执行,几乎不具备可行性。特别是三年不得转让的锁定期限制,这既不符合国际并购的操作惯例,也将会使境外卖方面临较大的市场波动风险,严重限制了境外卖方对股份对价的接受意愿。

毫无疑问,若跨境换股在实践中可以操作,将会为中国上市公司跨境并购开拓一条重要通道,充分体现上市公司作为投资主体的便利性,对于中国上市公司实施"走出去"战略具有重大意义。

第二节　目标国相关监管制度

一、美国对外国投资者跨境并购的法律监管制度与实践

随着我国改革开放的深入和整体经济实力的增强,中国企业,尤其是规模巨大、经济效益良好的中国上市公司,"走出去"从事海外投资的项目越来越多,跨境并购就是其中一种非常常见的形式。跨境并购是指跨境兼并和跨境收购的总称,是指一国企业通过产权交易取得另一国企业一定程度的控制权,以实现一定经济目标的行为。美国,尤其是在其经历2008年的经济危机之后,越来越成为我国企业希望实施跨境并购的场所。普遍认为,美国在外国直接投资领域长期奉行自由主义政策,除了在航空、农业、通信、核能、金融、海运等相对的敏感行业中存在一些市场准入和国民待遇的限制性规定外,基本上不设限制;此外,美国作为金融市场最为发达的国家,没有设立外汇管制制度,是外汇市场最为开放的国家之一。也正因为如此,美国政府系统中并没有与中国商务部(地方商务局)、国家外汇管理局(地方外汇局)等中国国家机关相对应的外商投资一般性审批、管理部门,但在银行、通信等特定行业可能会存在相应的美国主管部门的审批程序。

不过,虽然美国的投资环境具有相当的吸引力且不乏我国企业并购美国公司的成功案例,但 2011 年华为公司迫于压力放弃收购美国三叶公司、2007 年华为公司联合美国贝恩资本收购 3Com 公司流产和 2005 年中海油对美国优尼科石油公司收购的无功而返,使得重新审视美国跨境并购法律监管制度的必要性再次突显。因此,本章节将研究美国对跨境并购的法律监管制度,探讨我国企业如何应对相关法律风险的方法,以提高我国企业美国并购的成功率。

值得注意的是,美国是一个判例法国家,其基本原则是"遵循先例",先前法院的判例具有明确的法律约束力;而且,虽然美国也存在不少成文法,甚至也有诸如《美国商法典》那样法典化的法律,但是这些法律条文的含义和适用同样受到法院判例的制约。因此,中国企业在美国进行跨境并购时同样应当注意对相关法院判例的理解和研究,正确认识相关法律条文在并购实践中的适用,避免因此造成跨境并购的失败。另外,美国作为一个联邦制国家,在联邦法律制度之外,各州政府依照联邦宪法赋予其的权力分别制定了各州法律。因此,中国企业在美进行跨境并购时,不但要遵守美国联邦政府的法律监管,也要符合与并购交易相关联的各州的地方法律。

（一）美国外资并购国家安全审查制度

为了保护美国的国家利益和安全,美国要求对外国投资进行国家安全审查。美国《1950 年国防生产法》第 721 条（1989 年"埃克森-弗罗里奥"条款）规定,美国总统（或其指定的代表）有权就外国公司对美国公司的收购进行国家安全调查,并根据审查情况暂停、禁止或者限制外国人收购美国企业控制权的交易。执行审查任务的机构是美国外国投资委员会（Committee on Foreign Investment in the United States, CFIUS）。CFIUS 是一个跨部门的机构,由美国财政部部长担任主席,委员会成员还包括国务卿、国防部长、商务部长、司法部长、管理和预算办公室主任、总统经济顾问委员会主席等。美国于 2007 年颁布的外国投资与国家安全法案（Foreign Investment and National Security Act of 2007, FINSA）对美国《1950 年国防生产法》第 721 条（"埃克森-弗罗里奥"条款）做出了增补,进一步加强了美国对关系国家安全的外国投资行为的审查与限制。

CFIUS 审查起始于自行申报程序,跨境并购交易各方可以自主决定其是否需要进行 CFIUS 审查。自行申报一般来说是受到鼓励的,因为一旦 CFIUS 决定一项跨境并购不涉及任何国家安全问题,这项跨境并购就有资格进入法定的"安全港",即可以不受暂停或禁止的威胁而顺利进行。而且,自行申报下 CFIUS 的审查期限是有限制的;但如果不申报,CFIUS 可以随时审查一项嫌疑跨境并购，且没有时间限制。另外，未向 CFIUS 自行申报而最终被发现其危及国家安全的跨境并购则可能会被暂停、禁止，或（在交易已经完成的情况下）对跨境并购交易的买方采取交割后剥离（此时，买方通常会因为其必须在规定时间内出售资产而遭受重大损失）等措施。另外，根据 FINSA 及其实施细则的规定，除非有例外情形，以下两种交易必须接受强制调查：1. 交易由外国政府控制的；2. 交易导致"核心基础设施"受外国控制，并经过审查阶段后其对美国国家安全的威胁无法通过缓解协议（Mitigation Agreement）磋商得到解决。

在跨境并购交易各方自行申报的情况下，CFIUS 在收到审查申报后将进行为期 30 天的审查，目的是审查一项跨境并购是否存在任何危及美国国家安全的问题；一旦发现一项跨境并购存在危及美国国家安全的问题，CFIUS 还可以开展为期 45 天的额外调查。CFIUS 对其在审查中发现的危及美国国家安全的问题，可以通过与跨境并购交易各方进行谈判或采取相应的缓解措施来解决。在一些案例中，CFIUS 还会在交易上施加特殊安全协议（Special Security Agreement，SSA），SSA 将确保交易各方从始至终遵守关于"外资拥有、控制或影响"（Foreign Ownership, Control or Influence，FOCI）的缓解措施，例如限制外国并购方对公司的管理权限等。SSA 将允许 CFIUS 在任何时候重新启动跨境并购国家安全审查并推翻其先前的批准，如果 CFIUS 发现跨境并购交易各方对相关的缓解安排存在"重大未遵守"的情形。如果国家安全问题仍未能解决，CFIUS 可以选择将该项跨境并购移交总统决定，总统在当且仅当美国法律不足以保护国家安全并有充足证据表明在外资控制下的机构可能威胁国家安全的情况下可以决定暂停或禁止该项跨境并购。

CFIUS 在决定是否阻止一项跨境并购时将考虑以下因素：1. 国防要求需要的国内生产；2. 国内产业满足国防要求的能力和生产力，包括人力资源、产品、技术、材料和其他供给和服务；3. 外国公民对国内产业和商业活动的控制，可能影响美国满足国家安全需求的能力和生产力；4. 向支持恐怖主义、扩散导弹技术或生化武器的国家销售军用物资、设备或技术的交易的潜在影响，国防部长认定为对美国利益"造成区域性军事威胁"的交易的潜在影响；5. 对影响美国国家安全的美国科技领先地位的潜在影响；6. 对美国关键基础设施造成与国家安全相关的影响；7. 对美国关键基础设施，包括主要能源资产的潜在影响；8. 对美国关键技术的潜在影响；9. 是否为外国政府控制；10. 在涉及政府控制的交易中，CFIUS 将审查外国政府对防扩散控制制度的遵守，外国政府在反恐活动中的合作纪录及外国政府将技术转运或转移并用于军事应用的可能性；11. 美国对能源和其他关键物资需求的长期规划；12. 总统或 CFIUS 认为合适的其他因素。就目前的情况来看,涉及美国外资并购国家安全审查自行申报的案例大概有200多例,绝大部分在初步审查后被批准通过,少部分在附加条件后通过,极少部分被否决。但对于中国上市公司而言,尤其是国有控股的上市公司,其在美国实施跨境并购将是被重点关注的对象:一方面作为上市公司,其容易应证券交易所的要求披露相关交易;更重要的是,国有企业有可能被美国认为涉及中国政府控制,在政治上将更为敏感。因此,中国上市公司更应当重视美国外资并购国家安全审查制度,并做好相应的准备工作。中国企业想要通过美国外资并购国家安全审查,一般可以考虑在交易结构设计中剔除敏感资产,增加共同投资人或者避免获取对方的控股权或以合同方式减少实际控制,以经济利益为主要目标。此外,美国政府也会考虑该企业是否是首次在美国实施跨境并购,或是已有一系列的已经被批准或认可的投资(这种情况下的审查严格程度可能会适当降低)。

(二) 美国反垄断法法律监管制度

美国的反垄断审查是每一起并购交易,包括跨境并购交易,需要考虑和计划的核心内容之一。反垄断审查的主要目的是要确定一项并购交易是否会导致相关市场中参与者竞争性的大幅降低或形成某一或某几家公司的垄断地位;如果答案是肯定的,反垄断执行部门就很可能会阻止并购交易的完成。

美国的反垄断法始于1890年通过的《谢尔曼法》(Sherman Act),该法旨在限制垄断性的资本合并或贸易,禁止限制交易的行为以及保护自由经济和自由竞争的市场环境。该法是世界上最早的反垄断法,被称为世界各国反垄断法之母。其后,美国又先后颁布了《克莱顿反托拉斯法》(Clayton Act)、《联邦贸易署法案》(Federal Trade Commission Act)、《1976年的哈特-斯科特-罗迪诺反托拉斯改进法》(Hart-Scott-Rodino Antitrust Improvements Act of 1976)和反垄断执行部门颁布的《企业并购指南》,并形成了相关的判例法。这些法律和指导性文件对并购交易反垄断审查的标准、程序及为完成并购所需采取的补救措施做出了详细规定。同时,美国大部分州政府也通过了各自的反垄断法,规制州境内的垄断行为。

美国反垄断法的执行部门主要是美国司法部(U. S. Department of Justice, DOJ)和联邦贸易署(Federal Trade Commission, FTC)。DOJ和FTC主要负责反垄断法相关申请的审核及案件的调查和起诉。虽然这两个部门的职权范围在反垄断审查方面是平行的,但在实践中,这两个部门会各自偏向于关注不同的行业,如FTC通常负责能源与医药领域的并购审查,而DOJ则多关注于交通业和电信业的并购审查。此外,在涉嫌违反联邦反垄断法的案件中,美国总检察长（Attorney General）也有权与 DOJ 和 FTC 联合调查、起诉，并代表受害企业或个人对侵权者提起索赔。

根据美国反垄断法的相关规定，除非是某些法律上特别规定的例外交易（如日常经营范围内收购资产的交易），如果并购交易价值和并购交易各方的规模超过以下标准，并购交易方应当向 DOJ 和 FTC 提出并购前反垄断审查申请：1. 交易完成后，并购方将持有被并购方价值超过 2 亿美元的股权、非企业权益或资产；2. 交易完成后，并购方将持有被并购方价值超过 5 000 万美元但低于或等于 2 亿美元的股权、非企业权益或资产，而交易一方的销售额或资产达到 1 亿美元或以上且交易另一方的销售额或资产达到 1 000 万美元或以上。在计算相关的股权、非企业权益或资产时，应当包括并购方在交易前已经获得的被并购方的相关权益或资产。

并购交易方需要提交的反垄断审查申请文件主要包括并购前通知报告表和供 DOJ 和 FTC 判断相关交易是否可能违反美国反垄断法的支持文件，例如资产负债表、其他的财务信息或与交易相关的估值文件等。并购交易方应当在并购前通知报告表中对交易方和交易架构的信息、并购方的详细运营信息及其最近 5 年内参与并购交易的情况、被并购方将出让的资产等信息做出详细的披露。提交并购前通知报告表和支持文件后，并购交易方需要等待 15 天（如果是现金要约或破产程序相关的出卖资产的交易）至 30 天的时间才能开始交易程序。在此期间，DOJ 和 FTC 会根据收到的材料和从其他渠道获得的信息做出是否需要展开进一步审查的决定。如果 DOJ 和/或 FTC 认为有必要进行进一步审查，这两个部门会由其中一个部门主导下一步的调查并在上述等待期内要求并购交易方提交补充材料或信息。如果并购交易方认为反垄断执法部门要求的调查范围太过宽泛，交易方可以与之协商缩小调查范围的可能性。在完成相关信息和材料的补充提交后，并购交易方还需要再等待 10 天（如果是现金要约或破产程序相关的出卖资产的交易）到 30 天的时间才能得知最终的审查结果，即该项并购交易是否会因违反美国反垄断法而被禁止。

如果并购交易方按照规定应当提交反垄断审查申请却没有提交，或者在法律要求的等待期期满前完成并购交易的，并购交易方及其董事、高级管理人员或合伙人可能会因此被处以最高 16 000 美元/每天的逾期罚金，并被要求剥离违法获得的资产或股权权益。

就审查标准来说，DOJ 和 FTC 主要从以下两个方面来判断一项并购交易是否违反美国反垄断法：1. 并购相关市场的定义，对相关市场的定义要考虑产品市场（即并购后公司提供的产品或服务的性质）和地理市场（即并购后公司的产品或服务存在竞争的地点）；2. 并购后公司在相关市场内是否具有垄断性，垄断性判断将主要根据并购交易方的整体市场份额、相关市场内其他竞争者的数量和规模来审查并购后公司在相关市场中是否有控制价格或排除竞争的能力，第三方进入相关市场的难易程度也是判断垄断性的一个参考因素。

不过，虽然 DOJ 和 FTC 每年实施超过一千例的并购交易反垄断审查，但其中 95% 的申请在初审时就被认定为不存在垄断问题而通过审查。即便发现问题，反垄断执行部门通常会先与并购交易方协商，通过重组、分拆或其他方式将影响竞争的资产剔除，以促使并购交易的最终完成。当协议无法达成时，反垄断执行部门才可能通过申请禁止令的方式禁止该项并购。

值得注意的是，美国反垄断执行部门除了拥有并购交易开始前的审查权力外，在并购交易完成后，如果其发现一项并购很有可能损害消费者权利，那么其可以随时展开反垄断审查并采取相应措施以保证美国反垄断法的执行。

并购交易反垄断审查可能会使并购计划夭折或迫使并购交易方为完成并购而调整其最初的并购整体规划；而且，因为反垄断审查的完成从准备到最终完成会花费少则一个月多则半年甚至更长时间。因此，中国企业在美国实施跨境并购前应当尽早根据实际情况展开美国反垄断法法律风险分析和相应的审查程序。

（三）对美国上市公司的公开收购

美国上市公司很多也被称为公众公司（public company），因为这些公司的股权往往比较分散，主要由为数众多的公众股东持有，单个股东（包括机构投资者）的持股比例很低；与中国资本市场不同，美国上市公司由一个母公司或几个大股东完全控股的情况比较少见。美国法律对上市公司公众股东和小股东的保护力度很强，主要通过以下两个方面进行：一是严格的证券立法（联邦法律主要包括美国《1933 年证券法》、《1934 年证券交易法》和与之相匹配的法规、规章）和美国证监会的严格监管；二是各州法律（美国许多大型上市公司设立在特拉华州）和判例要求上市公司董事会和高级管理人员对公司股东负有相当的法定义务，在并购领域，其应当确保公司在被并购时以股东/公司的最佳利益为其行为准则。

公开收购也称要约收购，是上市公司收购最常见的一种形式。要约收购是指收购方通过向被收购公司所有股东公开发出要约，在要约期内按照要约条件购买其持有的股份，从而实现对上市公司的收购。在美国，要约收购的对价可以是现金，也可以是股票或其他有价证券。作为对价的股票一般要求是根据《1933 年证券法》在美国证监会登记的证券。一般而言，现金要约时间比较可控,要约文件可以在要约发起后再提交美国证监会审查。在友好收购中,现金要约往往在双方签订合并协议后一周内发起,要约时间不少于 20 个工作日;要约条件若发生变化则需延长至少 10 个工作日。目标公司董事会应在要约发起10 个工作日内向股东说明其是否推荐接受或拒绝收购方的要约或者保持中立等表态。如要约成功,收购人一般会通过与目标公司合并来收购剩余的股份。与现金要约不同,证券交换要约(Exchange Offer)提供给股东的对价不是现金,而是有价证券。对股东来说,证券交换要约在税务上可能会有好处,因为收入在很多情况下不会马上确认。但其劣势是需要的时间比较长,因为其需要经过美国证监会更为严格的审核。

　　与非上市公司相比,对美国上市公司的收购有一点明显的区别。上市公司收购一旦完成交割,收购方很难就违约向传统意义上的"卖方"索赔(Indemnity),交割后价格调整、对赌协议等也很少适用于公众公司。因为美国上市公司股权分布分散的特点,交割后没有典型意义上的"卖方":目标公司的公众股东已出售其股份,目标公司董事通常在交割后若干年内由合并后的公司免责保护(通常会写在合并协议中)。这就要求收购方有良好的团队,在尽职调查和谈判过程对目标公司有深刻的了解,避免出现交割后才发现目标公司存在重大问题。

　　上市公司收购另一个显著的特点是信息披露与保密问题,这对中国上市公司收购方和美国目标公司都是如此。虽然美国法律并没有强制性要求收购方对收购保密,但是提前泄密会对收购方造成诸如下列的负面影响:目标公司股票的价格可能会升高;收购成为公众话题可能会增加收购难度,甚至引来其他竞标方。如果信息泄漏或者市场出现传闻、股价异常波动时,证券交易所可能会要求目标公司确认是否进行收购谈判。为避免双方任一方在时机不成熟时被要求进行公告,收购方应当将有关本项目的讨论局限于有限的人数范围内,且双方应当就保密信息泄漏对策达成共识。同时,收购方应当尽量避免买卖目标公司股票,以避免出现内幕交易问题。

　　此外,被收购美国上市公司的董事由于其所处地位的特殊性,通常会受到较为严厉的信托义务(Fiduciary Duties)的约束。收购方在准备收购过程中也需要对这些义务有所了解。主要的董事信托义务包括勤勉义务(Duty of Care)和忠实义务(Duty of Loyalty)。勤勉义务要求董事主动积极了解收购情况、采取相关行动及其替代方案,并在决策过程中始终保持小心、谨慎。忠实义务要求上市公司董事在被收购过程中始终以公司及其股东的最佳利益为出发点,保持独立,不得在收购中获取个人私利。此外,董事还须从善意出发,真诚地认为其采取的行动符合公司及股东的最佳利益。在上市公司收购背景下,美国判例法要求上市公司董事力求股东价值最大化。

并购美国上市公司通常采用两种方式,即与目标公司董事会谈判友好收购,或者在公开市场购买目标公司的股份,发起敌意收购。

1. 友好收购

在友好收购情形下,收购方通常会设立一个专门的子公司并与目标公司签署合并协议,约定要约与合并的相关事宜,并在要约完成后将子公司与目标公司合并,成为收购方的附属公司;也可以不发要约,在双方签署合并协议后,直接向目标公司公众股东发出投票授权书(Proxy Statement),在征求到足够的投票权后由股东大会批准与收购方子公司合并。从程序上讲,收购方经过尽职调查、谈判并达成合并协议后,除了正常的交割条件(如政府审批、陈述保证真实准确、重大不利变化等要素)外,收购的完成还存在特定的不确定因素,其中最重要的一点就是是否有足够的公众股东会接受要约,或者同意与收购方合并。通常目标公司董事会会向股东推荐友好谈判形成的收购要约。

在友好收购中,目标公司在与收购方签署合并协议后,还存在着目标公司董事会是否能招揽第三方竞标、如何对待第三方主动竞标等问题。保护交易(Deal Protection)对收购方来说至关重要,也是双方谈判的焦点。在这方面,收购方希望最大限度锁定交易,目标公司董事却有信托义务为股东获得最好的价格和条件;如果是现金收购,董事会有义务为股东获得最高售价。在通常情况下,目标公司董事会可以承诺不主动寻找第三方买家(除非敌意收购);但是在合并协议公开后,第三方买家自己出现时,目标公司董事会有义务考虑其报价条件,如果第三方提出的收购条件更为优越,目标公司董事会有义务予以考虑。合并协议中往往也会规定原收购方可以提高收购价格或改善条款,使其比第三方条件更好,从而促使目标公司董事会继续向股东推荐原收购方。

"分手费"(Break Fee)是保护交易的重要工具,特别是在目标公司董事会遇到条件更好的第三方要约时。如果目标公司董事会根据其对公司和股东的义务需要放弃原来谈判的收购,按照"分手费"约定,目标公司应当向收购方支付"分手费"。双方在对"分手费"进行谈判时通常会考虑:收购方谈判和签署合并协议时发生的律师、投资银行、会计事务所等费用,收购方受合同约束与目标公司独家谈判而丧失的机会成本,出现条件更好的收购要约的可能性以及在市场上类似交易中"分手费"的金额。同时,"分手费"不能过高,否则法院可能会认为其在实质上阻止目标公司考虑第三方要约的可能性,从而归于无效。双方也可以约定,在出现条件更好的第三方要约时,收购方有权获得新要约超过原收购价差价的某一百分比。

2. 敌意收购与目标公司防御策略

在美国,收购方可以在未经目标公司同意的情况下在公开市场发起敌意收购。与友好收购相比,敌意收购不确定性更强,需要的时间可能也更长。首先,敌意收购的尽职调查仅限于目标公司公开信息,如年报、季报等,目标公司不可能向敌意收购方主动提供未经公开的公司信息。其次,目标公司可以采取防御措施应对恶意收购,其中比较有名的是股东权利计划或"毒丸计划",即公司向现存股东授予认购权,在遭遇敌意收购时股东可以以较低价格购买更多的公司股份,从而稀释敌意收购方所持股份的投票权;目标公司也可以在章程性文件中规定对夺取公司控制权的限制,例如无正当理由不得撤换董事、错开董事任职期限使得收购方无法一次撤换全部董事、未经大多数股东同意不得增减董事会席位、对股东(主要针对敌意收购方)召集股东大会的权利进行限制等。对于这些章程条款的修改,通常需要持有大大超过半数的投票权的股东批准;目标公司也可以在股票期权计划中规定一旦发生控制权变更的情况,股东可以马上获得期权。也有的目标公司在遭遇敌意收购时通过提起诉讼、反垄断指控等威胁敌意收购方,同时寻找更为友善的潜在收购方。当然,目标公司董事会采取的防御措施也受到公司法信托义务的约束,董事的出发点是为了公司的最佳利益,而不能仅仅是保留自身的利益,否则会面临公司股东赔偿诉讼。

(四) 其他相关法律制度

1. 劳动雇佣关系相关法律制度

在美国,劳动雇佣关系同样受到联邦法律和州法律的管辖。并购方有关劳动雇佣的决定不仅要符合联邦法律,同时也要符合目标公司或资产所在地地方法律。在地方法律与联邦法律冲突的情况下,联邦法律优先适用。中国企业在美国实施跨境并购时应当考虑以下雇佣关系问题:(1) 考量并购后对美国子公司职工的需求量;(2) 明确划分对美国职工承担的义务和运行福利机制的责任;(3) 就并购事项与美国职工协商或履行通知义务;(4) 考量并购后是否需要裁员以及裁员费用。

在许多情况下,不论是股权并购还是资产并购,并购方在并购后都需要保留原有职工继续从事生产经营活动。在股权并购下,美国员工与目标公司的劳动关系一般不因股权并购交易而受到影响。但中国企业在并购过程应注意并购交易是否涉及卖方集团雇员安排和控制权变更条款。不少美国集团公司为了更有效地配置资源,采取由集团公司统一管理集团股权激励机制和集团退休金福利机制的方式。中国企业应考虑上述集团股权激励机制和集团退休金福利机制在并购后是否可以由目标公司员工继续参与,如需要变更的,需要对有关交接及后续事项与卖方进行磋商并在交易文件中做出安排。此外,一些高级管理人员的劳动合同中约定有控制权变更条款,即目标公司股权发生变化的,上述高级管理人员有权终止劳动合同或有权获得高额的补偿金,即通常所讲的"金色降落伞安排";但对高级管理人员的补偿金超过其前5年年均收入3倍的部分一般不得被计入费用抵扣纳税税基。在资产并购下,除非另有安排,美国员工的劳动合同关系仍保留在卖方名下,中国公司在美国的子公司需要与有关美国员工签订新的劳动合同以确保其可以继续运营有关资产。为了有效确保并购方可以获得卖方的支持协助从而与足够的员工签订劳动合同确保资产运营的持续性,并购方可以与卖方在交易文件中约定将并购方与有关主要员工的签约事项作为交易交割的先决条件。

此外,并购交易双方在并购过程中在处理养老金和股权激励机制时应履行有关员工通知的义务。在资产并购过程中,并购方通常会要求卖方终止其与员工的劳动合同并由并购方与员工订立新的劳动合同。并购方可能会启用新的养老金计划而终止卖方之前参与的养老金固定收益计划。在此情况下,交易双方应给予职工至少15天的通知。如交易双方约定员工在卖方分红计划下的账户自动转移至并购方的分红计划,员工将会在一定时间内无法使用其分红计划账户,在此情况下,交易双方应至少提前30天通知员工。交易双方应在交易文件中对上述通知义务进行划分。

在股权并购交易中,一般不需要就交易的进程和结果给予目标公司员工通知或与其进行协商。但根据美国联邦法律,无论股权并购还是资产并购,雇员一百人以上企业进行大规模裁员的,需要提前60天通知工会代表;如没有工会的,则需要通知相关员工本人及有关地方政府部门。大规模裁员是指一个工作厂区在30日内连续裁员共计:(1)50人,且占员工总数33%;(2)500人。在交易交割之前发生的裁员由卖方负责通知,在交易交割之后的裁员由并购方负责通知,但并购方也可以通过合同与卖方约定由卖方履行有关通知义务。资产并购下所发生的技术性终止合同(即卖方企业与员工终止劳动合同后由并购方企业与员工签署新的劳动合同)不适用上述有关履行通知义务的规定。被裁员的职工在劳动合同终止后的一段时间内可以选择继续自费参加公司医疗保险安排。在股权并购下,目标公司应当就上述事项通知被裁员工。在资产并购下,一般由卖方履行上述通知义务和运行医疗保险的义务,除非合同另有约定。另外,采用养老金固定收益计划的美国公司一年内裁员20%以上的,可能需要通知养老金福利保证公司,其可能会增加公司养老金缴费费率。

中国企业在资产并购中还应当注意审查集体劳动合同。一些集体劳动合同中会要求卖方公司促使并购方公司继承集体劳动合同下的所有权利和义务。如果卖方公司不能促使并购方公司继承集体劳动合同下的所有权利和义务,工会和有关当事方可以要求美国法院责令买卖双方停止资产交易。

总体而言,中国企业在并购美国公司时应对有关员工安排事项给予充分考虑,尤其是在涉及大规模裁员、养老金和股权激励机制安排事项时,应按照美国有关法律对员工履行事前通知义务。

2. 环境保护相关法律制度

美国有关环境保护的立法权由联邦政府和地方政府共同行使。在地方政府颁布的法律不与联邦政府颁布的法律冲突的前提下,地方政府可以制定比联邦政府所订标准更为严格的环境保护标准。美国环境保护局主要负责联邦环境保护法律的执法工作并根据有关法律将部分执法权委托给地方政府行使。鉴于联邦政府和地方政府有关环境保护执法资源有限,许多环境保护法律赋予公民个人或环保组织在其认为受监管单位违反环境保护法律且有关政府监管部门未就此履行相应执法职责的情况下向法院提起公民诉讼的权利。

近期执法动向表明美国政府对环境保护法律的执法日益严格。例如,美国最高法院于 2007 年在 Environmental Defense v. Duke Energy Corp 一案中判定公司在对工厂改建时应采取最新的且价格合理的环保技术。据报道,这一判决导致美国电力公司(American Electric Power)在同一年同意与美国环保局进行庭外和解并承诺在未来十年内投资 46 亿美元改造环保设施,最终为一场历时近十年的环保诉讼画上句号。

随着环境保护法律的不断完善和发展,环境保护责任对跨境并购产生着日益深刻的影响。环境污染一般会对并购交易产生三类负面影响:(1) 环境污染可能导致交易标的资产价值降低;(2) 环境污染可导致高额成本费用(如时间成本费用、中介顾问费用、诉讼费用及清理和改造费用等);(3) 环境污染可导致刑事责任(如罚金和徒刑)、行政责任(如行政罚款)和民事责任(如民事损害赔偿诉讼)。

根据美国法律,在股权并购交易下,目标公司继续承担交易之前的所有环境保护责任,包括目标公司之前持有资产期间所发生的环保责任。在资产并购交易下,并购方一般不会对交易之前发生的土地污染事项负责,除非发生下情况:(1) 并购方在资产并购协议中明确承担并购前环保责任;(2) 交易名为资产并购,实为合并;(3) 交易名为资产并购,实为继承经营;(4) 虚假资产并购。此外,资产并购的并购方作为资产的持有者与卖方就资产在并购之前发生的土地污染事项应与资产并购卖方承担连带责任,但如果资产并购方可以证明其在做完合理的尽职调查后,没有发现土地污染,其可以不承担连带责任。

环境污染风险大小因并购交易所在行业而异。一些特定行业和交易中的环境污染风险会较高于其他行业,如发电和制造业项目的环境污染风险普遍高于单纯服务业项目下所涉及的环境污染风险。在环境污染高风险项目中,并购方需在交易前期尽早开展充分的环境保护尽职调查。并购方应聘请专业的环保咨询顾问协助确认有关环保风险,提出解决方案并就该解决方案估算费用。并购方一般通过在交易文件中约定环境保护保证条款促使卖方对环保事项做出全面披露。环境保护保证条款一般应就以下事项做出约定:(1)环保许可证合规情况;(2)环保事项合规情况(包括先前所持有资产期间环保合规情况);(3)环保诉讼和政府调查情况。并购方也应当通过公共信息渠道开展尽职调查,并通常会委托专业环保顾问准备环境保护报告且在需要的情况下进行现场采样检验。

对于在尽职调查报告中发现的风险,并购方可以与卖方协商通过以下方式处理:(1)降低交易价格;(2)要求卖方负责在规定的期间内(通常在交割前)清理污染;(3)对于尚未发生的环保风险(如罚款和诉讼)可以在交易文件中约定特别事项赔偿条款。在环保风险异常并极有可能导致目标公司或资产重大财务损失的情况下,并购方可能会考虑放弃交易。但是,即便在法律层面上可以采用保证条款和特别事项赔偿条款控制环保责任风险,上述合同条款仍主要依赖于卖方信用并可能会受到卖方责任限制条款的约束,所以,对已知环保风险的理想处理方法是采取降低交易价格或要求卖方负责在交割前解决有关污染问题。此外,并购方还可以通过购买商业保险控制环保污染风险,但一般情况下,此类保险费用成本较高,且并购方需要依赖于保险公司的信用风险。

3.《反海外腐败法》(FCPA)

虽然一些中国公司对其在美国进行跨境并购时应当注意的法律监管要求和法律风险管理有相当的了解,但是,美国政府近年来在反海外腐败领域日益增强执法力度的现实,成为中国公司在并购美国公司时不得不重视的另一重考验。

1977年"水门事件"曝光后,为了挽救美国社会对政界上层和大型企业主管这些原本颇受尊重的阶层的信任,更是为了加强社会对政府官员和大型企业的监督,重建社会对美国商业系统的信心,美国国会制定了《反海外腐败法》(Foreign Corrupt Practices Act of 1977,FCPA),并由美国司法部和美国证券交易委员会实施。FCPA成为目前美国反海外腐败最重要的法律。

FCPA 的适用对象非常广泛,包括:美国公民与企业,包括由其控制的外国公司;在美国上市的美国公司与外国公司;以上公司的所有董事、管理人员及全体员工(全职、兼职或调派)。根据 FCPA 的规定,以下行为是违法的:以给予、承诺给予金钱或任何有价财物的形式,直接或间接(通过代理人)向外国官员(包括国有企业员工)、政党、政党候选人或其他明知财物最终将支付给以上官员的人员进行贿赂,目的在于不恰当地引诱对方采取(或阻止其采取)某种行为以获取或保留业务,并最终带来商业上的利益或优势。值得注意的是,即使贿赂目的没有达到,贿赂行为本身仍构成违法。另外,FCPA 会计和账簿记录条款还要求制作和保存财务记录、设置内部会计控制,准确和公平地反映交易和公司资产的处置情况,故意错误记录或未如实记录任何支付款项或事件构成违法。FCPA 并对这些违法行为设置了严峻的民事或刑事处罚,违反 FCPA 的个人或公司还可能受到禁止与美国政府进行任何商业交易或被吊销出口许可证等处罚。

虽然 FCPA 并未直接对跨国并购作出规定,但是由于 FCPA 对海外贿赂行为的严厉惩罚,中国公司在美国实施跨国并购时应当特别注意并购对象是否存在违反 FCPA 的行为。在并购交易中,对先前发生的或正在进行的违反 FCPA 行为的承继责任已经成为越来越受到重视的问题。一般来说,在股权收购或兼并后,承继公司将不得不对并购对象过去发生的 FCPA 违法行为承担责任;在资产收购中,承继责任也有可能发生,比如当被收购的资产仅仅作为资产出售公司的存续而存在时。

如果并购方未充分重视并购对象是否存在海外贿赂行为这一问题,那么在并购完成后,并购方将承担因为并购对象实施的违法行为而遭受 FCPA 严厉处罚的风险。如果这种情况不幸发生,将极大程度地降低一项并购的商业价值,甚至导致该项并购在事实上的失败。同时,并购对象同样也会关注收购方是否存在违反 FCPA 的行为,以对收购方进行正确评估,保证收购的有效性。因此,中国公司在进行并购交易时应当对并购对象是否存在海外贿赂行为进行充分的尽职调查,一旦发现应当立即设计应对方案,包括采取向执法部门主动报告的措施,以尽可能地降低接受 FCPA 处罚的风险。如果并购对象确实存在海外贿赂行为,那么中国公司应当在并购交易中正确地计算违法成本,并将该可能受到的处罚包括在并购价格中;在特别情况下,如果 FCPA 处罚接近或超过原先确定的并购价值,那么中国公司应该考虑放弃该项并购交易。

另外,在并购交易成功完成后,中国公司也应当充分重视 FCPA 的反海外贿赂规定及会计和账簿记录条款,避免 FCPA 处罚的发生。

（五）特殊限制

1. 不同行业经营的特殊限制

中国企业在美国进行跨境并购时，还应当注意美国对某些特殊行业的经营控制和限制。囿于篇幅，仅举以下几例：第一，航空。美国的国内航空运输只能由以下航空器承担：(1) 由美国公民注册；(2) 由以下美国公司注册：总裁（或相同级别的人员）和三分之二的董事及管理人员是美国公民，且 75％的股份由美国公民控制。所有对美国航空器的收购都应当经过美国运输部的审批。第二，海运。美国的沿海和内河运输只能由在美国建造和注册，并由美国公民拥有的船舶承担。第三，银行。美国联邦政府和州政府都对银行业交易进行严格的监管，因此，银行业领域的并购通常需要十分复杂的审批。其中，美国联邦储备银行将审批任何涉及银行控股公司或其他类型银行的并购交易。第四，保险。美国保险公司受到州政府的严格监管。一些州政府要求保险公司的董事必须是美国公民。第五，通信和广播。美国所有的广播和电视节目播放都要求经营者获得美国联邦通讯委员会发放的许可证。美国《联邦通信法》第 31 章禁止外国政府或公司在广播公司、公用通信企业等被许可人中拥有超过 20％的股份，禁止外国政府或公司在这些被许可人的母公司中拥有超过 25％的股份。此外，对电信服务提供者的并购还经常需要获得州公用事业委员会的批准。第六，农业。美国《1978 年农业外商投资披露法》规定，外商投资农业领域应当受农业部（DOA）的监管。该法律要求任何外国投资者收购或转让任何涉及到累积超过 10 亩的农用土地或者每年农业产量大于或等于 1 千美元的利益（证券利益除外），都必须向农业部报告。如果外国投资者持有的土地成为或不再属于农用地，或者持有农用土地的法人或个人成为或不再属于外国法人或个人，相关变更也必须向农业部进行汇报。第七，矿物和资源。美国的能源领域受到联邦政府和州政府的严格监管。美国《联邦采矿用地租赁法》允许出租由联邦政府拥有的采矿用地，但仅限于租赁给美国公民或在美国设立的公司。第八，核能源。任何外资或有理由相信为外资所有、控制或主导的实体均不得持有核反应设施许可。外资所有的核产品、核设备和浓缩装置以及原材料和特殊核材料许可，都必须进行美国常规国防影响评估。

2. 贸易禁运与经济制裁

外国公民和企业在美国从事经济活动应当遵守联邦法律的规定，不得与被美国视为敌人或禁止交易的对象进行商业往来。美国《1917 年与敌贸易法》特别禁止未经许可的美国公民和企业同任何位于美国交战国境内的居民、合伙或其他实体进行贸易往来，并禁止其在美国交战国境内从事贸易活动。此外，

《1917年与敌贸易法》还禁止同在敌国法律下成立的公司进行未经许可的贸易往来,并禁止任何与美国交战国的同盟方进行未经许可的贸易。《1917年与敌贸易法》授权海外基金控制部门——美国外国财产控制办公室(OFAC)的前身,在授权范围内制定相应的规范。

目前,OFAC负责制定并实施《1917年与敌贸易法》下的规范,包括针对目标国家、个人以及组织的贸易和经济制裁。OFAC颁布了一系列规范以禁止所有美国公民和企业与"制裁目标"之间的交易,这些"制裁目标"包括的国家有古巴、伊朗、缅甸和苏丹,另外还包括数量在5 000个以上的团体和个人(特别指定国民名单,SDNs)。SDNs会不断进行更改,而遵守美国法律的公司和个人,包括中国公司实施跨境并购后的美国子公司,必须不时查看该名单以确保其时刻遵守OFAC规范。

综上所述,虽然美国对外国公司并购方与美国目标公司之间的跨境并购交易除国家安全审查外并没有特别的法律规定或审批程序,但交易各方在此种跨境交易中还是需要尽早安排法律团队的介入,并由其根据交易规模和具体的相关产业对整个交易架构和进程进行法律分析和规划,以求在最大化地降低法律风险和投资成本的基础上及时完成交易。

二、欧洲对外国投资者跨境并购的法律监管制度与实践

(一)荷兰

1. 投资环境

由于稳定的监管环境、极佳的基础设施和悠久的外商投资历史,荷兰对于外来投资而言是一个很有吸引力的地方。得益于对国际税收筹划十分有利的几项特色,荷兰还拥有极有竞争力的财政环境。实际上,据彭博排名(Bloomberg Rankings)[①]进行的一项调查显示,在全球最适合经商的地区排名上,荷兰仅次于香港而名列第二。

截至2011年5月,已有超过300家中资公司在荷兰投资。大型中资公司,如白色家电跨国公司美的、机械制造商柳工以及医疗设备制造商迈瑞均已将各自的欧洲总部设了荷兰。自2011年中荷两国就双边投资签署了一项谅解备忘录后,中国在荷兰的投资得到了扶持。

---

① http://www. bloomberg. com/news/2012 - 03 - 20/hong-kong-beats-netherlands-and-u-s-as-best-place-for-business. html

2. 公司类型与公司治理

（1）公司类型

荷兰最常用的法律形式有股份有限公司（NV）和私营有限责任公司（BV）。国际结构中还存在合作组织，它们可能实现税收效率。NV 一般用于在证券交易所上市的公司，它可以发行记名股份、不记名股份或者二者兼而有之。BV 一般用于私人持股公司，只能发行记名股份。

（2）公司治理

无论上市还是未上市公司，除非被归入"大型"公司一类，否则均可决定是否设立双层董事会结构：管理董事会和监事会。大型公司必须设立双层董事会结构。在任何情形中，大多数上市公司会设置双层董事会结构，而多数未上市公司则只设立一个管理董事会。

管理董事会是 NV 和 BV 的执行机构。除非公司满足"大型"公司的资格，否则股东大会将任免管理董事。个人和公司均可被任命为管理董事。同样，如果公司设有监事会，则其成员也将在股东大会上进行任免。2012 年 10 月 1 日起，有关 BV 的规则将更加灵活，而且股东们对于投资结构形式将拥有更大的发言权。比如，这些规则允许创设不享受利润分配的股份和无表决权股份。

通常情况下，管理董事或监事不对公司的债务承担责任。但是需要注意以下例外情形：在通常情况中和破产过程中，如果管理董事明显地以不适当的方式履行其职责，则应承担责任。承担个人责任的门槛很高，因此管理董事和监事可拥有公平的判断余地。

3. 外来并购类型

（1）上市公司收购

共有三种类型的要约，可用于收购荷兰境内的上市公司：友好、敌意或强制性要约。因为荷兰人从文化上习惯通过协商一致处理业务，因此敌意要约十分鲜见。

在以下情况下会触发强制要约，即一个人买入一个上市公司的股份，从而使其享有 30% 或更多的表决权，则该人士必须对剩余的股份提出强制要约。然后收购规则给予该人士一段为期 30 天的宽限期，以便将所持股份降至 30% 以下并避免提出强制性收购要约。一般而言，当一个人已经拥有 30% 或更多的表决权时，如果他增持股份，则不会触发强制性要约。在实践中，强制要约并不多见。

（2）非上市公司收购

荷兰境内私营公司的收购可安排为出售股份或出售资产负债或者二者的

组合。首选的交易结构取决于税收、雇佣、监管和控制权变更等方面。

荷兰私营公司一般通过竞价拍卖出售,这给中国投资者提出了特殊的挑战:需要在卖方设定的严苛的最后期限内完成出价;并需要提供资金充裕的证明。

4. 外商投资审批要求

在获得任何必要竞争或特定行业的监管机构批准的前提下,中资公司可自由地投资荷兰境内所有类型的企业。

在欧盟层面上与航空公司发照相关的一切所有权/国籍要求均受欧盟法律管制而且已被 1008/2008 号欧盟理事会条例进行统一。根据此欧盟条例,它直接适用于所有成员国,一家航空公司如要在欧盟取得执照(即获准经营客运服务),必须满足两项主要要求:欧盟内的国民必须拥有该航空公司"50%以上"的股份;且欧盟内的国民必须"有效地控制"该航空公司。因此,出于发照方面的目的,非欧盟内的实体以少数/非控股方式(至多 49.9%)参股欧盟内航空公司的做法也是可以接受的。

5. 当地竞争/反垄断法律

满足以下条件时,只需将交易通知给荷兰竞争局即可:在收购发生的前一日历年度,交易各方在全球范围内的合计营业额超过 1.1345 亿欧元;至少有两家公司在荷兰的营业额超过了 3 000 万欧元;而且该交易并未达到通知欧盟委员会的门槛。

荷兰竞争局的审核过程由两个阶段组成。90%—95%左右的案件都是在第一阶段决断的。第一阶段原则上持续四周。荷兰竞争局在较难解决的案件中倾向于提出正式的问题,这样会延长审核期限。在经过荷兰竞争局批准之前,不得开展交易。但是买方可收购公开交易的股份,前提是买方不得行使这些股份的表决权。

6. 针对特定行业的审批要求

特殊的规则适用于医疗保健设施或金融机构的收购。如要收购荷兰一家银行、保险公司或其他金融机构 10%或更多的股份,则买方应取得荷兰中央银行的事先批准。

7. 并购交易中的员工权利

(1)劳资联合委员会

如果荷兰公司雇员超过 50 人,那么一般会设立一个劳资联合委员会:由员工选举并从员工中选出的一个内部代表机构。

在收购期间,必须征求劳资联合委员会的意见。劳资联合委员会享有一项法定权利,即对属于咨询要求范围内的任何拟议的管理决策提出书面建议。公司必须考虑此等建议并以书面形式进行答复。劳资联合委员会的建议可附有条件。如果管理层不接受这些条件,那么必须等待一个月才能执行其决策。

在此期间,劳资联合委员会可向法院提出对管理层的决策的质疑。如果公司已经满足了所有程序上的咨询要求,则劳资联合委员会的反对一般会遭到拒绝,除非拟议的决策明显不合理。

（2）工会

工会也有权就一宗收购交易发表意见。但是,他们仅有发表意见的权利。除了通过罢工或试图影响劳资联合委员会以外,他们并没有正式的手段来影响交易。

8. 当地市场适用于并购交易的惯例条款

（1）公开收购

谈判:荷兰境内的公开收购一般都在友好协商的基础上进行。出价方与收购目标公司的管理层和监事会开展谈判。一般情况下,谈判的结果就是,出价方与目标公司达成一份所谓的并购协议。除了针对要约价格的协议外,该协议主要处理公开收购要约的各个程序方面,包括与排他性/竞争性要约相关的条件、时机和规定。它通常还包括与目标公司未来治理相关的安排以及出价方对社会和雇佣相关方面做出的某些承诺。

保密:在就潜在的公开收购要约开展协商之前,出价方和目标公司通常会订立一份保密协议,以确保它们的协商和所交换的任何信息处于保密状态。一般情况下,该保密协议还会包含一些冻结条款,在某一时期内限制出价方未经目标公司的同意而提出敌意要约,增持股份和/或与股东对话。

尽职调查:在友善的情况中,目标公司通常会允许出价方开展尽职调查。尽职调查的范围和持续时间在各个案例中有很大不同,尤其取决于出价方的类型(金融投资者还是战略方/竞争者)以及出价方预期为该宗收购交易提供融资的方式(全部为股权还是第三方债务)。

分手费:并购协议通常会为目标公司设定一项义务,即在撤销目标公司的要约建议后或者在发起或完成一项竞争性要约后,支付一项分手费。分手费的规模通常限定为不超过交易金额的1%。有时还可见到反向分手费的情况(即应由出价方支付给目标公司的费用),尤其是由于出价方未取得所要求的一切反垄断批准,而导致要约未能达成的情况下。

不可撤销承诺:实践中,公开收购要约中的出价方通常会劝说股东们不可撤销地承诺将自己的股份出售给公开要约中的出价方("不可撤销承诺")。一般情况,这些"不可撤销"条款会规定,一旦发起了实质上更好的竞争要约,这些条款将不再适用。而出价方一般会试图议定匹配或超过竞争要约的权利作为并购协议的一部分（"匹配权"），其原因也正在于此。

（2）私下竞标

尽职调查条款：很常见的一种情况是，私下竞标中的卖方会允许出价方在提交有约束力的报价前开展详细的尽职调查。此外，卖方尽职调查报告（例如，涉及财务、商业、法律和/或税收问题）也很常见，虽然不是每次都有。但是，如果出价方获准依赖卖方尽职调查报告，依赖的程度通常受到很大限制。

交易保护条款：一般情况下，拍卖中的卖方要求交易的确定性，因此它们会认为，在收购协议中纳入前提条件（如关于融资）将对出价的吸引力产生重大不利影响。此等条件限制最终是否可予接受，将取决于双方的相对议价能力和拍卖的竞争力。由于中国各机关可能需要批准拟议的收购，因此会让中资公司处于不利地位。处理此问题的一个方法是，如果由于在中国境内的延误，错过了最终期限，则向卖方提供奖励，如"分手费"。

定价条款：在收购协议中约定一个真正固定的价格，这种做法非常罕见。最常用的两种定价方法是"锁箱"机制或"交割账"制度。在第一种制度中，双方按照某一有效日期约定一个固定的价格，在该有效日期与交割日期之间，该固定价格将产生利息，同时卖方有义务不从目标公司中获取价值。在第二种制度中，双方约定一个固定的企业价值（即假设该企业无现金、无债务和具有正常水平的流动资金，以此确定的一个企业价值），然后按照交割时目标公司实际的现金、债务和流动资金水平来调整此"基础金额"。

卖方责任：私下竞标中的收购协议一般包含关于卖方责任的详细安排。通常会在责任（有上限）原因与适用于各种类型责任的期限之间做出区分（例如，违反商业保证的责任上限相对较低，而违反税收或产权保证的责任上限较高）。收购协议一般还会包含关于卖方责任限制的详细规定，例如，某一事项已在尽职调查中进行了公平的披露，则卖方不承担责任。

排他性：由于拍卖的竞争压力，它们通常会对卖方有利。但是在当前的经济环境中，出价方也可以试图强迫卖方在一段时间内授予排他性便利，或者筹划其他方法来降低竞争压力。

9. 特殊税收影响/考量因素

荷兰拥有广泛的税收条约网络，从而使其成为一个对设立节税的控股及融资公司颇具吸引力和受欢迎的地方。

（1）企业所得税

荷兰的企业所得税税率如下所示：

（a）对于前 20 万欧元的利润，税率为 20％；

（b）对于超过 20 万欧元的利润部分，则为 25％。

在荷兰，对于从合格非组合投资（如任何活跃的子公司）获取的股息收入和资本收益，公司可免于纳税。

（2）预提税

虽然荷兰对股息征收的预提税为 15％，但是对于支付给中国投资者的跨境股息，依照中国与荷兰达成的当前适用的避免双重征税协定（目前双方正就一项新协定展开谈判，根据新协定，股息预提税有望进一步降低），预提税率可降至 10％。对利息或版税不征收预提税。荷兰作为控股国，通过设立一家荷兰 BV 公司来持有运营公司的股份，从而创立一个荷兰控股结构，这样做有很多好处。这样的荷兰控股结构的好处有：

（a）适用于国际商业合作伙伴的适当结构；

（b）获得荷兰大量双边投资协定的保护；

（c）减少来源国对各项税收约定和欧盟环境中的入境股息、利息和/或版税征收的预提税；

（d）不对 BV 支付的利息或版税征收预提税；

（e）有可能以免税的方式取得股息收入；

（f）对 BV 由于参股豁免而从出售其运营公司的过程中赚取的资本收益，荷兰不征收任何税收；

（g）原则上，荷兰不对出售 BV 自身而获取的资本收益征收任何税收。

10. 与中国之间的双边协定

中国和荷兰于 2004 年续签了两国之间的双边投资协定。与中国和其他发达国家达成的协定相比，中荷协定十分牢靠。举例来说，此协定下的投资者可将任何纠纷提交至国际仲裁机构。

相比之下，中国与其他发达国家达成的双边协定只允许对赔偿要求进行仲裁。

（二）德国

1. 投资环境

德国是世界上对于外来投资最开放的经济体之一。比如，近年来，来自阿布扎比和卡塔尔的主权财富基金已经购入了德国的"国家冠军企业"戴姆勒和大众公司的大量股份。

去年，来自中国的投资也有了一定的增长，联想收购 Medion、重庆轻纺集团收购萨固密的事实均证明了这一点。从先前的交易来看，中国投资者显然已经有能力成功扭转处于困境的德国中型公司的颓势。这些交易涉及的双方包括沈阳机床集团与希斯公司、北京第一机床厂与瓦德里希-科堡公司以及金风科技与 Vensys。

应该还有机会让中国公司投资于德国。由于继任计划中的不确定性,德国许多高度专业化的、通常是家族所有的中型工程和制造企业很可能会在不久的将来出现在并购市场上。三一重工近期收购普茨迈斯特即是一例。

一些私募股权投资组合公司也有望很快加入市场中,而且更大型的集团公司也将继续处置旗下的企业。

2. 公司类型与公司治理

(1) 公司类型

迄今为止,德国最常见的私营公司形式是有限责任公司(GmbH)。此外,如果投资于一家德国上市公司,则最有可能是一家德国股份公司(AG)。

尽管股份公司和有限责任公司是最常见的德国公司类型,但是也存在其他公司结构。例如,对于家族所有的企业,有限合伙是一种很受欢迎的组织形式。

(2) 公司治理

有限责任公司设有两个主要的治理机构:管理董事会,其日常管理并代表公司;以及股东,他们拥有最高决策权并决定特别重要的事项(通常列于公司章程中)。他们还可以随时向董事们发出具有约束力的指示。

相比之下,德国股份公司设有双层董事会结构。一个管理董事会,由首席执行官和高管人员来管理公司的日常运营。有外聘成员的监事会。监事会任命管理董事会并监督其活动。任何个人不得同时在管理董事会和监事会中任职。

在双层董事会结构中,股东不会直接控制或影响管理董事会。管理董事会因此拥有相对独立的地位,因为它只受监事会的监督(在大公司中,监事会 50% 的成员由员工委任)。对于员工超过 500 人的有限责任公司,这个双层结构也适用。

3. 外来并购类型

(1) 上市公司收购

德国境内的公开收购可能由于强制或自愿收购要约而发生。一旦一方所持股份上的表决权达到或超过目标公司表决权的 30%,强制收购要约即行触发。两种类型的收购要约均需要遵守相关程序规则,这些规则只是在几个关键点上有所不同。

(2) 非上市公司收购

德国法律对并购交易的结构规定的十分灵活。对德国目标公司进行收购一般采取如下结构:股权收购、资产收购或兼并(德国企业转型法律准许,两个企业实体可以合法的方式合二为一）。

进入德国的大多数外国投资都是通过收购私人持有的目标公司进行的。此类收购所受限制比收购上市公司的限制要少。

4. 外商投资审批要求

德国针对来自欧洲经济区以外的投资制定了一套通用的外商投资管制制度。直接或间接收购一家居民公司25％或以上的表决权需要接受联邦经济技术部的调查。只有在投资被视为威胁到"公共秩序或安全"的情况下，才能施加限制。但是，从2009年肇始以来，该制度并未促使德国监管机构反对或阻止任何外来交易。

我们预期，实际的外商投资管制将继续限于影响国家利益的交易，如国防或基础设施行业中的交易。在与作为德国公司或企业资产收购方的非欧洲经济区投资者达成的协议中，外商投资管制批准是一个标准的成交条件。鉴于风险较低，在大多数案例中，只把这个条件当作一项手续。为了加快进程，即使在签约前，投资者也可申请一份有约束力的批准证书。如果联邦经济技术部在申请批准后的一个月内未决定启动进一步的调查，则视为已批准。

5. 当地竞争/反垄断法律

对于满足德国申报要求但是并未被欧盟委员会的并购条例限定的案例，仍需取得德国的并购管制许可。在以下情况下，视为满足德国申报要求：

（a）收购或企业合并所涉各方在全球范围内的总营业额超过5亿欧元；

（b）各方中至少有一方在德国的营业额超过2 500万欧元；

（c）另一方在德国的营业额超过500万欧元；

（d）不适用任何低额豁免。

需接受德国并购管制的交易在实施之前需要经过1个月的等待期。这是第一阶段审核。德国联邦卡特尔局（FCO）能够，而且也经常在等待期届满前批准一项交易，前提是该局裁定收购交易并未引起任何实质的竞争问题。

如果FCO希望对拟议的交易进行更仔细的检查，它可以启动第二阶段的调查。此项调查连同第一阶段的调查所用时间不得超过4个月。如有必要，FCO可对该交易施加条件或者以不符合公共利益为由提出反对。

6. 针对特定行业的审批要求

对于德国境内某些行业中的收购，必须向相关当局提交事先通知。这些交易包括买入10％或以上的股本或表决权，或者增减所持股份超过20％、30％和50％的门槛的收购交易，适用于：银行，金融服务机构，投资公司，证券交易所的运营机构或者保险公司。收购广播公司权益也需要遵守通知要求。如果未能满足某些要求,则相关当局有权力阻止上述各行业中的交易。

尽管如此,由于德国具备一套稳定的法律和监管体制,所以只要认真筹划并执行监管策略,监管程序不会阻止投资者完成外来交易。

7. 并购交易中的员工权利

员工共同决策权:如果股份公司或有限责任公司员工超过 500 人(通常在集团层面评定),则公司需要设置一个监事会,其三分之一的成员应由员工选举。如果该公司员工达到或超过 2 000 人,则监事会一半的成员须为员工代表。实践中,员工共同决策权一般不会阻碍公司的兼并、收购或日常运营。

劳资联合委员会:德国境内的任何企业,如果至少有 5 名 18 岁或 18 岁以上的员工(其中 3 人已受雇至少 6 个月)则该企业须设立一个劳资联合委员会,如果员工要求的话。

经济委员会:如果员工队伍超过 100 人,则员工们有权在劳资联合委员会之外成立一个经济委员会。该委员会只是一个咨询和顾问性质的委员会,并无共同决策权。

劳资联合委员会和经济委员会的参与仅限于股份交易。目标公司的管理层只需通知并咨询这两个委员会,经济委员会和劳资联合委员会均无任何阻止或否决权。但是要满足信息和咨询要求也有一定挑战性,因为管理层通常并不直接参与交易,交易主要发生在股东层面上。

经济委员会或劳资联合委员会更有可能参与资产交易,而且仍规定了知情和咨询义务,同时,劳资联合委员会可与管理层进行协商,讨论如何对企业的日常运营实施任何可能导致员工们处于不利位置的变化。劳资联合委员会可要求制定一个社会计划,向可能由于资产交易而遭受经济劣势的员工提供经济补偿。这是一个费时费钱的过程。

8. 当地市场适用于并购交易的惯例条款

(1) 公开收购

谈判:并未要求出价方在宣布要约前接触或甚至与目标公司开展谈判。未经目标公司管理层事先批准而实施的交易数量近期显著增加。

保密:保密协议很常见。尽职调查活动(无论是粗细条面还是详细的尽职调查)通常在开始时需要交换保密协议。必须注意的是,根据相关的披露规则,发行人必须毫不延迟地向公众披露"直接"涉及到发行人的一切内幕消息,除非适用某些豁免规定。规则要求对公开交易进行仔细筹划,以免过早地触发披露义务或者被禁止交易目标公司的股份。先决条件之一是,在提出建议后,尽快订立一份保密协议。

尽职调查:根据德国法律,股份公司的管理层承担一项一般性的义务,即对敏感信息进行保密。实践中,除非在敌意要约的情况下,管理董事会将(根据意向书)正式决定,潜在要约应对公司最为有利而且尽职调查是交易的一个必要先决条件。但是,公开收购要约中的目标公司通常会自然地倾向于快捷的程序,而尽可能不进行尽职调查。它们会声称市场实践支持它们,但是并没有具体的规则限制。

分手费:对于由于第三方介入而失败的要约,目标公司应付的分手费已在许多的德国收购交易中进行了约定,而且越来越普遍,尤其是在非德国公司参与交易的情况下。但是,分手费的可强制执行性仍令人怀疑。

不可撤消承诺:除了直接收购目标公司股份外,最常见的交易保护形式是劝说股东承诺接受所提出的要约。机构股东已经越来越愿意做出此类不可撤销承诺,但是通常会坚持要求,如果他人以超出规定价格提出竞争要约,它们将退出交易。由于披露义务现在已经涵盖了不可撤销承诺,因此此类文书的结构和签订时机必须与要约决定的公布时机协调。

(2)私下竞标

依赖:一般而言,不允许依赖法律资料手册。如果卖方提供了一份卖方尽职调查报告,则有时也允许中标者依赖此类报告。有时,允许提供资金的银行依赖买方尽职调查报告(在杠杆收购的情况下几乎总是如此)。无论是对买方还是卖方的尽职调查报告,第三方的依赖程度几乎总有一个上限。

尽职调查条款:在拍卖中,卖方一般会提供一份信息备忘录。此外,可能还会向出价方提供一份法律资料手册或卖方尽职调查报告(稍微少见一些)。法律资料手册只是说明重大问题,并不是对所确定事实的法律评估。高度敏感的信息通常会予以保留,直到签约前才提供,而且有时会以匿名的形式提供,或仅提供给出价方的顾问("诚实团队"),但需要遵守关于某些细节的保密义务。

交易保护条款:有时,可在短时间内向潜在收购方保证交易的排他性(如,为了让收购方在拍卖程序中拥有优先权)。

定价条款:固定价格(锁箱)比交割后调整稍微常见一些。

融资风险:卖方往往会要求提供证据证明出价方有足够的资金可用于交易,或者可立即拿出充足的现金,作为提交标书过程的一部分。考虑到外汇管制,这对中国投资者而言是一个挑战。

卖方责任:一般来说,战略性卖方比私募股权卖方更有可能提供商业保证。卖方的陈述和保证通常受到资料室内容的限制,前提是据收购方所知,相关信息能够合理地与资料室(公平披露)区分开来。通常会为卖方责任及其上限设定一个门槛。

9. 特殊税收影响/考量因素

对于中国投资者,基本有两种方案可用于在德国境内开始商业活动:设立一家德国法人实体(公司或合伙)或者在德国设立一家常设机构或分公司。

(1) 企业所得税和贸易税

某一公司的营业收入需要缴纳企业所得税和贸易税,公司层面上的税率约为30%。合伙企业/常设机构的盈余也需要缴纳企业所得税和贸易税,假设该合伙企业的权益由一家公司持有,而且该合伙企业的活动可作为贸易或商业活动,而非单纯的资产管理。企业所得税和贸易税的总税率约达到30%,无论盈余(在合伙企业的情况下)是否已实际分配。

(2) 股息预提税

对于德国公司所分配的股息,需要按照26.375%的税率征收预提税。支付给中国投资商的跨境股息可根据中德两国之间的避免双重征税协定,享受10%的较低税率。不对合伙企业支付给其合伙人的款项征收预提税。

(3) 资本利得征税

由于处置公司股份而取得的资本利得一般95%免税(5%应纳税,总税率为1.5%)。根据中德两国之间的避免双重征税协定,德国税收可抵减中国税收。不得出于税收目的扣除资本损失。由于处置在德国合伙企业中的权益或处置德国常设机构/分公司的资产而获得的资本利得应缴纳企业所得税和贸易税,税率约为30%。如果在处置合伙企业权益的情况下,一般不可扣除资本损失。

10. 与中国之间的双边协定

中德之间的双边投资协定于2005年11月11日生效。该协定为在德国投资的中国投资者提供了保护。尤为重要的是,该协定规定,中国投资者所享受的待遇不得逊于德国投资者或来自任何其他第三方国家的投资者。只有在出于公共利益并提供合理补偿的情况下,对中国投资实施的征收才合法。

中国投资者与德国发生的任何争端,如果在6个月后还未友好解决,可提请国际仲裁。应根据《关于解决国家与其他国家国民之间投资争端公约》(解决投资争端国际中心-ICSID)提交争端,除非双方约定根据《联合国国际贸易法委员会(UNICITRAL)仲裁规则》或其他仲裁规则成立一个临时仲裁法庭。

(三) 法国

1. 投资环境

得益于开放而有吸引力的投资环境,法国是一个很受欢迎的外来投资目的地。据2010年联合国贸易和发展会议称,法国是世界第三大外来直接投资接受国,仅次于美国和中国/香港。超过 2 万家外国公司目前在法国建立了总部,雇佣人数超过 200 万人。

中资公司已开始将法国视作颇具吸引力的投资地点。例如,2011 年,中国企业在法国的重大投资活动有中国投资有限责任公司以 23 亿欧元收购法国燃气苏伊士集团旗下(能源)勘探子公司 30％的股份。

2. 公司类型与公司治理

(1) 公司类型

法国最常见的企业结构为有限责任公司。常用的有三类有限责任公司:股份有限公司(SA)、有限责任公司(SARL)和简易股份有限公司(SAS)。

一个合伙人或单个股东的有限责任公司即可成立 SARL 和 SAS,而成立 SA 需要七名股东。SA 是最复杂的法国公司类型,而且能够启动股份的公开发行。SAS 最适合希望对自己的一家子公司保持 100％控制权的控股公司和外国公司,因为给予股东更大自由来制定公司章程,以满足自己的目的。

(2) 公司治理

(a) SA

SA 可只设立一个董事会(单层),也可设立一个管理董事会和一个监事会(双层)。[①]

如果只设立一个董事会,则董事会应由 3 到 18 名董事组成(可以是个人或法人实体),董事不必为股东。董事会决定公司营业活动的纲要并确保其实施。董事会由 1 名主席领导,主席负责公司各机构的内部组织事宜。同时,公司的日常管理由 1 名管理董事负责(该管理董事无需为董事会成员,但是可以与董事会主席为同一人)。

还可以设立董事会的专门委员会:薪酬委员会、任命委员会或审计委员会。

如果 SA 采用双层管理结构,管理董事会必须由 1 名(如果股本超过 15 万欧元则为 2 名)到 5 名成员(个人)组成(上市公司为 7 名成员)。由 1 名主席领导的管理董事会负责公司的日常管理。

同时,监事会必须由 3 到 18 名成员组成(可以是个人,也可以是法人实体)。监事会对管理董事会的管理活动行使持续的控制权,并有义务调查和汇报管理董事会的活动。

(b) SARL 和 SAS

SARL 可由一个或多个管理者进行运营,管理者必须不是法人实体,但无

---

① 2011 年,在 CAC 40 指数上市的 80％以上的法国公司均采用单层董事会模式运营。

需为股东。当有多个管理者时,每个管理者均有权代表 SARL 行事。

SAS 由一名董事长代表,其拥有完全的权力和权限,(相对于第三方)为公司设立义务。公司的日常管理由董事长负责,而且仅在章程细则中做出规定时,还由管理董事(如有)和管理副董事(如有)负责。

SAS 的董事长、管理董事(如有)和管理副董事(如有)可以是个人,也可以是法人实体。

尽管 SARL 较容易设立和运营,但是 SAS 在以下方面具有更大的灵活性:管理机构的组成和治理规则以及董事会议和股东大会的召集和举行。

3. 外来并购类型

法国境内的外来收购交易是指可涉及上市公司的收购或者指购入私营公司的股权或资产。跟其他法域一样,私人收购的程序比公开收购程序更加灵活,而且通常采用拍卖的形式进行。

公开收购可以是自愿性的(通过要约或法定兼并程序),也可以是强制性的。通常,在进行自愿收购之前,出价方、目标公司和该公司的任何主要股东应签订一份协议,以约束出价过程。如果目标公司拒绝进行协商,则可通过敌意要约进行自愿收购。

法国法律还规定了法定机制,通过该机制,可不经股份收购或收购要约而取得一个上市公司的控制权。然而,法定兼并极少用于收购一家目标公司,尤其是在敌意要约的情况中,因为它受制于不同的程序而且效果也千差万别。

当某人,无论是单独行动还是协同行动,直接或间接地拥有一家上市公司30%以上的股本或表决权时,将会发生强制收购要约。如果某人已经持有该公司 30%—50% 的股本或表决权,则在连续 12 月的期限内该人增持其股份超过2% 时,也将触发同一项义务。强制收购要约不得受限于任何最低接受条件。

如果达到特定的门槛,则根据法国法律会触发某些披露义务,无论是在要约期间还是其他期间。

4. 外商投资审批要求

原则上,法国境内的外商投资不受限制,而且只需要进行交割后的行政和统计申报。但是,某些限定战略行业中的外商投资需要经过法国经济部的事先批准。这些战略行业涉及博彩、国防和国家安全。

对于拟议在战略行业中进行的投资,法国经济部须在收到请求后的两个月内就此发表意见。法国经济部可(依据正当理由)拒绝该交易,或者根据投资者做出的承诺批准该交易,又或者在没有任何承诺的情况下批准该交易。此外,某些特定的批准和限制还适用于出版和广播行业中的外来投资。

5. 当地竞争/反垄断法律

如果合并涉及一家法国实体或一个虽未在法国注册但是在法国境内活跃的实体,则合并应上报至一个或多个竞争主管机关(而且不止向法国竞争主管机关上报)。

满足以下法国并购管制累计门槛的合并必须取得法国并购管制批准:参与合并的所有企业的全球总营业额超过 1.5 亿欧元;至少有两方在法国的营业额均超过 5 000 万欧元;而且交易未满足欧洲并购管制门槛。

特别的替代(较低)门槛适用于零售行业(即合并交易中的两方或多方经营零售场所)并适用于涉及在法国海外行政区和法国海外领土运营的企业的合并。

法国并购管制审核具有中止效力(即必须在合并完成/实施之前取得批准)。

接受法国并购管制审核的合并交易,可在申报视为完成之日起 25 个工作日内获得批准("第一阶段"审核)。但是,如果各方提出救济措施来解决合并交易带来的竞争问题(如有),第一阶段审核最长可延长至 55 个工作日。相反,在第一阶段等待期届满之前,也可以批准一项合并交易,前提是合并交易明显不会带来任何竞争问题(即不存在横向或纵向重叠)。

如果在更为少见的情况下,合并交易在第一阶段审核过后仍带来了竞争问题,则可以启动深入的第二阶段调查,从而将初始审核的时间延长至 65 到 105个工作日(很大程度上取决于提出的用来解决竞争问题的救济措施)。第二阶段结束后,各方仍须遵守 25 天的等待期,在此期间,法国经济部长有权力审理案件并根据公共利益理由对合并做出最终裁定。

6. 针对特定行业的审批要求

如果外商投资涉及法国境内的受监管活动(投资于法国保险公司或金融机构),则还需要取得特定批准。

7. 并购交易中的员工权利

法国法律通过劳资联合委员会直接或间接地向员工们赋予权利。根据法国法律,在员工人数至少为 50 人的公司中,必须强制设立劳资联合委员会。

如果公司经济或法律组织机构发生任何变化,尤其是在发生任何兼并的情况下,必须通知劳资联合委员会并/或征求其意见。

在公开收购的情况下,出价方必须在最终要约文件(经过法国金融市场监管机构 AMF 的批准)公布后的三天内向目标公司的劳资联合委员会发送一份副本。如果未设立劳资联合委员会或集团劳资联合委员会,必须与目标集团的员工直接联系。目标公司还有义务召开一次劳资联合委员会会议。会上，劳资联合委员会可决定是否与出价方另行召开一次会议，并就要约的性质（敌意要约还是推荐要约）发表意见。

员工还可按照其他方式行使企业权力。劳资联合委员会能够：启动警戒程序；向法院申请任命一名专家负责关于特定交易的报告；请求免除一名法定审计师的职务；在紧急情况下，请求法院任命一名代表召开股东会议；并将某一新事项纳入股东会议的议程中。

另外，在员工至少超过 50 人的法国公司中，可委任两名劳资联合委员会代表到董事会中任职（或者根据具体情况，任命到监事会），并行使顾问性质的表决权。

在法国上市公司中，如果员工持有超过 3% 的股本，则必须选任一名或一名以上员工股东代表到董事会（或者监事会，视情况而定）任职。员工选出的这些董事与其他董事（或者监事会成员，视情况而定）具有相同的地位、职责和责任。

8. 当地市场适用于并购交易的惯例条款

（1）公开收购

谈判：实践中，在谈判期间，各方通常会订立一份无约束力的意向书或谅解备忘录，言明各方均有权退出，而无需向对方承担任何责任。

保密：在推荐要约中，出价方和目标公司通常会订立一份保密协议。此外，限制出价方收购股份或提出敌意要约的能力的约定在法国也很常见，而且一般会包括在保密协议中。

尽职调查：不得以要约期间未出现影响目标公司的不利事件为由提出附条件的要约。这就使出价前的尽职调查变得更加重要（尽管尽职调查一般会有所限制而且是在较高层次上进行的）。

分手费：在法国实践上，目标公司出于多个原因往往不会同意支付分手费，尤其是符合按照最利于公司的方式行事的要求和公开收购要约中的自由竞争原则。

不可撤销承诺：最常见的交易保护形式为取得目标公司股东的不可撤销承诺，即承诺将自己的股份提供给出价人。但是这样的承诺在出现竞争性报价时失效。因此，与荷兰一样，近年来匹配权已越来越常见。

（2）私下竞标

尽职调查条款：卖方法律尽职调查在法国的拍卖程序中十分常见。一般在不得依赖的基础上提供给潜在的收购方。银行通常可依赖买方/卖方尽职调查，但该等依赖有责任上限。

交易保护条款：签约前的分手费在法国十分鲜见，而且一般被视为比较过分的做法。

定价条款：固定价格在法国并不常见，反而是交割后的调整更平常，但是在小规模且不复杂的交易中也可能遇到固定价格。

融资风险：融资风险一般由卖方承担（作为股份收购协议中的一个成交前提条件）。

卖方责任：一般会对卖方责任设定最低门槛和期限。

9. 特殊税收影响/考量因素

法国拥有广泛的税务协定网络以及针对研发活动和知识产权投资的诱人税收激励，从而使法国成为一个适合外商投资的地方。

（1）企业所得税

法国的企业所得税率为 33.33％。根据公司规模大小，除了此税率外还有某些附加费，从而使总税率（在某些情况下）达到 36.1％。

超过 15 年来，法国一直实施一种非常不同的"税收统一"制度，该制度允许为了计收企业所得税的目的，将由数家公司组成的集团（在某些情况中，包括外国公司的法国常设机构）当作一个纳税人对待（从而显著地抵消税务合并集团各成员之间的大多数交易的税收影响）。

法国纳税居民公司免于缴纳对由于处置在子公司中的股份而收到的股息和获得的资本利得的税收，前提是该公司在子公司中所持股份至少等于子公司股本的 5％，并至少持有 2 年。但是，等于所收到股息 5％或等于资本利得 10％的一次性款项被视为不可扣除费用，应加回至应纳所得并按照企业所得税的标准税率征税。

（2）预提税

尽管法国股息预提税率为 30％，但是对于支付给中国投资者的跨境股息，预提税率可降至 10％（而且一般可在中国境内获得外国税收抵减待遇，来杜绝任何双重征税）。

不对利息征收预提税（除了在某些黑名单法域中支付的款项外，这类法域的数量十分有限）。

尽管法国对特许权使用费的预提税率为 33.33％，对于支付给中国投资者的跨境特许权使用费，预提税率可降至 10％（而且一般可在中国境内获得外国税收抵免待遇，来杜绝任何双重征税）。

法国作为控股国，设立一个法国控股结构有很多好处，即成立一个可在运营公司中持有股份的法国 SAS。

10. 与中国之间的双边协定

中国与法国于 2007 年 11 月 26 日签署的一份双边投资协定,已于 2010 年 8 月 20 日生效("中法双边投资协定"),并取代之前的一份双边投资协定,后者于 1985 年生效。

中法双边投资协定向符合条件的中国和法国投资者赋予了有利的程序和实体性权利。首先,就其范围而言,中法双边投资协定保护各种各样的投资。

其次,中法双边投资协定包含了有利的地位规则。值得注意的是,中法双边投资协定并未要求中国投资者在有权享受中法双边投资协定待遇之前取得中国政府的批准。

第三,就该协定赋予的实体权利和保护而言,它为外商投资提供了各种各样的保护措施。

第四,中法双边投资协定包含了有利的争端解决规定。根据中法双边投资协定,投资者可以将任何与其投资有关的争端提请国际仲裁。提出要求的投资者有两种截然不同的选择:根据 UNCITRAL 仲裁规则进行临时仲裁,或者在解决投资争端国际中心(ICSID)进行机构仲裁。

(四)西班牙

1. 投资环境

西班牙是一个很受欢迎的外来投资目的地,也是世界上国际化程度最高的国家之一。西班牙源自中国的投资率在欧洲排名第三[①]。从 2003 年起,西班牙境内的中国投资额已增长 45%,而且有望在 2013 年时翻一番。

西班牙之所以是一个颇有吸引力的投资地点,其中的诸多原因包括:由于西班牙与拉美之间的诸多文化和语言纽带,而且因为西班牙与拉美达成的避免双重征税和投资保护协议数量最多,所以西班牙是向拉美扩张的一个理想枢纽;西班牙的人力和技术资源丰富;西班牙还拥有高度发达的基础设施网络;公路、铁路、空运和海运四通八达。

更值得注意的是,中小型企业(SME)占西班牙经济的主体,此种情况比欧盟其他国家尤甚。2010 年初时,西班牙 300 万家企业中仅约 0.1% 为大型企业,即员工人数达到或超过 250 人。其中,只有 113 家上市公司。

2. 公司类型与公司治理

(1)公司类型

西班牙法律中,有多种类型的公司和商业实体可用于在西班牙境内开展业

---

① 来源:Expansión,2012 年 1 月 16 日,第 19 页。

务和进行投资。最常见的形式有公共有限责任公司(SA)以及私人有限责任公司(SL)。

传统上,SA 是迄今为止使用最多的公司形式,但是在近期 SL 越来越受欢迎。部分原因是,后者的最低启动资金要求较低。

SA 和 SL 主要有两大差异:SA 是股份公司,其资本分割为股份,有资格作为可交易证券,而 SL 的资本分割为份额,不可作为可交易证券;而且 SA 可在证券交易所上市并在市场上发行债券。

(2) 公司治理

尽管法律在 SL 和 SA 之间规定了实质上的差别,但是二者的治理机构都由股东大会和董事组成(董事可以也可不组织为董事会)。

股东大会是 SA 和 SL 的最高治理机构。股东大会的任务是在公司内做出基本的公司决策(如任免董事、公司章程的变更、增减资、兼并、分拆、公司停业清理)。

SA 和 SL 的执行机构为一名或多名董事。管理形式必须在公司章程中进行规定,但是股东大会可随时更改。管理形式可以为董事会(董事会必须由至少三名董事组成)、唯一董事、连带责任董事或联席董事。

单个董事会成员并不拥有作为董事会时的执行权力。相反,董事会中的董事共同做出决策。但是董事会可以将自己的大多数职能授予管理董事或由董事会成员组成的执行委员会。

3. 外来并购类型

西班牙法律框架对并购交易规定得相当灵活,但是一般来说,对西班牙公司的收购采取如下结构:股权收购、资产收购或兼并(即在得到西班牙关于企业结构变更的法律的许可后,将两个企业实体合二为一)。

上市公司收购按照西班牙法律,共有两种类型的公开收购要约:强制要约和自愿要约。如果某人取得了对一家西班牙上市公司的控制权,则应该提出强制要约。如果满足以下条件,则理解为某人已取得对西班牙公司的控制权:直接或间接持有该公司 30% 或更多的表决权;或者购入一家西班牙公司的股份(低于 30% 的门槛)并在收购后的 24 个月内任命该公司董事会的大部分成员。

除了在直接取得对一家西班牙上市公司的控制权时有义务提出强制要约外,该人士还可能由于间接或随后取得控制权而提出强制要约。

与强制要约不同,在自愿要约中,做出提议的人士可自由决定启动要约。也就是说,规定的任何条款,如取得控制权等,均不会强迫做出提议的人士就该公司提出要约。在决定价格和条件方面,自愿要约比强制要约更加灵活。

4. 外商投资审批要求

过去几年来，西班牙已经放宽了适用于外商投资的规则，旨在吸引此类投资并符合欧盟在这方面的准则和条例。尽管如此，对于外商投资，仍然存在一些特定的报告义务，必须予以遵守。

例外的是，若认为投资于可能影响公共秩序、公共卫生和国家安全的活动时，西班牙政府可能在有充分理由的情况下，要求对投资进行事先批准。但是，这种情况很少见。一般而言，政府对外商投资最关注的唯一一个领域是国家安全，比如武器、弹药、爆炸物和其他武器的制造或营销。

尽管有上述规定，近期的新闻报导称，在某些交易中，如果非欧盟内的投资者试图收购一家西班牙公司 25％的表决权并因此给公共秩序或公共卫生带来风险，则西班牙政府可能会考虑交由工业部批准此类交易。

对于外汇管制和资本流动而言，作为通行的规则，二者已完全放宽而且在所有领域中，均有完全的行动自由。但是也有例外，对于由于某些交易而来往于境外的付款、收款或转账，可能需要取得事先批准或进行申报。

最后，出于统计的目的，在从境外支付和接收款项或融资时，还需要遵守某些手续和申报程序。

5. 当地竞争/反垄断法律

影响西班牙国内市场、但是并不具有"共同体规模"的交易可能要受到西班牙的并购管制。西班牙国内的并购管制由西班牙主管当局（国家竞争委员会，CNC）执行。

有两个基于市场份额和营业额的二选一申报门槛。在以下情况中，将达到这些门槛：既定产品或服务的全国市场或其中一个"限定的"地理市场中的 30％或以上的份额被收购，除非目标公司前一财年在西班牙境内的营业额不超过 1 000 万欧元，而且各方的单独或全部的市场份额未达到西班牙境内任何受影响市场或西班牙境内任何"限定的"地理市场中的 50％；或者在上个财年内所涉各家公司在西班牙境内的总营业额超过 2.4 亿欧元，但前提是至少有两方在西班牙境内的营业额均超过 6 000 万欧元。

涉及 CNC 的并购管制行政程序划分为两个阶段，分别命名为第一阶段和第二阶段。在第一阶段的调查中，CNC 将决定是否批准交易，根据各方主动做出或应 CNC 要求做出的承诺批准交易，或者在交易可能阻碍有效竞争的情况下，依照一系列客观标准启动第二阶段调查。在西班牙，在第一阶段的审核中，CNC 会无条件地批准大多数交易。第一阶段为期一个月，而且大多数交易都是在此阶段获得批准。

6. 针对特定行业的审批要求

某些行业需要针对外来投资的特别批准和/或对投资(无论是否为外来投资)设定了一般性的限制。目前,受到投资限制最突出的行业有:空运①,电信,金融服务(包括保险),能源以及媒体。

7. 并购交易中的员工权利

西班牙劳动法律一般会保护员工权利。对于参与权而言,员工的合法代表可以是:

劳资联合委员会(员工人数达到或超过 50 人的公司内可选举该委员会);员工代表(当公司员工人数少于 50 人但多于 10 人时;或者少于 10 人但是多于 6 人,可在多数股东决定的情况下选出);或者工会代表(如果由身为工会成员的员工选出的话)。

任命合法代表是员工们的一项权利,而非他们或公司的一项义务。共同决策权,即让员工代表参与公司的管理,在西班牙并不存在。根据西班牙法律,员工代表的角色和职能主要集中于咨询和监督。

根据西班牙法律,如果一项业务、某车间或"自主生产单位"变更业主并继续以有组织的资源团体从事经济活动,则将等同于某一继续经营企业的自动转让。对于资产出售,可能会对雇主、员工和公司产生一些劳工问题和法律影响,可能会触发沟通、信息和谈判要求。在发生自动转让的情况下,员工代表或员工们(当没有代表时)无法阻止转让的发生。尽管如此,他们可以向劳动法庭提出申诉(即声称转让不符合相关的立法,但是可能需要提供充分的证据)。

当交易涉及股份出售时,法律上无需通知员工代表,除非在集体谈判协议中做出此项规定。但是,惯常的做法是,在员工通过其他手段(如新闻报导)知晓前,将股份出售事宜告知他们。

8. 当地市场的适用于并购交易惯例条款

(1) 公开收购

谈判:作为西班牙法律中的一个原则问题,各方需要按照诚实信用原则开展谈判。各方通常会寻求订立一份无约束力的意向书或谅解备忘录,言明各方均有权退出,而无需向对方承担任何责任。

保密:如果出价方要求在提出正式报价之前接触尽职调查材料,或者多数股东考虑出售其在目标公司中的控股股份,则保密协议是一个常用的做法。保密协议中包括冻结约定来限制谈判破裂后收购目标公司股份,这样的做法并不

---

① 限制在欧盟(而非国家)层面实施。

常见。但是,在个案中也是一个可以协商的问题。

尽职调查:一般允许第三方,如为交易提供资金的银行,依赖卖方尽职调查报告。允许依赖买方或卖方的尽职调查报告则要受限于议定的上限。建议任何出价方开展尽可能多的尽职调查,因为宣布出价后退出的机会十分有限。

分手费:西班牙法律允许目标公司向首个出价方支付分手费,以补偿该出价方在准备出价时所发生的费用,前提条件是该出价方的要约由于竞争性要约而失败。任何收费必须:不得超过要约总金额的1%,经过目标公司董事会的批准,从目标公司财务顾问提供的有利报告中获利,并在要约文件中进行说明。

不可撤销承诺:由于很难在暗中建仓,如果目标公司被较少数量的股东所控制,不可撤销承诺相对比较普遍。机构股东可坚持要求,如果提出了竞争要约,则不可撤销承诺失效。

(2)私下竞标

尽职调查条款:卖方法律尽职调查在拍卖程序中十分常见,而且在可以依赖的基础上仅提供给中标者。通常会允许最初的融资银行依赖买方法律尽职调查。

交易保护条款:卖方支付分手费不常见。买方分手费也不常见,尽管我们已经在近期的交易中见到,其目的是向卖方保证交易确定性。

定价条款:固定价格结构愈来愈常见,但是交割后的调整仍是主流。当出现固定价格时,它一般会有遵守一个基于经审计账目或管理账目的锁箱机制。

融资风险:融资风险一般由买方承担。融资条件在收购协议中并不多见。资金确定性也越来越普遍,尤其是对于私募股权买方而言,而且一般通过股权承诺函来要求。尽管已见诸于近期的交易中,但卖方融资方式并不很常见。在此类情形中,通常会以卖方贷款的结构呈现。

卖方责任:常见的限制有上限、时间限制、最低额和一揽子条款。限制通常只适用于违反保证的情形,但是,限制更广泛地适用于约定和承诺的情况也并不鲜见。

排他性:传统上,市场充满竞争而且私下竞标是准则;很少有卖方同意授予排他性权利。现在,趋势逆转了,在当前对买方更有利的经济环境中,尤其是私募股权公司开始排斥竞争程序并强迫卖方授予排他权利。

9.特殊税收影响/考量因素

西班牙拥有广泛的税收条约网络,从而使其成为一个在成立节税的控股和融资公司方面颇具吸引力的国家。

（1）企业所得税

用于计收西班牙企业所得税（CIT）的应税所得以公司会计记录中披露的全球收入为依据（即收入和收益减去开支和亏损），并根据西班牙《企业所得税法》中所包含的特定规则予以调整。

应税所得一般适用如下税率，通用税率：应税所得的30％；小公司（上一年度营业额低于1 000万欧元）：不足第一笔30万欧元的应税所得为25％，超过30万欧元的应纳所得为30％。

居民公司分配的股息一般可在接收所述股息的公司层面上享受50％的税额抵减。但是，作为一项通用规则，如果该居民公司5％或以上的直接或间接参股权在支付股息前的一个年度内不间断地持有（或随后持有该参股权满一年），该股息应享受100％的税额抵减。当满足几个要求时，非居民公司分配的股息应根据西班牙参股豁免制度免税。

由于转让实行一般企业所得税税率的居民公司中的参股权而获得的资本利得，在某些条件下，一般可享受该公司在整个持股期间所产生的未分配盈余上的税额抵减，前提条件是在参股权转让之前的那个年度里，该居民公司中5％或以上的直接或间接参股权被不间断地持有。当满足西班牙参股豁免制度的要求时，由于转让非居民公司中的参股权而产生的资本利得应免税。[1]

（2）预提税

21％是西班牙《企业所得税法》以及西班牙《非居民所得税法》中规定的通用企业所得税预提税率[2]。但是，就后一种情形而言（即非居民所得税），西班牙与第三方国家达成的避免双重征税的税收协定可规定更低的企业所得税预提税率（甚至包括完全免税的情形）。

西班牙作为控股国，根据西班牙针对控股公司制定的特别税收制度（régimen de las entidades de tenencia de valores extranjeros），成立一家西班牙控股公司（即设立一家西班牙居民公司来持有非居民运营公司中的股份）有很多税收优势。

10. 与中国之间的双边协定

中国和西班牙于2005年续签了两国之间的双边投资协定，其于2007年7

---

① 3月30日的12/2012号皇家法令，引入了一套过渡性制度（只在2012年适用），根据该制度，西班牙公司（未满足从西班牙参股豁免制度中获益的所有要求）被激励把常驻低税收（或零税收）法域或避税港的公司中驻留的利润和其中的股份转移回国，但作为通行规则，需要支付8％的特别费用。

② 在2012和2013年，适用的一般税率为21％（针对企业所得税和非居民所得税目的），从2014年起为19％。

月1日生效。

本协定项下的投资者与另一国发生的纠纷应在可能的程度内，通过纠纷双方之间的谈判，按照友好的方式予以解决。

如果纠纷未能通过谈判解决，则根据投资者的选择，可将纠纷提交到：作为纠纷一方的国家的有管辖权法庭，或解决投资争端国际中心（ICSID），或者依照联合国国际贸易法委员会（UNCITRAL）规则成立的临时仲裁庭。

（五）英国

1. 投资环境

英国经济一向很开放，而且是一个对投资者十分友好的环境，对海外投资并未设置一般性的限制。

英国政府明确表示欢迎中国投资者。英国财政大臣乔治·奥斯本2012年1月访问北京时，鼓励中国投资者到英国投资。他专门推荐投资于英国的交通、公用事业和能源项目。

当前，中国投资者有大好机会，可以相对较低的价格投资于英国公司。其原因是人民币坚挺，而许多英国公司的股票价格在金融危机期间大幅下挫。

2. 公司类型与公司治理

（1）公司类型

一般而言，外商一般投资于上市公众有限公司（PLC）或者私人有限公司。这两种类型公司的所有权结构均通过股份组织。

（2）公司治理

英国公司，无论是私营还是上市公司，均采用单一的董事会结构。但是，董事可以分为执行董事或非执行董事。前者为公司员工，担负全职经理的具体职责；而后者则并非公司员工而且通常承诺每月花几天时间来参加董事会和委员会会议。

股东不需要处理公司的日常管理事务，而是留给董事会处理。股东一般只需要就重要的公司决策进行表决，如发行股票、任免董事以及发放股息。

除了基本的公司治理结构外，私人有限公司受到的治理限制较少；对于上市公司中的投资者，则有更多的保护措施。

在伦敦证券交易所拥有高级上市地位的公司（即该公司决定遵守更严格的公司治理要求）无论是否在英国境内注册，必须遵守《英国公司治理准则》。该《准则》旨在规定良好治理原则来保护投资者，这些原则应指引董事会的行为。

《上市规则》规定，上市公司必须在其年报中披露，该《准则》中的准则是否得到满足。如果未能符合某项规定，该公司必须说明原因。这会让投资者看到公司的治理程序并从其中得到安慰。

3. 外来并购类型

在英国境内投资可能是指收购或投资于一家上市或未上市公众公司,或者可能是指通过双边谈判或私下竞标收购一个私营公司的股权或其资产。

(1)公开收购

来自全球 70 多个国家的约 3 000 家公司获准在英国市场上交易。除了美国外,英国国内的收购活动比任何其他法域都要多。养老基金和保险公司在英国上市公司中持有大量的股份,只要财务条款适当,他们一向易于接受收购报价,因此鼓励了收购活动。

公开收购可以是自愿的,也可以是强制性的。此外,自愿收购要约可以由目标公司的董事会推荐,也可以是敌意要约。

如果一个个人或集团收购股份权益占表决权的 30% 或以上,则触发强制收购要约;具体而言,该人必须就剩余的股份提出现金要约。如果某人持有 30%—50% 的表决权股份并收购任何其他股份的权益,也会触发强制收购要约。

(2)私下竞标

我们针对上市公司描述的制度并不适用于私营公司。私下竞标或谈判更加灵活,它有助于各方商定各自打算遵守的程序以及文件的条款。

4. 外商投资审批要求

英国未针对外商投资设定任何一般性的限制。

5. 当地竞争/反垄断法律

主管当局可能需要批准合资企业或股份或企业的收购,包括某些少数权益。如果交易未满足欧盟委员会的并购门槛,则交易还需要遵守英国的并购规则。

与欧盟委员会不同,英国实施自愿申请制度,但是英国主管机构可调查一项交易,无论双方是否申请。该机构还可施加救济措施,比如拆分投资,即使在交易完成后也是如此。如果交易可能会在英国导致时机或实质性竞争忧虑,则双方应认真考虑作为前提条件的英国竞争法。一般而言,英国境内的审核时间,对简单直接的交易,为两到三个月,对于可能引起复杂竞争问题的交易,则至少为六个月。

6. 针对特定行业的审批要求

英国商业、创新和技能部部长有权力干预涉及公共利益案件中的并购。这些案件包括:涉及国家安全、英国金融系统的稳定以及媒体多元化方面的问题的案件。

该部长还可干预国防事务中的政府承包商及报纸和媒体并购中的特殊公共利益案例。这项权力极少动用。但是，英格兰和威尔士内获得执照的水务公司之间的并购需要强制性地向竞争委员会征求意见。而其他受管制公用事业，如电力、天然气、电信或铁路中的并购，则需要遵守《企业法》中的并购制度。

各方需要取得金融服务局的监管同意，才能转让银行和保险公司中的控制权益——通常为10%或以上的表决权。它们还应考虑环境合规以及碳减排承诺(CRC)能效方案。而且还可能出现数据保护问题，尤其是当涉及技术公司时。

7. 并购交易中的员工权利

英国公司一般不设置员工代表，如劳资联合委员会。但是资产交易与股份交易不同，需要员工咨询活动。

8. 当地市场适用于并购交易的惯例条款

(1) 公开收购

谈判：并无法律要求出价方在宣布要约前与目标公司开展谈判，但是应在宣布要约前将要约传达给目标公司董事会。收购要约是否为推荐要约以及是否出现竞争要约，是确定收购(包括谈判)的形式和结构的一个关键因素。

保密：保密的需求极为重要，而且《城市法典》中有一项基本规则：关于要约或潜在要约的保密信息，尤其是价格敏感的信息，在要约或潜在要约宣布之前，必须予以保密。保密协议十分常见，而且尽职调查活动开始时一般会交换保密协议。保密协议往往涵盖如下事实：一项交易正在磋商之中，并说明所交换信息的保密性质。保密协议通常会包含冻结条款，限制在谈判破裂后的一或两年时间内收购目标公司股份。

尽职调查：在任何潜在交易甫一开始，出价方都希望对目标公司开展尽职调查，任何调查的目的都是评估目标公司的价值，核实其业务符合出价方的预期，并尽可能确定不存在任何隐性负债。对于收购活动中的尽职调查，并没有具体的规则。但是，目标公司必须向提出适当请求的任何潜在出价方提供其给予任何其他出价方的相同尽职调查信息。

分手费：《城市法典》现在已经一般性地禁止目标公司以承诺的方式进行交易保护，包括分手费。但是，《城市法典》中并未禁止出价方同意支付"反向分手费"。

不可撤消承诺：出价方通常会从目标公司中的重要股东处寻求不可撤销承诺，以承诺接受出价方的要约。目标公司董事们做出接受要约的不可撤销承诺的情况很常见,并让这些承诺在出现价格更高的要约时仍有约束力。机构股东提供的不可撤销承诺较为少见,但是它们可能会准备提供无约束力的意向书以接受要约。

可用资金:出价方和财务顾问必须在宣布收购公司的报价时确定出价方可在到期时支付对价。中国的外汇兑换手续可能妨碍中国投资人在要求的时限内提供融资所需的确定性。

(2) 私下竞标

尽职调查条款:买方一般能够开展文件、财务和管理尽职调查,但是,合同保护将根据买卖双方的谈判能力而有所不同。尽职调查信息通常采用问题报告的形式呈现,而不是全文报告形式(尽管问题报告仍然也很冗长)。

依赖:通常允许融资银行和买方依赖买方的尽职调查报告。标准的惯例是设定责任上限。2 500万英镑当前是标准的最高上限,尽管某些公司也接受较低的上限。

排他性和交易保护条款:排他性协议越来越常见。排他性可能只在短期内有效而且可以终止,以降低卖方的风险。

定价条款:附有"锁箱"机制的固定价格仍是私募股权交易的标准。但是,交割后调整最近已经变得越来越普遍(各行业有所不同)。

融资风险:出价方需要向卖方证明,其有足够的交易资金。收购方通常会承担银行的风险,除非它们是私募股权收购方。

卖方责任:通常,卖方的责任受其实际认知的限制,但是需要开展"适当而认真的调查"。买卖协议项下的总责任一般会封顶并有时限。

9. 特殊税收影响/考量因素

英国居民公司应就其全球利润,包括收入和资本利得缴纳企业所得税。企业所得税的主要税率为24%(从2014年4月起,每年降低1%,直到22%)。还需要受制于一个新的选择性外国分公司利润豁免。利润和损失的计算以为税务目的进行调整后的商业账目为依据。存在特殊的制度,以便将来自无形资产、借贷关系和衍生合同的利润纳入企业所得税征收范围。对于利润,不征收本地(市级或地区级)税收。如果非英国居民公司通过常设机构开展贸易活动,则应对可归结于该常设机构的利润征税。

将英国作为控股公司所在法域有着诸多好处。英国几年来做出了一系列变革,让其税制更有吸引力,吸引跨国公司的控股公司进驻,包括:对于公司处置股份或资产获取的应税利得上的企业所得税,引入了大量持股(至少10%)豁免;新的股息制度,该制度对大部分股息以及应付给英国公司的其他分配额实施免税(无论是英国还是外国股息);新的选择性外国分公司豁免和专利盒制度(从 2013 年 4 月 1 日起,到 2017—2018 年度前,针对来自合格专利的利润,实施 10% 的税率);以及改革后的受控外国公司(CFC)制度,从 2013 年 1 月 1 日当天或之后开始的第一个会计期间开始实施,该制度只是区域性的,主要目的在于保护英国税收收入,防止人为地将利润从英国转移,让英国成为一个对控股公司仍然很有吸引力的地方。此外,英国不对股息征收预提税。税收一般按照 20% 的税率从利息或专利和版税中预提(可根据中英避免双重征税协定降至 10%)。

10. 与中国之间的双边协定

中英之间的双边投资协定于 1986 年 5 月 15 日议定并生效。该协定向在英国进行投资的中国投资者提供了一些保护措施,以对抗英国政府的某些行动。投资的定义十分广泛,而且举例来说,包括房产、股份、金钱和知识产权。对要约的保护措施类型反映了常见于其他双边投资协定中的保护措施。例如,有一条规定保护中国投资者的投资不会受到(包括通过"逐渐的"监管措施在内的)征收。另外,该协定规定,中国投资应受到英国政府"公平、公正"的对待,而且不应遭受任何歧视措施。

如果中国投资者与英国政府发生任何争端,该争端可在通知后六个月内根据联合国国际贸易法委员会(UNCITRAL)规则提交"临时"国际仲裁(在未达成任何友好解决方法的情况下)。因此,如果发生争端,中国投资者不会面临在任何英国法院接受审判的风险。

第三章 中国上市公司跨境
并购主要模式及操作实务

第一节 中国上市公司跨境并购的主要模式

纵观中国跨境并购的发展历史,大体可以分为三个阶段。最先是上世纪 90 年代初期至 2000 年的探索和发展时期,然后是 2000 年到 2008 年的"政府指导海外并购"时期,从 2008 年至今则是金融危机及其余波引发的海外并购"抄底"时期。回顾中国跨境并购的发展历程,从 2000 年交易总额约为 17.76 亿美元到 2011 年的 429 亿美元,在交易数量和金额上都增长十分迅猛。同时,随着中国资本市场的逐渐发展和健全,越来越多的上市公司参与到跨境并购中来。

通过对中国企业在国际化市场背景下自身发展战略把握以及上市公司跨境并购的案例及经验分析,我们选取了以下两个视角来总结中国上市公司跨境并购的规律及模式。一是从上市公司的内部需求出发,根据跨境并购的动机目的来区分不同的动因模式;二是从上市公司跨境并购的外部实现出发,根据跨境并购的执行结构来区分不同的交易模式。

从跨境并购的动机和目的来看,上市公司首先可以利用合理的时间和经济成本获得国际市场中的自然资源、行业领先的知识与技术以及国际化的品牌和市场网络,迅速提升自身盈利水平和能力并为股东创造价值;同时,上市公司通过海外收购实现走出去的战略,可以进一步扩大拓展国际业务空间,规避产业结构、市场地域和行业周期上的风险,充分挖掘协同效应,减少竞争对手,发现合作伙伴,综合提升上市公司的国际竞争力。在全球化的大趋势下,上市公司可以充分利用资本市场的运作条件,通过跨境并购来获取国家的经济所需要的战略资源,促进我国的产业结构的优化和转型,进一步推动中国经济的可持续发展,同时宣传和弘扬民族文化及先进价值观,这也是中国上市公司应承担的历史和社会责任。

从跨境并购的交易模式来看,主要有两个考虑因素:一是收购方式,根据目标公司的不同形式,上市公司跨境并购可以依据交易操作流程不同而采用不同的收购方式。如果目标公司为境外非上市公司,依据交易操作流程不同收购方式可以分为一对一方式、合资方式及招标方式。其中一对一及合资方式比较常见,招标方式由于对操作时间要求严格,且操作流程需要与审批流程衔接得当,因而成功案例相对较少。如目标公司为境外上市公司,收购方式可以分为协议收购及要约收购,这两种方式都比较常见。二是支付方式,目前,上市公司完成的跨境并购支付方式相对单一,绝大多数采用现金。虽然,上市公司股份及资产也可以作为交易支付对价,但是,由于法律法规限制等因素,股份、资产作为支付方式具有特殊性,实际应用较少。三是收购目标公司股权比例,可以分为控股权收购和少数股权收购,这两种方式在上市公司跨境并购交易中都比较常见。

一、跨境并购的动因模式

根据不同动机和目标,上市公司跨境并购主要有以下三种模式:资源获取型的跨境并购,技术获取型的跨境并购,品牌、市场和网络获取型的跨境并购。

(一)资源获取型的跨境并购

中国自然资源相对贫乏,资源品位和质量有限,人均资源占有量低。而随着改革开放的深入,中国工业化水平进一步提高和经济总量的稳定增长,对能源矿产等自然资源的需求和依赖也不断提高。能源行业中以石油为例,中国1995年成为净进口国,2010年进口超过2亿吨。在1999至2009年的10年间,中国石油消费量年平均增长率为7.1%,总体增长了93%,而同期全球石油消费量总体增幅仅为11%[1];进入2011年以来,由于欧债危机迅速蔓延,世界经济复苏受阻,新兴市场国家经济增长收到拖累,中国经济也受到影响,增速总体放缓。同时由于国际地缘政治事件频发,油价持续高位震荡,国内石油消费增速随之减缓。但中国2011年石油消费同比仍有6.8%的增幅,2012年消费量同比仍然增长5%[2][3]。金属矿产行业以铁矿石为例,从进入21世纪以来,我国铁矿石进口量和原矿产量均持续大幅增长,而对于铁矿石的需求也逐年上升。2001至2010年间我国原矿产量年度平均增速接近20%,铁矿石进口量年度平

---

① 《海外收购不能单纯"买能源"》,林伯强,2011年

② http://www.newsw.com.cn/news/energy/oil/2012-02-10/13736.html

③ 《2011年中国石油石化产业综述》,中国石油新闻中心

均增速超过 25%。进入 2011 年后,世界经济复苏形势的放缓使得全球范围内铁矿石的需求大幅回落;在中国,房地产市场调控、基建投资放缓以及铁路项目资金紧张在影响钢铁市场的同时也对铁矿石需求产生一定影响。然而在我国城镇化、工业化、信息化高速发展的背景下,2011 年钢铁产量仍然继续攀升,粗钢产量达到 6.8 亿吨,同比增长 9.2%。这也促使了 2011 年我国铁矿石总资源保持平稳较快增长,全年新增 20.1 亿吨,其中进口铁矿石 6.9 亿吨,同比增加 10.9%[①]。由于目前国际能源矿产资源和定价依然为发达国家的跨国公司所掌握。为了满足我国的资源供需,并抵御和控制国际市场上能源和矿产资源价格的波动风险,我国需要提高资源能源类跨国投资力度。上市公司通过跨国并购迅速获得海外资源所有权和开发权,并能进一步扩大业务规模、延长上游产业链,得到价格合理、供应稳定的资源和原材料。此外,上市公司通过跨境并购还可以增加与国际市场中其他竞争对手谈判议价的筹码,通过分享资源定价权来降低运营成本或扩大业务规模和范围,战略意义深远。

在资源获取型的跨境并购中,主要以能源(包括石油、天然气等)及矿产和原材料(金属和非金属等)行业为主。能源矿产等资源生产的高投资与高风险,决定了在我国大型企业,特别是央企上市公司,不仅在市场上占据了绝对的垄断优势,同时凭借其资金、技术、管理等各方面经验和实力,在跨境并购方面也处于行业领先地位。如在能源领域主要由中国石油、中国石化、中海油等三大上市公司主导,而拥有下属多家上市公司的中国五矿、中钢集团等则引领金属矿产资源领域的并购。此外一些民营企业领头羊也积极投身跨境并购,如 2007 年江苏沙钢集团成功购入英国 Stemcor 公司旗下一座澳大利亚铁矿 90% 股份。

资源获取型跨境并购模式有如下几个主要特点:

1. 在跨境并购中最活跃、占比最大

2011 年是中国跨境并购市场增长强劲的一年,而能源及矿产是其中最为活跃的行业,按并购案例数量计算,占跨境并购案例总数的 19.1%(21 起),同比增长 31.3%;按披露金额计算,相关并购总金额为 147.2 亿美元,占跨境并购总金额的 52.4%,同比增长 63.07%。资源获取型并购模式在以上两项指标上都位居首位。2012 年新增的并购案例也表明,中国上市公司在海外资源布局的步伐丝毫没有停滞。如 2012 年 2 月 17 日,拥有多家上市公司的中国五矿集团完成收购 Anvil 矿业有限公司 100% 的股权,交易价值约 13.3 亿加元;2012 年 2 月 21 日中海油(港交所:0883、NYSE:CEO)以 14.67 亿美元的价格完成了对图

---

① http://wuliu.acs.gov.cn/sites/xmwz/sjbsc.jsp? contentId=2658163607571

洛石油公司在乌干达三个勘探区各 1/3 的权益的收购①；吉恩镍业（600432）也在 2012 年 5 月收购了加拿大上市公司 100％的股权，并按照当地监管部门的相关规定，最终完成强制要约收购，交易价值约 1 亿加元②。

2. 区域性分布特征明显

由于能源和矿产等来源受地理自然条件的决定，资源获取型跨境并购目标按不同资源类型在全球范围内区域分布。如常规能源中的石油和天然气方面，并购主要发生地包括中东、非洲、俄罗斯等国家和地区；近年作为能源方面并购和投资热点的页岩气和油砂等非常规项目以及深水资产，则主要分布在北美和亚太地区，如 2012 年 2 月中国石油完成收购皇家荷兰壳牌石油集团于加拿大 Groundbirch 页岩气项目 20％权益③；金属矿产并购比较集中在澳洲、北美、南美洲、中亚等地区。其中加拿大和澳大利亚两个国家由于矿产资源丰富，已发生多起中国公司跨境并购交易④。

3. 现阶段中方以参股标的为主

在少数跨境并购案例中，基于特定的收购动机和交易环境，中国公司会收购标的控股权。如 2009 年兖州煤业趁全球经济危机的有利时机，本着技术和资源共取的思路，收购了澳洲菲利克斯资源有限公司 100％股权⑤。然而较多情况下，中国企业在获取资源的跨境并购中还只是收购目标公司部分股权，以谋求参与资源的定价权，而非控股权。一是由于资源类并购的敏感性较大，目标国家和地区对于并购方控股可能有较大阻力；二是由于控股后完全自主经营的风险较大；三是控股对上市公司并购后整合的经验和能力有进一步要求。因此获取部分少量股权等权益成为大多数资源获取型跨境并购的选择⑥。例如，据美国《华尔街日报》报道，2010 年至 2012 年 3 月间，中海油和中石化两家上市公司在美国和加拿大通过收购少数股权和成立合资企业，并购交易规模总计约达 170 亿美元⑦。这也是中国企业在吸取了 2005 年中海油收购美国优尼科石油公司的经验教训后，以"收购少数股权，扮演被动角色"的策略作为在北美等发达地区进行资源类并购新的思路和方法。

---

① 新华网，2012 年 3 月，http://news.xinhuanet.com/energy/2012 - 03/15/c_122835882. htm
② 新浪财经，2012 年 5 月，http://finance.sina.com.cn/china/20120607/150612251311.shtml
③ http://news.xinhuanet.com/fortune/2012 - 02/03/c_122651438. htm
④ http://www.guotuzy.cn/html/1204/n - 98612.html
⑤ http://www.zhongdebinggou.de/art_info.aspx? Cid＝845
⑥《我国企业海外资源能源并购实践》，《中国经贸》
⑦《中企终于立足北美能源市场》，《东方早报》

（二）技术获取型的跨境并购

技术获取型并购是以获取技术为主要动因，通过一定渠道和支付手段，收购技术型企业的资产或股份。相比于发达国家的很多竞争对手，我国很多上市公司自身研发能力不强，技术落后，成为制约我国企业和行业发展的一个瓶颈。由于依赖企业自身力量进行技术研究开发往往有投入大、周期长、风险高等缺点，而通过跨国并购，上市公司不仅可以迅速获得标的企业的核心技术及知识专利，又能获得对方的技术人才团队，为企业的后续研发提供持续支持。

在我国，技术获取型跨境并购主要伴随着装备制造领域的国际化发展而日趋频繁。经过多年发展，我国装备制造业已经形成门类齐全、规模较大、具有一定技术水平的产业体系。虽然我国已成为装备制造业大国，但产业大而不强、自主创新能力薄弱、基础制造水平落后、低水平重复建设等问题依然突出。为了改变"大而不强"这种行业态势，一方面行业内部通过加大技术改造投入，增强企业自主创新能力，大幅度提高基础配套件和基础工艺水平；另一方面则需要加快企业兼并重组，包括通过跨境并购来获取海外同行业的领先技术，来达到产品更新换代，促进产业结构优化升级，全面提升产业竞争力，努力推进装备制造业由大到强的转变。

参与技术获取型跨境并购的我国上市公司主要集中于汽车、电子和机械等技术要求较高的装备制造领域。以汽车行业为例，在扩大内需的指导思想下，行业近年来发展迅速，跨境并购尝试踊跃，近几年发生的海外并购案大都是着眼于获取对方的核心技术。如吉利汽车（0175HK）的母公司浙江吉利控股集团2010年以13亿美元向美国福特汽车公司收购沃尔沃轿车公司。沃尔沃品牌在行业内是安全性高的象征，但受全球性金融危机的影响，从2006年开始连续3年亏损。通过此次并购，吉利不仅获得了沃尔沃商标和品牌，还获得了沃尔沃自由专利及注册等2450项，福特无偿转让给沃尔沃的发动机、平台、模具等技术专利及有关权利1500项和200多个设计专利，福特无偿许可给沃尔沃的发动机技术45项，安全技术20项等，福特有限许可给沃尔沃的混合动力技术专利230项及其他沃尔沃完成生产和未来发展计划所需要的技术[①]，成果丰硕。

技术获取型跨境并购模式在我国有如下几个主要特点：

1．由合资模式逐渐转向海外收购

以汽车行业为例：上世纪八十年代初开始，中国汽车行业采取"以市场换技

---

① 《解析吉利18亿美金收购沃尔沃》，汽车中国

术"合资战略,主动开放国内市场,引进外方技术,涌现了桑塔纳、夏利、富康、捷达等一批合资汽车品牌。但由于缺乏技术引进的限制条款,引进的多是外方即将淘汰的旧技术和设备,且在合资企业的日常运作中,技术都被严格地控制在外方的管理职权范围内,中方没有真正得到跨国车商的专有技术所有权。在加入世界贸易组织后,我国汽车市场全面对外开放局面开始形成,国内汽车企业加快与国际汽车巨头合资合作,并开始尝试通过出让股权,以换取双方共建技术研发中心、创立具有合资企业知识产权的轿车品牌。于是,"以股权换技术"成为了21世纪初我国汽车企业合资的一种新取向,如宝马集团和华晨中国汽车控股有限公司,东风和日产,广州汽车集团与丰田汽车都成立了合资公司,合资方各占50%的股比[1]。然而合资模式并没有最终解决中国公司获取核心技术的要求,也没有实现中国本土品牌影响力的提升以及技术人才培养,这也促使像吉利等国内装备制造企业通过跨境并购来实现对核心技术的真正掌控。

2. 目标企业多拥有核心技术但运营业绩欠佳

由于宏观经济、行业周期以及其他各种原因的影响,不乏很多拥有领先技术和专利的优质公司,经营业绩不佳,价值被暂时低估,甚至陷入困境。对于中国上市公司来说,这是选择技术雄厚的并购目标并直接控制对方的技术资源的好时机。1998年金融危机之后,韩国汽车企业遇到了前所未有的困难。在短短的几年内,韩国汽车企业先后被国内外企业并购,如现代汽车公司收购起亚汽车公司,美国通用汽车公司吞并大宇汽车公司,三星汽车公司进入法国雷诺汽车公司帐下。保持独立经营的双龙汽车公司也由于巨额负债濒临破产。抓住这个契机,中国上海汽车集团(600104)在2004年成功收购双龙汽车公司48.9%的股权。

3. 中国企业在并购后技术整合和后续研发风险较大

中国公司进行技术获取型的海外并购,不单是为了简单获得对方的技术,更重要的吸收消化该技术,并应用到企业自身的产品和服务中,使其真正成为本企业的核心竞争力。但由于国内外技术水平、标准、工艺、管理过程等不同层面的差距,给技术整合带来一系列的挑战。例如上汽集团收购韩国双龙汽车后,由于上汽自身的技术水平有限,之前没有一辆属于自主品牌的轿车产品,研发团队仅有20多人,而双龙的研发团队有800多人,拥有完整的自主技术研发经验和知识产权,双方差距过大,导致上汽无法引领技术整合过程并充分吸收

---

[1] http://auto.eastday.com/eastday/finance/cys/node15568/node42861/userobject1ai714647.html

双龙的技术能力,整合过程缓慢,并购反以巨大亏损告终。另外,要保持所收购核心技术的领先地位,将其转变为长期的竞争优势,在一个相当长的时期内,中国企业还需要持续大量的研发投入,这对上市公司自身财务状况以其在资本市场的运作能力都是很大的考验。而一旦技术研发由于投入限制而迟缓,企业往往就很难跟上市场需求的节奏,通过技术盈利的难度会进一步加大,产生恶性循环。例如2001年华立集团(华立控股和ST恒泰)收购了飞利浦位于美国的CDMA项目,虽然收购费用只有100万美元,但并不包括知识产权的授权费用。并购完成后,华立在美国和加拿大两个研发中心的运营费用每年需要上千万美元,占用了华立集团大量运营资金,并影响了其他产业板块的发展[①]。

(三)品牌、市场和网络获取型的跨境并购

随着经济全球化和信息技术进一步深入发展,品牌已成为全球化时代的重要特征和国际市场进程的重要手段和标准。在国际市场上,中国企业虽然具有成本和规模经济优势,但利润相对微薄;国际品牌研究机构Interbrand针对中国制造的产品的调研显示:除了价格低廉以外,中国品牌并没有其他突出的优点,而国际消费者对中国品牌的喜好度相对较低[②]。优秀的品牌可以给企业的产品和服务带来较为持续的高附加值,而国际品牌则可以在更大的市场范围内为企业收获利润。因此,拥有国际优良品牌是中国企业在国际市场中竞争发展的重要保障。然而,中国企业在欧美高度发达和成熟的市场建立自有品牌的宣传、营销等成本十分巨大,海外客户观念的改变也需要耐心和时间。跨境并购因此成为中国企业进入国际市场的有效选择,不仅可以在短期内让企业获得标的公司的优质品牌,并购事件本身也自然地扩大了收购公司和其原有品牌的影响。

以获取品牌、市场和网络为目的的跨境并购比较常见于中国的服装、纺织、家电、制造等行业。例如,2007年11月雅戈尔(600177)根据由生产型企业向品牌型企业转型的国际化扩张战略,出资1.2亿美元收购美国Kellwood Company及其全资子公司Kellwood Asia Limited持有的Smart和新马服饰100%股权,从收购资金及资产规模上为当时中国服装界最大的跨境并购案之一。

根据中国不同行业和企业的发展态势,以获取品牌、市场和网络为目的的跨境并购有如下不同类型和模式:

---

① 《华立因何陷入困境》,王伟
② 《海外并购方式下的我国企业品牌国家化策略研究》,管胜杰,2012年

1. 借用海外品牌抢占国内市场

在一些服装鞋帽等消费品行业内,由于国内高端品牌缺失,中国企业在国内本土品牌发展到一定规模时,希望通过收购海外品牌抢占国内高端市场份额。由于欧美品牌发展历史较长,在消费者心中形象更为高端;而国内品牌历史短,缺乏文化和内涵积淀,短时间内难以树立高端品牌形象,因此中国企业往往采用"引进来"的策略,用海外品牌打开中国高端市场。例如 2010 年达芙妮(00210. HK)宣布与 Full Pearl International Ltd 达成协议,以 1.95 亿港币收购后者 60%的股权,交易包括 ALDO 等四个高端品牌,旨在与百丽、星期六等在国内市场抗衡[①]。另外浙江奥康鞋业(603001)收购了意大利鞋业品牌万利威德在大中华区的所有权,并计划随后组建一支独立的团队去运作相关海外品牌,借助现有销售渠道为之开辟中国市场[②]。

2. 借助海外品牌和渠道拓展国际市场

随着中国经济持续增长及固定资产投资的增加,许多行业出现了产能相对过剩的现象,国内市场一度饱和。而通过跨境并购,中国公司可以利用标的公司既有分销渠道、客户群体和供应商网络,将国内的产品和服务迅速扩展到海外当地市场,或另辟海外市场作为新的增长点。以白色家电行业为例,2011 年之前,在国家产业政策的扶持下,家电下乡打开了家电的农村普及之路,给行业带来利好。2011 年后,随着利好政策的相继退出,前期依靠政策刺激而激发的消费提前透支了市场,整个行业库存很大。据相关数据显示,2012 年家电行业销量和销售额同比增幅大幅下滑。一季度冰箱销售量同比下降 17.1%,销售额同比下降 11.9%;洗衣机销售量同比下降 28.7%,销售额同比下降 23%[③]。在这种国内市场不利的形式下,家电企业积极投入海外并购,扩展国际市场。2011 年青岛海尔(600690)收购涉及三洋电机在日本、印度尼西亚、马来西亚、菲律宾和越南的洗衣机、冰箱和其他家用电器业务,还包括三洋洗衣机品牌 AQUA 及相关品牌,获得在以上五个地区海外市场进一步发展的空间,并希望借这次收购发挥三洋电机的技术和品牌效应,扩大在日本的业绩以及占有率[④]。另外,美的电器(000527)以约 2.2 亿美元收购开利拉美空调业务公司 51%的权益,旨在和对方联合经营和拓展拉丁美洲地区空调业务。

---

① 《达芙妮收购 Full Pearl 欲拿什么挑战百丽》,中国时尚品牌网

② 《国产鞋服企业频频收购海外品牌》,东方财富网

③ http://news. pcbcity. com. cn/PcbInfo/Articles/2012 - 6/1206161421086567 - 1. htm

④ http://www. topcfo. net/index. php/News/index/id/19902. html

3. 通过并购推进整体的国际化战略

对于一些综合实力较强的龙头企业,通过并购最终促使自身在产品、技术、组织体系方面实现了在全球化平台上配置和均衡发展,并最终形成全球消费者认可的全球化品牌。例如 2004 年联想集团(0992.HK)收购 IBM 的全球 PC 业务后,联想选择实行保持"联想"和"IBM-Think"的双品牌战略,不仅有利于维持客户的稳定性,使其有自然适应的过程,而且可以同时根据市场需求,进行品牌不同层次的划分①。经过多年的管理和文化的磨合,联想最终取得了国际化的成功,用 6 年的时间把 30 亿美元的营业额做到 260 亿,跃居成为全球第二大 PC 供应商。如果联想只靠内生性增长,而非建立国际化的队伍和借助海外销售渠道,很难达到这样的发展速度。

二、跨境并购的交易模式

上市公司跨境并购交易模式的分类,根据目标公司的不同形式,上市公司跨境并购可以依交易操作流程不同而采用不同的收购方式。如果目标公司为境外非上市公司,收购方式可以分为一对一方式、合资方式及招标方式;如目标公司为境外上市公司,收购方式可以分为协议收购及要约收购。如按上市公司收购标的支付方式分,可分为现金支付、股份支付以及资产支付;如按照收购目标公司股权比例划分,又可以分为控股权收购和少数股权收购;如按照收购标的类型,又可以分为股权收购和资产收购。

(一) 收购方式

1. 目标公司为境外非上市公司的收购方式

若被收购目标公司为境外非上市公司,一般采用一对一、合资或者招标的收购方式。

(1) 一对一方式

一对一交易中,参与者仅限于收购方和出售方两家,对于双方的商业机密都有很好的保护,同时对双方来说在推进的时间表和交易安排上都有较大的灵活性。同时由于只有一家收购方,双方的谈判注意力更加集中,对交易推进的连续性更好,不会有由于需要面对不同收购方的不同时间表的额外负担。一对一方式是我国上市公司"走出去"的重要途径之一。

一对一方式中,交易双方可以根据实际需求采用灵活的交易架构,比如收购目标公司的股权,同时承诺代替目标公司偿还原股东的贷款或者向目标公司

---

① 《联想双品牌危机》,刘己洋,2007 年 11 月

提供借款补充流动资金等，例如，2011 年紫金矿业（601899）的下属全资子公司 Superb Pacific Limited（超泰有限公司）出资 6 600 万美元收购 Summer Gold Limited Liability Partnership（萨摩黄金有限责任合伙公司）持有的 Altynken Limited Liability Company（奥同克有限责任公司）60％股权及萨摩黄金向奥同克公司提供的全部股东贷款。又如，在一对一方式中，行业收购方还可以引入财务投资者共同收购目标公司股权，最终实现完全收购的目的，如 2012 年三一重工（600031）控股子公司三一德国有限公司联合中信产业投资基金（香港）顾问有限公司共同收购普茨迈斯特 100％股权，其中三一德国收购 90％，中信基金收购 10％，总交易金额约为 3.6 亿欧元。

（2）合资方式

上市公司或其子公司通过受让老股、增资入股或者新设成立等方式与境外主体在境外成立合资公司，也是其跨境并购的一种重要形式。这种收购方式相对简单，且规模较小，一般不会触及到重大资产重组的审核标准，操作简便，适用于上市公司收购同行业或者上下游境外公司。

合资方式能够整合中方和当地合作伙伴的资源，发挥双方的特长，更能实现企业的目标。但是，在合资开始之前，中国企业一定要做好事先的调查和准备，对合作方的资信，对合资企业的经营模式、管理风格和企业文化，对东道国国情和民族特征，都要做好全面的调查了解和评估。上市公司跨境并购采用合资方式的案例很多，例如，2011 年美的电器（000527）为了更好的开展拉美空调业务，通过其海外全资控股子公司美的电器荷兰公司收购 UTC 法国公司所持有的开利拉美空调业务公司 51％股权，成立合资公司，交易规模 2.33 亿美元。

（3）招标方式

招标是国际并购中非常惯用的收购方式之一，一般分为初步招标、最终招标和签署协议等阶段。交易前期，并购双方初步接触，签署保密协议，分发信息备忘录，收购方进行第一阶段尽职调查，然后提交初步不具约束力竞标书，由出让方筛选入围的应标者。接下来，由入围的应标者进行第二阶段尽职调查，提交最终约束力竞标书，双方进行谈判，签署协议，完成政府审批流程，最终进行资产交割。

我国上市公司跨境并购采用招标收购方式的成功案例数量并不十分丰富，主要原因在于招标收购时间要求相对紧凑，上市公司进行较大规模对外收购，特别是涉及到重大资产重组时，审批流程相对复杂、审批时间相对较长，在时间上，很难满足招标方式的要求。上市公司跨境并购竞标成功案例如 2008 年中联重科（000157）通过设立境外特殊目的实体与共同投资方联手竞标收购意大利 CIFA 公司 100％股权,交易完成后吸收合并 CIFA 公司,交易总金额(含共同投资方)约为 2.71 亿欧元,该交易对于其他 A 股上市公司进行跨境招标并购具有一定的借鉴意义。在该交易中,中联重科(000157)提交第一、二轮报价及签署协议与召开上市公司第一、二次董事会及股东会时间衔接得当,同时获取其他政府审批部门的批复时间也十分及时,从而保证了交易的顺利完成。

2. 目标公司为境外上市公司的收购方式

若被收购目标公司为境外上市公司,一般采协议收购、要约收购的收购方式。

(1)协议方式

协议收购是一种依照法律、行政法规的规定同目标公司的股票持有人以协议方式进行股份转让的收购方式,也是上市公司收购境外上市公司主要方式之一。协议收购的价格由收购人与目标公司的股票持有人协商确定,一般来说是善意收购,目标公司的管理层持配合态度。

上市公司协议收购境外公司比较有影响力的案例如工商银行(6001398)收购标准银行总股本的 20％,其中 10％为协议收购标准银行已发行的旧股,另外 10％为认购标准银行定向发行的新股。工商银行协议收购旧股和认购新股互为前提条件。本次交易完成后,工商银行将成为标准银行的第一大股东,交易总金额约合 338 亿元人民币,为迄今为止我国 A 股上市公司进行跨境并购中规模最大的一单交易。还如 2008 年中国黄金集团与基金公司合作,以约 2.18 亿美元收购艾芬豪矿业公司所持有的在加拿大多伦多上市的金山矿业有限公司 41.99％的全部股份。

(2)要约方式

要约收购是指收购人通过向目标公司的股东发出购买其所持该公司股份的书面意见表示,并按照依法公告的收购要约中所规定的收购条件、价格、期限以及其他规定事项,收购目标公司股份的收购方式。要约收购是各国证券市场最主要的收购形式,在所有股东平等获取信息的基础上由股东自主选择,被视为完全市场化的规范收购模式。但是,与协议收购相比,要约收购要经过较多的环节,操作程序比较繁杂,收购方的收购成本较高。

我国上市公司针对境外上市公司要约收购的案例如金亚科技(300228)以全资子公司金亚科技(香港)有限公司要约收购英国公司哈佛国际 100％股权。收购完成后,香港金亚拥有哈佛国际 100％股权,而金亚科技则间接持有哈佛国际的全部股权。总交易金额约合人民币 2.29 亿元,截至目前该交易已经获得中国证监会的批复,正在实施中。该交易为国内创业板上市公司以要约收购方式并购海外上市公司,并且达到重大资产重组标准的首例。

(二) 支付方式

我国上市公司跨境并购可以采取的支付手段主要有现金支付、股份支付及资产支付,也存在上市三种方式混合使用的情况,但是其中绝大多数交易为现金支付。

1. 现金支付

并购中的现金支付是指收购方以现金出资,作为最终获得出让方所持有目标公司股权的对价。现金支付作为一种传统的支付手段,没有太多的使用障碍,操作流程相对比较简单,在目标公司股权转让价格确定的情况下,股权的过户和现金的交付不存在太复杂的过程,因此是并购交易最常用的支付手段。而其他的支付方式通常不是一步就能实现收购方的目的,因此操作流程相对复杂。

目前,我国上市公司跨境并购交易几乎均采用现金方式收购。根据 wind 统计,2007—2011 年间,我国上市公司九成以上的跨境并购交易采用了单纯的现金支付方式。现金支付方式固然存在一定优势,但也在一定程度上限制了我国上市公司跨境并购规模及意愿。

2. 股份支付

股权支付是指收购方用持有的其他上市公司或者非上市公司的股票,如果自身也是上市公司,也可以用自身增发的股份作为获得目标公司股权的对价。股份作为并购支付手段优势主要包括降低融资成本,避免高度负债,适用于大规模交易的实现,同时,对于目标公司原股东而言,也便于其分享新企业继续成长的成果,更有利于递延纳税。但是,股份支付也存在着一定的问题,如容易稀释收购方股权、摊薄每股收益以及因股价的波动而引起的不确定性等。

目前,我国上市公司进行境内较大规模并购(重大资产重组)时,主要采用向特定对象发行股份的方式进行收购,以避免大规模现金交易,提高并购效率,降低并购成本。但是,商务部"10 号文"规定与境内企业进行跨境换股的境外公司只有两种可能,或者是境外上市公司,或者是特殊目的公司(SPV),值得注意的是自"10 号文"颁布之后,尚未有一家境内企业经商务部批准完成跨境换股。除此之外,商务部《外国投资者对上市公司战略投资管理办法》还规定外国战略投资者首次投资完成后取得的股份比例不低于该上市公司已发行股份的 10%,且其取得的上市公司 A 股股份 3 年内不得转让。这些规定都一定程度上限制了我国上市公司以自身股份作为跨境并购交易的支付手段。截至目前,我国上市公司尚未有以向境外公司的境外股东直接发行股份的方式进行收购的案例;

但是,存在向境外目标公司的境内股东发行股份进行跨境收购的案例,不过交易数量较少。例如,2011 年上海汽车(600104)向上海汽车工业(集团)总公司等发行股份,购买其持有的部分下属子公司股权和资产,标的资产涉及部分境外资产,其中包括上海汽车工业香港有限公司 100% 股权、上汽北美公司 100% 股权以及通用汽车韩国公司 6.01% 股权等,上述三项境外资产总价值约为 7.08 亿元人民币。

3. 资产支付

资产支付是指收购方以资产作为支付手段对目标公司进行收购,目标公司原股东在让渡其所有权以后,获得收购方资产,或者享有收购方资产的权益。资产支付适用于产业整合中的并购重组,如同类企业或企业上下游的产业并购重组。资产支付是并购双方充分协商的结果,由于不同国家法律、地方法规、并购双方的企业特点存在较大的差异性,资产评估存在不同的标准与口径,所以这种方法的使用给市场监管带来较大的难度。

目前,资产置换已经成为我国上市公司进行境内较大规模并购(重大资产重组)的主要方式之一。但是,资产作为我国上市公司跨境并购的支付手段的案例,还不是很常见。最近完成的案例如,2011 年攀钢钒钛(000629)以持有的钢铁相关业务资产与鞍山钢铁集团公司持有的鞍钢集团鞍千矿业有限责任公司 100% 股权、鞍钢集团香港控股有限公司 100% 股权、鞍钢集团投资(澳大利亚)有限公司 100% 股权进行置换。置入资产规模约为 106.18 亿元人民币,置出资产规模约为 114.31 亿元人民币,置入置出资产价值之间的差额,在资产交割时以现金支付。

(三)收购目标公司股权比例

1. 控股权收购

控股权收购的是指收购方收购目标公司足够多的股份,最终达到控制目标公司的目的,且并不影响目标公司的继续存在,其组织形式仍然保持不变,法律上仍是具有独立法人资格。控股权收购是较为常见的交易模式。如 2011 年兖州煤业(600188)全资子公司兖州煤业澳大利亚有限公司通过其全资子公司澳思达煤矿有限公司以 2.025 亿澳元收购澳大利亚新泰克控股公司新泰克 II 控股公司 100% 股权。再如,2012 年招商地产(000024)之控股子公司瑞嘉投资实业有限公司所属的全资子公司成惠投资有限公司分别与华能有限公司以及 Greatest Mark Limited 就购买其分别持有的东力实业控股有限公司 66.18% 以及 4.00% 的股份进行了协商,并达成相关股权买卖协议,交易金额约合 1.9 亿港币。

2. 少数股权收购

非控股权收购是在我国公司可能由于境外的法律法规限制，无法取得目标公司控制权的情况下，为了战略发展等需求而采取的一种收购模式，如 2008 年中国银行（601988）出资 2.363 亿欧元（合 23 亿元人民币）收购洛希尔银行原股东所持的 9.3％老股，并认购其增发的 10.7％新股；还可能是上市公司初期进行跨境并购的常用模式，通过初步获取少数股权，打开国际市场，建立国际网络，如 2009 年 6 月，苏宁电器（002024）以 12 日元/股的价格认购日本 Laox 公司定向发行的 6 667 万股股份，获得后者 27.36％股份；还可能就是出于投资目的，收购少数股权以获取投资收益，如 2010 年上汽集团全资子公司上海汽车香港投资有限公司参与了通用汽车公司上市发售普通股的认购，认股股本占通用汽车总股本数为 0.965 57％，认购金额约为 5 亿美元。

（四）收购标的类型

1. 股权收购

股权收购是指收购方直接或间接购买目标公司的部分或全部股权，收购方通过对目标公司股权的控制，达到对目标公司控制之目的。股权收购具有税收负担较小，仅通过对部分股权的收购（控股）即可完成对目标公司的控制，完整保留目标公司的运营体系而较快产生收益等优势，因而在实践中，企业收购大多采取该种方式进行。但采取股权收购的方式，由于信息不对称，收购方不能全面掌握目标公司的情况，很有可能陷入收购陷阱。因此，在企业收购中尤其是在采用股权收购的方式进行收购时，收购方不能仅凭自己对目标公司的感觉就做出最终的决定，必须对目标公司进行必要的调查，了解目标公司各方面的情况。

股权收购已经成为我国上市公司进行跨境并购的成熟交易模式，约九成以上的海外并购交易都是采用股权收购的方式进行的。

2. 资产收购

资产收购是指收购方依照其需要购买目标公司的部分或全部资产，资产收购的实质是资产的买卖行为。资产收购中，影响收购的因素主要是资产的权属、价值以及一些法定责任如环境保护。资产收购的最大优点是收购方无需承担目标公司的负债或责任，因而其风险性较低，因此，收购公司只要关注资产本身的情况就基本可以控制收购风险。但收购过程中所需缴纳税负较多，从而导致收购成本的增高。

目前，资产收购方式在我国上市公司跨境并购中也非常普遍，主要集中在能源及矿产、航空、制造业、消费等行业，收购的资产多为油田、矿床、飞机、生产线、技术、品牌等。

第二节　中国上市公司跨境并购的一般操作程序

跨境并购，按照操作流程，一般可以分为两大类：一对一交易和招标交易。一对一交易参与者仅限于收购方和出售方两家，相互协商推进并购进程；招标交易则是一家出售方选择多家潜在收购方，并购交易采用招标的形式。下文通过对两种操作流程的阐述，对比上市公司特有的法律法规，提出我国上市公司进行跨境并购操作程序的特有之处。

一、一对一交易操作程序

一对一交易中，由于参与者仅限收购和出售两家，对于双方的商业机密都有很好的保护，同时对双方来说，在推进的时间表和安排上都有较大的灵活性。同时由于只有一家收购方，双方的谈判注意力更加集中，对出售方项目推进的连续性更好，不会有由于需要应对不同潜在收购方的不同时间表而产生的负担。

以中国上市公司作为并购中的收购方为出发点，一对一类型的并购交易的一般操作程序如下：

（一）收购方的项目启动准备工作

上市公司一般会就并购项目成立专门的工作小组，然后根据项目的初步情况和特点，委任相关中介机构作为交易顾问。常见的中介机构通常包括：财务顾问（投资银行）、会计/税务顾问（会计事务所）、法律顾问（律师事务所）；根据不同跨境并购交易的复杂程度，有些交易还需要聘请行业和市场顾问、人力资源顾问、环保顾问、宣传顾问等。

由于并购交易较为复杂，除了作为收购主体的上市公司之外，还有参与并购的多家顾问机构，因此内部协调交流机制非常重要，是决定内部沟通是否顺畅，信息传递决策过程是否准确和高效的基础。一般来说，上市公司内部要成立并购项目工作小组，和作为各中介机构总协调的财务顾问直接对接，以确立内部工作、沟通和决策机制。财务顾问牵头协调各项内部分析和汇报工作，其他中介各司其职，共同协助上市公司对并购项目的推进。

在中介团队的协助下，上市公司根据市场和对方标的的初步情况，从商业、法律等基本层面初步研究和判断此次交易的可行性，如收购标的是否符合自身发展战略、双方监管环境是否支持此次交易等等。

上市公司及中介团队基于标的方提供的初步财务和运营资料,结合行业和市场的基本情况和相关其他信息,搭建并购财务模型,对收购标的的财务预测和收购标的对上市公司的财务影响做初步分析。

上市公司在中介团队协助下,探讨和草拟并购交易的结构方案以及和对方交流沟通的渠道和方式。

考虑上市公司自身的并购货币情况(现金和股票),上市公司的募集资金情况以及初步财务模型分析后交易价值的范围,研究上市公司并购融资需求的规模,融资渠道(贷款,债券或股权等)和成本以及相关监管法律规定等,并形成初步方案。

上市公司及其中介团队还要考虑到跨境并购的内外部审批流程和所需要的文件准备,境外部分根据标的所在国家和地区不同,审批流程和申报要求也会有所不同。

（二）并购双方初步接触

并购双方团队根据双方的情况协商关于项目推进的沟通协调机制和工作方法,如安排定期的会议(电话)、确定主要联系人等等。

双方根据自身的情况商定项目推进的交易流程和进度时间表,包括各主要工作事项预计开始和完成的时间节点。

双方签署保密协议,承诺对项目所涉及业务、财务、战略等重要信息在一定时间范围内的保密业务,以保护双方的商业机密,同时这对参与交易的上市公司来说也是为了规避内幕交易的法律风险。

收购方对交易所涉标的的资产和业务做初步尽职调查。

交易双方互相试探,明确对方的交易意图和兴趣,收购方进一步了解出售标的的资产和业务情况,并对以后的商业和协议谈判提供判断和决策依据。

基于对双方战略诉求、市场环境、标的业务和财务状况(包括初步尽调的结果和反馈)的了解,双方签署交易的意向书以明确对主要商业条款的共识。

（三）收购方对标的进行全面尽职调查

由财务顾问牵头,确定尽职调查的范围、形式、时间和程序,组建尽职调查小组,准备尽职调查清单。

各中介机构分别开展法律、财务、业务、人力资源等方面的尽职调查,并审核出售方提供的资料(现场或网上资料室)。

现场考察目标公司、管理层访谈、关联方调查(客户、供应商、政府主管机构等)。

各中介机构出具尽职调查报告,并组织向上市公司汇报总结。

收购方确认交易对方的批准程序。

根据各项尽调结果汇总，上市公司内部决策确定估值区间及融资计划。

（四）并购双方进行商业谈判

结合之前项目时间表和尽职调查的结果和完成情况，确立双方的谈判机制和会议安排，以及谈判时间表。

通过商谈确定最终交易结构和主要商业条款。

开展交易法律文件谈判，确定交易估值对价以及并购双方对此次并购的风险分担。

确定融资方案，和潜在融资方交流交易的情况并开展融资谈判。

履行签约前批准程序，如上市公司内部投资决策流程等。

启动上市公司内部审批流程，根据公司章程和相关法律法规，报董事会、股东大会批准。

根据监管部门审批的原则和态度，保持与监管部门的及时有效沟通，为下一步交易的正式申报和审批奠定基础。

（五）签署交易法律文件和披露交易

并购双方签署具有法律约束力的最终交易法律文件（根据交易类型和构架的不同，分资产收购协议、股权收购协议、合资协议等）。

上市公司发布交易公告，向投资者披露此次交易的相关信息，如需股东大会批准，应召开股东大会。

根据交易的敏感程度和后期监管/整合的需要，上市公司和相关中介机构开展社会公关和投资者公关工作。

交易双方开始准备各项监管所需材料并开始申报审批。

（六）获得审批和项目交割

交易双方取得境内外相关监管机构批准，包括反垄断、国家安全等等。

根据交易架构和双方协议，并购的一方或双方完成交易所涉及资产或股权的重组和特殊目的公司 SPV 设立（若有）。

交易双方完成协议约定的其他交割条件。

上市公司完成融资谈判，并获得交易所需融资。

上市公司支付交易对价，双方执行交割。

（七）项目整合阶段

跨境并购交易中，项目的整合对于实现并购交易的协同效应至关重要。具体可以分为以下五个过程，其中整合的设计和评估阶段往往会根据并购项目的规模和复杂程度预先安排，可能在并购项目没有交割前就开始启动和推进。

1. 设计阶段：成立整合项目管理组织，制定整个整合项目的日程表和任务分工。

2. 评估阶段：由并购管理小组总负责，制定衡量整合工作业绩的标准，对公司当前的经营状况进行诊断和分析，重新审查交易的财务条件和风险评估，并根据整合计划的要求提出改革建议。

3. 展开阶段：各个特别工作小组根据分工，执行具体任务，例如解决运营、财务、人力、信息技术等资源方面问题。

4. 管理阶段：并购管理小组同各工作小组一起监控整合工作的日程和计划执行情况，并将进展情况报告指导委员会，在必要时可以调整资源配置。

5. 收尾阶段：整合项目管理组织向适当的业务部门交接工作。

二、招标交易操作程序

招标交易和一对一类型的并购交易相比，操作流程有不少的相似之处；但由于出售方通常邀请多家潜在收购方参与竞标，对于出售方来说，操作流程相对复杂，所以招标交易的操作程序主要由出售方主导和牵头，步骤也更为标准化和程式化，推进工作更是按出售方事先安排好的时间表进行（少数情况下，收购方也可以通过和出售方协商，对部分既定流程作相应改变），以便在保障最大化出售方的利益前提下，交易可以尽快地执行完毕。因此招标交易的操作程序也有很多和一对一交易不同之处。

同样以中国上市公司作为并购中的收购方为出发点，招标类型的并购交易的一般操作程序如下：

（一）收购方的项目启动准备工作

上市公司一般会就并购项目成立专门的工作小组，并根据项目的初步情况和特点，委任相关中介机构作为交易顾问。这一点和一对一类型交易相似。略有不同的是，由于招标过程一般较为标准化，如尽职调查一般安排在收购方进入第二轮招标后进行。所以相关中介的聘用（如会计/法律顾问）可以根据项目的复杂程度和招标的进展后续进行，以节约上市公司的相关费用。

上市公司内部成立并购项目工作小组，和作为各中介机构总协调的财务顾问直接对接来确立内部工作、沟通和决策机制。财务顾问牵头协调各项内部分析和汇报工作，其他中介各司其职，共同协助上市公司对并购项目的推进。这一点和一对一类型交易相似。

在中介团队的协助下，上市公司根据市场和目标的初步情况，从商业、法律等基本层面初步研究和判断此次交易的可行性，如收购标的是否符合自身发展战略、双方监管环境是否支持此次交易等等。这一点和一对一类型交易相似。

和一对一交易相比，由于招标交易的程序由出售方向多个潜在收购方统一安排协调，其中包括按既定时间将标的资产和业务的相关资料送达给不同收购方，这也是收购方和出售方初步接触的工作之一。

（二）与出售方初步接触

出售方首先会根据标的特点和自身的战略需要，对潜在收购方进行筛选和评估，选定几家在战略方向符合交易选择并对标的项目有较高兴趣的潜在收购方，以提升招标过程的竞争程度，进而最大化出售方利益。

一旦出售方决定了受邀参与招标的潜在收购方名单后，出售方会联络收购方发出邀请。作为参加招标的前提条件，收购方需要和出售方签署保密协议以保护出售方涉及交易的标的资产和业务的商业机密。

出售方起草并向潜在收购方发放招标文件（包括初步信函、保密协议和信息备忘录）。初步信函包括收购方参与首轮投标的过程说明及应遵守的规则和要求，信息备忘录则包含对标的（资产）的业务运营和财务情况的介绍。收购方在签署了保密协议后即可以对照初步信函和信息备忘录开始了解和推进标的项目。

（三）首轮投标

收购方在中介团队的协助下，审阅消化信息备忘录，初步了解标的资产的业务运营状况和财务信息。

财务顾问协助收购方进行行业和公司研究，将公开市场资讯和信息忘录相结合，对标的资产进行初步估值。

和一对一交易类似，收购方需要初步确定融资方案、交易结构和审批程序。

财务顾问协助收购方分析其他潜在投标人，了解竞争态势以便后续合理报价并主导谈判战略。

根据出售方要求的时间和形式，收购方提交包含第一轮报价的无约束力的投标意向书。

出售方在收集到所有潜在收购方的无约束力标书后，结合报价、协同效应、商业安排、行业竞争态势、完成交易的速度和能力、潜在法律障碍风险等各个因素，对投标进行综合评估，并选取两个以上的收购方进入下一轮招标。

在收到第二轮招标通知后，收购方在财务顾问的协助下，为第二轮的尽职调查工作做相关准备，包括聘用相关顾问（如会计/法律等）。

在收购方收到第二轮招标通知后，出售方会起草购买合同并发给收购方审阅。收购方应做好相应的准备工作，包括聘用法律顾问（如果之前没有聘用）。

和一对一类型交易类似，收购方在中介团队的协助下，结合市场融资成本，自身融资能力以及标的估值/融资缺口,综合评估和选择融资方案。

(四)尽职调查

按照出售方安排的时间和形式,进入第二轮的收购方启动对标的的尽职调查工作。具体操作流程可参考一对一类型交易。

(五)第二轮投标

根据各项尽职调查结果反馈,收购方适当的修正出价,以体现对标的资产质量的最新评估意见。

收购方和其相关中介团队修改收购合同,以体现尽职调查后对收购标的资产和业务所负担的风险分担的进一步商业和法律意见。

按照出售方要求的时间和形式,收购方向出售方提交包含更新报价以及修改后的并购协议的具有法律约束力的标书。

出售方收集第二轮竞标收购方的最终报价标书,并综合评判选出中标收购方。根据项目的不同特点和进展,出售方可能会要求最终中标收购方就合同协议和报价做最后的谈判和商讨,并最终修改和确认。

(六)签署交易法律文件和披露交易

招标类型交易的签署交易法律文件和披露交易部分流程可参考一对一类型交易。此外,收购方开始履行内部批准程序,根据需要报董事会、股东大会审议。

(七)获得审批和项目交割

招标类型交易的获得审批和项目交割部分流程可参考一对一类型交易。

(八)项目整合阶段

招标类型交易的项目整合阶段流程可参考一对一类型交易。

三、跨境并购融资方式

上市公司跨境并购的操作流程中,另一重要事项是并购融资。除了上市公司自有存量资金以外,上市公司可以通过资本市场来筹集收购境外标的的资金。根据上市公司的融资渠道不同,主要可以分为债券融资、股权融资或混合融资。

(一)债务融资

债务融资主要分两种,一是上市公司通过银行贷款来补充并购所需资金,二是上市公司通过向个人或机构投资者出售债券、票据筹集并购资金。

银行贷款作为常见的并购融资的主要方式,具有融资程序简便、谈判成本低、获得有吸引力的利率的可能性较大以及审批难度和不确定性较低等优势。对于很多上市公司而言,通过国内政策性银行(如中国进出口银行,国家开发银行等)贷款是主要贷款途径。而 2008 年 12 月由中国银监会发布的《商业银行并购贷款风险管理指引》标志了并购贷款业务在商业银行领域的进一步开放。值得注意的是,在上市公司通过银行贷款进行并购融资时,贷款银行可能会依据借款总额对贷款实施一定的限制性条款(如提供相关抵押和担保等),银行并购贷款也可能存在分期偿还条款,并在一定期限内降低融资灵活性。同时,银行在并购项目的前期执行中可能需要同程参与尽职调查等流程以对项目风险和价值进行把握和控制,并在贷款审核中进一步关注投资项目的预计现金流状况。

除了通过银行贷款外,上市公司还可以利用资本市场提供的融资方式,通过发行多种债券金融产品来为跨境并购筹集资金。主要有以下几种形式:

1. 中期票据

中期票据是指期限通常在 5—10 年之间的票据。中期票据的偿债余额限制较宽松,待偿还余额不得超过发行企业净资产的 40%。中期票据多数为无担保债券,为企业提供了便利的融资选择,同时募集资金的使用不强制与项目挂钩,给企业提供了一定的灵活性。中期票据的审批机构为人民银行,中期票据发行采用注册制,一次注册,分批发行。一般其首批产品发行利率略高,而目前大部分发行主体具有较高的信用评级。

2. 企业债

企业债是由中央政府部门所属机构、国有独资企业或国有控股企业发行的债券。企业债的募集资金基本用于上市公司对于国家重点建设项目的固定资产投资,项目现金流较稳定。企业债有较为严格的额度控制,使得企业债的发行更像是国家出于对产业政策、区域经济发展的考虑而实施的宏观调控工具,对企业形象具有正面意义。企业债的审批机构为国家发改委,其额度管制和审批程序较为严格。值得注意的是,目前由于银监会限制了银行对企业债提供担保,而保险公司无法购买无担保企业债,使得企业债面临较大的转变。

3. 公司债

公司债是由企业发行的债券。企业为筹措长期资金而向一般大众举借款项,承诺于指定到期日向债权人无条件支付票面金额,并于固定期间按期依据约定利率支付利息。公司债的发行对上市公司的财务要求比企业债要相对宽松,利率由发行人通过市场询价确定,并且引入信用评级,不强制要求担保,同时募集资金的使用不强制与项目挂钩。公司债的审批机构为证监会,并采用核准制进行审批。目前已发行公司债都在交易所市场上市,商业银行尚不能参与相关交易。

4. 短期融资券

短期融资券指企业在银行间债券市场发行(即由国内各家银行购买不向社会发行)和交易并约定在一年期限内还本付息的有价证券。短融可以避免一次性摊薄上市公司的业绩,因此特别是在证券市场低迷时期容易被发行人以及投资者认可。短融的发行采用备案制,受人民银行监管,在额度有效期内经过申请备案即可,发行手续相对而言非常简便,发行效率较高,且发行条件较为宽松,一般无担保要求。总的来说,短期融资券适用于筹集短期资金,可以作为并购的过桥贷款,但难以满足公司较长资金投资计划。同时,由于短期融资券筹资额受净资产 40% 的上限限制,发行利率比公司债以及其他混合融资产品高;并且只能在银行间债券市场上市交易,认购主体只能是银行间交易机构,因此融资渠道具有一定的限制。

结合以上不同债权融资的特点,并参考过往的海外并购案例可以发现,绝大多数国内融资是以政策性银行贷款的方式筹集所需资金;中期票据作为一种新兴的债权融资产品,其在并购实践中的运用需要进一步研究和探讨;企业债和公司债的审批程序缓慢;短期融资券的期限较短,更适合于作为一种过桥融资安排。

(二)股权融资

上市公司通过在资本市场进行股权融资,让出部分企业所有权,通过企业增资的方式引进新的股东和资金,企业无须还本付息。股权融资的用途一般较为广泛,既可以充实企业的营运资金,也可以用于包括跨境并购等投资活动。上市公司的股权融资主要有如下几种方式:

1. 公募增发

公募增发是指上市公司为了再融资而再次发行股票的行为。一般来说,公募增发的融资金额不受限制,筹资规模较大,而且发行价格贴近市场价格,融资效率较高。但若发行阶段公司市价出现快速下跌,存在一定的发行风险。总的来说,公募增发有可能摊薄上市公司大股东的持股比例。

2. 非公开发行

非公开发行是只针对特定少数人进行股票发售方式,而不采取公开的劝募行为。其审核程序相对较简单,周期也较短,而且对公司历史经营业绩要求较低,同时可以实现资产换股权,提高大股东的持股比例。但非公开发行对发行对象数量有一定限制,而且认购股份至少有 12 个月锁定期,对于投资人来说发行风险日趋增大。

3. 配股

配股是赋予企业现有股东对新发股票的优先取舍权的一种股票发行形式。

这种方式可以保护现有股东合法的优先购买权。配股通常是按承销方式进行的,这样承销商将以一定价格购买现有股东未购买的新股。因此配股的定价机制较为灵活,发行价格不必以市价作为基准。但是如原股东认购达不到70%,存在发行失败的风险。同时配股的上限不得高于10配3的比例限制,对于上市公司来说配股的融资规模较低。而且为确保发行成功,大股东须以现金参与配股,在全额认配的情况下,外部新增资金相对会较少,而融资效率也相对较低。

在上市公司海外并购的实践中,一般通过国内股权融资的方式所需审批时间较长,融资的不确定较高,因此在现有的情况下,将股权融资作为并购融资渠道的难度比较大。交易完成后,股权融资可作为长期资金替换交易中产生的过桥贷款。

（三）混合融资

混合融资既可以表示上市公司同时通过股权和债务融资的方式来募集并购所需资金,也可以表示上市公司在资本市场上通过发行同时具有股权和债券性质的融资产品达到海外并购融资的目的。从第二个角度来说,混合融资的主要方式有两种,即通过发行普通转债或是可分离债进行融资。

1. 可转债

可转债是指在一定条件下可以被转换成公司股票的债券。可转债具有债权和期权的双重属性,其持有人可以选择持有债券到期,获取公司还本付息;也可以选择在约定的时间内转换成股票,享受股利分配或资本增值。因此,可转债的发行可以避免一次性摊薄公司业绩,市场易于接受,发行风险小。与增发相比,可转债发行时对大盘走势依赖性较小,弱市或剧烈震荡时也可寻找发行时机,且发行利率比纯债权融资产品低。但是,可转债的筹资额受净资产40%的上限限制。同时根据转股价格的不同而具有不同的风险:如转股价格过高,公司面临偿债压力,但如转股价格过低,有可能使转股规模过大,影响公司的控股比例。可转债一般还附有回售条款。触发后,公司将有一定的资金压力,若此时利率走高,公司再融资的融资成本加大。因此,可转债发行后续程序较复杂,上市公司须时刻关注是否达到赎回、回售等的触发条件。

2. 可分离债

可分离债是上市公司公开发行的认股权和债券分离交易的可转换公司债券。它赋予上市公司两次筹资机会:先是发行附认股权证公司债,此属于债权融资;然后是认股权证持有人在行权期或者到期行权,这属于股权融资。因此,可分离债实际上是一个债券和权证的投资组合。和可转债类似,可分离债可以避免一次性摊薄公司业绩,市场易接受,发行风险小。并且相对普通转债,可分离债更加节约财务费用，权证会进一步扩大公司影响力，同时股本摊薄速度可与新建项目业绩释放匹配。对于上市公司来说，发行可分离债需要考虑其筹资额受净资产40％的上限限制；且如权证未全部行权，上市公司还是存在偿债压力。同时如果发行期间上市股价过高，将为未来的认股权证行权带来压力。

综上所述，可转债和可分离债的情况与前面的股权融资渠道类似，目前阶段直接作为上市公司海外并购融资渠道的难度较大。

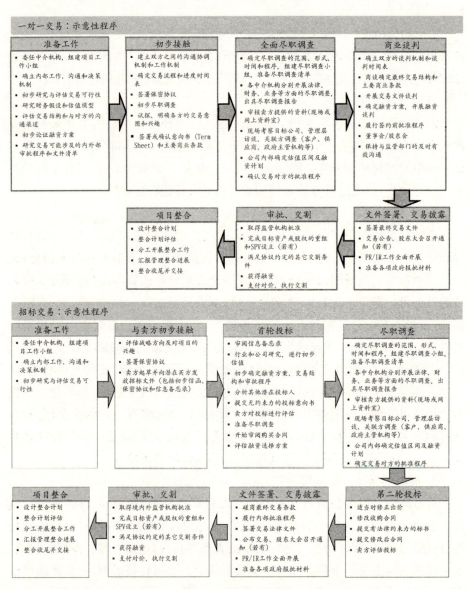

图13

表 16 我国上市公司进行跨境并购操作程序与常规跨境并购操作程序对比

A 股上市公司操作流程	常规跨境并购操作流程
一对一:聘用中介团队启动尽职调查、商谈	一对一:一对一协商流程(直接启动商谈)
招标程序:聘用中介团队,开始基础尽调,提交预报价	招标程序: 卖家向多个买家发出邀约函件,要求限期提供预报价(期限约为 2 周到 1 个月) 对预报价进行审阅遴选(1—2 周),缩小潜在买家范围,开放数据库,要求限期提供包含约束性报价信息的标书(期限约为 1—2 个月)
进行详细尽职调查,评估项目价值,确定拟提交的约束性报价(详细尽调约 1 个月) 1. 就拟提交约束性报价事宜需向发改委进行事前书面通报,获得发改委对书面信息报告的确认函需要大约 1 周的时间 2. 召开董事会审议拟提交"约束性报价"标书 3. 如果上市公司是国有性质,需要在提交约束性报价之前获得国有资产监督管理机构认可 4. 如果该交易构成上市公司重大资产重组,在董事会进行审议时,即"重组预案"阶段,需要就拟收购资产进行预估,并公告预估值(含约束性报价信息)	对各潜在买家提供的约束性报价进行对比遴选(1—2 周) 特别提示:卖家此处是要求在限期内提供约束性报价的。而上市公司内部审核(董事会审议、国资委审核)较难在较短的约定时间内完成
1. 召开第二次董事会,就并购交易进行审议 特别提示:相关公告文件披露标准较高,需要较长时间准备,与对方预期的签约时间不匹配 2. 如果构成上市公司重大资产重组,根据相关规定,需要提供:法律意见书、审计报告、盈利预测报告、评估报告,如果采用收益法评估还涉及签署盈利补偿协议的问题(准备相关文件约需 1—2 个月)	关键商业谈判阶段(约 2 周左右): 卖家与最后锁定的 1—3 家买家进行最后的商业谈判,确定交易对价及核心交易条款,安排签约时间 特别提示:卖家不允许、也不愿等待买家聘请的中方中介机构对相关资产进行法律尽调、财务审计及评估,并且也存在境内机构对境外主体进行尽调、评估是否符合相关职业准则的问题
1. 召开股东大会就相关决议进行审议,按照股东大会召开规则,需要至少提前 15 天通知,前后需要 2—3 周的时间 2. 如果涉及国资,股东大会召开之前需要获得国资批文(国资审批的时间具有较大不确定性)	特别提示:卖家此处是希望或者会明确要求在限期内实施交割的。而上市公司股东大会、国资委及相关证监会审核,境内企业境外投资涉及的发改委、商务部审核较难在较短的约定时间内完成

（续表）

A 股上市公司操作流程	常规跨境并购操作流程
股东大会审议之后，上报发改委审批（审批时间 1—2 个月时间）。 上报商务部审批（可能涉及境外投资、反垄断审查等审批事项）（审批时间 1—2 个月，与发改委可同步） 构成上市公司重大资产重组的，需要上报证监会审批（审批时间 3—6 个月） 外管局审批（商务部之后 1 周） 银行贷款事宜申请（约 1—2 个月，与发改委、商务部、外管局审批同步，晚于前三者）	卖家希望尽快结束交易

通过上表可知，境内 A 股上市公司进行跨境收购，如按照正常审批流程，交易全程（包含前期尽职调查、商业谈判及后续审批）大约需要 8 至 10 个月的时间，其中国内有关监管机构审批约需 4 至 6 个月时间。而根据国际惯例，根据交易规模的不同及执行难度的不同，境外卖家一般预期在 3 至 6 个月的时间内完成交易。依据国内相关监管要求，相关协议必须以获得监管审批为生效条件。这就导致了境外卖家认为交易审批风险不可控的问题，进而降低其与中方上市公司进行交易的意愿。鉴于交易可能涉及商业秘密，在交易前期，上市公司也很难按照相关信息披露的要求，进行及时、准确、完整的信息披露。如果交易构成上市公司重大资产重组则涉及较为复杂的法律尽调、审计、评估、盈利预测的相关问题。因此，我国上市公司在进行跨境并购操作时，既需要满足监管机构的披露及审核要求，又要考虑到境外交易对方的交易惯例和操作流程。

第三节　中国上市公司跨境并购的重要操作要点

通过跨境交易，中国企业可以在较短时间内实现规模扩张，收获成熟的品牌、技术、渠道、网络、客户和管理团队，并通过整合目标方资源实现协同效应和跨越式发展。然而，相比于境内并购，企业执行跨境并购所面临的风险和挑战也更为严峻。既包括目标所在国的政治经济文化与我国差异较大、资本市场波动和行业周期下行、监管审批存在阻力、舆论环境不理想等投资环境风险，也包括目标公司基本面质量较差、估值定价不合理、后续整合难度大等执行风险。据统计，2006 年以来最终未能完成的 1 亿美元以上的中国企业海外并购中，以交易金额计，有约 70% 是投资环境发生变化而导致失败的，约 30% 是执行不利而导致失败的。

外部投资环境风险具有"不可预见、不可控"的内在特征,很难通过技术分析或经验积累来予以规避,企业只能正视这一客观事实,并时刻保持对该类风险的高度敏感。相对而言,项目执行风险则具有较高的可控性,通常可以通过企业自身的经验积累和努力,采取必要的措施予以化解。跨境并购是个系统性工程,交易的成功执行取决于多个环节的周密安排。特别是以上市公司为主体的海外并购,还涉及公开市场操作,在执行过程中需要准确预判主要风险并有效把握操作要点,才能提高成功率。

一、目标选择是否符合商业逻辑是并购成功的基础

跨境并购能否成功,最根本的决定因素是其商业逻辑的合理性。无数案例证明,充分的并购动因将直接影响企业在海外并购执行过程中的决心和风险承受能力。因此,在项目正式启动之前,首先要判断并购目标是否与企业的战略目标相契合,是否具备充分的协同效应以帮助企业创造价值。通常而言,我们可以从如下几个方面考察并购目标的战略价值:

1. 收购是否能帮助企业获得战略资源?

2. 收购是否能帮助企业获得领先的研发技术或是销售网络?

3. 企业是否可利用目标公司全球化经营以应对国内市场饱和的威胁?

4. 收购是否能够为企业带来规模效应? 是否可以发挥集中采购带来的低成本优势?

5. 收购是否能够扩大企业在国际市场的影响力?

中海油服收购挪威的 Awilco 公司是国内首例 A+H 股两地上市公司对一家境外上市公司发起的自愿要约收购案例。整个执行过程涉及境内外两家上市公司,需要兼顾中国和挪威两国资本市场的监管规则、信息披露要求以及商业惯例。这些客观因素导致该交易在技术层面具有较大的操作难度。尽管面临着巨大的执行压力和风险,但在清晰、合理的商业逻辑和充分的收购动因驱动下,中海油服最终克服各种困难,历时一年零十个月完成交易。

中海油服遵循的商业逻辑是通过跨越式的兼并收购发展其海上钻井和油田技术服务能力、进一步优化公司资产结构以达到有效拓展海外市场的公司战略。通过前期调研和综合分析,中海油服坚信收购 Awilco 将在以下方面形成显著的协同效应,创造企业价值:

1. 通过收购并整合 Awilco 的钻井业务,中海油服在海上钻井业务的规模和作业能力得到大幅提升,跃升为全球第八大钻井服务提供商;

2. Awilco 拥有的钻井平台规格和成新率都非常高,并且具备良好的深水作业能力。收购有助于优化中海油服的现有钻井平台资产结构,补充深水作业能力;

3. Awilco 多数钻井平台都带有国际作业合同,收购将使中海油直接获得海外合同。借助其丰富的海上钻井经验、海外销售渠道和品牌效应,将带动中海油服一体化服务的有效延伸。

二、交易结构需兼顾各方利益灵活选择

交易结构包括诸多要素,如收购股比、对价形式(现金、股权或现金和股权结合)、收购标的(资产或股权)等,是并购交易的核心内容之一,通常也是买卖双方商业谈判的重要内容。由于跨境并购主体的利益诉求存在差异,且各自所处的商业环境不同,所需遵循的监管规则也不同,因此,最终采纳的交易结构将是多方博弈的结果。具体而言,我们就交易结构涉及的关键要素分析如下:

(一)收购股比

收购股比主要取决于收购的战略目标和实施成本。收购方通常希望以最小化的收购成本来最大化地实现其战略目标。过去几年,中国企业实施跨境并购往往倾向于考虑控股权收购,认为控股收购是获取、控制海外战略资源的唯一手段,也因此承担了较高的后续经营风险,最终的收购效果往往不达预期,出现了很多执行成功但整合失败的案例。

一般而言,大比例控股型收购的优势是对目标公司的参与度和控制力较强,通常可以实现对目标公司的财务并表,并可对其业务经营产生深入影响,劣势是收购成本往往较高,后续整合难度也相对较大;小比例参股型收购的优势是占用资金较少,操作简便,对目标公司日常经营的影响相对较小,但同时对其控制力度也相对有限。在不同的宏观环境、行业背景下,控股收购并非实现企业战略意图的最有效手段。比较典型的案例如工商银行收购南非标准银行。相比于国际知名金融机构,中资银行的境外业务还处于初级阶段,国际化运营的经验仍然不足,在现阶段很难真正参与到国际市场去运营一家全牌照银行。考虑到这一现实情况,工行选择入股 20%,取得南非标准银行的第一大股东地位。这一股比既保证了工行对目标银行的影响力,同时也避免了过多的日常经营管理责任,同时也绑定了战略合作,实现了工行将业务延伸至南非市场的战略意图。

此外,不同的收购股比水平也决定了企业对该笔投资的会计核算方法,从而对财务收益产生影响。因此,会计处理也是决定收购股比水平的重要考虑因

素之一。根据现行的国际会计准则,收购后控制的股比是决定一笔投资会计计量方法的重要依据。一般而言,收购一家公司后,母公司所持股比达到控股(50%以上),则可以编制合并报表并在其中反映母公司及子公司的全部收入和利润;如果收购后股比达到 20% 并拥有重要影响力,则该笔投资可以按照权益法进行核算,即将子公司每年净利润按股比记为母公司的投资收益,反映在母公司的经营成果中;如果收购后股比小于 20% 且不具有重要影响力,通常采用成本法计量,除对该投资进行处置等情况外,不体现为母公司的净利润;如果被投资企业为上市公司、有可公允计量的价值,且投资股比较小,则可能按交易性金融资产进行计量,被投资企业的股价变动将会对收购方的利润产生直接的较大影响。

（二）对价形式

纵观全球并购市场,对价形式有多种选择。如现金、股票、股票＋现金等。然而,在中国企业的跨境并购中,往往对价手段较为单一,多采用现金形式。这一方面是由于相关政策不完善,另一方面也是由于我国企业接触跨国并购较晚,经验不足,尚未完全认识到灵活运用对价形式的重要性。

相比于现金收购,以股票支付有多重好处,例如现金支付压力较小、可增强收购对价对不同出售方的吸引力等,特别是对于上市公司而言,可以有效利用 A 股资本市场的高估值优势。但另一方面,股票发行又需要履行一系列的监管机构审核程序,往往历时较长,可能很难与紧张的境外并购程序相匹配。因此,企业需要提前考虑各方面因素,权衡利弊后作出合理选择。

（三）收购资产或股权

在跨境并购中,以资产或是股权为标的,需要视目标公司的行业特性,并综合考虑企业的战略意图、风险偏好、后续计划、回报要求等因素而定。例如油气、矿产等资源类行业,出于资产质量、资源控制、收购成本等多方面的考虑,企业可选择收购部分资产。例如电信、金融等服务类行业,出于风险隔离等方面的考虑,多考虑以股权作为收购标的。在某些特定情况下,可转换债券或可转换优先股等新型资本工具也是较为理想的选择。

三、融资应与收购有效衔接

对于收购交易而言,融资方式不仅是出于满足收购资金的需要,很多时候也是考虑公司自身融资渠道、融资实力、最优化交易结构和最小化收购成本后做出的综合决定。相应地,融资效率也不仅指融资的成本,还需要考虑融资进度和收购整体时间表的匹配、未来还款资金来源、银行/投资者对于贷款/投资款的回报率和抵押/担保等要求、相关货币及其利率水平、境内外监管要求等。特别是在要约收购的操作中,很可能需要提前支付一定的保证金,因此需要充分考虑、提前安排。

在典型的跨境并购中,出售方通常在第一轮不具约束力报价时,需要获得买方具有融资、支付能力的证明文件,通常为银行出具的贷款意向函;在进行最终具有约束力报价时,卖方通常要求收购方出具不可撤销的确定性融资文件,如银行贷款协议。前述银行出具的贷款意向函、贷款协议等通常附有一定生效条件,因此收购方还面临与银行的一系列融资谈判,该谈判和收购谈判同步进行。一般而言,融资协议的谈判需紧跟收购谈判的进展,而根据不同交易中融资的难度,需对贷款银行的贷款能力和流程具有相当的了解,并提前安排与贷款银行的沟通和谈判,将能事先安排的工作提前,这样才能做到与收购时间表的有效衔接。

四、尽职调查应结合后续整合统筹考虑

尽职调查是企业在并购交易时对目标公司进行综合评定、充分挖掘交易风险的重要环节。由于跨境并购中外部投资环境风险尤为突出,进行跨境并购的收购方需要在对目标公司本身进行充分尽职调查的基础上,深入分析目标公司所在国的宏观经济、行业趋势、监管环境等投资环境。收购方应深入了解目标所在国政治体制、对华关系等主要情况,并对全球市场环境变化、目标所在行业动态保持高度敏感。

尽职调查的另一大作用是收集收购后进行业务整合、战略规划的基础信息。跨境并购中,由于境外不同地域的法律、税务、员工福利计划、工会等情况千差万别,对其进行了解非常必要。特别是工会等经常被忽略、但又对后继整合非常重要的问题,需要在尽职调查中予以重点覆盖。对于这些因素的调查,收购方可聘请境外专业法律、税务咨询机构进行协助。

由于时间上和对方商业秘密方面的限制,以并购为目的的尽职调查不可能做到面面俱到。这就要求收购方提前制定计划,做好准备,对其所关心的各方面问题有重点地进行考察。其中,收购方应尽可能地把后继整合前置,做到在整个尽职调查过程中始终关注整合可能面临的潜在风险,并为收购整合谈判作出准备。

五、充分考虑多重因素,做出合理报价

境外收购中,如何给出境外标的合理估值范围具有较大挑战。在实际操作

中,应首先充分了解收购标的业务财务基本情况、未来发展战略和趋势,并结合当地市场情况对收购标的进行独立估值。在独立估值范围基础上,同时考虑以下因素:

1. 战略价值:报价应该以最初的战略目标为导向,客观评价收购标的的战略价值,在独立估值基础上考虑给予一定的战略价值溢价。

2. 协同效应:收购方需估算交易产生的协同效应,考虑给予卖方一定的协同效应价值,提高我方报价的吸引力。

3. 项目风险:收购方应充分考量项目的潜在风险,包括:收购标的的已知法律风险,或有负债,经营风险、重组成本等,在最终报价中予以扣除。

4. 投资回报:以上市公司为主体的境外收购,还需要特别关注投资回报以及对收购方每股收益、每股净资产的增厚/摊薄,这些因素同时也是上市公司股东是否同意该项收购所参考的非常重要的一个方面。

5. 出价能力:对于收购对价中相当一部分来自银行融资的收购项目,收购方需要结合自身和收购标的的未来产生现金流的能力,衡量是否能够满足利息支付和银行还款要求,而不至于承担过高债务、影响自身正常运营。

6. 竞争形势:在有多方竞争的境外收购中,还需要考量交易的竞争形势、几家潜在竞购方的可能出价,对最后报价做出一定调整。

综上,境外收购的估值报价中,除了考虑收购标的独立估值,还需要结合交易战略价值、协同效应、项目风险、投资回报、出价能力和竞争形势,最后做出合理报价。

六、跨境并购需与上市公司相关法规要求相匹配

对于跨境并购而言,我国采取多部委串行的事前审批制度,交易中需获得一系列监管批准作为交割先决条件。一方面,增加了境外交易方对交易不确定性和政治化因素的误解或怀疑;另一方面,审批时间的不确定性也造成与国际市场化并购操作的脱节。因此,A股上市公司在实施跨境并购中,还应特别关注与重大资产重组相关的法律法规及披露要求,在项目执行中力争做到既符合境内监管要求,又兼顾国际商业化惯例。

（一）充分做好内外沟通,降低监管审批影响

在境内审批时,一方面,做好发改委、商务部、国资委（如需）、外汇局等部委的沟通工作,充分阐述项目相关背景及方案,积极配合审批,力争缩短审批时间;另一方面,可告知外方我国有关监管程序,寻求其理解,并通过积极协商,争取在收购协议中设置既符合对方预期,又可完成境内审批的协议生效条件。与

此同时,还应注意需根据项目特点,合理把握沟通时点和沟通方式,避免信息泄露等风险。特别是涉及到上市公司的竞标交易,前期可通过匿名沟通的方式,确保在宏观政策和总体方案等方面获得监管机构的原则性认可,待后续中标或公告方案后,再进行详细汇报。

(二)灵活寻求变通思路,合理满足监管规定

A股上市公司进行跨境并购应满足各项境内外监管规定,确保交易的合法合规性。但实际操作中,由于个别规定并不能很好适应跨境并购的客观需要,如实在无法满足,还需从合理性的角度出发,寻求变通方案,获得监管支持。例如,根据重大资产重组管理办法,上市公司拟购买资产需参考评估结果定价,如采取收益法定价还需进行盈利预测补偿。针对此类问题,可向监管机构充分阐述上述评估的实际操作性较差且无法获得外方对已出售资产的盈利补偿承诺,力争监管机构对于此类不符合国际惯例的事项进行豁免。此外,对于跨境并购而言,国内上市往往难以做到及时、准确、全面的信息披露,特别是财务信息方面,较难根据相关办法提供目标公司最近两年的经审计财务报告(按中国会计准则编制)。对此,可参考中联重科、中海油服等境外收购案例,采取提供目标公司会计准则差异报告的替代方案,灵活变通处理。

七、上市公司跨境并购中需充分注意保密问题

上市公司的跨境并购行为通常为价格敏感信息,如在项目筹划或执行过程中发生信息泄露,会对上市股价产生显著影响甚至异动,增加交易的不确定性。同时,上市公司负有信息披露的义务,在股价发生异动或市场上出现交易传闻时,需被动进行核查并发布澄清公告,可能对跨境并购项目产生重大不利影响。

在上市公司跨境并购中,由于程序较为复杂,除交易对方外,还可能涉及国资委、发改委、商务部等多个监管机构沟通,信息接触方较多,因此在与各方接触中尤须控制信息的传递过程,做好保密工作和应急预案。

第四节　中介机构在上市公司跨境并购中的地位和作用

中国上市公司跨国并购中面临的主要问题之一是缺乏操作经验,使得跨国并购困难重重。现实情况中,许多中国上市公司在跨境并购前会聘请外部的顾问团队,包括投资银行、并购基金、法律顾问、会计师事务所、税务顾问、公关公司等中介机构,借助其丰富的专业知识和实际操作经验完成并购交易。下面将

分析各顾问团队在整个并购过程中所起到的重要作用。

一、并购中的投资银行

投资银行是并购中介中的核心角色,承担着整个并购交易的战略、分析、组织和协调作用。一般小规模的并购往往由小型的投资咨询公司担任财务顾问,但是大规模的并购交易,均由大型的投资银行牵头推进。

投资银行将协助并购方制定并购战略,分析市场、并购的目的、并购产生的协同效应等,更为重要的是,投行从并购项目的起始就作为第一个外部顾问介入项目,从各个方面为委托方降低并购成本,执行委托方的战略意图。这种任务要求下,投资银行不仅要有财务方面的知识,帮助委托人评估目标企业的价值,还要能够了解市场,对并购的效果、市场反应有所判断,而且同时还要组织整个并购过程中的各个细节工作,包括协调法律顾问、财务顾问、税务顾问等等。

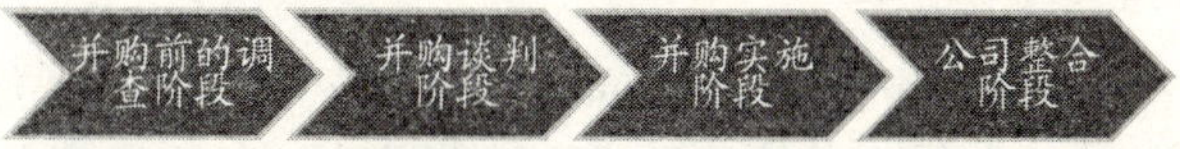

并购前的调查阶段	并购谈判阶段	并购实施阶段	公司整合阶段
制定整体并购战略	设计交易结构	确定支付方式	制定整合策略
寻找并购目标	公司估值	安排并购融资	提供整合咨询
尽职调查,确定目标	竞价和谈判支持	资产交割	实施整合策略

图 14　投资银行在跨国并购过程中的服务内容

中国上市公司早期的海外并购由于自身规模小、经验不足,且往往缺乏投行的帮助,导致失败案例居多。在没有投行帮助的情况下,并购方往往对目标企业和产品市场不能做出有效的分析和客观的判断。并购方缺少对目标企业确定价值的经验和能力,很难对并购后的公司前景设定长远的科学的发展目标,导致并购最终失败。近年来,随着海外并购的增多,并购项目规模的扩大,越来越多的并购项目都聘用了国内外的投资银行作为并购财务顾问。他们的介入,对中国上市公司海外并购的整体水平和质量有显著的推进作用。

具体而言,现代大型跨国并购中,投行可为客户提供的服务主要有下列几点:

（一）制定合理的整体并购战略

企业实施跨国并购都有特定的目标和驱动力,如整合产业链上下游资源、拓展销售渠道、获取先进技术或消除竞争对手等。其后目标公司的寻找、收购合同的谈判、并购完成后的公司整合也需围绕整体战略进行。投资银行具有丰富的并购整合经验,可以帮助企业制定合理的整体并购战略。

（二）帮助并购方寻找目标公司

受信息渠道限制,并购方在搜集目标公司过程中,往往花费了大量的时间和成本,但最终成果有限。由于掌握着广泛的客户资源和信息渠道,并以强大的数据库作为支持,投资银行可以根据企业实际需求快速筛选和锁定合适的目标公司群体。因此,在寻找目标公司的过程中,投资银行能够帮助企业极大地降低成本,提高效率。

（三）对目标公司进行尽职调查

通常而言,企业往往专注于所从事的行业或领域,缺乏对目标公司进行全方位、立体化评估的能力。投资银行可以借助自身经验与专业团队,从并购方的整体策略出发,配合并购方从行业、财务、法律合规、整合协同效应等多方面对目标企业进行调查,准确掌握标的公司信息,便于并购方进行决策。

（四）设计最佳交易结构

交易结构是交易双方协调与实现最终利益关系的一系列安排,一般包括收购方式(股权/资产)、支付方式(现金/股权)与实践、交易组织结构(离岸与境内、企业的法律组织形式、内部控制方式、股权结构)、融资安排、风险分配与控制、退出机制等方面的安排。投资银行能够帮助企业制定最佳的交易结构,最大程度地满足买卖双方的商业意图,在交易双方之间进行平衡,并降低交易成本和交易风险,最终促成交易成功。

（五）对目标企业合理估值

标的公司的估值直接决定了并购方的收购成本,是跨国并购的核心要点之一。在跨国并购过程中,标的公司一般会委托卖方财务顾问,运用复杂的估值模型对公司价值进行评估,作为定价的重要依据。企业如果对标的企业的估值方法和模型不能清楚理解,议价能力将大大减弱。而投资银行则精通各种估值模型,能够帮助企业剔除各种干扰因素,确定标的公司的真实价值,最大程度地保障并购方利益。

（六）竞价和谈判支持

跨国并购的谈判是一个艰苦而漫长的过程,企业为顺利实施整体战略规划,以最低成本实现并购成功,需要强大的智囊团作为支持。投资银行是企业智囊团中最为不可或缺的一员。针对标的公司提出的各种价格或其他要求,投资银行能够作出合理的分析和准确的判断,依据实际情况为并购方提供最有价值的竞价和谈判策略。

（七）搜集其他竞价对手信息

跨国并购中，优质的标的企业往往会引来众多关注，要在大量的竞价者中脱颖而出，除了有竞争力的报价外，也需要对其他竞价者有清醒认识。《孙子兵法》有云："知己知彼，百战不殆"。投资银行能够通过丰富的信息渠道，帮助并购方充分掌握目标公司和其他竞价者的背景和信息，从而有针对性地制定最为有效的竞价策略，并获得优质标的企业的青睐。

（八）应对突发状况

在跨国并购过程中，往往会遇到一些突发情况，如标的企业所在国家对并购方实施的反垄断调查。这些突发情况会在一定程度上拖延整体收购进程。投资银行能够帮助企业提前排查并购过程中可能存在的各种障碍，并制定完善的应对措施，防患于未然。

（九）准备书面材料

投资银行可以帮助企业准备各种报价材料、盈利预测、通函和公告以及负责其他信息的及时披露，保证企业的各项书面材料真实准确，整个交易过程合法合规。

（十）为企业安排融资

中资企业早期并购由于标的公司较小，所以一般都使用自有资金进行。随着并购项目和标的公司规模的增加，企业的自有资金往往无法满足交易要求，这样就需要投行通过各种渠道为企业安排融资，包括银行贷款、联合战略投资者或者财务投资者、发行债券、增发股票等等。目前，杠杆收购（Leverage Buyout）是跨国并购的主流模式。投资银行能够帮助企业设计杠杆融资方案，合理控制杠杆率，从而使企业在风险可控的前提下实现并购收益最大化。

二、并购基金参与跨国并购

2012年初，三一重工携手中信产业基金收购全球混凝土机械巨头——德国普茨迈斯特，这桩备受好评的跨境并购在资本市场引起不小的反响。同年，联想控股旗下弘毅投资成立跨境收购项目团队，专职负责海外并购项目，截至目前，弘毅投资已成功投资了意大利混凝土设备制造商CIFA、日本东海观光株式会社等海外企业，还在医疗产业方面取得了在新加坡上市的美国柏盛国际控股权。可以预见，类似国内上市公司携手并购基金的并购案例，将在未来成为跨境收购的主流，并购基金有望成为产业资本进行跨境收购的重要合作伙伴。

并购基金专注于对目标企业进行并购，其投资手段是通过收购目标企业股权，获得对其的控制权，然后对其进行一定的重组改造，持有一定时期后再出售给战略收购者实现退出。并购基金与其他类型私募基金的不同表现在,风险投资主要投资于创业型企业,并购基金选择的对象是成熟企业;私募股权投资对企业控制权无兴趣,而并购基金意在获得目标企业的控制权。并购基金经常的操作形式为 LBO,并经常出现在 MBO 和 MBI 中。

毫无疑问,在跨境并购案中少不了鲜为人知的明争暗斗,很多失败的跨国并购案例也显示,如果企业直接出面并购,有时可能适得其反,导致沟通障碍。而如果在交易中,引入并购基金,可能产生的敌意联想会小很多,更易于获得被并购方的信任。总体而言,并购基金在中国上市公司跨国并购中的功能包括:融资功能、风险管理、资源配置等,有力化解了企业在海外并购中遇到的中外企业经营战略不相容、整合职业管理人才和并购经验的缺乏、对并购目标企业当地情况缺乏了解以及融资困难等困境,能对中国上市公司在进行跨国并购时提供必要帮助。

（一）融资功能

国内的上市公司在跨国并购中面临的融资困境可以借助并购基金迎刃而解。并购基金一方面向收购方提供股权或长期负债融资,一般不需要企业提供担保,增加了收购方获得融资的概率;另一方面,企业可借助并购基金进行杠杆收购。由于债务中的利息可在纳税时抵扣,而股利却不能,因此通过并购基金融资进行杠杆收购可以发挥税盾效应,缓解海外并购的资金压力。同时,并购基金不仅提供资金支持,还有其他增值服务,如开阔销售渠道、技术指导、专家引进等,协助企业获得更好的发展前景。

（二）风险管理功能

一般来说,并购基金不仅具备企业需要融入的资金,还有企业管理的经验和战略眼光,因此被看作是专门从事项目投资、融资管理的中介机构。根据《经济学人》的调查显示,82%赴海外并购的中国企业高管认为,中国公司海外并购面临的最大挑战是缺乏境外投资和管理的经验及技能,只有 39%的表示知道如何对海外并购对象进行整合和管理。

并购基金通过金融创新工具和精心设计的融资契约条款以降低企业家的道德风险,解决企业的激励问题。同时通过人力资本的投入降低被投资企业的经营风险,完善公司并购后的治理结构。并购完成后,并购基金根据企业的需求结合自己的并购管理经验派驻合适的董事,并利用其社会资本、经营经验及管理人才的储备,帮助并购后公司经营,并适时监督。例如:小肥羊和 3i 私募基金结盟后,3i 基金利用其在国际餐饮行业的资源,为小肥羊引进了美国汉堡王的前总裁和肯德基香港公司行政总裁——两名在国际餐饮行业具有丰富经验的独立董事。

（三）资源配置功能

并购基金的经营目的之一在于发现有潜力或价值被市场低估的企业,通过资金和人力资本的投入,促使企业增值,最后通过将企业出售或上市来获取相应利润。被并购的公司往往存在两种情况,一是由于经济周期原因,股价陷入低迷,但企业本身运营无误,品牌效应尚在;二是企业自身经营陷入困境,与经济周期的衰荣无关。前者是目前中国企业选择并购目标的首要考虑。并购基金的专业经理人利用并购重组经验,选择这些暂陷股价低迷但品牌影响尚在的企业,通过产业链的重新整合,结合中国企业在制造业方面低成本竞争优势,使中国企业跨国并购实现成功。

（四）降低政治风险

通常情况下,由于制度差异和文化交流的有限,很多国家的投资审核机构对入境的外国投资都会进行审慎审查,尤其对与政府有关联的企业更为敏感。根据《经济学人》的调查报告,从 2004 年至 2010 年,中国超过 5 000 万美元的跨国并购绝大多数(约为 80%)是由国有企业主导。外国政府也尤为关注中国的投资动态,他们认为这些交易不仅涉及到有关国家对自然资源的控制,而且中国国企的国家所有权对被收购企业有不公平竞争的优势。在资源类企业的收购中,其面临的政治不确定性、民族主义和保护主义更加突出。中国企业尤其是国企如果筹划跨境并购,建议寻求和并购基金合作,通过公私合营模式(Public Private Partnership)共同参与并购,或委托并购基金实施并购,以规避外国政府对国企身份的审查,降低审查中的政治风险。

三、法律顾问

与境内企业之间的并购相比,跨境并购交易更为复杂:目标公司或目标资产位于境外,并购方和目标公司受到不同司法管辖区(jurisdiction)的监管,并购交易往往需要通过目标公司所在国有关外国投资审查;达到相关反垄断申报标准的还需要向有关国家和地区(例如欧盟)反垄断执法机构进行申报;除此之外,交易架构需要根据相关国家和地区法律提前加以设计。因此,对于中国上市公司参与的跨境并购交易,需要中、外律师组成的法律顾问团队各司其职,密切配合。

（一）在上市公司跨境并购交易中,中国律师(PRC counsel)的职责

一方面,是与上市公司进行跨境并购交易相关证券业务(例如重大资产重组、公开发行或非公开发行)有关的法律服务工作,例如:

- 就与相关证券业务相关的法律问题开展法律尽职调查;
- 相关证券业务相关的协议、法律文件;
- 根据法律法规要求,向中国证监会出具相关证券业务的律师工作报告及法律意见书;
- 就相关证券业务向主管部门提交的相关申报文件;
- 有关中国法律所要求的信息披露义务,协助审阅或修改相关信息披露文件等方面的工作。

另一方面,是与有关跨境并购交易有关的工作,例如:

- 从中国法律角度协助制定收购方案;
- 协助确定满足中国法律监管要求的境外投资架构;
- 协助确定并购融资方案(例如并购贷款方案、并购方与其他投资人之间合作关系的相关法律安排);
- 从中国法角度协助起草、审阅、修改意向书、条款单和收购协议及其他交易文件;
- 协助收购方与中国政府主管部门和/或监管机构就各项审批、核准事项进行沟通和协调;
- 出具有关股权或资产收购交易或投资项目的中国法律意见书;
- 根据收购方的指示,协助和参加谈判和会谈。

(二)对目标公司及其资产的法律尽职调查

除了通常并购交易中法律尽职调查所应关注的目标公司股权结构、组织结构、公司治理、政府监管、许可与证照、对外投资、重大业务合同、银行融资与担保、资产、诉讼、保险、税务等事项外,跨境并购中尤其应关注环保、安全与卫生(HSE)、劳动雇佣、知识产权、矿权等重点,并注意识别反垄断、反腐败、商品期货、外汇、进出口管制、反洗钱、证券监管等方面的风险。

由于律师的法律服务受限于其取得执业资格的司法管辖区,跨境并购及交易中的相关事项应当由目标公司及其资产所在地具有当地执业资格并且有相关行业并购交易经验,熟悉当地法律、政府要求、文化和商业环境的当地律师(Local counsel)开展。

(三)交易架构

并购交易具体如何开展和实施,是并购交易的核心问题。与其他跨境交易一样,跨境并购从一开始就应当从财务、税务、业务、研发、供应、加工、营销、劳动雇佣等多角度加以考虑和策划。除税务策划外,设计跨境并购交易架构时还应考虑所在国政府监管的具体要求、未来业务整合的需要、并购融资的筹措等因素。例如,某项涉及目标公司所在国国家安全的资产可能需要剥离、涉及某项重大知识产权的业务可以通过转移定价方式合法加以安排、并购资金可能需要引入境内外私募基金,等等。

因此,在交易架构设计过程中,也需要由并购方所在地的中国律师、目标公司及其具体资产和业务所在地的当地律师从其各自法律角度分析潜在问题,并参与交易架构的论证,确保交易架构能够实现并购方的商业目标。

（四）监管审批

跨境并购受到相关司法管辖区政府部门的监管,主要包括:

· 各国政府基于国家安全和外资准入政策对外国投资的审查。例如,美国外国投资委员会(Committee on Foreign Investment in the United States,简称"CFIUS")对可能影响美国国家安全的外国投资交易进行的审查;加拿大联邦工业部根据《投资加拿大法案》(Investment Canada Act,简称"ICA")对非加拿大人士或企业收购加拿大企业的控制权或可能危害国家安全进行的审查,以确定收购是否可为加拿大带来净惠利益;澳大利亚外商投资审查委员会(FIRB)根据《1975年外国收购和并购法》(FATA)和《1989年联邦外国收购和并购条例》以及《外国投资审批政策》审查投资建议是否"违背澳大利亚的国家政策"。

· 达到相关反垄断申报标准的并购交易,需要向有关国家和地区(例如欧盟)反垄断执法机构进行申报。对于大型跨境并购交易,不仅需要考虑不同司法管辖区的申报标准、申报时点和程序,也需要考虑各国或地区反垄断执法机构的实质性标准。

· 如前文所述,中国上市公司进行跨境并购需要取得中国政府境外投资主管部门(例如发改委、商务部、外管局等)的核准和登记。对于上市公司的跨境并购,还需要满足中国证监会相关规定。

（五）不同国家和地区律师团队的组织、协调和管理

从跨境并购的复杂程度、时间要求乃至交易规模看,要在预定的时间表和预算内成功完成交易对于并购方及其律师团队无疑都是巨大的挑战。为了在跨境的背景下成功完成交易,对位于不同国家和地区律师团队进行有效地组织、协调和管理至关重要。为此,大型复杂交易有必要引入国际律师或有经验的中国律师担任牵头律师(Lead counsel 或 Deal counsel)。

牵头律师不仅应定期或不定期地召集律师团队或中介机构开协调会或电话会,明确优先项、及时汇报和讨论相关司法管辖区涉及的重大问题、保持各律师团队的进度、明确各阶段各自下一步重点,同时,应及时有效地识别可能导致交易延缓的问题,尤其是防止单个区域的问题影响到全局。在各次例会期间,

牵头律师应与各国和地区的律师团队保持密切有效的沟通，及时有效地跟进各国和地区的工作进展。

四、财务和税务顾问

财务、税务顾问的作用是协助投行对目标企业进行价值评估，并根据估值的方式对目标公司进行财务和税务的尽职调查，包括调查目标公司的资产负债表、损益表、经营计划分析、财务状况及风险、资产及投资状况、产品、市场及客户状况、纳税种类及纳税情况、员工情况等；尽职调查的结论及发现的风险会反映到对目标公司的估值模型、交易谈判和收购协议的附加条款中。尽职调查的工作非常繁琐，亦会贯穿于并购交易的各个阶段。在交易谈判过程中，财务、税务顾问会对估值模型中涉及的财务信息和财务假设提供谈判支持，草拟收购价格调整表就重要的价格调整项目与卖方进行谈判；在交易完成的交割阶段，财务、税务顾问会分析是否存在对最终交易价格存在影响的期后事项，并将相关事项反映为最终价格的调整。

在大型跨境并购交易中，除了常规关注的历史经营业绩和财务状况外，财务、税务顾问还会关注交易中的潜在股权问题，如股权结构复杂、收购少数股权缺乏对实际运营的有效控制、目标公司的非核心/或非持续性项目可能会提高交易价格并偏离未来商业计划等。目标公司是否具有清晰且完整的股权结构和主营业务以及交易本身是否受到现有股权结构的影响，都是一项较为基础且重大的问题。

并购交易投资架构的不同选择，亦会产生不同的财务及税务影响：

• 通过资产交易，投资者可以规避目标公司现有的或有负债和税务风险。然而，资产交易的进程相对较慢，费用相对较高。投资者可能需要重新申请有关税收优惠，还需要与供应商及客户更新合同等。

• 尽管股权交易的交易进程相对较快，但目标公司仍将保留现有的或有负债和税务风险。若卖方的经济实力存在问题，则收购协议中对于投资人的保护条款的效力亦可能存在疑问（如在股权收购协议中约定由卖方对交割前卖方未履行义务而使目标公司遭受的损失进行赔偿）。

在尽职调查中财务、税务顾问需要对跨境投资的潜在税务风险作出评价，以避免投资者错误地高估目标公司的税后投资回报率，甚至造成额外的投资损失（如英国、加拿大、尼日利亚等国针对某些行业已经或正在进行相关税制改革或者税收法规调整，拟通过提高税率、取消税收优惠或降低税收优惠幅度等措施增加财政收入，将对企业税负造成负面影响）。

　　无论投资者是计划以资产收购还是股权收购的方式进行投资,实施并购交易本身有可能产生一定的纳税义务,例如印花税、转让税等并购交易的税费成本。此外,部分国家还会对境外控股公司间接转让境内目标公司股权所取得的资本利得征收企业所得税。在跨境投资中,税务顾问可以就可能的融资安排、投资架构、分红及撤资退出的所得税和资本利得税影响提供专业的税务意见。

第四章 中国上市公司跨境并购的主要障碍及对策

❀❀❀❀❀❀❀❀❀❀❀❀❀❀❀❀❀❀❀❀❀❀❀❀❀❀❀❀❀❀❀❀❀❀❀

第一节 跨境并购的主要障碍

中国上市公司跨境并购，虽然受国家实施"走出去"战略的鼓励，但其在实际操作过程中仍会遇到诸多障碍。这些障碍，有的是来于企业自身原因，比如缺乏成熟的并购整体战略、信息不对称、缺少对并购标的企业进行适当估值的能力等；有的是出自于宏观环境，比如并购标的为东道国所限制或禁止；有的还是由于对中国境内上市公司的特别规制造成的，比如境内上市公司法规政策要求上市公司在重大资产重组时进行全面的信息披露，要求盈利预测补偿等。我们把这些障碍归类为宏观方面和微观及操作方面，主要表现如下文所述。

一、宏观方面

（一）政策法规因素

1. 国内政策法规因素

（1）国内部门规章多，审批程序复杂

我国现行的海外跨境并购监管体系执行的是"多部委监管、事前审批"模式，各部委根据自己的职责权限颁发相应的规章文件。这一机制的典型特点是部门规章多，且权力分散、程序繁杂，一宗上市公司的跨境并购，需取得国家发展改革委、商务部门境外投资核准，有的交易还需向其进行前期报告；向国家外汇管理部门取得境外投资外汇登记、前期费用核准；如构成重大资产重组的，需经中国证监会核准。此外，如涉及金融、能源、传媒等敏感行业，还需履行相关行业主管部门的核准；如上市公司为国资企业，还需经国资委同意。

上述每个部委几乎都是进行实质性的审批，都可能对具体交易方案或操作方式给予意见，这给跨境并购交易带来了一定程度上的不确定性。同时，上述大部分审核均需串联进行，即在获得一个的批准后才能报另一个审批，造成了审批工作效率低、耗费时间长，也会影响并购方在瞬息万变的境外市场中把握机会，快速出击获得战略资源。

（2）上市公司重大资产重组相关规定较难适应跨境并购的客观情况

现行上市公司重大资产重组管理办法主要是从规范 A 股上市公司境内发行股份购买资产、吸收合并、资产置换等交易的角度进行立法，但是，其中很多规定并不符合国际交易习惯，较难适应跨境并购的客观情况。

（a）对境外资产进行评估的操作性较差

为保证交易对价的公允性，重大资产重组管理办法要求对上市公司拟购买资产的价格参考评估值确定。但实际操作中，交易对手方通常不会在签订正式买卖协议前配合买方进行资产评估。即使具备评估条件，由于国际上并没有符合具有国内证券资格的评估机构，而国内评估机构的境外评估经验又比较缺乏，因而难以进行合理有效的评估。在过往涉及重大资产重组的 A 股上市公司跨境并购交易中，监管机构大多灵活处理，对资产评估予以了豁免。未来可考虑针对跨境并购交易取消该项规定。

（b）卖方很难或无法做出盈利预测补偿

对于以收益法作为评估定价依据的交易，重大资产重组管理办法规定，卖方必须对标的资产未来 3 年实际利润额未达到收益法预测值的部分，进行盈利预测补偿。这种类似于"对赌"的安排，在国际并购交易中确实存在，但往往是交易双方商业谈判的结果，而非监管要求。此外，对于卖方全部退出的交易，交易完成后卖方往往不再对标的资产的经营管理负责，因此，也不会对其未来的盈利情况作出保证。即使卖方同意补偿，在实际操作中也很难追缴。

（c）信息披露要求不符合国际惯例

跨境并购的不确定性较大，对国内上市公司而言，往往难以做到及时、准确、全面的信息披露，使上市公司面临较大的压力。特别是财务信息方面，根据重大资产重组相关办法，重大资产收购需要提供目标公司最近两年的经审计财务报告（按中国会计准则编制）。然而实际情况一是收购标的可能是某些特殊领域的非上市公司，没有完整的审计报告可以提供；二是在交易完成前，很难要求卖方或目标公司投入很大力量配合我方提供按中国会计准则编制的审计报告。参考以往案例，中联重科、中海油服等境外收购案例均采用了提供目标公司会计准则差异报告的替代方案。

（3）人民币资本项下不可自由兑换政策，影响并购交易进程

目前，虽然国家外汇管理局已经取消了经常项目下的外汇管制，实现了人民币在经常项目下的可自由兑换，但是在资本项目项下人民币自由兑换尚未完

全放开,我国还实施着比较严格的资本管制,如"境内机构境外直接投资获得境外直接投资主管部门核准后,持下列材料到所在地外汇局办理境外直接投资外汇登记"。这些规定较大地限制了境内外的资本流动,对国内企业实施跨国并购设置了障碍,增加了企业进行海外并购的成本,降低了企业的并购竞争力,加大了企业并购的风险。

2. 国外政策法规因素

近年来,随着中国企业经济规模及实力的壮大,以跨国并购为主的中国企业对外直接投资对国际间资本流动产生深远影响,已经引起了东道国极大关注。同时,根据清科研究中心统计数,中国上市公司的跨境并购主要集中在能源矿产、机械制造、互联网以及金融等领域,而很多东道国出于国家经济安全等方面的考虑,对能源矿产、金融等领域的跨国并购进行严格的审查管制和干预,在法律上明确规定了某些特定的行业禁止被他国企业收购或者限制入股比例。

一般来说,各国对于跨境并购,尤其是大规模的并购,基本都是采取"宽出严进"原则,即鼓励、帮助本国公司到国外去投资、并购,获取高额回报,同时对进入本国的投资进行严格的规制,主要体现在国家安全审查、市场准入和反垄断等方面,以下以美国为例逐一说明。

(1) 国家安全审查

美国对外资收购美国公司仍进行监管,主要是由美国外国投资委员会(CFIUS)执行,现行主要依据是《2007 年外国投资与国家安全法》和 2008 年美国财政部修订的《关于外国人合并、收购和接管条例》,审查的范围是外国人对美国企业实施并购后获得控制权的并购交易。对某一项跨境并购交易,如委员会调查完成或终止后,建议总统暂停或禁止交易的,则该笔并购交易可能即告流产。

(2) 市场准入限制

在美国的联邦层面,在航运、传媒通讯、能源、矿产、渔业等部门,对外国投资者都设有一定的限制或禁止市场准入的规定,例如,在通讯行业,美国禁止外国经营或控制的公司获得从事通讯传输的许可;在水电领域,不允许外国公司或外国控制的公司拥有使用或生产原子能的设施。因此,对上述行业或领域,中国上市公司可能无法完成对相应美国资产的收购。

(3) 反垄断审查

美国反垄断法包括法规,也包括法院判例,其中规制并购交易的法规主要是《克莱顿法》、《塞勒-基福弗法》以及《哈特-斯科特-罗迪若法》等,执法机构为联邦贸易委员会和司法部。如某一项跨境并购交易,无法通过美国监管机构反垄断审查,或者通过附条件的反垄断审查,都会对该起并购交易产生重大影响。

（二）东道国工会组织因素

海外跨境并购,在大多数情形下必然涉及标的公司控制权的改变,而并购方出于并购战略等方面的考虑,取得控制权后则一般会对标的公司管理层、员工雇佣状况进行相应改变,这些雇佣状况包括但不限于标的公司集体劳动合同、雇员激励计划、养老金方案、薪酬福利、裁员等因素。由于欧美国家有强大且完善成熟的工会组织,因此,在海外并购中,在并购交易达成前,并购方就必然会直接面对东道国的工会组织;同时,各国工会组织因其具有的权限不同,因而对某一桩跨境并购交易产生影响的大小也不同。

在美国的具体执法过程中,劳工法等更多倾向对受雇人工资福利等做更充分的考虑,对劳方的利益也有更严格的保护。因此,在美国,工会组织有着强大的影响力。在一桩跨境并购交易中,工会可以将工人组织起来,和收购方进行薪资福利谈判,可以组织工人罢工,可以向法院提起诉讼否决并购交易等。例如,在2012年最近一起北京卓越航空公司并购美国破产航企豪客比奇的案例中,美国国际机械师及航空航天工人协会向美国破产法庭提交动议,要求法官否决两者进行45天排他性收购谈判的要求,理由是这项交易"将影响美国国家安全、美国工人的工作岗位和养老金"。因此,在跨境并购时,尤其在股权并购时,东道国的工会组织将是中国上市公司不得不面对重要的谈判对象和需要重点攻防的力量。

（三）社会文化心理因素

在跨境并购中,中国上市公司一般会对标的企业的估值、财务假设和财务模型模拟耗费大量的时间和精力,但对非财务因素,因其隐蔽性和复杂性难以衡量或定义,而往往忽视。在跨境并购交易中,文化心理等软因素会变得更加复杂,因为它同时涉及社会文化和企业文化等多个层面,并购双方不仅存在两个企业(收购方企业与被收购方企业)之间的文化心理差异,还有来自于各自所属国家之间的文化心理差异。在国家层面,并购双方以及监管机构来自不同的国家,他们基于不同的民族、宗教、语言、习俗、法律制度等原因,各自拥有不同的价值观念、伦理道德、思维方式、行为方式。在企业层面,受企业所在国家、地区、行业等因素的影响,并购双方有不同的企业管理理念、企业文化。

就社会商业文化表层来说,以中西方为例,中西方在商业沟通行为、谈判行为、商业交往方式策略、商业惯例等方面存在明显差异。在商业沟通方面,中国企业在沟通表达上往往是含蓄的,口头传递的信息较模糊,圈外人很难进入圈内人群体,沟通上不注意时间,却拘泥于形式;西方企业喜欢表达充分,不拘形式,注重时间安排。在商业谈判行为上,中国企业喜欢先去拟定原则后再讨论细节,西方企业比较注重在细节上花费时间,对原则讨论不多,认为原则只不过是细节的申明;中国企业更注重立场、领导责任,西方企业更注重利益和分权。在商业交往方式及策略上,中国企业讲究感情,注重关系;西方企业重视契约精神、法律意识。所以,如前述仅就中西方而言,并购双方具有根深蒂固的社会商业文化差异,即使是一宗善意收购,文化上的差异也会导致并购双方之间产生相互对立、相互排斥的心理,而这种心理充斥在并购交易的沟通、谈判、交易达成、后期整合等各个阶段。

因此,在一宗理论上具有财务可行性的跨境并购交易中,如中国上市公司对被收购方根深蒂固的社会和商业实践(文化规范)、沟通预期、交易对手心理等未能予以充分评估、考虑,除了在实际中会降低交易效率,增加交易成本外,甚至会直接导致交易的流产,即使达成交易的,也极有可能最终变成一宗失败的交易。

（四）企业社会责任因素

社会责任是跨国并购中的关键问题,跨国并购越来越多地受到企业社会责任履行情况的影响。跨国并购并不仅仅是一个经济活动,而且是一个全范围的社会活动,进行跨境并购与能否履行企业社会责任休戚相关。跨境并购企业承担投资所在国的社会责任对于其树立良好声誉至关重要,一个能够承担社会责任的企业,通常会得到当地企业员工工会支持,甚至能够赢得政治力量的支持。反之,跨国并购企业剥削被投资国的廉价劳动力,掠夺性使用被投资国的自然资源,破坏和污染环境,适用较低的产品质量、安全标准,通过转移定价和避税侵蚀被投资国利益等违反企业社会责任的行为将引发被投资国家的民族情绪,对跨国并购产生极为负面的影响,阻碍跨国并购的发展。

中国领先的国际企业在跨国并购、开拓全球市场过程中,正积极履行全球企业公民责任,在亚、非、欧、拉美等地区都开展了促进就业、供应链管理、绿色科技、社区参与和同业者合作等活动。但有些企业在跨国并购中,对企业公民责任缺乏透彻和准确的理解,所需承担的社会责任严重缺失,遭受到被投资国人们愈来愈多的揭露、批评以及谴责,对我国企业的声誉、国家的形象以及品牌的建设均产生了严重的影响,阻碍了中国企业跨境并购的步伐。中国企业跨境并购社会责任缺失主要表现在如下方面:

1. 对当地职工要求提高报酬的谈判程序和习惯了解不够,引发劳资冲突

中国企业跨境并购经常会遭遇当地职工加薪加福利的要求,若加薪要求得

不到满足,工会则会举行罢工。西方的工会组织经历100多年的发展,工会力量巨大,且已经上升到政府强制性的法律保护层面。部分亚非拉国家仿造欧美的政治制度和国家治理模式,工人为了争取自己的权益,进行罢工,政治势力为了获得民心,维持自己的选民,很少镇压罢工。如首钢秘鲁铁矿股份有限公司,首钢购买秘鲁铁矿后第一年,在不了解当地相关法律的情况下,同企业工会组织签订了多达35项的福利条款协议,包括首钢秘鲁铁矿职工及其家属全部享有免费医疗、免费教育、免费居住和免费水电等。此后秘鲁铁矿矿工工会多次以加薪、补贴等为由举行罢工。首钢无法理解当地政府对于罢工的态度和做法,采取了开除罢工领袖,邀请工会代表到北京访问等办法,均未能避免秘鲁铁矿工人经常性的罢工。

中国企业跨境并购要对并购目标的所在国家的法律,特别是劳动相关法律有深刻的理解,要学会跟工会打交道,适应当地职工的谈判程序和习惯,化解工会压力。

2. 对当地环境(保护)的标准理解不够,产生废气物、噪音等超过有关标准

环境(保护)标准是国家或国际组织为了维护环境质量,控制污染,保护人群健康、社会财富和生态平衡,按照法定程序制定的各种技术规范的总称。各国生产力发展阶段、环境问题的严重性及重要程度、环保资金和技术水平等的差异,使各国具有不同的环境(保护)标准。某些跨境并购中国企业由于未能对被并购企业所在国或地区的环境(保护)标准进行深刻的理解,导致并购后经营过程中违反环境(保护)标准的要求,引发罚款、抗议及企业社会责任缺失的负面影响。

3. 对当地安全工作重要性的认识不足、管理薄弱,发生安全事故

部分分布在矿山、建筑等高危行业之中的跨境并购企业,在安全生产领域面临较大的挑战,某些跨境并购企业对于安全生产工作重要性的认识不足,安全管理薄弱,导致安全事故发生。2010年9月,上海电气股份有限公司在埃塞俄比亚总承包、吉林送变电工程公司分包的电力建设项目发生输电线铁塔坍塌事故,造成5人死亡,其中4名中国人。跨境并购企业应提高对安全生产的认识,加强安生管理,对从事特定作业的工人采取必要的安全生产防护措施,防范安全生产事故,履行社会责任。

4. 对被投资国法律法规和文化缺乏了解,缺乏海外运营经验

部分跨境并购企业虽然已经充分地意识到企业社会责任的重要性,但由于对被投资国法律法规或文化差异了解不够,海外经营经验匮乏,在海外经营交往活动中,不能与合作伙伴及利益相关方进行积极有效沟通,不能取得当地居民、政府以及其他利益相关方的理解与支持,引发冲突和抵触、抵制情绪。例

如,拉美国家的劳资关系问题,当地的工会组织对企业具有十分重大的影响,然而,中国的企业大多数缺少与工会谈判的经验,习惯性地依赖政府,而结果往往并不理想,此种差异使得跨国并购企业在处理劳资纠纷过程中遇到很大困难。

（五）国际政治因素

从表面上看,企业跨国并购是一种纯粹的经济行为和市场行为,是自由贸易和全球化的表现,但在实际运作过程中,则往往会受到政治因素的干扰,尤其是一国与另一国国际关系的影响。

当一国对另一国实施歧视、敌意时,跨国并购交易就存在国际政治风险。当并购对象被东道国视为或任意扩大解释为“战略性资源”的资产时,东道国就会为保护本国企业或所谓的战略地位,以各种借口对国外企业并购本国企业加以阻挠或直接予以否决。

当前,西方国家对中国的国有企业仍抱有较深的成见,他们认为,国有企业不同于私有企业,它们没有实现完全的市场化,不能摆脱政府的意志,国企的收购决策本身或许就有政治色彩等。因此,在一起跨国并购案件中,如并购方中国上市公司具有国资背景,并购标的行业是在能源、矿产等自然资源敏感领域,这些收购行为就更易遭遇并购企业所在国公众的抵触和舆论压力,并购企业所在国政府也更易出于战略安全和政治考量,出面阻止并购案的进行。

（六）东道国贸易保护主义因素

2008年金融危机以来,很多发达国家和发展中国家经济陷入停滞甚至衰退状态,为了促进本国经济复苏,恢复经济增长和增加就业等,各国将本国的支柱产业以及能够解决大量劳动力就业等行业纳入贸易保护的范围。因此,在本轮金融危机可能进一步恶化的情形下,新的贸易保护主义会随之加速发展,贸易保护的范围也会更趋扩大。

在跨国并购中,并购标的东道国政府可能会基于贸易保护主义,阻止并购交易或增设附加条件和限制,防止外国企业通过并购进入国内市场或者影响本地工人就业。以美国为例,美国外国投资委员会（CFIUS）对外资并购享有较大的自由裁量权和审查范围,近年来,CFIUS也以各种贸易保护的理由为中国企业在美国商业投资设置限制。因此,中国上市公司在跨境并购交易中,也会遭受到并购标的东道国贸易保护壁垒障碍。

二、微观方面

（一）战略决策障碍

近年来,在国家“走出去”战略的指引下,我国越来越多的企业走出国门,积极参与海外并购活动。但经研究发现,中国企业的海外投资多数不是在带有清晰战略的情况下出去的,而是被外面的市场机会吸引出去的。在此大环境下,中国企业的海外并购多数不是出于主动对企业自身战略发展的考量,造成很多企业海外并购的目的并不明确——是想要扩张海外市场还是要获得先进的科学技术? 是追求国外知名品牌还是看重企业优良资产? ——最终造成了一种为并购而并购的局面。

欧债危机的持续蔓延引发了全球经济及资本市场的持续低迷,一些欧洲企业出现经营不善及资金流困难的局面,但这在中国企业看来却是一个极具吸引力的收购良机。很多企业想通过海外收购实现短时间内的发展壮大,获取在中国市场还不能得到的商品和服务,提高自身在国际市场上的竞争能力。但一些中国企业由于事前缺乏系统缜密的全盘战略,盲目地为国际化而进行并购。很多企业没有仔细研究市场的变化,审视自身资源及弱点,从而制定适合自身的发展战略。根据对 1 700 项并购交易和 250 位首席执行官进行的一项调查显示,收购方的首席执行官中只有不到三分之一拥有清晰的收购战略理由或者理解交易会对其公司的长期财务风险造成的影响[①]。一些国际主流管理顾问公司认为中国企业缺乏符合公司发展战略的清晰收购理由是跨国并购失败的主要原因。

南汽集团收购英国罗孚就是一个典型案例,当年南汽集团在没有明确的收购目的及发展战略的情况下仓促作出收购的决定。收购完成后,南汽才发现资产中一些相关品牌、车型及知识产权早已分属多家不同的汽车企业,根本无法直接利用收购的资产进行新产品开发。于是,在竞购结束后仅 3 天后,南汽便打算将罗孚资产再次出售,以期避免竞购后的巨额风险和资金空洞。

（二）信息障碍

中国企业进入海外市场进行跨境并购,存在严重的信息不对称。首先是中国企业对国外市场不熟悉、经验不足,造成其在市场调查过程中信息掌握不充分,无法作出全面深入的可行性研究和分析。跨境并购初期,企业必须对目标市场有深入的了解,通过市场调研及分析,判断并购的可行性和可操作性。而信息的不对称性导致中国企业获得的信息缺乏真实性和完整性,难以结合自身的发展情况及战略目标作出正确的决策。

其次,信息障碍造成企业在选择目标企业的过程中考察不充分。在过去几年里,中国企业的身影频频出现在国际并购交易的舞台上,投资数量、投资规模都呈现快速增长的趋势。这也使得很多国外经营不善的企业想要借助中国强

---

① 来源:《首席财务官》2012 年 1 月刊,《CFO 实战:跨国并购失败五大因素》。

大的投资实力脱离困境。这些企业中,不乏一些公司存在隐性负债等潜在隐患,面对中方企业的咨询,他们往往能够利用自身熟悉本国市场运营的优势,隐瞒亏损或不良资产、粉饰业绩,以比较低廉的价格吸引中国企业收购。再加上部分海外公司出于保密等原因不愿提供财务资料,这些因素都会不同程度造成信息障碍,中国企业往往不能够对被目标企业的资产状况和财务状况进行准确地评估,并购的风险也不断增加。

面对信息不对称的问题,一些中国企业往往希望依赖熟悉国外市场的海外中介机构来排除跨国并购决策中的信息障碍。但是海外中介机构又存在不熟悉国内情况、费用高昂等问题。

（三）沟通谈判障碍

与国内并购相比,海外并购在与被并购方沟通谈判的过程中面临更多的挑战。

首先,在跨国并购中,企业出让股权的真正意图对谈判起着至关重要的作用。但由于文化差异、语言不通等问题,中国企业很多时候不能把握目标公司交易的真正目的和意图,对不同的交易动机没有及时调整应对策略,造成谈判进程难以顺利推进。

其次,不同国家、地区的商业习惯多有不同。跨国并购的买卖双方在谈判习惯、节奏等方面常常存在差异,如若沟通处理不当极易造成双方误解,进而影响谈判进程。例如,中方投资者在交易的前期花费一定的时间对市场及交易对象进行研究和分析之后,一旦作出决策就希望尽快推进谈判进程,而国外投资者大多按预定的时间表按部就班进行,且要求签署很多意向协议,以保证其利益。这往往会造成中方对外方产生诚意不足、工作效率低下的印象,对谈判造成影响。

最后,由于海外并购过程中牵扯的利益方较多也较为复杂,如何处理好各方利益对中国企业也是一项极大的挑战。在并购谈判中,政府、工会组织、目标公司债权人及媒体等利益方都会对交易的谈判产生影响。在海外交易中,被并购方当地政府和工会通常会对外来投资者格外关注,如何能够利用媒体的力量改善中国投资者与当地政府和工会的关系,协调好各方利益以便在谈判中抢占先机成为并购成败的关键一环。根据过往的相关案例,很多中国企业因为没有及时与媒体沟通,尽快澄清交易中对某些事项的错误解读,失去政府及工会的支持,引发当地公众的抵触情绪,导致收购以失败告终。

（四）估值障碍

跨国并购中,标的公司估值也是中国企业面临的主要障碍。卖方财务顾问通常使用各种复杂的估值模型计算标的公司价值,模型背后的假设条件或某些重要参数的细微变动都会对并购方的收购成本造成重大影响。然而中国企业由于对外资投行估值模型和估值方法不甚了解，容易走进对方设置的"数字圈套"。

一般而言，外资投行在并购交易中使用的估值方法主要有现金流折现法（Discount Cash Flow）、可比交易分析法（Comparable Transaction Analysis）和可比公司分析法（Comparable Company Analysis）等。这些方法都有各自的优点与局限性，适用于不同的交易个案。比如某些处于高速成长阶段的公司，由于资本投入较多等原因，造成自由现金流（Free Cash Flow）为负值，且可能出现增长率高于加权平均资本成本（WACC）的极端情形，在这种情况下就无法使用现金流折现法对公司价值进行准确评估。在使用可比交易分析法时，存在市场缺乏类似的交易的情况，且企业无法判定参考交易的估值准确性。使用可比公司分析法时，则需从众多估值乘数，如：市盈率（P/E）、税折旧摊销前利润倍数（EV/EBITDA）、收入倍数（Price/Sales）、现金流倍数（Price/Cash Flow）等中，选取最适用于标的公司的乘数用于估值。这些估值方法的选取和运用，都对企业的金融财务能力提出很高要求。

此外，企业也需要根据标的公司所在地的会计政策特殊性选择估值方法，我们可以通过以下的案例看到其必要性。某家德国金融服务公司现金收购一家巴西金融服务公司65％的股份，标的公司金额为12亿美元。收购方通过巴西当地的一家咨询公司，作为与潜在目标公司的桥梁和"敲门人"，迅速打开了交易之门。买卖双方之间的谈判进展迅速，目标公司也愿意提供财务报告供收购方参考。目标公司的财务报表是根据巴西的会计准则及税法编制而成。巴西与德国之间会计政策和税法的不同规定导致运用EBITDA乘数法产生了不同的价值评估。巴西的会计准则规定（截至到2009年的情况），商誉摊销是可以作为成本计入，而德国的会计准则却不允许对商誉进行摊销，而是将商誉作为非经常性项目在当期收益中冲销。会计准则的差异对EBITDA有约1 000万美元的影响，商誉冲销所带来的减税效应对EBITDA的影响接近20％。税法和会计准则的不同对公司估值造成了较大影响，由于买方和卖方在指标计算方式上的差异，他们最后折中选择了P/E乘数作为估值方法。因此，在跨国并购中采用某些估值方法时，需充分考虑税法和会计制度差异对公司估值造成的影响，但是并购方往往对标的所在国的会计制度了解有限，从而在公司估值上也面临着不小的障碍。

（五）并购资本筹措障碍

1. 跨国并购的融资障碍

跨国并购所需资金金额巨大，如果没有完善的金融机构的支持很难成功。

但是目前中国企业海外并购的融资信贷受到诸如国内贷款额度和特定外汇额度的限制,不仅使跨境并购企业的国内融资能力受到限制,还对外汇兑换造成影响,使得境内融资无法给予境外投资项目有力支持。在境外融资方面,虽然部分企业已经具有股票境外上市或者发行债券的条件,但却经常由于额度和审批限制,错失并购良机。与发达国家相比,我国在跨国并购的金融支持政策体系方面还有缺陷和不足。

(1)国内融资限制较多。我国企业特别是民营企业在金融信贷方面受到国内贷款额度和特定外汇额度等诸多限制。上市公司发行股票或债券等需通过严格的审批流程。

(2)境外融资管制较严。为了有效打击非法资本流动,2005年国家外管局发布了《关于完善并购外汇管理有关问题的通知》和《关于境内居民个人境外投资登记及外资并购外汇登记有关问题的通知》,但在另一方面,可能有碍于民营企业海外投资和融资,甚至错失良好的跨国并购机遇。

2. 并购资金的来源

在目前的金融环境下,企业海外并购资金主要有两大来源:自有资金及银行贷款。新《公司法》废止了长期投资不得超过其净资产的50%的规定,使并购投资门槛降低;同时,银行可以向有资质的企业提供并购贷款,这算是并购融资市场的一大利好。但在其他融资渠道方面,资本市场融资效率略显不足,股权融资包括定向增发等,因受到融资方须为上市公司,且需满足一定的融资条件、履行相应审核程序等原因,融资成本高、时间长且受众较少;债券融资方面,公司债、企业债券发行,审批较为严格,并且对信用等级较低的公司有十分严格的限制。正是由于融资瓶颈的制约,国内现存的并购业务大多是自有资金,这十分严重地限制了并购实施的数量、质量和效率。近年来PE参与并购交易的活跃度逐渐增强,但PE主导的并购交易占比仍较低,2009年,中国并购市场由PE主导的并购交易金额占比仅为0.35%。

2010年3月28日,吉利控股集团宣布与福特汽车签署最终股权收购协议,以18亿美元的代价获得沃尔沃轿车公司100%的股权。吉利收购沃尔沃预计需要27—30亿美元,而吉利2009年销售业绩只有165亿,利润不过十几亿元,如此庞大的资金对于吉利而言不是一个小数目。在这样的情况下,吉利只能通过寻求贷款来进行资金的募集。中国银行浙江分行与伦敦分行牵头的财团承诺为吉利提供5年期贷款,金额近10亿美元,同时,吉利还与中国进出口银行签署了贷款协议。在债券市场无法融资的情况下,吉利只能寻求其他银行的支持。最终,在高盛、瑞典和比利时当地银行的支持下,吉利完成了对沃尔沃的收购。由此可以看出,自有资金和银行贷款是当前企业走出国门进行并购的重要来源,当然也反映出了目前国内企业海外并购融资渠道的单一性。

3.并购基金尚处于起步阶段

资金的另一种来源则是并购基金。2003年弘毅资本在国企改革的背景下建立,可以算是我国并购基金的开端,2004年6月,新桥投资以12.53亿元人民币,收购深圳发展银行17.89%的控股股权,成为并购基金在中国进行的第一起典型并购案例。2007年12月,厚朴基金募集成立,募得25亿美元,基金定位于中国企业并购重组领域的收购。据清科研究中心统计显示,2006—2009年募集完成的针对中国市场的并购基金共有36支,基金规模达到406.74亿美元。2010年以后,随着政策的利好及并购市场的活跃,并购基金也呈现出活跃的态势,中信等几只大规模基金相继建立,但并购基金在中国的募集、业务的开展方面依然受到很多因素的制约。

对比国外,我国的并购基金发展还有很长的路要走,无论是从收购形式还是从资金来源方面。据统计,目前全球有超过9 000家PE管理运营着逾1.9万亿美元资产,其中并购基金占63%,并购基金已成为欧美成熟金融体系中的重要力量。从并购基金的投资策略来看,并购基金主要分为控股型并购基金模式和参股型并购基金模式。目前国外并购基金主要形式为控股型并购,一般采取LBO的方式,利用较少的权益性资本,运用杠杆方式通过银行、社保、夹层基金公司、垃圾债券市场募集大量的资金,控股目标公司并对其进行改造,最终几年后退出。而中国目前主要基金均以参股型并购为主,资金来源方面,也主要是自有资金和银行贷款,中国市场上真正意义上的LBO出现在2005年,由太平洋联合集团操作红孩子集团上市,这也成为当前所披露的唯一一起杠杆收购事件。

由此可见,我国并购基金目前只能算是行业起步阶段,发展规模难以匹配和满足国内企业的海外并购需求。并购基金的后续的发展道路仍很漫长。

(六)其他障碍

除了上述对跨国并购会产生重大影响的几点因素外,内幕交易也成为跨境交易过程中阻碍交易顺利推进的障碍之一。中国企业在交易过程中,因接触的利益方和为交易提供服务的中介机构较多,如果不能谨慎处理敏感的交易信息,做好内部及外部的防范工作,会引起交易信息泄露,影响证券监管机构对并购事项的审批进度。2012年中国海洋石油有限公司收购加拿大石油企业尼克森公司遭遇内幕交易就是一个典型的案例。在这次收购中,美国证券交易委员会发布公告,有来自新加坡、香港的多个账户涉及提前获取此项收购的内幕消息并在纽约股票市场上操作,非法获利超过1 300万美元。美国证监会已紧急冻结这些账户,并着手调查,而整起收购在美国审批的进程也被迫放缓,对交易双方造成了不同程度的影响。

第二节　跨境并购的应对策略

一、制定全面的收购战略

中方企业在跨境并购前期,应首先对企业自身进行正确的评估,不仅要对企业的规模、实力以及抗风险能力进行评估,还需要对企业在本国的市场占有率和影响力进行评估,确保企业有能力进行跨境并购。其次,根据企业的评估结果,确定收购目的和今后的发展战略。在这过程中,企业应明确跨境并购究竟是为了市场、品牌、技术、资源还是人才,切忌盲目跟风,仅为扩张而收购。然后,从企业总体战略目标出发,制定详细的目标企业选择标准,如业务领域、财务状况、销售渠道等,筛选出与企业并购目的相符的目标企业。最后对目标市场及目标企业进行深入的可行性分析,结合自身需求有针对性地制定收购计划,以保证此次并购能够实现企业的战略目标,能够提升企业的潜在价值,充分发挥跨国并购的协同效应。

例如,苏宁在收购 LAOX 的前期,就制订了清晰的收购战略。它在 LAOX 股价较低时成功介入进行收购,降低了收购成本。此外,苏宁也详细制订了收购计划,包括前期如何与目标公司进行谈判,收购之后如何运营目标公司,如何使苏宁与 LAOX 产生协同效应。在清晰的战略方针指导下,经过两年的成功运营,LAOX 的股价由当时 12 日元最高飙升至 460 多日元。苏宁也因此获得巨大的投资收益。

二、拓宽信息渠道,充分获取信息

企业可以借助自身优势和外部力量,拓宽信息渠道,解决信息不对称问题。有些企业在标的公司所在国家拥有分支机构或业务平台的,可充分利用该资源,从当地直接获取标的公司的相关信息。同时,企业也应充分借助中介机构力量,利用其强大的信息网络及专业知识,对标的公司开展商业、财务和法律尽职调查等,提高调研的质量和信息的准确度;可以积极寻找熟悉中国企业且声誉较好的国际中介机构,聘请专业人员参与信息收集的过程。此外,企业也可以使用第三方数据平台,如彭博(Bloomberg)等数据系统,获取目标公司信息。

三、保持沟通顺畅，避免谈判障碍

为了能够顺利推进交易的谈判进度，中方企业应尽早洞悉标的公司的出让意图，并据此制定相应的谈判策略。在成功掌握了交易对方心理的情况下，企业往往能够利用谈判策略抢占先机，获得对方的认可及好感，同时也能获悉对方的底牌，在谈判过程中争取到理想的交易价格和交易条件，降低交易成本。

不仅如此，为克服交易双方商业习惯不同的障碍，中方投资者应及时与目标企业沟通，解释清楚本国在进行并购事项时的商业习惯，以免造成双方不必要的误解，耽误谈判的推进。如若对方坚持按部就班严格按照时间表进行，中国企业也应尽量配合。

为了获得政府及工会的认可和支持，避免不必要的阻挠和干扰，中国企业应该建立自己的公关团队，及时就敏感问题或造成误解的问题与媒体等利益方沟通协调，确保交易在一定程度上的透明度，获得利益各方的支持将为企业在海外并购扫除众多障碍，确保交易的顺利完成。

四、准确判断，避免估值误区

跨国并购过程中，中国企业应充分发挥行业经验，对标的公司的发展前景、财务状况、经营风险等做出准确判断，并在对标的公司所在国家的法规制度拥有一定了解的前提下，选择适合的估值方法对标的公司价值进行评估。如果选择现金流折现法进行公司估值，中国企业应重点关注标的公司增长率、加权平均资本成本等重要参数选取的合理性，并需要对目标公司未来的财务报表作出尽量准确的模拟和估计；如果选择可比交易分析法，则需要谨慎判断用于作为参考的交易估值的准确性及时效性，并针对标的公司和参考交易的实际情况，设定合理的溢价或折价空间；如果选取可比公司分析法，应重点针对标的公司的行业特殊性选取适合的估值乘数。

同时，选择经验丰富的投资银行作为并购方的财务顾问是解决估值障碍最直接有效的途径。投资银行能够运用自身的专业能力对标的公司价值做出准确评估，并在分析过程中发现标的公司的潜在问题，适时压低报价，从而确保并购方在跨国并购中的收购成本最小化。

五、拓宽融资渠道，化解并购融资风险

在跨国并购过程中，企业的融资渠道主要分为直接融资和间接融资两种类型。直接融资包括发行股票、发行短期融资券或中期票据、发行公司债券或可

转债等;间接融资包括银行或银团贷款等。另外,区域合作基金(如中非合作基金等)也可以起到辅助作用。

对于大型的企业,解决跨境并购的融资问题可以考虑参照中石油的办法,通过发行美元中期票据直接从公司债市场上融资。对于中小企业,可以参照国家开发银行的做法,由国家开发银行在公司债市场上融资,再以开发金融的形式用于支持中小企业对外投资。对于上市公司,应充分发挥资本市场的融资作用,通过上市公司增发股票、发行公司债券等方式筹措并购资金。

最后,并购基金也可以成为中国企业跨国并购的筹资手段。并购基金既可以为企业并购直接提供资金支持,也可以帮助企业安排银团贷款、夹层融资等。如弘毅资本同中联重科海外收购合作案例,弘毅资本成为了中联重科同海外银行嫁接的桥梁。随着资本市场的不断发展和成熟,中国并购基金也将顺应时代潮流,引领中国企业掀起新的一轮跨国并购浪潮。

六、重视履行社会责任,树立良好投资形象

企业社会责任在全球化时代深刻地影响着全球投资和贸易,跨境并购越来越多地受到企业社会责任的约束。在跨境并购的过程中,企业社会责任的履行不仅有利于化解跨境并购的重重障碍,而且有利于实现在海外的可持续发展。对中国上市公司而言,跨境并购浪潮既是挑战,也是机遇,在走出去开展跨境并购过程中,应将企业社会责任融入到跨境并购活动中,以负责任的态度进行跨境并购,认真履行好企业应尽的社会责任,追求社会、经济、环境的可持续发展,追求所有利益相关方多赢的局面,以负责任的形象立足于全球经济舞台。

(一)制定和完善与社会责任相关的法律法规,引导企业融社会责任于跨境并购

与企业社会责任相关的法律,需要进一步明确并细化企业社会责任的具体规则,对企业应承担的社会责任范围、权利以及企业不履行社会责任所应承担的法律责任给出明确的规定。对于未履行相应社会责任的企业,应追究其法律责任并给予相应的处罚。

除了强制性法规外,我国政府还应加强与国际 CSR 机构的交流合作,帮助中国上市公司不断向国际标准靠拢,并尽可能多地吸收企业社会责任的国际标准,将其融入企业经营管理的相关法规,规范企业的行为,倡导企业履行企业社会责任,引导企业融社会责任于跨境并购。

(二)发挥引导宣传和鼓励作用,提高企业承担社会责任的意识

政府要发挥引导宣传和鼓励作用,带动企业提高承担社会责任意识,引导

企业通过履行企业社会责任的方式，化解跨境并购中的困难和矛盾，使企业认识到，若想跨境并购顺利进行，实现企业在海外的持续发展，不能离开良好的内外环境，而这些良好的内外环境是由企业自身通过履行相应的社会责任得以实现的。政府可鼓励企业积极申请企业社会责任标准相关证书，如 SA8000 的证书，补贴在认证过程中所产生的高额费用，进而提高企业社会责任意识，调动企业承担社会责任的积极性。

（三）引进、学习、适应和采用社会责任国际标准

企业社会责任已经成为国际投资和贸易规则的一部分，成为跨国投资者必须接受的"软法"。西方发达国家多从经济、社会以及环境三方面对相关企业进行评价。国际上的优秀企业将履行相应社会责任视为实现企业良好公民形象的条件，将企业的社会责任标准作为规范性的管理体系，制定明确的计划，设置专门的部门，给予相应的经费保障。中国上市公司要进一步拓展跨境并购，应尽快与国际社会接轨，使用海外诸多利益相关方"听得懂"的"语言"进行沟通，这些"语言"就包括企业社会责任，必须尽快引进、学习、适应和采用社会责任国际标准（如 ISO26000、SA8000）和其他体现企业社会责任的国际通行的社会和环境标准。

（四）提高企业跨文化的管理能力，制定长期战略，融入所在国社会

中国上市公司在跨境并购、参与国际市场竞争的过程中，不仅要适应他国的经济环境，更要适应他国的文化环境，不能照搬国内的经验，应当遵守当地的法律法规，尊重当地的风俗习惯，按照当地的文化习惯来处理社会责任问题。中国上市公司在跨境并购中，必须特别重视员工责任，包括如何运用本地人才，应该研究当地对良好工作环境及条件的要求，调整自己的企业文化，适应当地员工的习惯；应该衡量自己对社会环境主要的影响，研究哪些利益相关方会受此影响或会对此关注，策划并执行一些相应的可持续发展计划；必须考虑国家法律法规，同时也必须参考当地非强制性规范、自律规范等方面的软法，包括自愿性标准例如 ISO、行业标准、产品环保认可标志，等等。中国上市企业境外并购推进到哪里，中国企业的社会责任就应该延伸到哪里，争取成为融入当地社区的"企业公民"，实现公司利益以及社区发展的双赢，在当地居民中树立企业和国家的良好形象。

七、其他障碍的应对策略

为防范跨境交易中敏感信息泄露，中国企业首先应做好企业内部信息控制，尽量将公司各个环节的内幕知情人控制在较小的范围内，避免由于知情人

数过多从而增加信息泄露的机率。其次是企业应加强对相关内幕知情人的合规教育,建立严格的保密制度,防范内幕交易。公司内部应层层监管、相互监督,确保机密交易信息不对外泄露。

此外,在向相关各中介机构提供交易信息之前,应及早签订保密协议,避免参与并购交易的中介机构泄露内幕信息。

第五章 国外资本市场
跨境并购经验借鉴

第一节 境外资本市场并购实践及演变趋势

一、美国并购市场

美国企业并购的历史从 19 世纪末至今按照工业技术驱动因素及并购活动特征可以分为六个时期[①]。经济、监管和法律方面的核心要素的相互影响,最终导致了并购浪潮的出现以及并购活动的繁荣。不同时期的并购活动促使美国企业的结构不断变化,原先成千上万的中小型企业,也陆续兼并形成了现今的诸多美国上市公司巨头。

（一）1890—1904 年

19 世纪末,美国迎来了第一次兼并收购的浪潮。高度集中的工业资本与银行资本的结合以及大工业家和金融家联合组成的财政寡头与托拉斯的泛滥导致了市场暴利行为。比如,1882 年美国多个铁路巨头就煤炭进入市场的数量和价格达成了协议,操纵煤炭价格,直接导致 1883 年纽约煤价暴涨并使社会矛盾日益激化。1895 年的一篇法律论文中提到,"任何国家都不曾存在如此不受制约的公司权力。这是公司的时代。"[②]

这段时期一个显著特点就是行业内横向多个中小型企业合并成为一个较大规模的垄断巨头(如上市公司)。通过并购交易形成的大型上市公司,在一些重要行业(如煤炭、钢铁、纺织等)均形成了垄断,从而更有效地控制成本、提高利润和促进管理。并购交易几乎影响了所有的矿业和制造行业,且主要集中于

[①] Martynova and Renneboog(2008), A Century of Corporate Takeovers: What Have We Learned and Where Do We Stand?

[②] 转引自伯纳德·施瓦茨著、王军等译:《美国法律史》,北京:中国政法大学出版社,1997,第 147 页

金属、食品、石化产品、化工、交通设备、金属制造产品、机械、煤炭等 8 个行业，这些行业的并购约占该时期所有并购的 2/3。

美国钢铁公司曾是全世界规模最大，也是第一个资产上亿美元的上市公司。1901 年多家大型钢铁企业通过股票支付的方式进行重组，每家公司公开发行并出售的证券都将归新成立的美国钢铁公司所有。而美国钢铁公司亦通过新发行 13.2 亿美元证券（其中 3 亿美元为债券，其余为普通股和优先股，各占50%，本次交易溢价 7 亿美元）偿还给被合并公司的股东。合并后公司资产达到 14 亿美元，前后 11 年里共有 785 家中小钢铁企业最终被重组到美国钢铁公司当中，1901 年美国钢铁公司的产量约占美国市场销量的 95%。这还是美国历史上第一个涉及 10 亿美元以上的重组交易，当时美国的国内生产总值仅为200 亿美元，美国钢铁涉及的重组交易相当于美国经济总产出的 7%。

市场的失序迫使美国政府必须采取相关的立法活动，保护消费者利益，促进市场竞争。1890 年美国国会通过了共和党参议员谢尔曼提出的《谢尔曼反托拉斯法》(the Sherman Anti-Trust Act of 1890)，禁止垄断协议和独占行为，其中有两个关键的条款：一是任何以托拉斯或其他方式限制州际贸易或对外贸易的合同、联合或共谋为非法；二是任何垄断者或企图垄断者，与他人联合或共谋垄断州际或与外国的贸易或商业之任何一部分者，均被视为犯罪。其后制定的另两部法律则是对这一法律的补充和完善：《克莱顿法》(Clayton Anti-Trust Act of 1914)的主要内容是限制集中、合并等行为，并明确了价格歧视、独家交易、会严重削弱竞争的并购活动等不允许的做法，在一个高度集中的行业中，如果一家占有市场 10% 份额的厂商合并了另一家占有市场 2.5% 或略多一点的厂商，司法部很可能"反对"这种合并。《联邦贸易委员会法》(Federal Trade Commission Act)则涵盖了《谢尔曼反托拉斯法》和《克莱顿法》的内容，同时还包括消费者权益保护和禁止不正当竞争行为的内容，此外该法案还建立了联邦贸易委员会。

由于美国的反垄断法产生于反托拉斯运动，因此，这些法律在美国又被称为"反托拉斯法"。根据美国这一系列反垄断法，一旦企业被裁定有垄断嫌疑，将可能面临罚款、监禁、赔偿、民事制裁、强制解散、分拆等多种惩罚。罚款的数额通常很高。一旦企业被认定违反反垄断法，就要被判罚三倍于损害数额的罚金。

在 100 多年的司法实践中，美国在反垄断裁决上产生了一系列对美国乃至世界经济产生深远影响的著名案例。比如，美国洛克菲勒家族的标准石油公司，因垄断市场最终于 1911 年被肢解为 34 个独立石油公司。

（二）1915—1930 年

美国反托拉斯法对横向兼并的管制最为严格。其原因是，既然企业商定价格的行为被视为违法，因横向兼并会使兼并的企业有机会共同商定价格，那么横向合并自然也就应视为本身违法的行为。受到当时一系列以反垄断为目的的法律的限制，横向兼并大幅减少，推动了美国第二次并购浪潮的诞生。如果说前次并购浪潮形成了大量行业内的垄断巨头，那么第二次并购浪潮期间垄断巨头间的兼并收购，则出现了几家占据某一产品巨大市场份额的寡头公司，譬如 IBM、通用汽车等。

在这个时期里，美国出现了金字塔式的控股公司，即一家控股公司控制第一层子公司，第一层子公司又控制第二层子公司，层级最多时甚至可以达到六层控制。控股公司的特点是每一层子公司都是上市公司，至少是股份公司，所有子公司都由上一层母公司控股。利用少量资金就可以控制规模更大的企业，控股公司的出现极大地促进了并购活动。由于很多并购都是通过融资实现的，而融资往往需要投资银行作为中介，因此如高盛及摩根大通等少数投资银行在此过程中发挥着十分重要的作用。

此外，20 年代美国企业更多是进行纵向并购（如从上游原材料供应商到下游成品生产企业）来获得协同效应。通过整合生产工序，加强生产的连续性，减少零部件的流转环节，节省交易费用，更有效地利用资源。

在此期间美国福特汽车公司就通过纵向收购，建立了一个规模惊人的生产联合网络，其子公司拥有焦炭、生铁、钢材、锻造、汽车零部件以及汽车用冰箱、皮革、玻璃、塑料、橡胶、轴承、发电器、蓄电池等和汽车有关的各类生产线，还包括完整的运输体系和遍布全国的销售渠道。

然而这一次的并购浪潮受 1929 年的经济大萧条以及随之出现的融资风险加剧的双重影响而就戛然而止。

（三）20 世纪 50 年代—20 世纪 70 年代中期

美国政府为了控制股票市场投机，相继在 1933 年和 1934 年制定颁布了《证券法》和《证券交易法》，强制要求各上市公司公开财务信息。美国国会于 1950 年通过《塞勒-凯弗维尔法》(Celler-Kefauver Antimerger Act)，禁止任何有可能导致竞争削弱或形成垄断的公司间股票交易或并购。1968 年美国司法部公布的兼并准则，以"四企业集中度"，即水平兼并中，以该行业最大的四家企业集中度与并购双方的比率为标准；垂直兼并中，以并购双方的市场份额为标准；混合兼并中，以是否在市场中占支配地位来决定政府是否干预。此法颁布显示出政府对同行业内横向和纵向并购的强烈抵触。

　　尽管当时的反托拉斯法禁止上市公司大量收购同行业的企业,但跨行业的并购交易由于不会影响行业内的竞争程度而并未受到限制。战后美国经济持续复苏,低通货膨胀率和高增长率让股票价格迅速上升,这也为上市公司的并购活动提供了融资渠道。实证研究[①]发现,当收购企业现金流比率较大而被收购企业该比率较小时,作为兼并收益近似值支付给被收购企业的溢价比率较高。这意味着从收购企业到被收购企业的所在行业存在着资本的再配置。

　　融资成本相对较低的大型上市公司开始尝试通过现金和股票支付等方式,收购市盈率低的其他企业,提高自己公司的 EPS(每股收益),来"制造"成长神话。上市公司通过建立"联合企业"产生所谓"财务协同效应",人为制造利润增长,以此来提高股票的价格。这一热潮随着联邦贸易委员会和司法部对联合企业的合并调查和收购会计制度的改变而在 1968 年逐渐平息。同上一波并购浪潮相似,这段时期的并购活动在 1973 年石油危机引发了通货膨胀从而导致经济放缓后开始迅速减少。

　　(四)1981—1989 年

　　融资工具的不断创新及其他多方面因素共同推动了第四次并购浪潮。研究[②]显示金融市场监管的放松导致许多新型金融工具出现,其中也包括利用垃圾债券进行的杠杆融资,使企业很容易筹集大量现金进行并购,任何企业,只要经营表现稍微不善,则就有可能成为被收购的目标。第三次并购浪潮中形成的大型多元化集团被迫分拆,低效的分支机构亦被剥离;企业通过收购提升其核心竞争力以应对经济转型(如成本的上涨,技术发展)。在这 10 年内,并购的总价值急剧上升,交易的平均规模也显著增加,最大的 10 笔交易中,每笔都超过了 60 亿美元。

　　此次并购浪潮还以敌意收购而著称,虽然每年敌意并购的次数并不多,但是并购支付的金额却很可观,"小鱼吃大鱼"的案例时有发生,当时几乎半数的美国上市公司收到了未事先沟通的收购要约。而且此次并购浪潮多集中于石油、航空、医药、金融等行业。金融工具的发展如垃圾债的发行开启了杠杆交易市场,促进了敌意收购,当时几乎半数的美国上市公司收到了未事先沟通的收购要约。[③]

　　在这一时期,美国的许多企业还利用并购进行合理避税,如可以通过并购一些没有或只有较小股利支出的成长型企业,并在其进入成长期后再将其出售,从

---

① Nielsen &. Melicher(1973),Financial Factors That Affect Acquisition Prices

② Martynova and Renneboog(2008),A Century of Corporate Takeovers:What Have We Learned and Where Do We Stand?;Owen(2006),The history and mystery of merger waves an UK and US perspective.

③ Mitchell and Mulherin(1996),The impact of industry shocks on takeover and restructuring activity

而以资本利得税来代替一般的所得税。另外,一个盈利能力强的企业,通过与一个有累积亏损的企业的合并,可以达到少交甚至不交企业所得税的目的。

杠杆融资的本质就是举债收购,即以债务资本作为主要融资工具。这些债务资本多以被收购公司资产为担保而得以筹集,故颇似房地产抵押贷款。杠杆融资是 20 世纪 80 年代美国银行业最引人瞩目的发明之一。杠杆融资把企业界和金融界带入了"核金融"时代。

杠杆融资逐渐形成一些成熟的结构模式,最常见的就是金字塔模式:位于金字塔顶层的是对公司资产有最高清偿权的一级银行贷款,约占收购资金的60%;塔的中间是夹层债券,包括次级债券、可转换债券和优先股股票,约占收购资金的 30%;塔基则是体现所有者权益的普通股股票,是购并者以自有资金对目标企业的投入,约占收购资金的 10%。

但是杠杆融资的风险主要存在于杠杆比例过高时,公司背负过于沉重的债务负担。如果还息压力太大,就会影响公司的正常发展,一旦收入发生任何滑落情形,公司岌岌可危。危机的第一个信号是加拿大房地产投资商肯普购并美国规模最大的零售连锁店——联邦百货公司后,发生财务困难,最终宣告破产。此后,在融资结构设计不合理、监管层对过度财务杠杆化的过激反应双重影响下,类似事件接踵而来。此外,私募股权基金高杠杆的成功,引起了同业复制,导致垃圾债券市场的崩盘,市场主要做市商米尔肯和德雷塞尔垮台。

由于破产和低评级的额外风险,90 年代贷款机构已不愿承担像 80 年代后期高达 20:1 的杠杆比例,迫使从事收购的公司投入更多的股权资本。90 年代交易的资本结构一般至少有 20%股票,甚至从使用垃圾债券转向完全使用银行贷款和并购公司的股权资本。

(五) 1993—2001 年

这一轮的并购浪潮发生在高科技股泡沫破灭、经济衰退及一系列诸如安然事件丑闻发生之前。它标志着行业全球化推进、行业监管的放松、科技创新、协同效应及法规下的行业整合。善意的战略性联合的巨型跨国并购主要集中在信息产业、金融保险、生物工程、航空航天和国防等领域。股票价格的上涨为大型交易提供大量的资金,使得并购活动在高科技和通讯等行业十分活跃。

与前几次并购浪潮相比,此次并购浪潮的规模无疑是最大的。学者[1]形容这一时期为"大型交易"时期,总交易金额及单个交易的规模上均达到前所未有的水平。相比之前的并购浪潮,越来越多的上市公司采取股票支付的方式开展

---

[1] Lipton(2006), Merger waves in the 19th, 20th and 21st centuries

并购交易，而跨国并购更多的还是通过现金或现金＋股份的方式进行支付。

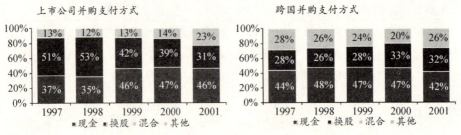

图 15

资料来源：Mergerstat Review

2000 年 1 月时代华纳和美国在线宣布合并。此次交易通过股票进行支付，时代华纳和美国在线的股东将其持有的原公司股票分别兑换成合并后的美国在线时代华纳公司的股票，按当天收盘价计算股票价值超过 1 600 亿美元。但这次互联网行业的里程碑式并购并未通过互补实现双赢。互联网泡沫破灭，欧盟和美国联邦贸易委员会的冗长严苛的反垄断审查以及自身业绩不佳，让时代华纳和美国在线最终在 2009 年宣布分拆。

（六）2003 年至今

第六次全球企业并购浪潮的基本特征是资源型并购。在这次并购浪潮中，除了以横向并购为主的跨国并购这个第五次全球按企业并购浪潮的特征依然存在以外，还出现了以石油和天然气等资源型公司为主的并购热潮，使资源型企业并购成为这次并购浪潮的新特征。

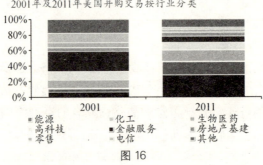

图 16

资料来源：MergerMarket

如上图所示，美国市场 2001 年超过 26.3％的并购交易来自金融业，而 2011 年该比例则下滑到 8.2％；而能源业的并购份额则由 2001 年的 7％迅速增加至 2011 年的 28.5％，化工业由 4.3％上升至 17.3％。

尽管在 21 世纪初期由于技术泡沫破裂、911 袭击等原因，投资者信心不足，企业承担了过度扩张的债务压力,银行也放缓了增加贷款的步伐,投资活动一度陷入停滞。但在几年的低潮期后,并购市场开始复苏。

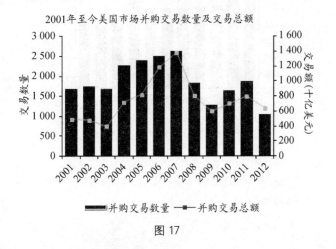

图 17

2004 年是美国企业兼并异常活跃的一年。据统计数据显示,2004 年美国企业并购交易总额达到 8 240 亿元,相比上年提高 30%。仅第三季度,美国企业就完成了 1 950 起并购交易,总值超过 2 630 亿美元。2004 年,美国市场就发生了多起交易金额超过 100 亿美元的上市公司并购。从摩根大通银行与第一银行合并,Cingular 公司以 410 亿美元收购美国电话电报公司移动通讯业务,到美国零售业巨头凯马特公司以 115 亿美元收购西尔斯公司,再到甲骨文公司以 106 亿美元收购仁科公司,上市公司并购浪潮集中在银行、互联网、制药、零售、媒体、软件、电信等多个行业。2005 年并购交易总额甚至继续增长突破了一万亿美元。从 2004 年起,美国并购市场又进入活跃时期,并购数量逐年攀升,到 2007 年并购交易数量相较于 2004 年增多了近 56%,而交易总额更是增大1.7倍。而在 2001 年至 2011 年这十年间,美国的上市公司数量则相对趋于稳定,一直维持在 5 000 家左右的水平,上市公司总市值则呈现出同并购交易类似的趋势。而上市公司参与的并购交易在此期间占并购交易总量的 19%,而这其中跨境并购交易平均每年仅占 25%。

近年来美国政府也在不断提高外资并购的门槛。美国国会于 2007 年颁布了《2007 年外国投资和国家安全法》(The Foreign Investment and National Security Act of 2007)及有关法规制定的实施细则,其中就美国对外资进行国家安全的审查程序提出修改办法。根据有关规定,美国外国投资委员会(CFIUS)会对纳入审查范围的外国投资进行安全审查。例如 2006 年初迪拜港口世界公司

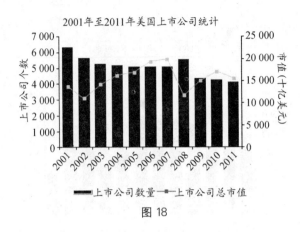

图18

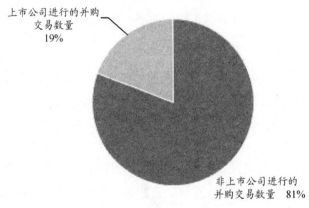

图19

在以68亿美元收购5个美国港口的短短几个月后，就应该收购可能危害美国国家安全的美国舆论压力被迫宣布将上述美国资产转让给一家美国实体。此外，并购交易还需要通过美国联邦贸易委员会（FTC）的反垄断审查。

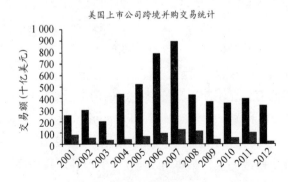

图20

　　下表列示了 2008—2012 年的按照交易额为基础的美国上市公司的前十大跨境并购交易。其中现金仍作为主要支付手段，超过 60％ 的交易均为现金支付，混合支付方式的交易占比则达到 22％，而仅有一例交易为债转股。而在这些交易中，出境收购类型的交易占主流，如 2012 年前十大跨境并购交易均为出境并购类型，但交易金额则呈现现金趋势，2010 年最大跨境并购交易金额达到230 亿美元，而到了 2012 年最大的并购交易金额仅为 30 亿美元。融资方式也有所变化，在 2012 年之前，大部分的前十大并购交易均依靠自有资金来完成（45％），而 2012 年的前十大并购交易中已知的使用自有资金的并购交易仅有一宗。

披露时间	买方	目标公司	地区	行业	交易类型	交易总金额	融资方式	支付方式	审批
2012年									
09/12/2012	ASML Holding N.V.	Intel Corporation	荷兰	计算机电子学	出境收购	3,094		现金和债转股	
01/13/2012	Charter International Plc	Colfax Corporation	英/卢森堡	工业产品及服务	出境收购	2,421	债券和债务	现金和股票	这类交易应受国家监管
06/01/2012	Misys Plc	Vista Equity Partners	英国	计算机软件	出境收购	2,251	股权、债务和自有资金	现金	涉及需符合国家竞争委员会审批
03/14/2012	Klepierre SA	Simon Property Group, Inc.	法国	房地产	出境收购	2,023			
07/24/2012	Billabong International Limited	TPG Capital, L.P.	澳大利亚	零售业	入境收购	1,464	融资		
05/14/2012	Flint Energy Services Ltd	URS Corporation	加拿大	能源	入境收购	1,416		现金	
02/03/2012	International Mining Machinery Holding Limited	Joy Global Inc	中国	工业产品及服务	出境收购	1,397		现金	中国商务部的证监会批准；反垄断和公平交易；竞争委员会的批准；矿产资源部的批准和澳大利亚证券投资委员会的批准
06/15/2012	Namakwa Sands and KZN Sands mines and smelters; Tiwest Joint Venture	Tronox Incorporated	南非	矿业	出境收购	1,301	银行贷款	债转股	竞争委员会和南非储备银行的批准
01/01/2012	Northern Rock Plc	WL Ross & Co.; Virgin Money Holdings (UK) Limited	英国	金融服务业	出境收购	1,256		现金	金融服务管理局和欧盟委员会的批准
06/11/2012	Neo Material Technologies Inc.	Molycorp, Inc.	加拿大	化工	出境收购	1,215	过桥贷款	现金	美国《1976年哈特—斯科特—罗迪诺反垄断改进法》的批准
2011年									
10/03/2011	Autonomy Corporation Plc	Hewlett-Packard Company	英国	计算机软件	出境收购	10,255	自有资金和银行贷款	现金	受英国法律监管
06/29/2011	Centro Properties Group	Blackstone Real Estate Partners VI	澳大利亚	房地产	入境收购	9,400	自有资金	现金	
05/31/2011	Pride International Inc	ENSCO International Inc.	美国	能源	入境收购	8,735		现金和股票	股东和竞争委员会的批准
05/19/2011	Wimm-Bill-Dann Foods OJSC	PepsiCo Inc.	俄罗斯	食品	出境收购	6,127	自有资金和短期借款	现金	俄罗斯联邦反垄断局的批准
11/04/2011	Kinetic Concepts, Inc.	Kinetic Concepts Consortium	美国	医疗	入境收购	5,663	银行贷款	现金	
05/12/2011	Consolidated Thompson Iron Mines Ltd	Cliffs Natural Resources Inc	加拿大	矿业	出境收购	4,330	银行贷款	现金	投资加拿大部和加拿大国家投资审查委员会(FIRA)批准
10/24/2011	Macarthur Coal Limited	Consortium for Macarthur Coal	澳大利亚	矿业	入境收购	3,874		现金	
12/05/2011	Pharmaceutical Product Development, Inc.	PPD Consortium	美国	医药	入境收购	3,416	股票和银行贷款	现金	
05/16/2011	Prologis European Properties	ProLogis	卢森堡	房地产	出境收购	3,304		股票	受卢森堡法律监管
04/01/2011	Western Coal Corporation	Walter Energy, Inc.	加拿大	矿业	出境收购	3,084		现金和股票	
2010年									
02/02/2010	Cadbury Plc	Mondelez International, Inc.	英国	食品	出境收购	23,011	自有资金和银行债务	现金和股票	受英国法律监管
09/08/2010	Piramal Healthcare Solutions business	Abbott Laboratories	美国	医药	入境收购	3,720	自有资金	现金	印度政府的监管
04/09/2010	Tandberg ASA	Cisco Systems, Inc.	挪威	电信	入境收购	3,068	自有资金	现金	竞争委员会的批准，股东审批
09/27/2010	Healthscope Limited	Consortium comprising the Carlyle Group and TPG Capital	澳大利亚	医疗	入境收购	2,350		现金	竞争和消费者委员会(FIRB)、州政府部门和投资办公室的批准和审批
01/04/2010	JPMorgan Cazenove	JPMorgan Chase & Co.	英国	金融服务业	出境收购	1,667	自有资金	现金	受英国法律监管
09/03/2010	Chloride Group Plc	Emerson Electric Company	英国	电子工业	出境收购	1,548	自有资金	现金	
07/02/2010	World Color Press Inc.	Quad/Graphics, Inc.	加拿大	印刷	出境收购	1,392	银行贷款	现金和股票	魁北克上诉法院的批准，SEC审核有关Quad股份的计划；竞争管理局和证券交易局的批准；魁北克证券管理局的批准
09/02/2010	Sperian Protection SA	Honeywell International Inc	法国	工业产品及服务	出境收购	1,380	自有资金	现金	
12/09/2010	ADC Telecommunications Inc	TE Connectivity	美国	电信	入境收购	1,258		现金	美国《1976年哈特—斯科特—罗迪诺反垄断改进法》的批准
03/09/2010	Meadville Group (PCB Business)	TTM Technologies, Inc	香港	计算机电子学	出境收购	936	自有资金	现金	香港和美国证券管理机构的批准和美国国防部外国投资委员会的审批
2009年									
12/01/2009	Barclays Global Investors	BlackRock, Inc	英国	金融服务业	入境收购	13,653	股票、自有资金和公司债	现金和股票	欧洲委员会审批
06/19/2009	Itínere Infraestructuras SA	Citigroup Inc	西班牙	建筑	出境收购	9,956	股票	现金	
02/03/2009	Walmart Chile SA	Wal-Mart Stores Inc	智利	零售业	出境收购	3,667	自有资金	现金	
12/28/2009	Pilgrim's Pride Corporation	JBS USA Holdings, Inc.	美国	食品	入境收购	2,750	股票和公司债	现金和股票	
12/01/2009	Atrium European Real Estate Limited	Gazit-Globe Ltd; Citigroup Property Investors	泽西地	房地产	出境收购	900	股权和自有资金	可转债	
12/14/2009	GFKL Financial Services AG	Advent International Corporation	德国	金融服务业	出境收购	863		现金	德国反垄断机构
07/01/2009	Financial Security Assurance Holding Ltd.	Assured Guaranty Limited	美国	金融服务业	入境收购	817	股票和自有资金	现金和可转债	
07/09/2009	Pypo Digital Company Limited	Middle Kingdom Alliance Corporation	中国	零售业	出境收购	462	股票	股票	
06/17/2009	VNUS Medical Technologies	Covidien Plc	美国	医药	入境收购	396	自有资金	现金	
11/02/2009	Barzel Industries Inc	Chriscott USA Inc; 4513614 Canada	美国	工业产品及服务	入境收购	385	自有资金	现金	
2008年									
04/17/2008	Thomson Reuters Plc	Thomson Reuters Corporation	英国	媒体	出境收购	18,266	自有资金和银行贷款	现金和股票	投资委员会(IIC)、美国司法部（反垄断）和加拿大竞争管理局(CCB)审批
06/05/2008	Trane Inc. (formerly American Standard Companies Inc)	Ingersoll-Rand Plc	美国	工业产品及服务	入境收购	10,155	股票、自有资金和公司债	现金和股票	美国《1976年哈特—斯科特—罗迪诺反垄断改进法》及股东批准，中体育审批
07/09/2008	Vivendi Games (VU Games)	Activision Blizzard, Inc	法国	计算机软件	出境收购	8,121	股票和自有资金	股票	英国公平局和欧盟委员会的批准
05/07/2008	Dr Pepper Snapple Group Inc.	Cadbury Schweppes Plc	美国	食品	入境收购	6,486		股票	
01/15/2008	Merrill Lynch	Temasek Holdings Pte Ltd; Davis Selected Advisors LP	美国	金融服务业	入境收购	5,600	自有资金	现金	
01/29/2008	Nikko Citi Holdings Inc	Citigroup Inc	日本	金融服务业	入境收购	4,694	自有资金	现金	
01/31/2008	Cognos Incorporated	IBM Corporation	加拿大	计算机软件	出境收购	4,393	自有资金	现金	
06/07/2008	Corporate Express NV (formerly Buhrmann NV)	Staples Incorporated	荷兰	服务业	出境收购	4,288	银行贷款	现金	投资委员会、加拿大证券管理机构和美国《1976年哈特—斯科特—罗迪诺反垄断改进法》的批准
01/07/2008	NCL Corporation Ltd.	Apollo Global Management, LLC	英国	休闲用品	出境收购	3,046	自有资金	现金	
03/07/2008	KCA Deutag	Turbo Alpha Limited	英国	能源	出境收购	2,900	股票和债务	现金	俄罗斯联邦反垄断、公平贸易局、反垄断部的审批

图21

二、欧洲并购市场

上市公司在欧洲市场的并购交易最初起步于 20 世纪 80 年代,主要为各国行业内部的重组和整合。随着美国第五次的并购浪潮席卷至欧洲,关于欧洲上市公司的并购讨论开始成为研究重点①。

西方经济学家认为,欧洲出现企业并购狂潮的真正原因包括四个方面:一是由美国掀起的全球性并购浪潮给欧洲企业带来了巨大的压力;二是欧洲资本市场的不断成熟给企业并购提供了充裕的资金;三是欧洲优秀企业的管理层已经在价值创造方面学会了一种新的盎格鲁-美利坚方式,即把美国的价值观念和欧洲的传统文化结合起来;四是欧洲各国政府普遍对企业并购持鼓励态度,纷纷放松对并购的管制。

1989 年 12 月,欧盟颁布《欧盟企业并购控制政策》(No 4064/89 of 21 December 1989 on the control of concentrations between undertakings),使得并购能在一个相对宽松和公平的政策环境下进行,也推动了欧洲经济一体化的发展。

不同于美国市场,大陆法系国家一般没有上市公司并购的专门立法。例如公司并购活动较为沉闷的德国,在 1991 年以前没有任何专门适用公开收购的法律,涉及并购的立法只有股份公司法,其《股份公司法》第 20 条、21 条规定,一企业直接或间接地持有另一公司的股份超过 25%,或者后来达到 50%以上时,必须通知另一公司其在该公司的利益,否则,其持有的股份不享有表决权,这一规定也同样适用于跨国并购。当一个人购买德国公司 25%以上股份或表决权时,还必须通知联邦卡特尔局。当收购产生或加强市场控制地位时,这种收购将被禁止。

1993 年至 2001 年的并购浪潮则更多的反映为欧洲各国之间跨国并购。欧洲经济一体化的转变被认为是在此期间欧洲上市公司的跨境并购的主要驱动因素,欧洲上市企业开始尝试通过跨地区收购来提高自身在新市场环境下的竞争力。此外,欧洲资本市场的高流动性也为上述地区间收购交易提供了新的融资方式(如欧元计价的债券)。

在 21 世纪初,尽管每年超过 50%的跨境投资来自欧洲各国间的并购交易,

---

① Bruner(1998),The Euro and European M&A

欧洲各国内部的并购仍然占到了全部交易的 80％以上。[①] 敌意收购在全球经济一体化的影响下逐渐成为潮流。市场竞争加剧造成欧洲企业无法通过抬高价格来获取更多的利润,因此开始转而采取敌意收购类似的商业行为。敌意收购通常被认为在英美法系中使管理层对分散的股东负责的公司治理模式起到了重要作用。在英国,目标公司董事的防御措施是被法律禁止的,而在美国,法律则给予了管理层很大的操纵空间。[②]

表 17　美国与英国上市公司敌意收购交易对比（1990 年至 2005 年）

	公开宣布并购	敌意收购		完成交易	
		数量	%	数量	%
美国	54 849	312	0.57％	75	24％
英国	22 014	187	0.85％	81	43％

资料来源:Business China,2008.10

美国收购监管是法庭和监管者的领域。高价收购要约本身主要被 SEC 监管,SEC 评估了信息披露和程序法;而英国则将其目标董事防御收购要约的自由裁量权交给了其股东。这显示出美国和英国监管的不同模式:美国式监管更需要有效的管理者和有效的司法体系;而英国式监管则更多来自企业内部存在利害关系的股东的重要决策。

欧元的发展导致了产品和价格透明化,并促进了资本市场的融合,从而为并购融资提供了更多融资渠道。随着欧洲市场更加透明和开放,金融监管的逐步放宽,原先分离的国有产业也开始逐渐整合。

2000 年 2 月,全球最大的移动电话运营商英国沃达丰集团对德国电信和工业巨头曼内斯曼集团以股票支付的方式提出敌意收购,交易总额超过 2 000 亿美元,至今仍是全球规模最大的并购交易。

自 2001 年起,每年由上市公司发起并完成的并购交易可以达到约 200 起,其中超过 25.9％来自金融业,而该比例在 2011 年则下降至 11％;同时与美国并购的行业集中度变化相似,欧洲市场能源业的并购比例则由 2001 年的 13.6％上升至 2011 年的 28％。

---

① Working Paper,WP‑762,September 2008,Trends,Patterns & Shortcomings,Jose M. Campa,Caterina,Moschieri,IESE Business School
② G. William Schwert. 收购中的恶意:从目睹者来看. 金融杂志. 2000.55

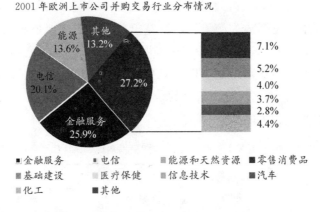

2001年欧洲上市公司并购交易行业分布情况

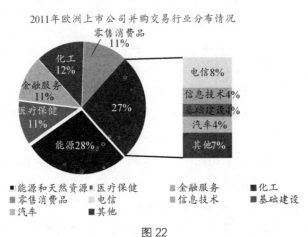

2011年欧洲上市公司并购交易行业分布情况

图22

　　欧洲的银行业跨国并购交易在2004年达到高潮。2004年8月,西班牙最大的商业银行国际中美洲银行(BSCH)在欧洲首次进行跨境交易,以约155亿美元的价格收购拥有741家分支机构和1 800万家客户的英国第六大银行Abbey National PLC,而此项收购则成为欧洲当时最大的跨国商业银行并购案,也是来自欧洲大陆第一次对英国商业银行进行的并购投资。之后在2004年12月份,丹麦最大的银行丹麦银行以约19亿美元收购澳洲银行的两家爱尔兰银行子公司。

　　之后欧洲市场并购交易涉及的领域更加广泛,包括化工、能源、传媒、电信、钢铁等行业的上市公司都开始尝试通过并购交易扩大规模、提升市场份额及竞争优势。2006年来自巴西、印度、中国和中东的对欧洲跨境并购金额达到740亿美元,相比2005年全年的277亿美元呈显著增长趋势。2006年底,印度最大的私人钢铁公司Tata Steel出价120亿美元收购了英德合资钢铁企业Corus Group PLC,成为全球第五大钢铁集团,年产量突破2 450万吨。

　　但是欧洲市场的并购交易也反映出了一些与美国市场的不同特点。比如欧洲许多行业普遍存在分散化的问题,而美国在很多领域都已实现一定程度的整合;欧洲在重组和整合方面稍稍落后于美国,近年来也没有出现大型上市公司私有化的交易。

　　随着 2008 年全球金融危机,中国投资者加快了对欧洲投资的步伐,通过并购实现企业国际化、开拓国内外细分市场并打破技术封锁。2008 年中联重科出资 1.6 亿欧元,收购了意大利 CIFA 公司 60％的股权,成为中国工程机械行业当时最大的跨国并购交易;2010 年吉利以 18 亿美元收购了瑞典汽车公司沃尔沃 100％的股权。但是由于中国企业(如民营企业)大多缺乏对海外并购中政治、法律、环保、员工等多方面风险的深刻理解,因此也出现了一系列失败的中国企业欧洲收购交易,如 2012 年年初苏格兰皇家银行拒绝中国国家开发银行以 2.4 亿美元高价收购其飞机租赁业务一案等。

	披露时间	买方	目标公司	卖方	行业	交易类型	交易总金额(百万美元)
1	2007年10月5日	RFS Holdings B.V.	ABN AMRO (pre 2009)	不适用	金融服务	跨境投资	95,637
2	2008年7月22日	GDF Suez SA	Suez SA~	不适用	能源和天然资源	境内反向收购	89,964
3	2004年12月31日	Sanofi-Synthelabo SA	Aventis SA	不适用	医药保健	境内反向收购	71,843
4	2008年11月18日	Anheuser-Busch InBev NV	Anheuser-Busch Companies, Inc.	不适用	零售和消费品	跨境投资	58,563
5	2007年10月1日	Acciona S.A.; Enel Energy Europe S.r.l	Endesa, S.A. (46.05% Stake)	不适用	能源和天然资源	跨境投资	54,656
6	2009年3月26日	Roche Holding Ltd	Genentech Inc (44.2% Stake)	不适用	医药保健	跨境投资	44,291
7	2007年11月14日	Rio Tinto Plc	Alcan Inc	不适用	化工	境内收购	43,724
8	2006年7月13日	ArcelorMittal	Arcelor SA	不适用	化工	跨境投资	37,865
9	2007年1月1日	Intesa Sanpaolo SpA	Sanpaolo IMI SpA	不适用	金融服务	境内兼并	37,764
10	2009年4月14日	Gas Natural Fenosa	Union Fenosa SA (84.77% Stake)	不适用	能源和天然资源	境内收购	31,297
							565,604

2002 - 2012年欧洲市场上市公司的主要并购交易

图 23

资料来源:MergerMarket

2011 年欧洲并购市场交易数量按地区分类

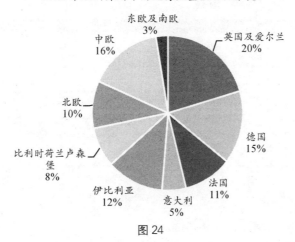

图 24

资料来源:MergerMarket

三、南非和非洲并购市场

截至 2012 年 5 月底,有约 2 600 家公司在非洲和南美洲的股票交易所上市,总市值超过 3 万亿美元。在这些区域中,巴西和约翰内斯堡证券交易所一共占到总市值的 60% 以上[①]。与此相比,在欧洲、美国和加拿大有超过 25 000 家上市公司,因此在南美洲及非洲上市公司能够进行并购交易的基数要小很多。

在巴西、墨西哥和南非最大的上市公司中,许多企业都具有双重或多重的上市结构以增加资金来源,比如伊大渥联合银行控股公司(巴西),美洲移动公司(墨西哥)和淡水河谷公司(巴西)。因此这些上市公司的并购活动被认为是之前讨论的两波上市公司并购浪潮的一部分。在福布斯排行榜前 2 000 家上市公司中[②],来自非洲和南美洲的公司往往涉及银行业、矿业、化工业、电信业和食品及饮料业。

而据研究观察的总体趋势,大部分的上市公司已经参与到自身所在国和所在洲的市场的行业整合中。例如,作为南美洲银行业整合的一部分,在过去的几年中,巴西的伊大渥联合银行和布拉德斯科银行进行了大量的收购和兼并。南非上市的第一兰特和标准银行集团同样也已经参与到了正在进行中的非洲银行业的整合中。

上市公司同时也在寻求向全球扩张:美洲移动公司和淡水河谷公司都通过大规模的并购迈出了向南美和中美洲之外扩张的重要一步。从地理位置上看,同美国或欧洲的公司一样,这些上市公司专注于在高速增长的市场中进行扩张。

这两个区域内的上市公司很有可能继续在区域内进行产业整合,同时他们也将继续进行大规模的全球范围内的并购以获取更多的资源(如采矿业)或者获得新客户(如美洲移动公司)。

	披露时间	买方	目标公司	卖方	行业	交易类型	交易总金额 (百万美元)
1	2006年12月13日	America Movil SAB de CV	America Telecom SA de CV	不适用	电信	境内反向收购	31,702
2	2010年6月16日	America Movil SAB de CV	Carso Global Telecom SAB de CV	不适用	电信	境内收购	28,055
3	2006年10月24日	Vale S.A.	Vale Inco Limited	不适用	矿业	跨境收购	18,498
4	2007年6月7日	Cemex SA de CV	Rinker Group Limited	不适用	基础建设	跨境收购	15,551
5	2008年6月10日	Telefonos de Mexico SA de CV	Telmex Internacional SAB de CV	Telefonos de Mexico SA	电信	境内分拆	13,546
6	2004年8月27日	Interbrew SA	Companhia De Bebidas das Americas AmBev	Braco SA	零售和消费品	跨境兼并	13,528
7	2002年6月24日	Repsol SA	YPF Sociedad Anonima	Government of Argentina	能源	跨境收购	13,451
8	2010年4月30日	Heineken N.V.	FEMSA Cerveza SA de CV	Fomento Economico Mexicano SAB de CV	零售和消费品	跨境收购	7,692
9	2008年7月9日	Bovespa Holding SA	Bolsa de Mercadorias e Futuros	不适用	金融服务	境内兼并	7,320
10	2005年12月6日	SABMiller Plc	Grupo Empresarial Bavaria SA	Santo Domingo Group	零售和消费品	跨境收购	6,695
							156,036

2002-2012年南美洲市场上市公司的主要并购交易

图 25

---

① 世界交易所联合会——World Federation of Exchanges

② 福布斯排行榜:http://www.forbes.com/global2000/

2002 - 2012年非洲市场上市公司的主要并购交易					交易总金额
披露时间	买方	目标公司	卖方	行业	交易类型	（百万美元）
1	2011年4月15日	VimpelCom Ltd	Wind Telecom SpA	不适用	电信	跨境收购	21,895
2	2008年1月23日	Lafarge S.A.	Orascom Construction Industries Cement Group	Orascom Construction Industries SAE	基础建设	跨境收购	15,025
3	2010年6月8日	Bharti Airtel Limited	Zain Africa BV	科威特移动通信公司	电信	跨境收购	10,700
4	2008年11月3日	Remgro Limited (shareholders)	British American Tobacco Plc	Remgro Limited	零售和消费品	跨境拆分	6,951
5	2005年7月8日	Barclays Plc	Absa Bank Limited	不适用	金融服务	跨境收购	5,484
6	2008年3月3日	Industrial and Commercial Bank	Standard Bank Group Limited	不适用	金融服务	跨境收购	5,413
7	2007年7月2日	Anglo American plc (Shareholde	Mondi Plc	Anglo American Plc	工业	境内拆分	3,985
8	2007年4月16日	Bain Capital LLC	Edcon Holdings (Proprietary) Limited	不适用	零售和消费品	跨境管理层收购，退市	3,642
9	2009年5月18日	Telkom SA Limited (Shareholder	Vodacom Group Limited	Telkom SA Limited	电信	境内拆分	3,545
10	2006年2月13日	Vodafone Group Plc	VenFin Ltd	Rembrandt Trust (Pty) Ltd	金融服务	跨境收购	3,129
						79,770

图 26

资料来源：MergerMarket

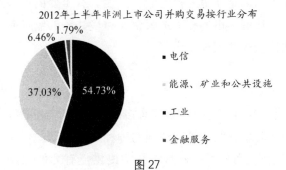

2012年上半年非洲上市公司并购交易按行业分布

1.79%
6.46%
37.03%
54.73%

■ 电信

■ 能源、矿业和公共设施

■ 工业

■ 金融服务

图 27

资料来源：MergerMarket

综上，在当今不稳定的经济环境中，实行成功的并购交易需要合适的项目执行流程和正确的价值评估。那些具备融资渠道的上市公司在合并与收购活动中表现活跃，然而，更稳定的经济环境对于它们将是并购交易的关键性支持因素。一份毕马威的调查[①]表明北美地区被认为是并购活动最活跃的市场，而中国和印度则被看成将是并购活动第二和第三活跃的市场。这个迹象表明，全球各地的上市公司在海外高速发展的市场中寻求新的业务增长点的同时，也在巩固其在国内的行业地位。对于寻求并购机会的中国上市公司来说，基于并购基本要素的深入分析以及并购所能带来价值的详细评估是并购交易成功的关键所在。

---

① KPMG(2011)，Confidence grows for M&A

第二节　境外成熟资本市场对跨境并购的监管制度借鉴

美国、欧洲和香港等发达国家和地区对包括上市公司在内的本国本地区企业跨境并购外国企业，总体而言持鼓励态度，但这并不意味着这些国家和地区对海外并购无为而治，相反，它们在具体制度方面均进行不同程度的监管。我国企业走出去的历史相对较短，政府对国内企业跨境并购应从哪些方面监管，进行何种程度的监管的经验相对较为缺乏。因此，了解和研究发达资本市场关于本土企业跨境并购的具体监管制度，以及这些制度背后体现的目的和理念，对于政府不断完善国内企业境外投资监管制度具有重要的参考意义。基于此，本节将探讨欧美发达资本市场有关本国企业跨境并购的监管制度，旨在为我国未来制定相关法律法规政策提供借鉴。

一、美国

企业在跨境并购的每个环节中，都面临一定的风险和制约因素。美国政府着眼于解决企业在跨境并购中可能遇到的种种风险和制约因素，制定和实施了相关的政策支持措施，为美国企业跨境并购提供强有力的保障，推动了美国跨境并购的快速发展。

与许多发达国家类似，美国一般奉行投资自由化的政策，对美国企业跨境并购不过多干涉。但随着美国企业海外投资对美国经济的重要性愈发凸显，美国开始鼓励和支持包括本国企业跨境并购外国企业在内的多种形式的海外投资。

美国在二战后专门制定了《经济合作法》(Economic Cooperation Act)、《对外援助法》(Foreign Assistance Act)、《共同安全法》(Mutual Security Act)，向美国企业海外投资提供保护和支持。这些法律建立了海外投资保证制度，并且向海外投资提供税收优惠。此外，美国政府通过与其他国家签订双边或者多边投资保护协定以及利用国际经济组织，对海外直接投资进行外交方面的保护和支持。

尽管美国总体而言对海外投资持鼓励态度，并且出台相关法律，建立相应制度对海外投资提供法律保障，但这并不意味着美国企业跨境并购不存在任何监管。当今世界无论是发达资本主义国家还是新兴工业化国家，对本国企业跨境并购外国企业均或多或少，或直接或间接地进行监管，投资完全自由化的国家和地区是不存在的。

由于美国是自由市场经济国家,其对本国企业海外投资的监管与发展中国家的做法颇为不同。发展中国家往往因为资金制约、技术限制和规模不足等各种原因,较为注重投资的事前审批,并且以专门立法的形式把相关制度固定下来。相比之下,美国对本国企业海外投资没有专门的法律予以直接规制,其海外投资监管的法律散见于其他相关法律,或者通过其他方面的专门法律予以间接规制。下文中我们着重分析对美国企业并购外国企业产生影响的几方面法律监管制度。

（一）证券监管

对美国上市公司来说,并购境外企业属于企业的重大变化,需要遵守美国证券监管法律进行相应的信息披露。

美国联邦证券监管法律体系主要由 1933 年出台的《证券法》（Securities Act）和 1934 年出台的《证券交易法》（Securities Exchange Act）构成。这两部法律的立法目的都是保护投资者利益和防止证券欺诈,且都以信息披露要求为核心内容,但侧重点有所不同。

《证券法》主要针对一级市场即证券发行市场,建立了证券市场的初始信息披露制度。根据其规定,除《证券法》和 SEC 规则规定的豁免证券（exempt securities）和豁免发行（exempt offering）外,任何证券发行都必须向 SEC 注册,向 SEC 提交包括招股说明书在内的注册声明。注册声明应包括以下主要内容：（1）发行人的财产和业务状况；（2）拟发行证券的主要条款及其与发行人其他资本证券的关系；（3）发行人的管理状况；（4）经独立的公共会计师审计的财务声明。在提交注册声明之前,发行人不得销售证券。

《证券交易法》主要针对二级市场即证券交易市场,建立了证券市场的持续信息披露制度。需要根据《证券交易法》注册成为报告公司（reporting company）的公司包括总资产在 1 000 万美元以上且股东人数在 500 人以上的公司,以及根据《证券法》进行过任何注册发行的公司。报告公司持续信息披露的内容包括：（1）定期报告：包括年度报告（10-k 表）、季度报告（10-q 表）以及经常性报告（8-k 表）。《证券交易法》授权成立美国证券交易委员会（Securities and Exchange Commission,SEC）,作为联邦证券法律的首要执法机构。

在并购谈判过程中,拟并购境外企业（即目标公司）的美国上市公司（即收购公司）往往不希望过早披露这一消息,以免引发市场投机行为。但根据《证券交易法》及 SEC 相关规则,目标公司有可能需要向公众披露其正与目标公司进行并购谈判,并且还有可能需要披露简单的谈判进展信息。准确地说,SEC 对上市公司披露正在进行的并购谈判采取的是鼓励而非强制的态度,SEC要求上市公司信息披露使用的所有报告表格并没有明确要求上市公司披露并购谈判。此外,其他联邦证券法律和判例也没有明确规定上市公司有义务披露公司的重大变化(见 Lindner Fund, Inc. v. Waldbaum, Inc. 一案)。但证券自律组织(例如纽约证券交易所和纳斯达克)要求上市公司在谣言横飞和市场波动异常的情况下公告提供准确信息。归结起来,是否进行披露以及何时进行披露,很大程度上取决于该公司的以往做法、前期披露、市场状况以及自律组织的干预。如果上市公司认为披露会影响交易谈判顺利进行或有其他合理理由,可以不进行披露,等到最终协议达成之后再披露。对于上市公司而言,为保护正在进行的并购谈判和公司利益,首先要尽可能保密信息。若有媒体询问,可以回答"无可奉告",这是法律允许的。另外,要随时做好准备,一旦出现不正常的市场波动,马上发布官方消息以稳定该公司的股票交易。

美国上市公司跨境并购境外企业,根据所采用的不同交易结构,有可能需要遵守股东委托征集规则(proxy solicitation rules)和/或证券发行登记规则(registration rules for securities offerings)。这些规则以信息披露为核心要求。通过强制信息披露,SEC力求上市公司股东获得充分和准确的信息,以便他们做出决定。

具体而言,如果根据收购公司注册所在州的公司法和/或公司章程规定,采用的交易方式(例如换股)需要收购公司股东投票表决,则收购公司需要遵守股东委托征集规则。一般而言上市公司股东众多,股权分散,即使是支持并购的机构投资者等大股东也通常缺乏足够的股份以决定进行交易,而大多数中小股东并不会亲自参加投票。为推动交易进行,公司董事会往往需要征集众多中小股东的投票委托,以获得足够的赞成票。因此,收购公司征集股东委托的行为需要遵守股东委托征集规则。根据SEC的规定,委托说明书(proxy statement)必须在发给股东之前至少10天先提交给SEC审阅。除少数豁免情况,只有在股东收到委托说明书后,公司董事会才可以征集股东的委托。股东委托征集过程中不得包含任何虚假或者误导性陈述,或者遗漏任何重要事实。

另外,如果交易结果将导致目标公司股东获得收购公司的股份(例如采用换股的交易方式),收购公司向目标公司股东发行股份作为并购对价,构成收购公司发行股票的行为,需要根据《证券法》进行证券发行登记。

(二)出口管制

为保障国家安全,实现外交政策,保护美国国内经济和相关产业,美国政府对贸易采取了一系列的限制,主要体现在其出口管制制度。根据不同的管制对象,美国的出口管制主要由几部分组成。首先是民(商)用物品,主要是所谓的两用物品(dual-use items)出口的管制。两用物品是指既可以用于商业用途也可以用于军事目的的货物、软件和技术。管制两用物品的主要法律是《出口管理法》(Export Administration Act)。美国商务部(Department of Commerce)为两用物品出口的主管部门。其次是军用物品(munitions items)出口的管制。《武器出口控制法》(Arms Export Control Act)和《国际武器贸易条例》(International Traffic in Arms Regulations)是军用物品出口管制的最主要法律。另外,美国核能管理委员会(Nuclear Regulatory Commission)、能源部(Department of Energy)和商务部共同负责批准与核有关物品的出口;美国财政部(Department of Treasury)负责制裁和禁运。

美国出口管制法律针对出口行为,而"出口"在法律上的定义非常宽泛,不必然要求跨越国境线,是指以口头、书面、电子或视觉的形式披露、运输、转让或传输任何商品、技术(信息、技术数据或协助)或软件代码。出口对象的形式包括实物、软件代码、技术数据、化学物/毒素、生物制品;某些情况下甚至对话或邮件来往也可能构成出口。如果上述行为发生在美国境外,则无论接收方为任何人(包括美国公民),均构成出口。如果上述接收方为外国个人和组织,则无论接收方身处何处,均构成出口。出口管制法律所规定的外国个人指任何非合法美国永久居民的人,外国组织则包括外国公司、商业组织、合伙、信托、协会,等等。

除少数军工企业外,对大多数打算进行跨境并购的美国企业而言,两用物品的管制以及制裁和禁运相对更为重要。下文主要介绍两用物品的管制以及制裁和禁运。

1. 两用物品管制

《出口管理法》授权美国商务部会同其他相关部门监管原产于美国的两用货物、软件和技术的出口和再出口。商务部根据《出口管理条例》(Export Administration Regulations)具体实施监管。如上所述,两用物品是指既可以用于商业也可以用于军事目的的物品,但不具有明显军事用途的纯粹商业物品除外。

美国政府制定了商务控制清单(Commerce Control List),详细列明属于管制范围的物品,以供美国企业和公民知晓。除此之外,美国政府还根据兜底性的法律,对清单没有明确列出但有可能存在问题的两用物品的出口进行监管。例如,《扩散控制强化动议》(Enhanced Proliferation Control Initiative)规定,任何用于可能扩散项目的两用设备、软件或技术未经许可不得出口;《出口管理条例》规定,出口需要关注的导弹项目以及出口两用物品至美国政府规定为需要关注的最终用户的国家和地区,均需经过商务部许可。

在出口清单列明的任何物品之前,出口商必须向相关机构申请许可。美国商务部通常每年收到大约 12 000 项出口申请。许可申请通常经过有利害关系的美国政府部门的全面审查,例如国防部、能源部、情报部门、美国宇航局以及国务院的相关部门。对一项申请,美国政府通常主要审查以下方面:

(1) 申请人的资格;

(2) 交易的所有当事方;

(3) 该出口的数量和质量以及声明的最终用途是否合适;

(4) 该出口的法律障碍;

(5) 该出口对国家安全的影响;

(6) 该出口对外交政策的影响,考量因素包括但不限于对地区安全的潜在影响、人权、是否能够确保美国遵守多边控制条约。

2. 制裁和禁运

美国财政部下属的外国资产控制办公室(Office of Foreign Assets Control, OFAC)根据美国外交政策和国家安全目标制定和执行经济和贸易制裁,专门针对有关国家和政权、恐怖分子、国际毒贩、参与大规模武器扩散活动的组织和个人,等等。OFAC 依据总统赋予的应对国家紧急情况的权力和相关立法行使职权,具体法律依据包括《对敌贸易法》(Trading with the Enemy Act)和《国际紧急经济权力法》(International Emergency Economic Powers Act)。

OFAC 管制适用对象的范围非常广泛,一般而言所有美国人都必须遵守 OFAC 管制,包括所有美国公民和获得美国永久居留权的外国人(不管其身处何方)、所有身处美国境内的个人和实体、所有在美国注册的实体及其外国分支机构。对某些制裁项目而言(例如针对古巴和朝鲜的项目),美国公司拥有或控制的所有外国子公司也必须遵守 OFAC 管制。某些制裁项目甚至要求占有原产于美国的货物的外国人也遵守 OFAC 管制。

OFAC 有权以限制交易和冻结资产的形式,实施全面制裁和选择性制裁。全面制裁针对缅甸、古巴、伊朗和叙利亚,受 OFAC 管辖的任何人不得向这些国家出口,从这些国家进口,在这些国家投资,或者与这些国家进行任何类型的商业交易。

非全面(即选择性)制裁项目包括针对刚果民主共和国、伊拉克、朝鲜、利比亚、津巴布韦等 10 多个国家和地区的制裁项目,还包括针对分布在世界各地的某些个人和组织(例如外国毒贩、外国恐怖分子、跨国犯罪组织等)的制裁项目。

非全面制裁并不完全禁止与某个国家和地区进行商业往来,而仅仅禁止与明确列明的个人和组织进行商业往来。这些个人和组织的名字被加入 OFAC 的特别指定国民名单(Specially Designated Nationals List,SDN 名单),到目前为止 SDN 名单已经收录了超过 6 000 个与被制裁国家有关联的公司和个人。他们要么为被制裁国家所有或控制,要么代表被制裁国家开展对外活动。受 OFAC 管辖的任何人不得与 SDN 名单收录的个人和组织进行商业往来,而且这些个人和组织在美国的资产将会被冻结。SDN 名单收录的个人和组织所控制的实体,即使没有被单独收录进 SDN 名单,其资产也一样会被冻结。根据情况变化 SDN 名单会不时被更新,因此拟跨境并购的美国企业需要时常查阅 SDN 名单以保证其并购行为不违反 OFAC 管制。

违反 OFAC 管制将导致严重的法律后果。根据具体制裁项目,刑事方面,违反者可能被处以 5 万美元以上 1 千万美元以下的罚款,故意违反的个人还可能被处以 10 年以上 30 年以下的监禁;民事方面,违法者轻则可能被处以 25 万美元或数额相当于每笔违法交易金额两倍的罚款,重则可能被处以每次违反行为 107.5 万美元的罚款。

(三)反海外腐败法

美国《反海外腐败法》(Foreign Corrupt Practices Act,FCPA)制定于 1977 年,是目前美国反海外腐败最重要的法律。其制定的目的是加强社会对政府官员和大型企业的监督,重建社会对美国商业系统的信心。美国司法部(Department of Justice)是 FCPA 的主要执法部门,SEC 协调执行。其中,司法部负责所有美国公司以及外国公司和自然人违法行为的民事和刑事执法,SEC 负责证券发行人违法行为的民事执法。另外,商务部法律办公室负责回答美国出口商提出的关于 FCPA 基本要求和限制的一般性问题。

FCPA 的适用对象非常广泛,包括美国公民和企业及其控制的外国公司,在美国上市的美国公司和外国公司,以上公司的所有董事、管理人员和全体员工(全职、兼职和派遣)。

FCPA 中的反贿赂条款禁止以下行为:以给予、承诺给予金钱或任何有价财物的形式,直接或间接(通过代理人)向外国官员(包括国有企业员工)、政党、政党候选人或其他明知财物最终将支付给以上官员的人员进行贿赂,目的在于不恰当地引诱对方采取(或阻止其采取)某种行为以获取或保留业务,并最终带来商业上的利益或优势。值得注意的是,即使贿赂目的没有达到,贿赂行为本身仍然违法。

另外,FCPA 中的会计和账簿记录条款要求受 FCPA 管辖的企业制作和保存财务记录,设置内部会计控制体系,准确和公平地反映交易和公司资产的处置情况,而不得故意错误记录或未如实记录任何支付款项或事件。

FCPA 对违反反贿赂条款的行为实施严厉的民事或刑事处罚。刑事方面,公司和其他商业组织可以被处以高达 200 万美元的罚款;董事、高管、股东、职员和代理可以被处以高达 10 万美元的罚款以及最长 5 年的监禁。值得注意的是,对个人实施的刑事罚款不能由雇主代为支付。民事方面,司法部的总检察长或 SEC 可以提起民事诉讼,请求法院对违法的公司的高管、董事、职员或代理判处最高 1 万美元的罚款。另外,在 SEC 提起的民事诉讼中,法院可以额外处以罚款,数额为以下两者中的较大者:(1) 被告违法行为的全部经济所得;(2) 具体适用的某个限额。具体适用的限额取决于违法行为的严重程度,对于自然人从 5 千美元到 10 万美元不等,对于其他违法者从 5 万美元到 50 万美元不等。司法部的总检察长或 SEC 还可以提起民事诉讼,请求法院制止涉案公司的违法行为。其他方面,违反 FCPA 的个人和公司可能被剥夺与美国政府进行商业交易和获得出口许可证的资格。

由于 FCPA 适用于美国企业和公民,而作为一项国际通行的法律规则,美国企业并购外国企业后必须承继该外国企业的所有责任(另有约定除外),因此美国企业极有可能需要为目标企业违反 FCPA 所产生的潜在责任买单。如果目标企业处在法治不健全和贿赂风气盛行的国家,则目标企业很可能存在违反 FCPA 的行为,进而该美国企业很有可能需要承担 FCPA 下的责任。

（四）反垄断法

美国反垄断法旨在反对限制市场竞争的垄断行为,保护自由竞争的市场环境。美国反垄断法发轫于 1890 年的《谢尔曼法》(Sherman Act)。该法是世界上最早的反垄断法,其第 1 条和第 2 条至今仍然是整个美国反垄断法体系的基本法律条文。其后,美国先后颁布了《克莱顿法》(Clayton Act)和《联邦贸易委员会法》(Federal Trade Commission Act)等重要法律。此外,美国大部分州也颁布了各自的反垄断法,用于规制州境内的垄断行为。由于美国是判例法国家,除成文法外,美国反垄断法还体现和蕴含在一百多年来联邦和各州法院做出的浩如烟海的判例中。

美国企业直接跨境并购外国企业有可能对美国国内市场竞争产生影响,因而受到美国反垄断法的管辖。实践中美国企业经常通过其在目标企业所在国的子公司直接进行并购,因此对于美国来说该交易法在法律上为境外交易。即使在这种情况下,根据美国反垄断法域外适用的原则,美国反垄断法仍然可能管辖境外交易。美国是最先将反垄断法适用于域外的国家。在 1945 年美国政府诉美国铝业公司（United States v. Aluminium Co. of America）一案中，美国联邦第二巡回法院的汉德法官指出，《谢尔曼法》适用于外国企业在美国境外订立的所有协议，只要"它们的意图是影响对美国的出口，而且事实上也影响了对美国的出口"。此案开创了反垄断法域外适用的先河。此后，美国反垄断法域外适用原则在 1982 年的《对外贸易反垄断改进法》（Foreign Trade Antitrust Improvements Act）和 1995 年的《反托拉斯国际操作执行指南》（Antitrust Enforcement Guidelines for International Operations）中得到进一步规定。

在决定美国反垄断法是否适用于某个具体的美国企业境外交易时，美国反垄断执法部门（司法部、联邦贸易委员会以及各州反垄断执法部门）和法院往往使用效果原则。所谓效果原则，是指如果在本国地域范围以外发生的垄断行为对国内市场产生了直接或者间接影响效果，则应该适用国内反垄断法进行规制。当然，执法部门和法院往往也会考虑诸多因素，例如礼让、当事人的国籍、对美国的影响、对垄断行为所在国的影响、行使管辖与垄断行为所在国反垄断执法的冲突和协调，等等。如果目标企业为跨国企业，在美国国内市场已经具有较大数额的营业收入，占有较大市场份额，影响效果尤其明显。若影响效果明显，则极有可能需要适用美国反垄断法。

美国企业跨境并购外国企业如果达到法律规定的申报门槛，并购各方需要向相关反垄断执法部门提起反垄断并购审查申请。《哈特-斯科特-罗迪诺反托拉斯改进法》（Hart-Scott-Rodino Antitrust Improvement Act，HSR）规定了以并购金额和并购各方经济规模为依据的申报标准。美国司法部和联邦贸易委员会共同负责并购的反垄断审查。如果某个交易达到申报门槛且不符合豁免条件，则并购各方必须向这两个部门提出申报。虽然这两个部门均具有并购审查的职权，但实践中它们根据各自擅长领域进行相应分工，往往侧重不同的行业，比如联邦贸易委员会通常负责能源与医药领域的并购审查，而司法部则偏重交通和电信行业的并购审查。

如果交易达到 HSR 规定的申报标准而并购各方未依法进行申报，则并购各方可能被处以每天 1 万 6 千美元的民事罚款。从法律上说，司法部和联邦贸易委员会无权直接处罚涉嫌违法公司，而只能提起民事诉讼请求法院实施罚款，但实践中涉嫌违法的公司往往不愿意诉诸法院，而倾向于寻求与司法部和联邦贸易委员会和解以换得两部门不提起民事诉讼的承诺。

总之，尽管美国企业跨境并购受上述相关法律的监管，但这些法律并非专门针对美国企业跨境并购，而更大程度上是一般性法律，适用于包括美国企业跨境并购在内的多种情形。例如，除规制美国企业跨境并购外，证券监管规则更多地管制美国上市公司并购美国国内企业的交易,反垄断法更多地规范美国国内企业之间的并购行为。也就是说,这些法律多数主要旨在监管美国国内并购交易,只是因为收购方为美国企业而适用于美国企业跨境并购交易。这说明,美国对本国企业跨境并购外国企业的监管是宽松的,并不过多干预。宽松自由的跨境并购监管环境,让竞争归于市场,把决策交给企业,让企业能够根据自身情况,敏锐捕捉商机,迅速做出商业判断,及时完成商业交易,这也正是美国众多公司商业足迹遍布全球,美国经济引领全球的重要原因。

(五)美国政府对本土企业跨境并购的政策支持

1. 建立境外投资法律体系,对跨国并购提供法律保护

美国是世界上最早通过立法对企业海外直接投资经营进行法律保护和支持的国家。1948年美国国会通过了《经济合作法案》,确立了对对外投资者给予"安全保证"的基本原则。美国还制定了《对外援助法》、《共同安全法》等有关法律。

2. 对本土企业跨境并购实行间接性政府调控型管理

美国政府关于企业跨境并购等海外直接投资的管理机构相对集中,形成以美国商务部为核心的管理机构。美国商务部关于企业海外直接投资方面的主要管理职能包括企业海外直接投资战略的制定、日常管理、为美国企业开拓海外业务提供信息及其他服务、进行美国对外贸易和投资环境与竞争力的统计分析以及其他政府部门共同为本国企业海外直接投资经营提供更有利的海外市场准入条件,参与和推进双边和多边贸易和投资谈判,促进谈判协议的落实。

美国政府既不承担对具体经济活动和投资活动的管理决策职能,也不对任何民间投资主体的效益和风险承担终极责任。政府对民间投资主体的跨境并购等海外直接投资的影响是间接的,它不必要也不大可能直接向企业下达指令,而只需借助宏观经济政策工具,如利率、税率、汇率及相关产业政策来影响各投资主体的投资决策。

3. 促进本土企业跨境并购的信息咨询服务

美国国家行政机关、国内特别机构、驻外使领馆所设的经济、商业情报中心以及美国海外私人投资公司等机构,都可以对美国企业跨境并购提供信息咨询服务,从而有效地降低了美国企业跨境并购的前期成本。

美国小企业局通过设立全天候的计算机电话答询系统,处理跨国并购等海外投资企业的信息事项,同时通过专家指导为跨国并购企业完成业务开发方案、营销策略等关键性前期工作。

美国海外私人投资公司是美国国务院领导下的独立的政府公司,该公司通过定期发刊的新闻专题报道,为美国公司提供海外投资情报和咨询服务,协助组织美国投资者到有关发展中国家考察,同当地相关人士进行接触。

美国的"退休经理服务中心"的高级退休商业管理人员以自愿方式参与活动,他们以其丰富的知识、经验、技术为海外投资企业提供有效的咨询服务。

4. 对本土企业跨境并购融资方面的支持

美国政府主要通过政策性金融机构提供优惠贷款方式向本国企业跨国并购提供融资支持。对本土企业跨境并购提供融资支持的机构主要为美国进出口银行和美国海外私人投资公司。

美国进出口银行创建于 1934 年,当时称为华盛顿进出口银行,1945 年成为政府的独立机构,1968 年改称为美国进出口银行,是联邦政府所属的国有银行,它在政策和财务上都是独立的美国政府机构。《美国进出口银行法》规定其最高决策机关是董事会,由总统提名并经参议院批准任命,银行总裁则由总统直接任命。美国进出口银行的作用是促进美国企业的对外直接投资和出口。在该银行的贷款业务中,有两项是专门用于支持美国公司对外直接投资的:一项是开发资源贷款,对美国公司开发海外资源,特别是具有战略意义的资源进行专项贷款;二是对外私人直接投资贷款,对象是美国公司在国外的分支机构,以帮助美国公司拓展海外业务。美国进出口银行不以赢利为目标,由于其资金大部分来自于财政部,不会产生支付危机,即便出现亏损,它依然能尽最大可能为美国企业提供融资支持。

美国海外私人投资公司在以投资保险为主要业务的同时,还对美国企业的对外直接投资进行资金支持,特别是支持美国中小企业在发展中国家的直接投资。该公司对美国企业的资金支持通过多种渠道实现,包括给予直接贷款、给予跨国公司在海外投资以各种补助以及分担美国公司部分海外市场开拓费用和投资实验费用等。

5. 对跨境并购企业提供税收支持

美国政府为鼓励企业进行跨国并购等对外直接投资,早在 20 世纪初就开始对企业海外直接投资实行纳税优惠。二战后,原有的政策虽经多次修改,但仍是政府支持和鼓励美国企业海外直接投资的重要工具。税收优惠措施主要是所得税优惠和关税优惠。其中所得税优惠包括税收减免、税收抵免、税款亏损结算和亏损退回等。美国公司海外直接投资收入的所得税率一般要比国内投资收入的税率低 18％左右;关税优惠主要是通过实施"附加价值征税制"来实现。

6. 跨境并购海外投资保险制度

海外投资保险制度,是资本输出国政府对本国海外投资者在国外可能遇到的政治风险,提供保证或保险,投资者向本国投资保险机构申请保险后,若承保的政治风险发生,致投资者遭受损失,则由国内保险机构补偿其损失的制度。

美国是最早建立海外投资保险制度的国家。美国在 1948 年 4 月 3 日根据《对外援助法》制定了《经济合作法》,开始实施马歇尔计划对欧洲进行经济援助,以此促进本国国民对欧洲的投资,海外投资保险制度因此应运而生。随着时代的发展,美国《对外援助法》几经修订。1969 年第八次修订该法,设立"海外私人投资公司"(OPIC),承担美国海外私人投资的保证和保险业务直至现在。

美国海外投资公司具有公私两方面的性质,法律规定该公司是在美国国务院政策指导下的一个机构,其法定资本由国库拨款;同时,该公司作为法人,完全按照公司的体制和章程经营管理,为了实现其宗旨,它可以利用私人信贷和投资,以扩大私人的参股,其董事会也有私人企业界的代表参加。美国海外投资公司的主要职责是对联邦政府对外投资政策的实施进行协助,特别是主管美国私人海外投资保证与保险业务。公司在经济自主的基础上,对美国私人海外投资在经济上及金融上可靠的项目,予以资助,承担政治风险的保险、再保险以及保证,并资助美国企业在发展中国家和地区开辟新的投资市场,特别致力于鼓励及资助中、小企业向发展中国家进行投资。

美国海外投资保险制度实行双边海外投资保险制度模式。双边海外投资保险制度模式是指投资者只能在与其本国签订双边投资保证协定的国家中进行投资,如果投资者在范围之外的国家中进行投资,则不对其进行承保。实践中,由美国政府与其他国家签订双边投资保证协定,由海外私人投资公司对美国公司在这些国家的投资进行政治风险保险。美国私人海外投资者只有在与美国订立了双边投资保护协定的国家投资才能向海外私人投资公司申请投资保险,否则,海外投资者不能投保。

海外私人投资公司承保的政治风险险种主要是三个:一是货币兑换风险,即东道国限制或禁止投保人将在保险期内的各种收益、资本、本金、利息以及其他合法收入兑换为美元或汇出的风险。一旦发生货币兑换风险,投保人有权要求海外私人投资公司将当地货币兑换为美元。二是征用风险,即东道国政府采取征用、国有化或没收措施而使美国公司海外投资遭受损失的风险。三是暴力风险,即东道国国内的种种暴力活动,如战争、革命、暴动、骚乱、恐怖主义行为等,使投保人在东道国的资产和收入蒙受损失的风险。

美国海外投资保险制度对投保对象有严格的要求,其合格投资者主要包括三类：第一类是具有美国国籍的公民；第二类是依美国联邦、州或属地法律所设立的公司、合伙或其他社团，并要求其资产至少有 51% 属于美国公民、公司、合伙或社团所有；第三类是外国公司、合伙、社团，需要其资产的全部或 95% 以上由美国公民、公司、合伙或社团所持有。

美国海外投资保险期限根据性质、投资种类和承保险别的不同而具体确定。一般说来，保险合同的有限期限最长能达到 20 年，通常是根据海外投资者在投资东道国设立合营企业或独资企业的合同的年限来确定具体的保险期限。保险费的确定一般依承保行业、承保险别及范围不同而由海外私人投资公司决定。

美国的海外投资保险制度对于促进美国私人向海外投资，增强美国的国际竞争力和竞争地位发挥了重要作用。

7. 对本土企业跨国并购的外交支持

美国广泛利用它所发起和参与的国际组织为本国企业跨国并购等海外直接投资经营服务，参与和推进双边和多边贸易谈判，与其他国家签订双边或多边条约。美国在北美自由贸易协定和世界贸易组织的谈判过程中，始终把本国海外企业的利益放在首位，争取为本国企业提供更有利的海外市场准入条件和优惠待遇，并促进有关协议和条约的落实。此外，美国政府还把提供援助与要求受援国对美国企业提供资本准入和保护直接联系起来。

二、德国

德国是世界上最开放的经济体之一，也是全球对外直接投资较多的国家之一。近几年，德国企业大力调整企业结构和加强技术革新，其国际竞争力明显回升，公司利润增长较快，也加入了跨国并购的大潮中。据德国商务部的数据显示，2011 年德国对外直接投资总额为 391.1 亿欧元。

（一）海外投资的法律监管

德国政府对德国公民（包括自然人和企业）向境外投资，一般并无审批和登记等要求，敏感企业如军工企业等例外。对于未建交国家，德国政府原则上不阻止国民对其投资，但由于德国与未建交国家不可能签订投资保护协议，所以风险很大。投资者如向银行贷款，则由承贷行对项目进行评审。所有通过银行汇出资金的数据（时间、数额及用途）都会由联邦银行汇总，并统计出对外投资数据。

1. 对敏感行业的监管

为防止德国公司向北约以外的国家输出军民两用产品、装备和军用技术，德国联邦经济部对外经济政策司根据德国对外经济法规有权监控德国跨国公司的境外业务。

2. 德国竞争/反垄断法律

（1）对于达到德国申报要求但是并未被欧盟委员会的并购条例限定的案例，仍需取得德国的并购管制许可。

（2）在以下情况下，视为达到德国申报要求：收购或企业合并所涉各方在全球范围内的总营业额超过 5 亿欧元；各方中至少有一方在德国的营业额超过2 500 万欧元；另一方在德国的营业额超过 500 万欧元；且不适用任何低额豁免。

（3）受德国并购管制的交易在实施之前需要经过一个月的等待期。这是第一阶段审核。德国联邦卡特尔局（FCO）能够、而且也经常在等待期届满前批准一项交易，前提是该局裁定收购交易并未引起任何实质的竞争问题。

（4）如果 FCO 希望对拟议的交易进行更仔细的检查，它可以启动第二阶段的调查。此项调查连同第一阶段的调查所用时间不得超过 4 个月。如有必要，FCO 可对该交易施加条件或者以不符合公共利益为由提出反对。

（二）德国对外直接投资的支持政策

1. 金融支持

德国联邦政府控股或参股的德国复兴信贷银行（KFW）、德国投资开发有限公司（DEG）、德国技术合作公司（GTZ）等都是相对独立的投融资机构和投融资咨询机构，它们在促进对外贸易、对外投资等方面发挥着重要作用。德国复兴信贷银行是德国最大的银行之一，主要业务是为德国中小企业在国内及海外投资项目提供优惠的长期信贷。德国投资开发有限公司是德国复兴信贷银行的子公司，自 1962 创立以来，在支持发展中国家和新兴市场国家的中小企业发展乃至促进当地经济发展方面，做了大量的工作。德国技术合作公司创建于1975 年，是德国政府拥有的一家推动国际合作的服务性企业，主要接受德国经济合作与发展部（BMZ）等德国政府部门以及别国政府的委托，支持德国伙伴国的发展和改革。

2. 民间组织的保护作用

德国工商总会（DIHK）是 82 个独立的德国工商会的行政联合机构。德国工商总会在 70 多国家和地区设立了 120 多个德国商会和德国经济代表处，对德国企业在当地的投资，特别是德国中小企业的投资起到了一定的保护作用。德国工商总会在中国设立有 GIC 德中工商技术咨询服务有限公司，在德国商会全球网络的有效支持下，为中小企业提供专业市场服务。

3. 海外投资担保

德国政府建立了一整套海外直接投资担保体系，由德联邦政府根据预算法的授权,对需要扶持的德国企业境外直接投资提供的政治风险担保。

受联邦政府委托,普华永道公司和赫尔梅斯公司组成联合工作委员会,负责处理境外投资担保的具体事务。被担保的企业必须满足下列要求:(1) 企业所在地或企业主居住地为德国;(2) 项目的实施必须符合德国利益;(3) 项目必须具备投资特性(非金融投资);(4) 经济上可承受的项目;(5) 新的投资(其中包括对已存在项目的追加投资)。除上述条件外,投资担保申请的审批部门也会关注项目对投资目的国的作用,如是否对该国环境产生影响。

4. 投资促进和保护双边协议

德国政府通过与发展中国家和新兴国家签订投资促进与保护双边协议来保障德国企业在国外的经济利益。目前德国已经和125个国家和地区签订了双边协议,得以有效地保护跨国公司在国外的投资。投资保护协议的主要内容是:投资可以享受国民待遇和最惠国待遇;保证资本和盈利的自由汇出;用法律手段保护私有财产;投资者与所在国发生争议时可提交国际仲裁法庭解决。

三、日本

作为海外投资大国,日本采取了一系列政策鼓励海外投资的发展。根据联合国贸易发展会议(UNTAD)发表的世界主要国家和地区海外投资报告,2011年日本海外直接投资总额为1 156亿美元,比2010年增长5.5%,仅次于美国的3 838亿美元,居世界第二位。

日本对外投资的具体范围包括持有或共同持有国外法人发行股权10%以上,向国外关联法人(指存在理监事派遣、长期原料供给与产品买卖、重要制造技术买卖等关系)提供一年期以上贷款,扩展或设立海外分公司等。

(一)审批备案制度

日本1998年取消了外汇管制政策,根据目前的日本《外汇法》,日本政府对于海外投资采取"原则自由"的政策。除极个别涉及军事、安全等敏感领域的项目需提交事先审查外,对外投资额在1亿日元以上的只需在投资后20日内向财务省备案,1亿日元以下的投资项目则完全自由,无需任何审批或备案手续。事后备案的目的在于国际收支统计,未按规定备案的企业可能会受到20万元日元以下的罚款,情节严重的,企业的相关负责人可能受到6个月以下刑事处罚。

(二)日本政府对本土企业跨境并购的政策支持

1. 建立完善的境外投资法律保障体系

日本政府制定了《外资法》、《外汇法》、《境外拓展对策资金贷款制度》、《日本贸易振兴机构法》、《境外投资信用保证制度》等法律,将日本企业境外投资的服务管理机构设置、财税、金融、保险等政策保障措施用法律的形式确定。这些法律明确了各项政策的目标、政策支持的对象和境外投资服务管理机构的职责,确保了境外投资企业的法律地位,规范了境外投资行为,为日本企业开拓国际市场提供了有力的法律保障。

2. 实行境外投资自由化制度,取消境外投资诸多限制

日本实行境外投资自由化改革,将《外汇法》和《外资法》作了修订,不再采用境外投资审批制度,而采用资本交易项目备案制度,资本交易原则上可以自由进行。除极个别涉及军事国家安全等领域的投资项目外,境外投资额在亿日元以上需要到银行备案,亿日元以下的投资项目完全自由,日本政府实施一系列境外投资自由化改革,取消了境外投资的诸多限制,为企业境外投资的快速发展创造了便利条件。

3. 建立境外投资服务管理机构,提供促进本土企业跨境并购的信息咨询服务

日本政府除设立境外投资行政管理机构外,还专门出资建立一批官助民营、官民合营的境外投资中介服务机构。这些中介服务机构主要有日本贸易振兴协会、中小企业振兴事业团和各种形式的友好协会等。这些机构的主要职责是帮助企业提供境外投资可行性调研、境外投资融资保险、境外员工培训、组织境外考察、举办境外投资推荐会等服务。

日本国际协力银行的使命是向日本企业提供跨境并购等海外投资在金融、信息方面的支持。日本国际协力银行每年对跨境并购等海外投资当前和未来发展趋势(尤其是三年期的发展趋势)加以预测,提供一些有价值的信息,引导、帮助跨境并购等海外投资活动。

4. 对本土企业跨境并购融资支持

日本政府主要通过政策性金融机构提供优惠贷款的方式向本国企业跨境并购提供融资支持。为日本企业跨境并购提供融资支持的主要的政策性融资机构为日本国际协力银行(JBIC)。日本国际协力银行成立于 1999 年 10 月 1 日,由原日本输出入银行和海外协力基金合并成立。2011 年 5 月 2 日,《株式会社国际协力银行法》(简称《JBIC 新法案》)公布并开始实施。

JBIC 的职责主要包括:促进日本在国外重要资源的开发和获取;维持并提高日本产业的国际竞争力;促进以防止全球变暖等保持环境为目的海外事业的开展;应对国际金融秩序的混乱四个方面。JBIC 可以对所有日本企业提供海外收购贷款、短期搭桥贷款,经由日本民间金融机构实施"中间信贷",为货币互换、应收账款、企业债券和出口信贷提供担保等。JBIC 的业务主要是为了直接服务于日本企业开拓海外市场和稳定发展中国家的经济金融体系,为日本经济

创造良好的外部环境或减轻外部因素对于日本经济的不利冲击。JBIC 的资金来源主要为日本政府追加的资本金、政府借款和发行 JBIC 债券。

日本政府在日元升值的背景下,为支持日本企业开展跨国并购,充分应对跨国并购中日元持续走高的风险,2011 年启动了美元低息贷款制度。该制度使用"外汇资金特别账户"的美元资金,规模达 10 万亿日元(约合 1 280 亿美元),期限至 2013 年 3 月底。截至 2012 年 7 月底,该制度共支持 15 个投资项目,总额约为 8 900 亿日元;包括今后投资计划在内的全部项目总计 27 个,总额约达 1.3 万亿日元。2012 年 2 月,索尼公司获得该项贷款 8.19 亿美元,用于将英国手机公司索尼爱立信变成其全资子公司,东芝公司获得该项贷款 6 亿美元用于收购瑞士的智能电表公司。

5. 对跨国并购提供税收支持

采用排除亏损国在外的综合限额抵免的征税办法。在计算综合抵免限额时,将亏损国的亏损额除外。这样做实际上是增加了抵免限额,减轻了境外投资企业的税收负担。

采用税收饶让抵免的征税办法。东道国给予日本企业的税收优惠视为已纳税款,允许从日本国内法人税中抵扣。并根据税收条约和缔约对方国的国内法,把针对利息、股息和使用费等投资所得的减免额作为抵免对象。

实行境外投资损失准备金制度。就是将直接投资额的一定比例计入准备金,计入准备金的部分免税。若投资亏损,亏损企业可从准备金中获得相应补偿;若未亏损,准备金累积 5 年,从第 6 年起将准备金分成 5 份,逐年合并到应税所得中进行纳税。对境外投资实行亏损准备金制度,实质上是由政府来分担企业境外投资所面临的部分风险。这个制度既减轻了境外投资企业的税收负担,又给亏损企业以补偿,激发了企业境外投资的热情。

6. 跨境并购的海外投资保险制度

日本 1956 年建立海外投资保险制度,根据《输出保险法》把海外投资保险分海外投资原本保险和海外投资利润保险两种,1970 年将二者合二为一,海外投资保险制度得到了广泛的普及。目前其保险制度的基本法律依据是《贸易保险法》。

日本由通商产业省贸易局承担承保海外投资保险业务。日本通商产业省贸易局是一个政府机构,但在财政上具有独立性,其宗旨是担保国际贸易和其他对外交易中其他普通保险者所不能承保的风险,以促进国际经济交往的发展。

日本海外投资保险制度实行单边海外投资保险制度模式。单边海外投资保险制度模式是指投资者本国对投资项目进行承保不以签订双边投资保护协定为前提,而以国内的海外投资保险法为依据。日本的保险机构不但可以承保投向已经与日本订立双边投资保护协定的国家的日本私人海外投资,而且也可以承保投向没有与日本订立该投资保护协定的国家的日本私人海外投资。

日本海外投资保险制度中的承保险别包括:外汇险,日本承保禁兑险和转移险;征用险,即日本在东道国投资的资产被东道国政府或者地方公共团体征用、没收或国家化的风险;战争险,即日本的海外投资者由于资本输入国发生的战争、革命、政变、暴乱、内乱等所导致的海外投资者的财产受到损失的风险。

日本申请海外投资保险的合格投资者限于向海外投资的日本自然人或日本法人,但不包括完全由日籍公民、日籍法人拥有的外国籍公司。之所以这样规定的原因是:日本实行单边投资保险制度,在索赔时完全依靠外交保护权的一系列理论,如果规定日籍公民或法人拥有的外国籍公司也可以投保,那么索赔时几乎不会成功。

日本海外投资保险的平均保险费率为 0.55%。日本通商产业省应该向被保险人支付的保险金额可以分为契约保险金额和实际支付保险金额两大类。

7. 鼓励海外矿产资源开发投资

日本政府对海外矿产资源投资的鼓励政策主要体现在金融支持、资源勘探补助、保险支援与技术支援等方面。海外矿产勘查补贴主要通过石油天然气、金属矿产资源机构(Japan Oil, Gas & Metals National Corporation, JOG-MEC)和日本国际协力银行(Japan Bank for International Cooperation, JBIC)等机构实施,为日本公司开展海外地质调查、矿产勘探及矿山基本建设提供资金支持或贷款担保。此外,日本政府还为本国企业的海外勘查提供一定的补助金,类别包括地质构造调查补助金、海外有色金属矿产资源勘查补助金和产油国开发情报调查补助金。此类补助金类似于贴息贷款,年利率仅为 0.4%。补助金的额度预算由日本经济产业省资源能源厅负责制定,具体执行部门为资源能源厅下的矿物资源科。

8. 对本土企业跨境并购的外交支持

日本政府积极开展"资源外交",改善和加强与资源国和国际大型资源企业的关系,为本国企业实施跨国资源并购铺路架桥。日本"资源外交"是日本能源、资源战略与外交相结合的产物,是以确立稳定获取能源和有色金属的国际供求关系为目的的国家战略及其活动,主要包括日本与资源供给国、资源需求大国、地区及全球性框架组织之间的外交活动。

四、韩国

从 20 世纪 60 年代开始,韩国政府开始鼓励韩国企业进行海外投资,海外投资法律制度逐步建立，与此同时韩国企业的对外投资也实现了大幅增长。据韩国企划财政部的数据显示，2011年韩国对外直接投资申报总额为444.9亿美元，较2010年增长29.5%；对外直接投资实际到位金额255.9亿美元，同比增长5.6%。

（一）审批与监督制度

1. 监管机构

韩国的海外投资审批与监督由韩国银行负责。韩国银行下设海外投资事业审议委员会，由韩国银行及其他十三个政府部门的官员组成。另外，韩国财政部主要负责海外投资的外汇审批和备案。

2. 对外投资审批

韩国目前实行"限制目录单"制度，除目录单中列出的行业外，韩国企业的海外投资不受行业限制。

韩国企业海外投资的审批标准根据投资数额和其他相关因素被分为三种情况：

（1）投资额在200万美元以下并且被韩国银行总裁设定了其他限制条件的海外投资以及用自身利润保留金进行的投资，都应向韩国银行总裁作事先备案，无须审批；

（2）投资超过200万美元的项目，韩国银行总裁在审批时，可委托主管部门长官（必要时包括驻投资对象国大使馆负责人）加以研讨；

（3）海外投资额超过500万美元以及对未建交国家的投资，除事先政府已决定给予支持的项目外，一般均应先通过韩国银行下设的海外投资事业审议委员会审议，而后再由韩国银行总裁决定是否批准。

对外投资者应向韩国银行总裁提交其海外经营状况报告，总裁会做必要的记录和分析，对经营不善者可以禁止其再次进行海外投资。韩国财政部经常派员对韩国对外投资者进行实地调查，韩国驻投资对象国的大使馆也有权监督韩国对外投资者是否遵守韩国的有关审批程序和外汇管理法规，大使馆还同时承担对东道国投资环境进行调查的职责。

3. 外汇监管

韩国财政部颁发的《外汇管理规程》专门对韩国企业对外投资作了外汇管理的规定，1996年的《扩大境外投资自由化方案》也进一步放开了对外汇的管制。根据规定，只有1000万美元以上的外汇投资项目须向韩国财政部事先报批；30万美元至1000万美元的项目只需到财政部备案，30万美元以下的项目只需获得外汇银行的认可，即可进行对外直接投资。此外，金融机构的海外直接投资以及投资者向海外银行和保险业务进行的直接投资，必须向财政部事先报批。

按照《外汇管理规程》的规定,下列各项对外直接投资受到政府鼓励:

(1) 开发进口韩国国内必需的原材料;

(2) 为克服出口障碍的投资;

(3) 有利于韩国渔场保护的投资项目;

(4) 韩国企业的国际竞争力较弱而相应的海外投资对象或合作方竞争力较强的投资项目;

(5) 为韩国产品打入国际市场奠定基础并且预计收益较高的投资;

(6) 致力于向韩国国内引进海外尖端技术的投资;

(7) 为促进经济协作而参与投资对象国能源开发和基础设施建设的投资。

而下列性质的海外投资则被韩国政府禁止:

(1) 可能对韩国的对外关系造成重大不利影响的投资;

(2) 有损于国威的投资;

(3) 有损于公德风尚的投资;

(4) 可能对韩国经济造成重大不利影响的投资。

(二) 对外投资促进政策

为了促进海外直接投资,韩国于 1978 年制定了《海外投资开发促进法》,1979 年 5 月颁布了《海外资源开发促进法令》,1987 年 4 月制定了《搞活海外投资方案》。在对海外直接投资的政策优惠与保护制度方面,韩国政府制定了海外投资损失准备金制度、税收控制制度、海外资源开发项目免征所得税制度和海外保险制度。

海外投资损失准备金制度是指韩国企业跨国经营时,可将海外投资金额的 15% 积存起来以防海外投资风险,这笔款项享受免税待遇。

税收控制制度是一种对韩国海外投资者来源于海外的收益实行税收抵免和税收饶让的优惠制度。如果投资对象国给予韩国投资者减免所得税或企业税的优惠,则被减免金额在韩国国内也享受减免(按损失金额计算或扣除税额),具体减免比率在税收条约内确定。

海外资源开发项目免征所得税制度是专门适用于海外能源开发项目的国外税收饶让制度。为了支持国外能源开发投资项目,韩国政府制定了专门的优惠措施,为对外直接投资项目提供初始投资资金和流动资金贷款,并提供税收优惠,具体包括亏损提留免税待遇(允许提留总投资额 20% 以下的亏损准备金)、一定额度内的国外收入所得税延期缴纳、能源开发项目东道国红利所得税减让甚至完全免税等政策。

韩国是建有海外投资保险制度的少数几个发展中国家之一,这主要包括经济、政治两方面的措施：经济方面，通过韩国贸易保险公司为对外投资者承保与投资损失有关的经济险，具体险种和条款专为特定投资者制定；政治方面，韩国进出口银行专门经营战争险、没收和国有化险以及禁止汇兑险等政治险，最高承保额达投资总额的 95％，保险期限可达 15 年。可以获得海外投资保险的投资项目不仅包括股权性投资，还包括为购买股票、债券而提供的长期贷款。

五、香港

境外资本市场中，香港市场与我国大陆市场最为相似，可借鉴性最强。为此，香港资本市场对以上市公司为主体进行对外并购的相关监管政策及措施，对大陆资本市场而言，也有很好的参考和借鉴意义。在香港市场，对上市公司实施合规监管的主要是香港证券及期货事务监察委员会和香港联交所，其中，香港联交所承担着更为日常化的监管职责。就上市公司的并购交易而言，香港联交所主要依据香港上市规则第十四章《须予公布的交易》，监督上市公司是否妥善履行披露义务、完成公司内部审批及遵守其他有关要求。

（一）五项比率测试

香港联交所以资产、盈利、收益、对价和股本五项比率来评估一项交易的价值，以此确定这项交易应当披露的程度、所需的批准方式和其他适用的要求：

1. 资产比率——交易涉及的资产总值，除以上市公司（包括其附属公司，下同）的资产总值；

2. 盈利比率——交易涉及的资产应占的盈利，除以上市公司的盈利。如果从会计上无法估算交易涉及的具体资产应占的盈利，则计算盈利比率所用的分子可以是交易对价；

3. 收益比率——交易涉及的资产应占的收益，除以上市公司的收益。如果从会计上无法估算交易涉及的具体资产应占的收益，则计算收益比率所用的分子也可以是交易对价；

4. 代价比率——交易涉及的对价，除以上市公司的市值总额。对于 A＋H 股公司而言，市值总额的计算通常为公司的总股数乘以香港联交所日报表所载上市公司的 H 股在有关交易日期之前五个营业日的平均收市价；

5. 股本比率——如上市公司发行新股作为收购的全部或部分对价，则适用股本比率的测试标准，具体计算方式为，作为交易对价发行的上市公司股本面值，除以紧接交易前上市公司已发行的 A＋H 股的总面值。

（二）须予公布的交易种类

根据香港上市规则第十四章，基于五项比率测试而划分的须予公布的交易类别为：

表 18

交易种类	资产比率	盈利比率	收益比率	代价比率	股本比率
股份交易[1]	所有比率均低于 5%				
须予披露的交易	任何一项比率达到 5% 或以上但低于 25%				
主要交易——出售事项	任何一项比率达到 25% 或以上但低于 75%			不适用[2]
主要交易——收购事项	任何一项比率达到 25% 或以上但低于 100%				
非常重大的出售事项	任何一项比率达到 75% 或以上				不适用[2]
非常重大的收购事项	任何一项比率达到 100% 或以上				

注：1. 指上市公司发行新股作为全部或部分对价，以收购某项资产。
  2. 股本比率只涉及上市公司以发行新股作为对价进行的收购事项，因此不适用于出售
  事项。

（三）须予公布的交易应遵守的披露及审核要求

如上市公司与独立第三方达成一项须予公布的交易，视交易的各项比率，上市公司必须通知香港联交所、进行公告、以通函形式通知股东、获得股东批准并/或编制会计师报告。以下为须予公布的交易适用的披露、审批及编制会计师报告的要求：

表 19

类别	知会香港联交所	发布公告	向股东发出通函	股东批准	会计师报告
股份交易	✓	✓	✗	✗[1]	✗
须予披露的交易	✓	✓	✗	✗	✗
主要交易	✓	✓	✓[2]	✓[3]	✓[4]
非常重大的出售事项	✓	✓	✓[2]	✓[3]	✗[5]
非常重大的收购事项	✓	✓	✓[2]	✓[3]	✓[4]

注：1. 如果根据一般性授权发行对价股份，不需要股东批准。但是，如果作为对价的股份并
  非根据一般性授权发行，则上市公司在发行对价股份前，须在股东大会上取得股东
  批准。
  2. 通函的草拟本须提交香港联交所做预审。
  3. 如果任何股东在交易中占重大利益，该股东及其关联人士须放弃表决权。对于非常
  重大的出售事项、非常重大的收购事项以及任何股东具有重大利益的主要交易，股东
  批准须在股东大会上取得，而不能以股东书面决议的形式给予批准。
  4. 需要就被收购的业务、一家公司或多家公司编制会计师报告。
  5. 上市公司可自行选择是否编制会计师报告。

从以上表格可以看出，如果某宗交易不涉及上市公司发行新股收购资产，并且交易的五项比比率均在5％以下，那么这一交易不受制于任何披露、审批或编制会计报告的要求。如果某宗交易的各项比率均在5％以下，但交易性质为上市公司发行新股作为全部或部分对价来收购资产，那么这一交易构成"股份交易"，上市公司应针对这项交易通知香港联交所并发布公告，但无须通知股东、获得股东批准或编制会计师报告。而如果某宗交易的任何一项比率达到或超过5％，则无论交易是否涉及上市公司发行新股作为全部或部分对价，上市公司均应通知香港联交所并进行公告，并且还应当按照交易的性质和各项比率的具体数值，判断是否须以通函形式通知股东、获得股东批准和/或编制会计师报告。

（四）其他事项

需要注意的是，如果一系列交易在12个月内完成或彼此相关，香港联交所有权要求上市公司将这些交易合并计算，视为一宗交易。换而言之，在计算交易的各项比率时，应合并考虑12个月内的连续交易以及彼此相关的交易。

如果上市公司与香港上市规则所定义的"关连方"达成一项须予公布的交易，那么上市公司除遵守上述须予公布的交易对应的披露和审批要求外，还应同时遵守香港上市规则第十四A章《关连交易》的要求。由于跨境并购构成关连交易的情况较为少见，因此这里不复赘言。

第六章　中国上市公司
跨境并购的政策建议

第一节　上市公司跨境并购的必要性

近年来,随着经济全球化的发展,中国企业的身影越来越频繁地出现在国际并购交易的舞台上,投资数量、投资规模快速增长,涌现出中铝收购力拓、中海油服收购 Awilco 等一批具有国际影响力的知名案例。据统计,2012 年我国跨境并购总交易额已达到 571 亿美元,是 2006 年的 3 倍以上。

尽管我国企业在全球并购市场的参与度越来越高,但总体来看我国企业的跨境并购,特别是上市公司的跨境并购仍处于初级阶段。据统计,2006 年以来,在我国企业的跨境并购交易中,仅有 15％左右是以上市公司为主体开展的。然而,从境外并购市场实践来看,以上市公司为主体参与国际资本运作已成为全球并购的主要趋势。例如美国,上述数据已达到 71％,英国、德国和法国分别为77％、55％和 86％。参考境外市场经验,并结合我国国情和企业特点,我国企业在实施跨境并购时以上市公司为主体具有诸多优势,主要体现在以下方面:

一、上市公司具有更科学的治理结构和决策机制

相比非上市公司而言,上市公司的治理结构更加完善,具备规范的董事会、股东大会议事规则和独立董事工作制度,内部决策机制更为科学,避免了非上市企业中可能存在一股独大、一人拍板的问题。尤其对于规模较大的跨境并购交易,往往在经过上市公司董事会审议后,需要提交股东大会审议,并公告详细的收购安排及并购目标的具体情况,交易的透明度大大提高,能够接受广大公众股东的监督和检验,只有真正有利于公司发展的交易才能够获得股东的支持。因此,上市公司所具有的更加科学的治理结构和决策机制有利于控制跨境并购的风险、保护公司及股东的利益。此外,上市公司多样化的股权结构也使得各方股东在跨境并购交易中能够实现收益共享、风险共担。

二、上市公司具有更高的透明度,更容易获得境外交易对方的认可

从以往案例来看,国有非上市企业进行跨境收购时,往往由于其国有控股或全资的主体特点,而使并购交易具有一定的政治敏感性,同时境外监管机构和交易对方往往对收购方的股权结构、具体经营情况、资本实力等信息知之甚少,收购方的"神秘性"可能引起并购目标所在国家监管机构的关注,也较易引发市场的猜疑,甚至给并购交易的顺利推进带来阻力。反之,若以上市公司为主体进行收购,即使是国有控股的上市公司,由于其遵循市场化操作,进行了完备的信息披露,具有较高的透明度,从而更容易得到境外交易对方、监管机构、媒体舆论的认可和接受。

三、上市公司拥有更丰富的融资渠道和对价支付手段

从境外并购市场实践来看,上市公司相对于非上市公司的一大显著优势即为融资渠道的多样化,可以综合利用内外部资源和资本市场平台,灵活选择股权、债权等多种方式进行融资,融资效率较高。此外,在对价支付上,上市公司亦可选择直接以股份作为收购对价。一方面避免了收购方大额的现金支出,有利于降低并购成本、保持财务稳健,化解并购交易中的商业风险;另一方面,对于交易对方而言,若看好收购方的发展前景及收购后的协同效应,采用股份支付收购对价,能够使交易对方分享上市公司未来的收益,也将令交易更具吸引力,更易于促成并购交易。

四、以上市公司作为跨境收购主体,有利于市场监督及评估

跨境收购交易相关决策的合理性、收购交易是否达到预期效果,往往较难评估,也使监管机构的监督、考核存在一定的挑战。然而,对于上市公司而言,其商业决策是否合理、跨境收购交易是否有利于促进公司发展并提升公司业绩,将直接反映在上市公司的资本市场表现中。因此,上市公司的并购交易更容易受到市场的监督,监管机构也更容易进行考核。

五、上市公司在管理层激励方面具有更大的灵活性

上市公司可以采用更为市场化的手段激励管理层,例如给予核心管理层一定的期权或限制性股权,使管理层的利益与公司股东利益更趋于一致,有利于降低代理风险,促使管理层在跨境并购交易中设计最佳方案,最大程度地为公司争取利益、降低风险。收购方也可在收购后授予被收购方管理层上市公司的

股份,绑定双方利益,以促使其更好地完成整合,最大程度的发挥协同效应。

六、以上市公司为主体进行收购,有利于规避潜在的同业竞争和关联交易问题

在我国资本市场的发展过程中,由于各类历史问题,我国大型国有集团在最初上市时往往选择将当时最适宜上市、盈利能力最强的资产打包上市,而随着企业的不断发展,集团下属非上市业务也发生了巨大的变化,近年来,一方面为了将逐步发展起来的非上市业务纳入上市平台,另一方面为了解决历史遗留的非上市资产同上市资产之间的同业竞争和关联交易等问题,越来越多的大型集团谋求整体上市。在此背景下,若仍然采用集团公司进行跨境收购,很可能引发新的同业竞争或关联交易问题,影响上市公司的独立性,未来还需要将境外业务再次注入上市公司,操作复杂,耗时长,难度大。反之,若由上市公司做为收购主体,能够有效地规避上述问题,也符合我国资本市场的发展趋势。

第二节 中国上市公司跨境并购存在的制度问题

跨境并购是一项复杂的极具挑战的系统性工程,不但需要收购方具备较强的资金实力、科学的决策机制和市场化的运作模式,也需要具备成熟的政策、制度支持和外部条件。然而,我国上市公司进行跨境并购仍处于刚刚起步的阶段,相比境外上市公司面临更大的阻碍和挑战。对绝大多数企业而言,一方面仍普遍存在综合竞争力不强、商业化运作程度相对较低、国际并购人才匮乏等现实问题;另一方面,针对上市公司跨境并购的相关制度略显滞后,从而在一定程度上影响了我国企业跨境并购的热情。

一、国内审批程序复杂,较难适用于跨境交易

我国现行的海外并购监管体系执行的是"多部委监管、事前审批"模式。这一机制的典型特点是权力的分散和程序的繁杂,一宗海外并购,企业需要事先向多个部委请示报备,而各部委之间又相对独立、实行"串联"审核,致使审批环节众多、程序复杂。在某些重大交易中,个别部委还会对具体操作给予实质性干预。我们理解上述机制设置有其考虑和历史原因,但这种模式难以匹配对于商业化运作有较高要求的国际并购交易。

（一）监管部门众多，审核程序复杂，缺乏统一协调

国际上，许多国家都存在统一的境外投资协调部门，如韩国、日本等国都设有一个统一、独立的半官方管理机构，"海外事业调整委员会"和"日本国际发展组织"，负责制定跨国直接投资的有关战略规划、方针政策、管理措施。有的国家缺乏统一的协调机构，但这些国家对本国企业投资几无限制。目前我国的跨境并购管理机构不统一，职能分散在几个部门中，相互脱节，管理无序。主要由于我国目前仍采取较为严格的资本项目管制，但外汇局却要"听取"发改委、商务部等监管部门关于境内主体是否可进行境外投资的意见，因此产生我国境外投资呈现出多部委审核的现状。

一般来看，A 股上市公司境外投资需先后履行包括发改委的境外投资项目核准、商务部的设立境外企业核准、外汇局的外汇出境或境外担保核准（如涉及）、证监会的重大资产重组核准（如触发）等多项监管审批程序。此外，如涉及金融、能源、传媒等敏感行业，还需履行相关行业主管部门的核准；如为国资企业，还需经国资委同意。且每个部委几乎都是实质性审批，都有可能对具体交易方案或操作方式给予意见，从而影响交易。反观国外发达市场，则通常只要经董事会/股东会等内部决策就可以开展境外投资，除敏感行业外，一般无需本国监管机构的审查。

更为重要的是，由于各部委负责领域不同，且往往一个部委的受理前提是获得另一个部委的核准同意，因此导致上述大部分审核均需串联进行，即在获得一个的批准后才能报另一个审批，没有很好的衔接，这也是审批工作效率较低的原因之一，不利于企业在瞬息万变的境外市场中把握机会，快速出击获得战略资源。

（二）事先审批制度与商业化并购操作不符

我国企业目前执行的是严格的事先审批制度，在跨境并购交易中不得不将获得一系列的监管批准作为交易交割的先决条件。这往往使得交易对手很难理解，并可能因此对我国企业产生影响。一是境外交易对手会认为交易存在重大不确定性而对我国企业的履约能力产生怀疑；二是境外市场可能会产生误解，认为中国政府在背后主导（特别是在国有企业海外收购中），从而将纯粹的商业化收购行为政治化；三是因为需要事先审批，使得交易的执行必须与审批时间表相匹配，这往往耗时很长，增加了交易的不确定性。事先审批制度使得监管机构承担了部分决策职能，这既不利于培养企业独立的国际市场风险评估能力，也对监管部门审核人员的专业素养提出了更高的要求。

二、支付手段单一,以股份为对价存在障碍

从国际市场的上市公司并购案例来看,在对价的支付方式上较少采用"现金",而大部分采用"股份"或"股份+现金"。据统计,在1990年的全球跨境并购活动中,现金交易金额尚占交易总额的91%,但这一比例到1999年时便下降到64%,期间换股并购的数量及金额大幅增长。1997至2005年间,股权支付方式的并购案金额占总交易金额近一半的比重,换股并购方式开始在全球成为主流。以股份作为支付对价可以使并购交易双方建立更为紧密的战略合作关系,既满足了收购方企业的并购需求,又减轻了财务压力,并可在一定程度上有效规避资本市场波动带来的系统性风险。

近年来,中国资本市场的国际地位不断提升,对境外投资者的吸引力也越来越大。特别是在目前全球经济普遍放缓的大形势下,我国企业应当充分利用中国资本市场的这一突出优势,以股份为对价进行跨境收购,以"高估值"换取相对"低估值"的战略资产。目前我国尚没有关于上市公司以股份作为对价进行跨境收购的法律法规,只能参照外商企业并购境内企业的相关规定办理,而这些规定又都存在一些限制,制约了上市公司的支付手段。

(一)《关于外国投资者并购境内企业的规定》(简称"10号令",后改为"6号令")

该规定针对外国投资者以股权作为支付手段并购境内公司股权的行为(即"以股换股")做出了规定。换个角度看,该规定实质上是认可了我国企业以股份作为支付手段进行跨境并购,这已然是一大突破。但同时10号令也限定了境外标的股权的性质,即要求"境外公司应为上市公司,境外公司的股权应在境外公开合法证券交易市场挂牌交易"。而在上市公司跨境并购的实务操作中,交易标的为上市公司股权的非常少,多数是非上市股权或资产。因此,10号令的应用范围非常有限。

(二)《外国投资者对上市公司战略投资管理办法》(简称"战投管理办法")

上市公司以股份作为支付对价,另一可依据的规定是战投管理办法。但依然存在如下诸多限制:一是发行股份比例不低于该公司已发行股份的百分之十;二是出售方作为"战略投资者"取得的A股上市公司的股份三年内不得转让;三是境外出售方需满足一系列关于"外国战略投资者"的严格条件。我们理解,这些规定从外商投资角度,很好地保护了A股上市公司的利益,当初设立该办法也旨在规范境外投资者入股境内上市公司的"主动战略投资"。而对于上市公司以股份作为对价导致境外企业"被动战略投资"的行为,如严格参照该规定执行,几乎不具备可行性。特别是三年不得转让的锁定期限制,这既不符合

国际并购的操作惯例,也将会使境外企业面临很大的市场波动风险,严重限制了境外企业对股份对价的接受意愿。

三、融资渠道少、速度慢,难以匹配收购的时间要求

尽管随着我国资本市场的发展,A股市场融资途径日趋丰富,但与成熟市场相比,我国企业的融资行为仍然受到诸多限制,融资速度较慢,难以与紧凑的跨境并购时间表相匹配。

(一)融资渠道相对单一

伴随着我国资本市场的健全和资本运作技巧的日益成熟,多元化融资方式逐渐出现在我国企业的海外并购中,但与国外相比,许多在国际并购融资中广泛使用的垃圾债券、认股权证、可交换债券、优先股等在我国海外并购融资中基本是空白。以银行贷款为主的融资模式不仅成本较高,而且额度有限,阻碍了上市公司实行较大规模的并购。

(二)融资与并购无法实现有效对接

通常而言,企业执行一宗并购交易的前提是有充足的资金保障,特别是在国际并购中,交易对手对于收购方的资金来源最为关注。往往在谈判初期就要求收购方提供详细、确切的融资方案,甚至要求一定比例的资金保证。这就对我国企业的融资安排提出了较高的要求。

目前,在我国的监管体系下,上市公司可以通过资本市场增发股份直接融资,但必须事先明确募集资金用途。在实际操作中,一是由于并购项目的不确定性大,且通常需要高度保密,使得企业在项目初期即开展融资活动的可能性不大;二是A股市场融资的周期往往较长,很难实现与并购操作有效对接。但通过发行债券间接融资方面却已有所放松,除企业债需明确募集资金用途外,公司债、中期票据、短期融资券均已可用于补充流动资金。但由于增发股份直接融资仍不能采取储架发行的方式,在融资时间上,直接融资的渠道往往还是慢半拍,难以满足跨境并购的时间要求;因此,可事先授权上市公司一定融资额度,同意其在一定时间内,根据具体资金需求和资本市场情况,择机发行股份进行融资,而不用再进行申报或仅需履行简要报备程序,实现储架发行。

直接外汇贷款也是跨境并购中的一种常见融资方式。相比于直接的境内贷款,多数企业更偏好选择"内保外贷"的方式。一是可降低境内直接贷款的换汇成本,减少后续汇兑风险;二是可简化外汇出境、放款及后续还款流程。但根据《国家外汇管理局关于境内机构对外担保管理问题的通知》,对外担保以逐笔

核准为主,具备一定条件的可以实行余额管理。尽管实际的资金流动中并不需要资金出境,但依据上述规定,这种对外担保行为也需履行外汇核准程序,在一定程度上又增加了直接外汇贷款的操作难度,同样无法实现并购资金的快速到位。

（三）"配套融资"在跨境并购交易中的应用有限

证监会出台的《关于修改上市公司重大资产重组与配套融资相关规定的决定》,为上市公司并购打开了一条快捷的融资途径,部分地解决了并购与融资脱节的问题。据不完全统计,上述政策出台后,目前已有近十家上市公司公告了重大资产重组并融得配套资金,并已有一家获得证监会核准。

反观这些成功案例,多为境内并购交易,这一政策在跨境并购中的应用十分有限。2011 年 8 月修改后的《重大资产重组管理办法》第四十三条规定"上市公司发行股份购买资产的,可以同时募集部分配套资金",因此,配套融资并未涉及以现金作为对价支付方式的交易。但在目前的上市公司跨境并购交易中,由于存在上述"10 号令"或"战投管理办法"的限制,A 股上市公司多采用现金收购的方式,因此无法享受"配套融资"。此外,配套融资的发行规模也被限定在交易总金额的 25％以下,也难以满足跨境并购的大规模融资需求。

四、重大资产重组相关规定较难适应跨境并购的客观情况

现行《重大资产重组管理办法》主要是从规范 A 股上市公司境内发行股份购买资产、吸收合并、资产置换等交易的角度进行立法,其中很多规定并不符合国际惯例,较难适应跨境并购的客观情况。

（一）对境外资产进行评估的操作性较差

为保证交易对价的公允性,《重大资产重组管理办法》要求对上市公司拟购买资产的价格参考评估值确定。但实际操作中,交易对手方通常不会在签订正式买卖协议前配合买方进行资产评估。即使具备评估条件,由于国际上并没有符合具有国内证券资格的评估机构,而国内评估机构的境外评估经验又比较缺乏,因而难以进行合理有效的评估。在过往涉及重大资产重组的 A 股上市公司跨境并购交易中,监管机构大多灵活处理,对资产评估予以了豁免。未来可考虑针对跨境并购交易取消该项规定。

（二）卖方很难或无法做出盈利预测补偿

对于以收益法作为评估定价依据的交易,《重大资产重组管理办法》规定,卖方必须对标的资产未来 3 年实际利润额未达到收益法预测值的部分,

进行盈利预测补偿。这种类似于"对赌"的安排,在国际并购交易中确实存在,但往往是交易双方商业谈判的结果,而并非监管要求。此外,对于卖方全部退出的交易,交易完成后卖方往往不再对标的资产的经营管理负责,因此,也不会对其未来的盈利情况作出保证。即使卖方同意补偿,在实际操作中也很难追缴。

(三)信息披露要求不符合国际惯例

跨境并购的不确定性较大,对国内上市公司而言,往往难以做到及时、准确、全面的信息披露,使上市公司面临较大的压力。特别是财务信息方面,根据重大资产重组相关办法,重大资产收购需要提供目标公司最近两年的经审计财务报告(按中国会计准则编制)。一是收购标的可能是某些特殊领域的非上市公司,没有完整的审计报告可以提供;二是在交易完成前,很难要求卖方或目标公司投入很大力量配合我方提供按中国会计准则编制的审计报告。参考以往案例,中联重科、中海油服等境外收购案例均采用了提供目标公司会计准则差异报告的替代方案。

五、国内中介的国际布局起步较晚,整体水平仍待提高

跨境并购具有高风险、高收益、专业性强等特点,除企业自身业务判断外,还涉及财务、法律、融资、审批等多个专业领域,客观上需要相关专业中介的保驾护航。从国际众多成功案例看,拥有得力的中介团队是跨境并购取得成功的关键竞争要素。通常来看,一项跨境交易中,最为常见的是财务顾问、审计税务顾问和法律顾问。此外,根据每项交易的不同特点,往往还需要公关公司、技术顾问或汇兑风险对冲机构等专业机构的参与。

我国企业大规模"走出去"始于 2005 年,特别是 2007 年以来开始高速增长,与此同时,国内中介机构也开始配合国内企业,探索开展国际业务。尽管目前本土中介机构已在海外拓展方面取得了长足发展,但由于起步较晚,且需综合权衡国内与国际、潜在收益与实际成本等利弊,导致中资中介无法大规模进行全球性布局,较难获得一手项目资源,也很难深入了解当地市场和目标公司实际情况。目前真正具备跨境项目操作经验及执行能力的本土中介机构仍然有限。为此,境内公司不得不依赖国际中介机构的支持。反之,这也制约了内资中介机构的国际业务开展,形成恶性循环。据统计,近 5 年来,参与前十大中国企业跨境并购交易的财务顾问中,除中国国际金融有限公司外,其余全部为外资机构。

第三节　完善我国上市公司跨境并购制度的政策建议

如前文所述,较未上市企业而言,以上市公司作为收购主体开展跨境并购具有较大的优势,例如:上市公司的运作更加透明、规范,在目标国市场往往更容易获得认可;上市公司拥有更为灵活、宽广的融资平台,可以更好的服务于跨境并购的交易结构设计;此外,考虑到我国现行国有经济的特点,较全资国有集团而言,以上市公司为收购主体可以在一定程度上淡化"政府背景",降低政治敏感性。为此,建议相关部门积极完善对上市公司跨境并购的政策支持,鼓励更多的上市公司"走出去"。具体建议如下:

一、统筹协调相关部门,简化审批程序、缩短流程

复杂耗时的审批程序在一定程度上降低了我国上市公司开展海外并购的积极性。在全球化时代,鼓励企业以市场化的形象合情合理地表达自我商业理念,降低中国企业的政治色彩,将有助于中国企业快速融入国际市场,提高综合竞争力。跨境并购是具有高度复杂性的企业行为,涉及多层次的、瞬息万变的宏观、行业和微观情况,只有真正理解行业、与并购结果利益相关的主体,才有充分的动力去认清形势、规避风险、控制成本,并最终完成并购。因此,建议充分提倡企业在海外并购中的自主性,建立简化、明确的市场化审批体制。具体考虑如下:

（一）尽快推出境外投资指导性法律,理顺相关监管体系

一些学者呼吁由全国人大制定《跨境并购促进法》以统筹协调境外投资的政策,但是,制定这部法律的难度不小。一方面是因为境外投资瞬息万变,许多东西不适合写进法律之中,即使立法也只能从纲领上进行确认,另一方面也容易引起其他国家的忧虑。因而,当前情况下最可取的路径就是由国务院制定国家层面的境外投资条例,由该条例来统领协调各部门的政策,然后,在适当的时候再过渡到立法层面。另外,各个立法部门也可定期整理本部门与境外投资有关的规定,编辑法典或手册,以供企业参考。

（二）在某些市场化程度较高的交易中允许采用事后备案制

国际市场瞬息变化,尤其是在并购领域,因而,建议尽量减少前置审批程序,相关部门可以从行业、投资额度等方面设置标准。对于所属行业市场化程度较高、交易金额不大的交易,可考虑在交易执行过程中进一步明确企业的主

体责任、强调中介机构的尽责义务,要求中介机构协助企业对交易风险进行把关,完善尽职调查环节,力求将收购风险降到最低。监管机构则不再对此类交易进行事前审核,而是采取事后备案。

（三）完善部际工作机制,减少审批环节、提供多层次支持

对于仍需审批的交易,可考虑简化现有多部委审批环节,提高工作效率。建立和完善境外投资联席工作委员会制度,进行"一站式"审核。联席工作委员会除了由各部委的官员组成,还需吸纳各方面的专业人士,比如行业专家、并购专家、法律专家等,充分发挥其高层的沟通协调功能,为企业提供各种实质性支持。

（四）简化审批内容,对交易实施宏观监控

将审核要点从对具体交易的关注,提升至对更宏观层面的监控。关键是控制总量、结构和方向,确保境外并购行为符合我国宏观政策,提高企业素质和国际竞争水平。交易细节由收购主体以及中介机构的专业人士自行把握。

（五）强化事后监管,建立持续评估体系,加强企业责任感

简化事前审批并不意味着放弃监管,建议强调企业在境外并购中的责任意识,通过持续跟踪、事后问责等方式形成长效的市场化监督体制。良好的事后评估体系能起到规范企业行动、避免短视行为的作用,往往比事前监管更能发挥积极的引导和监督作用。事后评估体系的有效性,是建立在科学、有效的评估标准,长期、定期的跟踪制度和与企业管理层利益挂钩的体制这三个基石之上的。考核结果将记入企业境外并购档案,作为下次审核的重要依据;同时,也可考虑对管理层事后问责,形成切实的约束机制。

二、健全政府职能,建立更加完善的海外并购支持体系

减少审核是最好的服务,但也只是最基本的服务。境外投资并非纯粹的企业行为,除了为企业提供对外投资手续上的便利之外,政府也应担负为企业的境外投资提供尽可能支持的义务。参考世界主要国家的做法,并结合我国社会主义国家的特点,建议有关监管机构在以下方面继续加强工作:

（一）设立专门的境外投资促进机构

国际上为促进境外投资的发展,基本上都建有相应的政策性金融机构,在不与商业性金融机构展开竞争的前提下和不以赢利为目标的原则下,通过为企业在海外经营项目所需资金提供长期低息贷款、为企业向商业性金融机构融资提供担保,促进企业发展对外直接投资。如美国的海外私人投资公司和日本的国际协力银行。借鉴国际经验,我国可以将进出口银行扩展为类似日本国际协

力银行的投资促进机构,专门负责境外投资融资,向符合融资条件但担保品缺乏的企业提供信用保证,弥补其信用不足,并为银行分担贷款风险。

进出口银行的参与,一方面可解决投资者的资金困难,另一方面可以提升境外投资项目的信用等级,鼓励境内、外金融机构向其融资。为弥补财政和政策资金不可能过大的缺点,也可效仿其他国家的做法,通过支持金融机构,来间接的支持企业境外投资行为。比如由银行为企业境外投资出具融资性保函,而政府基金则为银行的融资性保函提供再担保。这样,一方面政府有限的资金可以发挥杠杆作用,产生数倍的资金支持,另一方面有了政府基金的再担保,银行也可以大幅度降低融资性保函的费率,增加企业申请担保融资的积极性。

（二）构建有效的对外投资担保制度

企业进行对外投资,面临着汇率、征收、战乱等财产和收入损失风险,发达国家大多有较为完善的政策性和商业化保险制度,可以帮助企业在不同程度上化解对外投资风险,补偿企业对外投资的损失。

我国于2001年正式设立中国出口信用保险公司作为海外投资保险的承保机构,开展海外投资保险业务,但其目前的业务仍以出口信用保险为主,海外投资保险业务尚未步入正常轨道,其业务规定相当笼统,缺乏可操作性。并且,对外投资保险制度仅以出口信用保险公司业务规则的形式进行规定,层级不高,效力不够。

因而,建议尽快将对外投资保险制度上升至法律层面,在法律上构建有效的对外投资保险制度,对被保险人资格、承保标的、承保范围、投保手续等做出合理的规定。除政策性保险公司以外,也应采取措施鼓励商业性保险公司进入对外投资保险领域。

（三）完善企业对外投资税收支持政策

日本、韩国等国家对外投资的发展与本国的对外投资税收优惠等政策性支持措施不无关系。从各国的实践来看,税收优惠政策主要包括税收抵免、税收绕让、纳税延迟、亏损弥补等几个方面,综合运用各种税收优惠政策是其共同特点。此外,为了鼓励企业的特定行为,许多国家还采用了具有导向性的税收制度,如美国为激励企业在劳动力廉价的发展中国家建立生产基地,规定对本国产品国外加工的重新进口免征关税,韩国为了促进海外资源开发,规定对从事海外资源开发事业所获得的收入免征所得税等。目前,我国的境外投资税收政策手段单一、覆盖面窄、目标不清晰,也缺乏明确的产业和区域导向,并且企业境内外之间的盈亏不得互相弥补,导致我国企业在跨国竞争中不占优势。

因此,应效仿对外投资大国的税收优惠政策,减轻我国企业境外投资的税收负担。在具体实施上，可实施灵活的差别性优惠，鼓励特定的对外投资行为，比如，鼓励产能过剩行业的对外投资等。此外，我国一些国有企业在对外投资中享受到的许多政策，并未惠及到民营企业，而今后随着我国民营经济的进一步发展，民营企业将逐渐成为对外投资的主体，这种歧视性政策将影响我国"走出去"战略实施的力度与广度，宜尽早改变。

（四）不断完善中国企业对外投资的市场信息及咨询服务

为了使企业对境外投资环境有比较全面的了解，在此基础上做出正确的投资决策，对外投资大国的政府都很重视为本国企业提供境外的经济信息和投资机会等情报。比如美国的小企业局通过设立全天候的计算机电话答询系统处理海外投资企业的信息事项，并设有专门网站和图书馆为企业提供各种经营管理方面的资料；韩国进出口银行也设立了海外投资调查部等专门机构，负责整理和收集有关各国的经济、政治信息并及时向本国企业提供咨询服务。

由于对外开放时间不长、国际化经验不足以及语言文化等方面的障碍，我国企业，尤其是中小企业，在对外投资中也面临着信息不足的问题。因此，为解决海外投资信息不足的问题，我国应完善政府在对外投资中的服务职能，构筑由政府和民间、专业团体与综合团体组成的信息收集、研究、咨询网络，使企业在"走出去"之前能够充分了解境外投资目的地的政治、经济、金融、税收、文化，避免投资的盲目性和随意性，提高我国企业海外经营的成功率。

（五）制定专门针对中小企业的措施

世界上许多国家都出台了鼓励中小企业赴国外投资的措施，中小企业赴境外投资有其独特的优点，如比较容易本地化，也不容易引起东道国的抵触等。我国工信部也出台了一系列关于中小企业境外投资的支持措施，如设立了中小企业国际市场开拓资金，支持中小企业境外办展、国际认证、宣传推介等，另外工信部每年也与其他机构合作举办中国国际中小企业博览会，期间专设"亚欧中小企业合作交流馆"，并邀请中小企业发展有特色的国家作为博览会的主宾国，介绍境外投资机会。

当前，我国国有企业的对外投资比较容易受到政治壁垒和安全审查等的影响，而我国的中小企业大多为民营企业，在国有企业受到限制的时候，中小企业正好可以发挥出生力军的作用。在具体措施上，可以给中小企业提供最大限度的税收优惠，也可以成立中小企业境外投资的保险机构和投资机构，以促进有比较优势的中小企业走出国内，参与全球竞争。

三、放开以股份为对价的支付方式,制定相关配套政策

商务部"6号令"和"战投管理办法"显然已无法适应实际需要。建议相关部委整体协调,制定专门针对上市公司跨境并购单独的相关法律法规,以适应上市公司以股份为支付对价的特殊要求,更好地借助资本市场的融资平台作用。若考虑制定政策的复杂性和时效性,建议可通过解释说明等方式,先对现行规定进行修改完善,重点考虑针对上市公司跨境并购交易而言,放开"6号令"及"战投办法"中的相关限制,更好地促进A股上市公司以股份为对价开展跨境并购的发展。相信随着相关制度的完善,我国上市公司必将打开以股份为支付对价的通道。

四、进一步拓宽并购融资途径、丰富融资方式

跨境并购的市场化程度较高,往往对融资到位的确定性和时效性提出较高要求。为提升A股上市公司跨境并购的总体水平,除建立高效的外部监管体系外,还必须切实解决好融资问题。为此,有关监管机构应支持进一步拓宽A股并购融资渠道,特别是可考虑建立"并购配套融资"机制,促使资本市场融资可与并购交易有效衔接。

（一）设立储架发行机制

借鉴国际经验,建立储架发行机制。可以考虑根据发行人的公司资质、信息披露水平等做分类处理。例如,对于资产规模大、信息披露水平高的公司可以适当地给予融资自主权;事先授权其一定融资额度,同意其在一定时间内,根据具体资金需求和资本市场情况,择机发行股份进行融资,而不用再进行申报或仅需履行简要报备程序。另外,可考虑允许先不予明确募集资金投向或仅明确为流动资金需求。

（二）扩大配套融资的范围和额度

目前推出的重组配套融资已受到市场的广泛关注和支持,已实施或公告多家案例。下一步,应在总结现有经验的基础上,进一步发展并推广配套融资的模式,将重组同时配套融资的范围进一步扩展到以现金作为支付对价的项目中,拓宽上市公司并购的融资渠道。同时,应考虑将目前25%的配套融资比例适当提高,更好地促进上市公司充分发挥资本市场的融资平台作用,推动并购重组的发展。

（三）放松对债券市场的管制

在发达的资本市场,企业发行债券比股权融资更简便,企业债市场也往往

是资本市场中最大的组成部分,但我国债券市场发展严重不足。为满足并购需要,应改变债券的多头管理体制和过多的行政性限制,增大发行额度,扩大利率浮动范围,方便企业通过高息债券、可转换债券、票据等方式筹集并购资金。

（四）进一步拓展其他融资方式

国际发达资本市场上,上市公司通常灵活采取多种方式进行融资,配合并购资金需求。建议从鼓励创新、鼓励多种主体资金促进并购市场发展的高度出发,逐步放松金融管制,允许更多战略性资金进入海外并购,鼓励联合并购。在提高监控和监管水平前提下,可逐步允许投资银行、社会保险资金、商业保险资金、信托资金等全方位进入并购融资领域。拓宽境外融资渠道,大力鼓励和推进并购基金、并购债券等融资方式,关注上市公司重组中的机会,参与到重大资产重组、杠杆收购、私有化等交易中来,为并购方提供新的资金支持。

五、搭建能够适应跨境并购市场惯例的政策体系

建议有关监管机构尽快研究制定针对上市公司的跨境并购制度,如重新制定新的法律法规存在操作难度,可考虑通过案例指引及法规解释等多种方式,建立更加灵活、更加有效、更加可行的专门针对上市公司跨境并购的监管体系,切实推动 A 股上市公司跨境并购的发展。初步考虑,可先从如下两方面入手,并针对新问题、新情况,不断完善改进:一方面适当调整重大资产重组中与适应跨境并购不匹配的相关规定。例如,可不予要求对境外并购目标的进行评估,而采取财务顾问估值等灵活方式确定交易价格;如需进行评估,也应考虑取消在收益法预测下的盈利补偿责任。另一方面结合上市公司特点,合理简化境外并购相关要求。例如,发改委可考虑免除上市公司在对外公告前就跨境收购项目报送项目信息报告的义务。

六、强化上市公司内部风险控制体系建设

上市公司内部自治能否充分有效地发挥作用,中介机构能否客观公正地发表专业意见,将对上市公司跨境收购的具体执行质量及相关风险的防范措施产生重要影响。因此,除了在相关规定上逐步放开外,为了促进市场参与者的积极性,同时从市场化的角度加强监管,建议进一步加强公司内部监督机制建设,从内部充分发挥公司治理和股东利益保障制度,从公司治理层面建立明确和清晰的跨境并购责任体系,以充分发挥公司治理结构的作用,强化股东利益保障机制。

此外,由于并购交易往往会对公司价值及资本市场表现产生较为直接的影

响,为更好地保护中小股东权益,维护资本市场秩序,上市公司内部应通过对内幕信息知情人员的职业道德培训及完善内部约束体系,从主观意愿及客观条件等方面,切实加强内幕交易管理制度建设及完善。

七、着力发展本土中介机构,助力海外并购,促进归位尽责

跨境并购需要具有国际视野和经验的以投资银行为代表的诸多中介机构的参与。在西方企业跨境并购中,投资银行作为财务顾问,对企业并购融资起到了很好的参谋和媒介作用,并可以帮助企业制定合理的融资方案。据统计,国际知名投行的兼并重组顾问收入已经占到投资银行业务收入的1/3,利润率远高于发行承销业务。但是,我国投资银行仅具备投资银行的初级形态,我国投资银行当前所涉及业务领域,也主要集中在一级市场承销业务,并购业务则涉及较少。

因此,我国有关监管机构应从培育本土中介、保障国内企业、维护国家整体利益的高度出发,充分发挥本土中介机构在国内公司特别是上市公司开展跨境并购中的重要作用。也只有这样,随着中介力量的不断壮大,才能更好地配合、支持和推动我国上市公司跨境并购的发展,形成良性循环。具体可从以下方面加以推进:

一是在政策层面,要为投资银行创造有利的发展环境。政府应该在宏观上加以引导,拓宽投资银行的融资渠道,并积极推进投资银行之间的并购重组,鼓励大的投资银行到国外建立分支机构和进行国际并购,提高我国投资银行的国际化水平。

二是在投资银行层面,投资银行要将包括国际并购在内的并购业务作为未来主要的发展方向,不断创新。随着IPO资源的减少,并购业务必将成为投资银行的重要收入来源,投资银行要在金融产品方面不断创新,创立各种票据交换技术、杠杆收购技术等融资方式,这些金融工具的创新能为企业跨境并购提供多样的融资选择。

当然,我们已欣喜地看到,近年来,境内财务顾问服务中国企业开展跨境并购的案例逐步增多,专业水平也不断提高。为此,监管部门应适应市场发展需要将财务顾问推向前台,在上述放松监管的同时,以"财务顾问分道制度"作为配套措施,实行扶优限劣,强化财务顾问事前把关、事后督导作用,推动财务顾问归位尽责。同时,尽快推动财务顾问"明责、尽责、问责"的评价体系建设,从监管上市公司具体交易,转而以中介机构为监管主要抓手,逐步完善财务顾问分类监管制度,将收购监管制度与"分道制"结合,对于优秀的财务顾问在并购重组项目审核上给予快速通道制,形成良性循环,优化监管资源的合理配置。

第七章 中国上市公司
跨境并购经典案例评析

第一节 中国上市公司跨境并购经典案例概述

纵观近期全球并购市场,在各个地区、行业,都不乏有中国上市公司重量级的跨境并购交易。据统计,2006年至今中国上市公司跨境并购交易共计210单,其中公布金额的有205单,交易总金额为332亿美金。

从行业来看,2006—2012年,中国上市公司完成的跨境并购交易广泛分布在能源及矿产、IT、机械制造等20多个领域。从并购金额方面来看,金融行业以21笔并购案例、161.28亿美元的并购金额远超其他行业,其并购金额占并购总额的比例近五成,成就这一突出数据得益于2008年工商银行49.36亿美元收购南非标准银行及招商银行46.56亿美元收购香港永隆银行两笔巨额并购交易。能源及矿产行业紧随其后,2008年中海油服25.00亿美元收购Awilco、2009年兖州煤业29.92亿美元收购菲利克斯以及2010年中石油15.53亿美元收购Arrow Energy三笔大额收购案例推动能源及矿产行业收获125.73亿美元并购总额;此外再无行业并购总额超过百亿。

从并购案例数量上看,能源及矿产行业享有38笔最高上市公司跨境并购案例,占全部案例的18.10%,机械制造行业凭借35起并购案例位居第二。

中国上市公司跨境并购活动中,境外市场的活跃程度与其经济体的繁荣程度或资源丰富程度有一定关联。其中,亚洲凭借中国上市公司在香港、日本和东南亚国家的频繁并购活动,以71起涉及中国上市公司的跨境并购案例数及133.28亿美元的并购金额位列境外各洲之首;欧洲、北美洲也因其发达的经济水平在2006—2012年中成功吸引了多家中国上市公司前往拓展并购业务,两大洲中国上市公司跨境并购案例分别为57起、49起;由于大洋洲能源及矿产资源极其丰富,所以虽然仅有17笔涉及中国上市公司的跨境并购交易,但却以56.32亿美元的并购总额位居亚洲之后,主要是因为兖州煤业收购澳大利亚菲利克斯单笔金额就已达 29.92 亿美元,另外中石油收购 Arrow Energy 金额也达 15.53 亿美元;非洲虽仅有 11 起并购案例,但凭借 2008 年工商银行 49.36 亿美元收购南非标准银行的单笔巨额交易拉动,该洲并购交易总额高达 53.37 亿美元。

从发展趋势来看,随着中国国民经济实力的提高,从 2006 年起中国上市公司走出国门,进行跨境并购的案例逐渐开始增多,交易宗数逐年递增。

从并购模式来看,可谓种类繁多,多元化特征明显。有收购境外上市公司的,经典案例如中海油服收购挪威 Awilco;也有收购境外非上市公司的,经典案例如三一重工并购德国普茨迈斯特;有直接收购资产的,如中石化收购安哥拉、阿根廷等油气资产;也有收购公司股权的,经典案例如工商银行收购南非标准银行;此外还有少部分上市公司通过其母公司进行收购的,经典案例如烟台万华收购匈牙利化工企业。

第二节   收购境外上市公司

案例一   中海油服收购挪威上市公司 Awilco

【内容提要】

近年来,全球石油需求持续增长,海上油田勘探、开发及生产活动日益兴旺。中海油田服务股份有限公司(以下简称"中海油服")主要从事海上油田的勘探、开发及相关技术服务,公司的战略目标是到 2020 年成为国际一流的油田服务公司。为实现发展战略,公司一方面通过自身业务发展做大做强,另一方面希望通过收购兼并,重点发展海上钻井和油田技术服务能力。经过前期认真调研、分析和仔细筛选,中海油服决定在 2008 年对挪威奥斯陆交易所上市钻井公司 Awilco Offshore ASA(以下简称"AWO")发起全面要约收购。这也是中海油总公司系统继 2005 年竞购优尼科以来的首例成功的大型境外并购项目,对中海油持续贯彻"走出去"的战略部署具有深远的意义。

本次收购的交易总对价为 25 亿美元,是当时中国最大的海外全面要约收购项目,也是国内首例由一家 A+H 股的两地上市公司对一家境外上市公司发起的自愿要约收购,同时构成了 A 股的重大资产收购。项目涉及两家上市公司,横跨境内外多个资本市场、多个国家,对项目的执行质量提出了很高的要求。中海油服为项目推进做了大量的前期准备工作,制定了周密的收购方案和备选方案,历经前期调研、聘请中介机构、方案准备、尽职调查、公关、审批和贯穿始终的谈判等过程。由于三地监管体系以及相关规则的不同,增加了项目执行的难度,在国内相关监管部门的大力支持下,公司及中介机构团队克服重重困难,历经艰辛,充分准备,最终取得了较好的效果。收购过程总共历时约一年零十个月。2008年9月底,完成自愿性要约收购。中金公司为中海油服境外收购的财务顾问以及A股重大资产重组的独立财务顾问。

一、交易双方基本情况

（一）中海油服概况介绍

中文名称:中海油田服务股份有限公司

交易前总市值:884亿元人民币（交易前一交易日）

上市地:香港联交所,纽约证券交易所,上海证券交易所

1. 中海油服简介

中海油服是中国近海最具规模且占主导地位的综合油田服务供应商,操作着中国最强大的海上石油服务装备群,业务涉及石油天然气勘探、开发及生产的各个阶段,主要分为钻井服务、油田技术服务、船舶服务、物探勘察服务四大板块。中海油服不仅是中国近海实力最强大的钻井服务提供商,而且也是中国近海规模最大、实力最强的油田技术服务供应商,可提供包括测井、钻完井液、定向井、固井、完井及油田增产等方面的油田技术的专业服务。中海油服拥有中国规模最大、功能最齐备的近海工作船队,公司的经营作业区域目前已经扩展到印尼、缅甸、菲律宾、澳大利亚、阿联酋、伊朗和墨西哥等国家和地区,国际化发展态势初步形成。

收购AWO之前,中海油服运营15艘钻井平台,包括11艘自升式钻井平台、3艘半潜式钻井平台以及一艘租赁自升式钻井平台。此外,中海油服拥有和运营中国最多元化的海上作业船队,包括75艘工作船、4艘运油轮、5艘化学品船、8艘物探船以及4艘勘查船。拥有各种现代化的电缆测井、钻完井液、定向钻井、固井、完井、油田生产增产和修井等设施与设备。

2. 中海油服股权结构介绍

中海油服为A＋H两地上市公司,总股本为4 495 320 000股,其中A股为500 000 000股,约占总股本的11.12%;H股为1 534 852 000股,约占总股本的34.1%。

中海油服的控股股东和实际控制人为中国海洋石油总公司,截至2009年年底,海油总公司持有中海油服54.73%的股份。

海油总公司是根据国务院的批复于1982年2月15日在国家工商局注册成立的全民所有制企业,是经国务院批准进行国家授权投资的机构和国家控股公司

的试点机构。海油总公司的注册资本为 94 931 614 000 元人民币,主要从事中国海洋石油业务以及经国务院授权全面负责对外合作开采海洋石油、天然气资源的业务,享有在中国海域对外合作区块进行石油勘探、开发、生产和销售的专营权。

3. 中海油服历史沿革

2001 年 12 月 25 日,中国海洋石油总公司将五家从事钻井、油井服务和石油物探的公司合并为中海油田服务有限公司;

2001 年 12 月 29 日,中国海洋石油总公司将从事海上运输和补给的两家船舶公司合并,中海油将中海石油南方船舶有限公司和北方船舶有限公司合并为一家公司;

2002 年 11 月 20 日,中海油田服务股份有限公司在香港主板成功上市,股票代码为 2883;

2004 年 03 月 26 日,中海油田服务股份有限公司之股份可以第一级别美国存托凭证的方式在美国纽约的证券交易所进行交易,股票代码为 CHOLY;

2007 年 09 月 28 日,中海油田服务股份有限公司在上海交易所成功上市,股票代码为 601808;

2008 年 9 月 29 日,中海油田服务股份有限公司成功收购 Awilco Offshore ASA。

4. 中海油服主要财务指标

(1) 合并资产负债表主要数据

表 20　　　　　　　　　　　　　　　　　　　单位:百万元

项目	2008 年 12 月 31 日	2007 年 12 月 31 日	2006 年 12 月 31 日	2005 年 12 月 31 日
资产总额	56 659	23 089	13 130	9 710
负债总额	36 861	5 864	4 512	2 055
归属母公司股东权益	19 797	17 225	8 619	7 655

(2) 合并利润表主要数据

表 21　　　　　　　　　　　　　　　　　　　单位:百万元

项目	2008 年度	2007 年度	2006 年度	2005 年度
营业收入	12 430	9 242	6 365	4 798
营业利润	3 339	2 859	1 392	850
利润总额	3 307	2 867	1 450	957
归属母公司股东的净利润	3 102	2 238	1 128	821

（3）合并现金流量表主要数据

表 22　　　　　　　　　　　　　　　　　　　　　单位：百万元

项目	2008 年度	2007 年度	2006 年度	2005 年度
经营活动产生的现金流量净额	4 036	2 964	1 819	1 261
投资活动产生的现金流量净额	(20 624)	(5 344)	(1 758)	(1 358)
筹资活动产生的现金流量净额	14 239	7 008	1 401	(431)
现金及现金等价物净增加额	2 501	4 605	1 461	(528)

（二）Awilco Offshore ASA 概况介绍

AWO 是一家挪威海洋石油钻井公司，成立于 2005 年 1 月，并于 2005 年 5 月在挪威奥斯陆交易所上市。该公司是由挪威 Wilhelmsen 家族作为主要发起人出资设立并推动上市的。交易前 Wilhelmsen 家族持有约 40% 的股权，为第一大股东。

1. AWO 的主要业务及资产情况

（1）主营业务情况

AWO 于 2005 年 1 月在挪威成立，并于 2005 年 5 月在挪威奥斯陆交易所上市，主要从事海洋石油钻井业务，业务范围已覆盖了澳大利亚、挪威、越南、沙特阿拉伯和地中海五个国家和地区。交易前，AWO 拥有和在建的平台共 13 艘，包括已经投入运营的 5 艘新建自升式钻井平台及 2 艘生活平台，并有 3 艘自升式钻井平台和 3 艘半潜式钻井平台正在建造中。此外，AWO 还拥有再建 2 艘半潜式平台的选择权。AWO 主要为海上石油和天然气的勘探、开发和生产阶段提供钻井服务和海上支持服务。

（2）主要资产情况

收购前，AWO 拥有和在建的 13 艘平台配置齐全、设计合理、质量较好。拥有的平台大部分为新建投产平台，整体船龄较短。AWO 全部运营和在建平台及平台选择权的具体情况如下表所示：

表 23

序号	平台名称	平台类型	建造时间	最大作业水深（英尺）	建造地点
1	WilPower	自升式钻井平台	2006	375	新加坡 PPL
2	WilCraft	自升式钻井平台	2006	400	新加坡 Keppel FELS

（续表）

序号	平台名称	平台类型	建造时间	最大作业水深(英尺)	建造地点
3	WilSuperior	自升式钻井平台	2007	375	新加坡 PPL
4	WilBoss	自升式钻井平台	2008	400	新加坡 Keppel FELS
5	WilForce	自升式钻井平台	2008	375	新加坡 PPL
6	WilSeeker	自升式钻井平台	在建	375	新加坡 PPL
7	WilStrike	自升式钻井平台	在建	400	新加坡 Keppel FELS
8	WilConfidence	自升式钻井平台	在建	375	新加坡 PPL
9	WilPioneer	半潜式钻井平台	在建	2 500	中国烟台
10	WilInnovator	半潜式钻井平台	在建	2 500	中国烟台
11	WilPromoter	半潜式钻井平台	在建	2 500	中国烟台
12	Port Reval	半潜式生活井平台	1976 年建成为钻井平台,之后改为支持平台;2004 年改装为生活平台	1 500	日本
13	Port Rigmar	自升式生活平台	1979 年建成为钻井平台,1991 年改装为生活平台,2007 年进行大规模改造	300	新加坡
14	第四艘半潜式选择权	半潜式钻井平台	尚未行权	尚未确认	尚未确认
15	第五艘半潜式选择权	半潜式钻井平台	尚未行权	尚未确认	尚未确认

注:以上资料基于 AWO 被收购前的资产情况,资料来源于 AWO 2007 年年报

（3）平台运营和管理

AWO 的自升式钻井平台由 Premium Drilling 公司管理和经营。Premium Drilling 公司为一家由 AWO 和 Sinvest 按 50：50 比例于 2005 年共同组建的平台管理公司,总部位于休斯敦,其作业和市场推广办事处遍及新加坡、印度、越南、文莱、澳大利亚、中国、马来西亚和阿拉伯联合酋长国。截至 2008 年 4 月 1 日,Premium Drilling 公司共运营 11 艘新建的自升式钻井平台,其中 5 艘由 AWO 拥有。Premium Drilling 公司在全球范围内雇佣来自 25 个国家约 750 名

员工(包括合同工)。

AWO 的半潜式钻井平台由其斯塔万格办事处负责管理及运营,组织结构及员工招聘正按计划进行。AWO 的生活平台通过独立管理人 OSM Offshore AS 及 Polycrest AS 运营。

2. AWO 的股权结构、财务状况和市场表现

(1) AWO 股权结构

AWO 股份总数为 149 415 487 股,截至 2007 年 12 月 31 日,AWO 前十大股东持股情况如下:

表 24

股东名称	持股数(股)	持股比例
AWO AS	56625630	37.90%
UBS AG,London branch	10266400	6.87%
Folketrygdfondet	7302300	4.89%
Lehman Brothers Inc	5148947	3.45%
Deutche Bank (Suisse) S. A.	4689761	3.14%
Aweco Holding AS	3300000	2.21%
Pictet & Cie Banquiers	3026066	2.03%
Verdipapirfond Odin Norden	2007387	1.34%
Orkla ASA	2000000	1.34%
SIS Segaintersettle AG	1157448	0.77%

资料来源:AWO 2007 年年报

(2) AWO 的财务状况

下表所示 AWO 截至 2007 年 12 月 31 日前 2 年的财务信息,摘自根据欧盟采用的国际财务报告准则编制的经审计财务报表,AWO 截至 2008 年 3 月 31 日前 3 个月未经审核的简明业绩,摘自根据国际财务报告准则第 34 号中期财务报告准则编制的 AWO2008 年第一季度报告:

表 25　　　　　　　　　　　　　　　　　　单位:千美元

	2008 年 3 月 31 日	2007 年 12 月 31 日	2006 年 12 月 31 日
总资产	1 979 418	1 752 677	1 193 581
总负债	1 464 330	1 256 177	706 272
净资产	515 088	496 500	487 309

（续表）

	截至 2008 年 3 月 31 日止 3 个月期间	2007 年度	2006 年度
销售收入	87 402	203 524	75 686
除税及少数股东权益前损益	27 968	36 054	（3 419）
除税及少数股东权益后损益	20 697	26 177	（1 664）

（3）AWO 的股价表现

2008 年 AWO 的股价变化具体情况如下图所示：

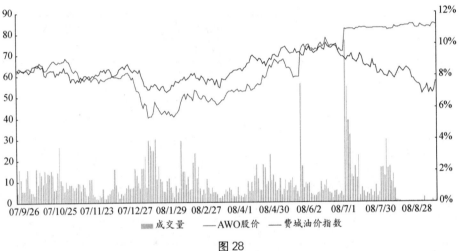

图 28

注：股价单位（挪威克朗）

二、收购的背景及动因

（一）中国海上油气产量持续增长

受近年来全球石油需求的推动，全球海上油田勘探、开发及生产活动极其旺盛，对海上油田服务的需求高速增长。中国海油作为国家石油公司，以保障国家经济发展和能源安全为己任，将继续保持油气产量持续稳定增长。预计到2010 年，我国海上标准油产量将达到 5 000 万吨以上，是国家能源战略的重要组成部分。海洋油气潜力巨大、投资比重不断增加，向深水发展是新的趋势。为实现这些目标，需有相应的海上作业能力作保障，因此中海油服需要扩充装备，以满足海上油气勘探开发和产量持续增长的需要。

（二）国际市场环境变化

随着石油需求的不断增长,石油价格长期看涨,海洋石油尤其是深海石油的开发成为趋势,国际上新一轮钻井平台建造高峰期来临,世界各地船厂的订单均已排到 2010 年。与此同时,国际海洋石油钻井行业新的格局正在通过兼并收购形成:2007 年,全球最大的两家海洋钻井公司 GlobalSantaFe 和 Transocean 合并,占领全球约 20％的钻井市场份额;与此同时,印度的 Aban 公司和挪威的 Seadrill 公司并购挪威钻井公司。

为执行国家能源战略,保障国家能源安全,中国海洋石油总公司在大力发展中国海洋石油的同时,从 2005 年收购尤尼科开始,大举展开了拓展海外市场的步伐。几年来,海外业务发展迅速。中海油服一直以来积极配合总公司的发展,也取得了很好的成绩。在国际化的进程中,装备、技术等的相对落后,成为国际化进程中的壁垒,中海油服急需在装备和技术领域大力发展以满足总公司的发展要求。

在这种国内、国际行业形势下,再建装备来不及满足当前需要,收购成为一种选择。

（三）中海油服的战略目标

中海油服 2002—2008 年收入的复合增长率为 28％,净利润的复合增长率达到了 42％,为公司的进一步发展奠定了基础,在中国近海的市场,公司已经占据了主导地位,国际化是公司的发展方向。公司管理团队经验丰富,锐意进取,在国家石油战略的高度上结合自身情况提出了近期、中期和长期的战略目标。

（1）近期目标:到 2010 年,成为具有一定国际竞争力的区域化国际油田服务公司;

（2）中期目标:到 2015 年,成为具有较强国际竞争力的国际化油田服务公司;

（3）长期目标:到 2020 年,成为具有强大国际竞争力的全球油田服务行业跨国公司。

中海油服上市后,经过五年快速发展,形成了较好物质积累和经济基础,为实现跨越式发展创造了条件。而在今后 13 年中,仅靠内源式有机增长将无法达到 2020 年的战略发展目标。纵观全球行业发展史,原始积累靠有机增长、跨越式发展靠兼并收购,已被公认为企业发展并做大做强的必由之路。随着中海油服的经济实力不断提高,将逐渐选择以收购和战略联盟方式作为跨越式发展的主要举措之一。

钻井板块作为中海油服各业务板块中的龙头,参与国际竞争的优势最为明显,对公司的收入和利润贡献最大,对其他板块业务的拉动效应最为明显,最易形成先发优势;油田技术的发展是解决油田勘探、开发、生产等环节难题的关键,能够为整个公司发展带来增值效应,逐步形成后发优势。因此,中海油服将钻井板块和油田技术板块的发展作为首要发展任务,把相关收购机会列为首要目标。

(四) 改善自身资产状况

AWO 拥有的平台的规格和成新率都非常高,大多数运营平台交付使用才不到 1 年,当时在建的平台预计将陆续投产,因此通过本次收购,将能使中海油服的作业装备得到快速补充,海上钻井作业能力大幅提升。

钻井平台的寿命通常在 30 年左右,这样长的一个寿命周期能够跨越几次经济周期的变化,短期经济周期的变化对钻井平台的影响不大。

收购 AWO 之前,中海油服的平台规模为 15 座,自升式钻井平台的平均船龄为 18.2 年,半潜式钻井平台的平均船龄为 23.5 年,平均船龄已经超过了 20年,有几艘已经将近 30 年,且深水作业能力不足,能够作业的最大水深不到 600米,无论数量、性能都无法满足战略发展的需求,在自身有机发展的同时,兼并收购是最及时有效的解决方案。通过并购,将有效优化船龄结构和作业水深结构,进一步巩固和拓展海内、外海洋石油市场,实现公司发展战略目标。

(五) 拓展海外市场

由于中海油服具有勘探、开发和油田技术一体化的服务能力,AWO 的多数平台都带有国际作业的合同,收购的钻井业务将能够带动中海油服一体化服务的延伸。AWO 当时在建的平台具有动力定位等适合北海深水服务的能力,AWO 具有欧美企业的运营管理经验,加上本身具有的欧洲血统,使得中海油服对北海市场的开发具有一定的优势。

中国的企业进入欧美市场通常比较困难,通过本次如购,中海油服可以直接得到欧美油公司的合同,在国际市场上建立良好的品牌效应,为今后的国际化发展打下基础。

三、收购方案

(一) 交易概况

2008 年 7 月 7 日,中海油服宣布将用全现金自愿全面要约收购方式,收购 Awo Offshore ASA 100% 股权,要约价格为每股 85 挪威克朗,相当于股权价值 25 亿美元。此次收购得到了 AWO 董事会的推荐,AWO 大股东(拥有 AWO 约40% 的股权)承诺接受要约。交易符合市场一般惯例的收购生效条件,要约期为 4 周。截至 8 月 15 日要约期结束,股份缴纳比例达到 98%,顺利达到预设目标。8月26日,中海油服股东大会全票通过收购议案。9月18日,获得证监会正式批准,至此要约生效条件全部满足。9月底,股份交割,项目正式完成。

（二）挪威市场要约收购相关规定

在挪威市场,要约收购需按照《证券交易法规》（Securities Trading Act）的相关规定执行,并受到奥斯陆证券交易所的监管。挪威市场要约收购的关键事项:

（1）"挤出机制":若收购方持有公司90％以上的股份,可以强制收购剩余的股份。强制收购没有时间限制,如果剩余的少数股东不接受收购方提供的价格,收购价格将由法院裁定。

（2）同一类型股份的持有者必须受到同等对待。只有当收购方能够证明上市公司不同类型的股份长期存在价差,才被允许向目标公司不同类型股份的持有者提供不同的收购价格。此类案例很少。

（3）权益披露要求:当投资者持有的股份比例或拥有的表决权达到、超过或低于5％,10％,20％,33.3％,40％,50％,66.7％和90％时,须立刻向奥斯陆证交所披露。要约收购期限内,同样需要按照上述要求披露。

（4）要约报告书相关要求:在公告强制要约前,要约报告书须获得奥斯陆证交所批准。《证券交易法规》对要约报告书的基本内容做了规定。要约报告书需要寄发给所有在册股东。若要进行换股要约,则要求更为严格,需要获得对于发行股份的批准。

（三）关于交易方案的考虑

本次收购的基本方案为:通过发出自愿要约收购,在获得AWO 90％以上的股权后,行使小股东强制挤出的权利,收购AWO 100％的股份并使其下市。本次要约收购的生效条件设置如下:获得AWO 90％的股份接纳本次要约,获得所有中国政府相关监管部门的批准,获得中海油服股东大会的批准,其他相关的保护性条款。

1. "自愿要约收购"或"强制要约收购"

经过研究,本次交易可以采用以下两种收购方式来进行:

（1）强制要约收购方式:向目标公司的控股家族收购其持有的42％的股份,然后以强制性全面收购要约方式向其他股东收购剩余股份。

根据挪威当地法律,如果收购方收购完成一家挪威上市公司超过40％的股份,则该方将负有对剩余股份持有人发出强制性全面收购要约的义务。根据挪威法律,强制性全面收购要约必须是无条件地向剩余股份的持有人承诺以特定价格收购其持有的目标公司的股份。此外,提出强制性全面收购要约也具有其他苛刻的要求。

鉴于本交易需事先取得中国监管部门、香港联交所及股东的批准,而强制性全面收购要约不可附带先决条件。因此,该交易模式给予公司的灵活性较少,时间方面不容易协调。

(2)自愿要约收购方式:先由控股家族提供不可撤销承诺,再由收购方提出自愿性全面收购要约,最终通过强制收购来完成交易。

当收购方通过前面提到的自愿性全面收购要约取得目标公司超过90%的股份,根据挪威当地法律,收购方可强制地要求持有剩余不足10%股份的股东出售其持有的目标公司股份,而该等股东必须接受收购要求;通过此方式,收购方能将收购的股份扩大至100%,将目标公司私有化,撤销上市地位。

收购方可能面对的风险是,持有剩余10%股份的股东虽然不可对收购作出反对,但可对收购的价格提出争议;如有股东提出争议,将会由法院裁定目标公司股份之公平价格。这将涉及对目标公司股份的评估,需时可能很长,并且法院裁定的价格是可以高于当初要约收购价格。但收购方只需向提出争议的股东支付法院裁定的价格。

自愿要约收购的结构更为灵活,收购方可在预先设定的先决条件被满足的前提下才完成收购,更适合于本次交易的实际情况,最终被选用。

2."独自收购"或"组团收购"

在项目交易方案的考虑中,最初设计了两种方案,一种是引入财务投资者组团进行联合收购,另一种是独自进行收购。

经过项目前期的多方考察,并聘请了挪威当地的公关公司协助工作,发现"中国面孔"等非经济因素对于挪威市场的此次收购影响并不大。此外,采用贷款融资更能节省融资成本,而且公司有能力进行独自融资收购。在并购后的运营中,私募基金股权投资者对收购项目和后续运营整合关注较少,在运营管理方面并不能提供很大的支持,并且,与私募股权投资者的谈判非常复杂。基于上述考虑,公司放弃了引入私募基金投资者进行组团收购的方案。采用了独自收购的方案。左图是中海油服独自收购的方案示意图。

从税收和风险隔离角度考虑,在独自收购的方案中,设计了三级特殊目的公司,即香港 SPV、新加坡 SPV 和挪威 SPV,以挪威 SPV 为收购主体向 AWO 发出收购要约。

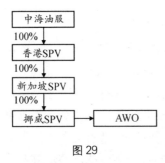

图29

3. 融资方案

本次收购的融资方案主要考虑境内、境外两种途径。境内由国家进出口银行提供 8 亿美元贷款,中海油服利用 1.99 亿美元自有资金组成;境外由海外银团提供 15 亿美元的贷款,即完成本次并购的融资。下图是本次交易的融资方案示意图:

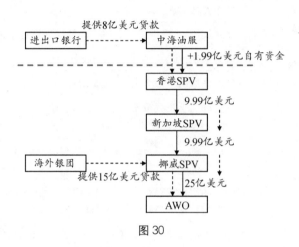

图 30

四、交易进程回顾

(一) 前期准备阶段

表 26

关键时点	工作进展
2006 年 11 月	锁定目标公司 AWO,开始前期调研和准备工作。
2007 年 8 月	公司领导层正式决策推进项目;选聘中介,项目正式启动。
2007—2008 年	持续准备工作;谈判、监管机构沟通等。
2008 年 5 月	取得发改委的原则性批复。
2008 年 6 月初	与 AWO 就核心条款达成一致,项目进入执行倒计时。

(二) 项目执行阶段

表 27

关键时点	工作进展
2008 年 6 月 13—26 日	完成为期两周的现场秘密尽职调查。
2008 年 7 月 7 日	项目在挪威、香港和国内三地公告。

（续表）

关键时点	工作进展
2008 年 7 月 18 日	国内发出股东大会通知,公布重大资产收购报告书。 香港发出股东通函。 挪威市场自愿要约收购期开始,收购期为四周。
2008 年 7 月 21 日	获得发改委正式项目核准。
2008 年 8 月初	获得国资委、商务部批文以及外管局外汇资金来源审查批准。
2008 年 8 月 15 日	股份缴纳比例达到 98%,顺利超过 90% 的预设目标。
2008 年 8 月 26 日	中海油服召开股东大会,全票通过收购议案。
2008 年 9 月 18 日	获得证监会正式批准。 至此,要约生效条件全部满足。
2008 年 9 月 29 日	完成交割。通过自愿要约收购获得的 98.66% 股权顺利过户至中海油服名下。
2008 年 10 月 23 日	中海油服完成对剩余 1.2% 股权的强制收购,通过强制收购取得的目标股份过户至中海油服名下。
2008 年 10 月 30 日	挪威奥斯陆交易所批准目标公司股票退市。目标公司股票的最后一个交易日为 2008 年 10 月 31 日。

五、交易实施效果

（一）业务规模显著提升

本次交易完成后,中海油服在船队规模、结构和业务收入等各个方面均有了显著提升:

1. 船队规模大幅提升

本次交易完成后,截至 2008 年年底中海油服投入运营的钻井平台已由 16 艘增加到 22 艘,船队规模和作业能力大幅提升,跃升为全球第 8 大钻井服务提供商。

2. 船队结构更为优化

新增平台有效改善了中海油服运营船队的船龄结构,整体船队更加年轻化。预计随着中海油服在建平台的陆续投产,船队规模和作业能力将得到进一步增强,能够为国内外客户提供更加全面、优质的服务。收购之前,中海油服的自升式钻井平台的平均船龄是 18.2 年,半潜式钻井平台的平均船龄是 23.5 年。AWO 的自升式和半潜式平台的船龄分别是 2.9 年和 1.5 年。收购之后,中海油服的自升式和半潜式平台的船龄分别为 13.7 年和 14.1 年。

3. 收入贡献显著

CDE公司(COSL Drilling Europe AS)在并入中海油服后为中海油服2008年度贡献收入9.13亿元,占到中海油服2008年总收入的7.3%。收购完成后,中海油服的总资产、总收入和营业利润均显著提升。

表 28

单位:亿元	2007	2008	2009
营业总收入	92.42	124.3	183.45
增长(%)		34.5%	47.6%
营业利润	28.59	33.39	41.66
增长(%)		16.8%	24.8%
资产总计	230.89	566.59	609.33
增长(%)		145.4%	7.5%
负债合计	58.64	368.61	386.28
增长(%)		528.6%	4.8%
股东权益	172.25	197.98	223.06
增长(%)		14.9%	12.7%
经营活动产生的现金流量	29.64	40.37	56.05
增长(%)		36.2%	38.8%

(二)协同效应逐步显现

2009年,中海油服的钻井服务全年实现营业收入101.4亿元,同比增加41.0亿元,增幅达67.8%。中海油服的自升式钻井平台作业同比增加2 533天,其中CDE运营的平台作业增加2 073天,占比达81.8%。CDE在显著提升中海油服钻井业务规模的同时,也逐步实现了预期的与其他业务之间的协同效应。2009年CDE在中国海域作业的5艘自升式钻井平台带动了中海油服油田技术服务作业量的显著增加。油田技术服务全年实现营业收入45.2亿元,较上年同期增加17.3亿元,增幅达61.7%。受CDE钻井平台高日费的拉动影响,在2009年油田服务行业服务价格整体低迷的环境下,中海油服的平均日费率仍维持了上年同期水平并略有上升(见下表28)。

表 29

（万美元/日）	2009	2008	涨跌幅
自升式钻井平台	12.0	11.6	3.4%
半潜式钻井平台	18.8	17.9	5.0%
生活平台	19.6	16.7	17.4%
平均	13.4	12.9	3.9%

通过本次交易，中海油服的服务区域进一步扩展，国际化水平得到了提升。CDE 在建的平台陆续交付使用后，中海油服将有机会与更多国际一流石油公司建立客户关系，从而进一步增加国际业务带来的收入。

（三）满足了中国海油的市场需求

收购完成后，中海油服的装备能力大幅度提高。由于 2008 年金融危机的影响，海外钻井市场出现萎缩，进入了不景气周期，为保障中国经济发展所需能源的供应，中国海洋石油勘探开发的形式并没有改变，中国海洋石油还在加大勘探开发的力度，中海油服将原 AWO 的 5 条钻井平台服务于中国海洋石油有限公司，保障了中国海洋石油的开发。

（四）境内外市场和媒体反映

本次收购公告后，项目在境内外市场得到了广泛的关注，市场反馈均较为正面和积极。

1. 媒体评论

（1）本次交易抓住了良好的收购时机

"现在收购资产看来是精明的。石油巨头正越来越多地使用中海油服和 Awilco 等公司制造的深水平台，因为容易开采的陆上油气资源正在枯竭，迫使它们勘探更远的水域……目前全球仅有大约 180 座这样的深水钻井平台，另有 90 座正在建造之中，2012 年可交付……正在建造的平台多数已被预订"

——英国《金融时报》

"油田服务业在高油价的'烘烤'下正呈现出前所未有的繁荣局面……Awilco 对中海油服是个好机遇……收购 Awilco 不仅能够拓展中海油服的业务范围，也能够扩大深海作业范围，这不仅有利于中海油服本身，也符合中海油总公司的整体战略"

——《经济观察报》

（2）本次收购能使中海油服获得深水钻井能力，提高核心竞争力

"获得深水钻探能力，是该项收购的核心价值之一"

——《21 世纪经济报道》

"中海油服若能将其收入麾下，便可形成新的利润增长点"

——《金融时报》

"收购除了是中海油田扩展国际业务的重要一步，也令主要在浅海作业的中海油田具备深海钻井能力"

——《明报》

（3）收购策略恰当、未引起政治质疑

"Now, CNOOC is testing the waters in the West with a safer, more strategic approach"

——《华尔街日报》

"中海油服对 AWO 的收购因为并不涉及油气资源的争夺，所以并没有引起西方政客们的反对"

——《21 世纪经济报道》

2. 资本市场评论

交易公布后，资本市场反映良好，多家市场分析师提高或维持中海油服的估值预测，认为有关收购价格合理，符合中海油服长远发展战略。

（1）美林：调高 COSL 投资评级由"中性"升至买入，对交易持正面看法，认为作价合理：

"收购可提升 2009 年至 2010 年的盈利 20％；

"虽然收购价格看似较高，但通过这次收购中海油服可节省 3 至 4 年的建设时间，并承接 30 亿美元的 2010 年合同。"

（2）花旗：认为收购能为中海油服带来利润增长，维持"买入"评级。

（3）德意志银行：认为收购对中海油服属正面消息，维持"买入"评级：

"收购将增加中海油服钻井平台数量，提升实质的作业能力，有助进军新市场及促进实践中海油服的海外扩展计划；

"若收购成事，预期于 2010 年开始提供盈利，届时估值有望提升 4％至 5％。"

六、借鉴与思考

本次交易是国内首例由一家 A＋H 股的两地上市公司对一家境外上市公司发起的自愿要约收购，同时构成了 A 股的重大资产收购。本次交易涉及境内外两家上市公司，需要兼顾中国证监会和挪威奥斯陆交易所的相关规定以及境内外投资者的商业习惯，而两国资本市场的监管规则、信息披露要求以及商业习惯等又存在着很大的不同，对于本次项目的顺利推进提出了巨大的挑战。在实践中，财务顾问结合境内外的监管精神和理念，以保护广大 A 股公众股东的利益为基本出发点,提出了相关的解决方案,获得了证监会的大力支持,也给今后的类似项目提供了可参考的经验。项目在执行中碰到的由于两地差异所带来的执行难点和相关解决思路如下:

（一）A股上市公司海外收购对于目标公司的相关信息披露

按照《上市公司重大资产重组管理办法》的规定,A股公司重大资产收购需要履行较为详尽的信息披露义务。其中,最为核心的是目标公司最近两年的财务报告和审计报告。但如果收购目标是一家境外上市公司,在收购完成前提供按照中国会计准则和收购方会计政策编制的目标公司的财务报告和审计报告,可能存在操作难度。

在上市公司无法提供中国会计准则下的财务报告和审计报告的情况下,建议要求上市公司:

在收购完成前,在重大资产报告书中说明原因和充分提示风险。

在收购完成前,由上市公司对目标公司与其采用的会计准则和政策差异出具说明。存在重大差异的,需提供量化的说明和分析;不存在重大差异的,由上市公司董事会/管理层做出承诺。由具有资格的审计师对上述说明出具意见。

在收购实施完成后的三个月内,提供按照中国会计准则和收购方会计政策编制的财务报告和审计报告。

（二）交易对方提供的承诺和保证

根据《上市公司重大资产重组管理办法》及其配套文件要求:重大资产收购的交易对方需对其所提供信息的真实性、准确性和完整性等进行承诺和保证。

由交易对方对其所提供信息的真实性、准确性和完整性等做出承诺和保证是对A股上市公司包括海外收购在内的收购交易行为的最佳保护,有利于降低收购风险,保护投资者权益;特别是对于财务信息的保证,可以降低由于在收购完成前对目标公司的历史数据无法实施审计带来的潜在的风险。

但公开收购境外上市公司的交易,可能较难获得上述"承诺和保证"。

公开收购境外上市公司的交易能否获得"承诺和保证"和交易的性质、每个市场的商业习惯有很大的联系,建议还需具体情况具体分析。

在无法获得对方的"承诺和保证"的情况下,收购方需认真考察和研究目标公司所在交易所的信息披露制度和监管体系,包括对上市公司信息披露的要求和相应的监管惩罚制度。如果收购方依据目标公司公开披露的信息进行了收购,在收购后发现以前公开披露的信息有误或者有重大信息未及时披露,是否可以有权追溯相关方的责任,比如目标公司的原管理层、原董事等。收购方还需认真考察目标公司以往的历史记录是否良好,比如历史审计意见以及审计师的资质。此外，聘请经验丰富、信誉良好的专业中介机构进行尽职调查也有助于降低收购风险。

（三）独立财务顾问对估值的分析

根据《上市公司重大资产重组财务顾问业务指引》，财务顾问需要对重大资产收购交易所涉及的资产定价和股份定价（如涉及）进行全面分析，说明定价是否合理。

在公开收购境外上市公司的交易中，要约收购一般将持续数周，并且，股东往往倾向于在要约期结束前才缴纳股份。如果在境外要约尚未结束时，收购人在国内发布包含有详细估值和定价分析的独立财务顾问报告，将可能对境外市场产生影响。境外市场目标公司尚未缴纳股份的股东、其他对目标公司有意的竞购者，很可能通过收购人在国内的相关公告揣测收购人的价格底线或者进一步提高要约价格的意图，从而影响要约收购的成功概率。

在涉及公开收购境外上市公司的交易中，根据具体情况，可允许收购方独立财务顾问将详细的估值分析报告作为申报材料呈报，但避免在公开披露的独立财务顾问报告中披露重要的价格敏感信息，特别是关于目标公司未来的预测数据。

（四）境外收购中，A股上市公司中介机构职责的讨论

根据规定，A股上市公司重大资产收购需要聘请具有相关证券业务资格的中介机构，比如独立财务顾问、律师事务所、审计师等，对重大资产收购交易出具意见。但在境外收购项目中，由于大部分的国内财务顾问、律师事务所等中介机构仅在国内一地经营，没有境外的分支机构，并没有能力对境外的事宜发表意见。因此，上市公司对境外目标公司进行尽职调查还需依赖于具有境外能力的财务顾问、律师事务所以及财务税务尽职调查机构等。为了满足A股的监管要求，境内的中介机构往往受自身能力局限难以对境外中介机构的意见进行独立核查，而直接引用境外中介机构的意见。简而言之，涉及境外收购的重大资产收购中，对于境内中介机构（特别是律师事务所）所承担的责任要求在某些情况下超过了其能力范围。

对于上市公司境外收购项目而言，建议对上市公司聘请的境外专业中介机构也需形成相关的监督约束体制，以使上市公司能更好的控制境外收购的风险。

（五）境外收购中，境内外监管程序的衔接问题

在A股上市公司的境外收购中，如果境外收购涉及公开市场操作，则由于境内外各国监管机构的监管理念和法规存在差异，往往会大幅增加项目的执行

和协调难度。

以中海油服海外收购项目为例,本次收购涉及 1 家 A＋H 股两地上市公司,自愿要约收购 1 家挪威奥斯陆交易所的上市公司;同时触发 A 股的重大资产收购、H 股的主要交易以及挪威市场的要约收购程序。在交易程序设计上需要兼顾中国大陆、香港以及挪威交易所三地监管机构的要求,给项目的执行带来了一定的挑战。

境内外资本市场监管体系的差异是客观存在的,国内上市公司的境外收购也必须在我国证券市场相关法律法规的框架下进行。在我国资本市场与国际资本市场逐步接轨、我国企业海外扩张进程日益加速的大背景下,境内证券市场监管规则与海外市场监管规则的兼容性如果能进一步加强,将有利于我国企业贯彻国家“走出去”的战略方针。

案例二　招商银行收购永隆银行

【内容提要】

2008 年金融风暴席卷全球之时,招商银行成功收购了具有 75 年历史的香港本土第四大银行永隆银行 100％股权。这是 2001 年以来亚洲最大的银行并购案,也是迄今为止中资银行最大的一宗跨境并购案,被英国《金融时报》称之为“不可复制的案例”。

香港银行业市场一直由汇丰、渣打等大银行主导,本土的中小家族银行难以与之抗衡,生存发展较为艰难。虽然近年不断有一些香港家族银行出售股权的消息传出,但真正对外放盘的机会非常少见。当伍氏家族对外宣布出售永隆银行控股权时,一时间多家银行纷纷加入了竞购的行列。总部毗邻香港的招商银行,多年来始终坚持“业务网络化、资本市场化、发展国际化”的既定战略方向,自然不会错过这个拓展香港市场、实施国际化战略的良机。

招行收购永隆银行是招行发展历史上一次重大的战略举动,是招行国际化前进道路上的一块重要里程碑,对于招行深入拓展香港市场,加快国际化、综合化布局,为目标客户提供更全面、更优质的境内外一体化金融服务具有深远的战略意义,同时也能为中资银行通过并购方式走向国际市场积极探索道路、积累宝贵经验。

本案例介绍了招行收购永隆行的背景和动因,回顾了招行在第一轮投标失利的情况下,坚持原则、科学判断、积极努力,在与实力雄厚的工行和澳新银行的竞标中脱颖而出,赢得了伍氏家族持有的股权,并最终收购了永隆银行 100％股权的经过,分析了收购方案中的技术问题以及整合措施及效果,并提出了一些借鉴和思考。

一、交易各方基本情况介绍

（一）招商银行简介

招商银行股份有限公司（以下简称"招行"）成立于 1987 年，总部位于中国深圳，业务以中国市场为主。截至 2011 年 12 月 31 日，招行在中国大陆的 100 余个城市设有 87 家分行及 801 家支行，2 家分行级专营机构（信用卡中心和小企业信贷中心），1 家代表处，2 031 家自助银行，1 家全资子公司——招银金融租赁有限公司；在香港拥有永隆银行有限公司和招银国际金融有限公司等子公司及一家分行（香港分行）；在美国设有纽约分行和代表处；在伦敦和台北设有代表处。招行的分销网络主要分布在长江三角洲地区、珠江三角洲地区、环渤海经济区域等中国相对富裕的地区以及其他地区的一些大中城市，并与 106 个国家及地区的 1 713 家海外金融机构保持着业务往来。

25 年来，招行依靠自身资源和努力，从一个区域性银行发展成为中国具有相当规模和实力的全国性商业银行。2002 年 4 月，招行在上海证券交易所上市（股票代码：600036）。2006 年 9 月，招行在香港联合交易所上市（股份代号：03968）。

招行以"力创股市蓝筹，打造百年招银"为发展愿景，向客户提供各种批发及零售银行产品和服务，亦自营及代客进行资金业务。招行推出的许多创新产品和服务广为中国消费者接受，例如："一卡通"多功能借记卡、"一网通"综合网上银行服务、双币信用卡、"金葵花理财"和私人银行服务等。

截至 2011 年末，招行资产总额人民币 2.79 万亿元。2011 年全年实现净利润人民币 361.29 亿元，同比增长 40.20%；ROAA 和 ROAE 分别达到 1.39% 和 24.17%；核心资本充足率和资本充足率分别为 8.22% 和 11.53%；不良贷款率为 0.56%。

收购永隆银行前，截至 2007 年末，招行资产总额人民币 1.31 万亿元。2007 年全年实现净利润人民币 152.43 亿元，同比增长 124.36%；ROAA 和 ROAE 分别达到 1.36% 和 24.76%；核心资本充足率和资本充足率分别为 9.02% 和 10.67%；不良贷款率为 1.54%。

（二）永隆银行简介

永隆银行是香港联交所上市银行，起源于伍宜孙先生 1933 年在香港创办的"永隆银号"，到 2008 年有 75 年历史，是香港历史最悠久的银行之一。1973 年永隆银行改组为有限公司，1980 年在联交所上市。永隆银行被招行收购之前的基本情况如下：

2007 年末，永隆银行总股本为 2.32 亿股，主要股东为伍氏家族，合计持股 62.6%。下图为永隆银行的股东结构。

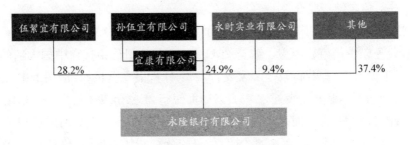

图 31　永隆银行股权结构（被收购前）

永隆银行是香港本土以资产计第四大独立商业银行。在整个香港银行业中，永隆银行处于中等规模，总资产排名位列香港上市银行第 10 位。2007 年底总资产达 930 亿港币，存款达 705 亿港元，贷款达 419 亿港元，在香港市场份额分别为 0.9%、1.2% 和 1.5%。2007 年净利润 13.7 亿港元，较上年度下降 17.4%，每股收益 5.91 港元；资产回报率为 1.54%，股本回报率为 11.5%；资本充足率为 14.7%，核心资本充足率 12.3%；不良率为 0.26%，不良贷款拨备覆盖率达 141.9%。

永隆银行的主要业务包括零售及公司银行、资金及保险。永隆银行提供全面的银行相关产品和服务，包括存款、贷款、票据、外汇、银团贷款、企业融资、信用卡、电子银行、强基金、财富管理服务等。永隆银行还通过旗下子公司提供租赁、受托、代理、保险、期货经纪及证券经纪服务。

永隆银行在香港设有 35 家分行及 41 台自动提款机，在国内有深圳分行、上海分行及深圳南山支行和广州代表处 4 家分支机构，在美国洛杉矶及开曼群岛各有 1 家分行。截至 2008 年 3 月 31 日，员工总数为 1 676 人。

永隆银行董事会成员共 11 名，其中独立董事 4 名，7 名非独立董事中有 6 名为伍氏家族成员，设有常务董事 4 人，伍步高（董事长）、伍步刚（副董事长）、伍步谦（行政总裁）及钟子森先生。有 3 名伍氏家族的第三代成员在永隆银行工作。

二、并购的背景及动因

改革开放以来，我国对外开放取得了巨大成就，通过实施"引进来"与"走出去"相结合的战略，形成了全方位、多层次、宽领域的对外开放格局，实现了从封闭半封闭经济到全方位开放的伟大历史转折。对外贸易方面，2008 年，我国进出口贸易总额达到 25 616 亿美元,比 1978 年增长 123 倍,进出口贸易占 GDP 的比重为由 1978 年的 9.7% 提高到了 2008 年的 59.8%,货物贸易进出口额占世界贸易总额的比重由 1978 年的 0.8% 提高到了 2008 年的 7.9%,在世界贸易中的位次由 1978 年的第 29 位提高到了第 3 位。引进外资与对外投资方面,1979—2008 年,我国累计实际使用外资金额 10 498 亿美元,截至 2008 年年底,已有来自世界 211 个国家和地区的外商在华投资;对外投资从无到有,2003 年,我国非金融类对外直接投资仅 29 亿美元,2008 年已上升到 407 亿美元,目前,国内 7 000 多家境内投资主体在全球 170 多个国家和地区设立境外直接投资企业已超过 1 万家。国际旅游和教育文化交流方面,入境旅游人数从 1978 年的 180.9 万人次增加到 13 003 万人次,出境人数由 1993 年的 374 万人次增加到了 2008 年的 4 584 万人次,来华留学人数由 1978 年的 1 000 人左右增加到 2008 年的来自 189 个国家和地区共 22.3 万人,出国留学人数由 1978 年的 860 人增加到了 2008 年的 17.98 万人。上述数据有力地说明,中国已经完全融入到了经济全球化的浪潮之中,并且在世界经济舞台上发挥着越来越重要的作用。

金融是经济的核心,中国经济的全球化,必然会提出金融服务的国际化要求。银行业作为我国金融体系的主体,在金融开放中担当着义不容辞的重要使命。近年来,我国银行监管部门一方面在加强审慎监管、确保国家经济安全和银行业风险可控的前提下有序引进外资银行,另一方面在中资银行公司治理机制逐步完善、资本实力得到加强、经营管理水平不断提高的基础上,积极鼓励条件成熟的中资银行"走出去",大力拓展海外市场,发展海外业务,促进我国银行业国际竞争力和影响力的不断提升,实现自身的长期可持续发展。

招商银行作为国内领先的商业银行,早在 1999 年就提出了国际化战略,这是招商银行"业务网络化、资本市场化、发展国际化"三步走战略的重要一环,是多年来始终坚持的既定战略方向。招商银行提出国际化战略的主要出发点:一是要跟随客户走出去,招行的许多客户已经走出国门,迫切需要招行提供跟随式金融支持和服务;二是要积极开拓海外市场,寻求新的利润增长点,对冲国内市场竞争日益激烈以及未来需求放缓的风险;三是要努力补强国内业务,将在海外市场学到的经验和培养的能力运用于国内市场;四是加快建立海外平台,在合规前提下积极引入海外市场产品在国内销售。

中资银行走出去,主要有两个途径,要么开分行,要么并购,但无论哪种选择,首选香港都是明智之举。因为一方面香港作为国际金融中心,拥有全球最成熟、效率最高、国际化程度最高的金融体系,香港的银行都是在充分的市场竞争中成长起来的,首先进入香港可以积累国际化经验,试水国际金融市场;另一方面,香港与大陆同根同文,最适合作为进军国际市场的桥头堡,因此站稳和打开香港市场是实现海外发展的关键一步,而且通过并购香港本地银行比自己直接新设网点可以降低拓展难度,加快进程,赢得先机。

尤其是对于招商银行而言,首选香港更有着其他大多数中资银行所不具备的独特优势。因为招商银行总部在深圳,40%的客户在珠三角。粤港一界之隔,习俗相同、语言相通、文化相近,沟通交流十分方便,并购后的整合难度低、成功率高。此外,招商银行是以零售业务见长的银行,而香港富人众多,人均拥有财富显著高于内地城市,因此香港零售金融市场对招行有着巨大的吸引力。具体来说,并购永隆银行对招行的重要作用有以下几点:

(一)并购永隆银行有助于招行进一步拓展香港市场

招行在香港设有分行,同时在香港拥有全资的投行机构——招银国际,但从近几年的经营和发展情况来看,由于香港市场竞争异常激烈,无论是香港分行还是招银国际,其在香港的市场份额都比较有限,市场影响力较小。而永隆银行作为香港本地历史悠久的银行,已经拥有了一定的市场份额和客户群体,如对其实施并购,可直接利用其原有的市场影响力、信誉、客户基础、营销网络以及长期以来构建的运作制度和人才体系,迅速打开香港地区市场,拓展业务网络,对招行未来的海外布局和业务发展具有积极意义,是招行国际化战略的重要一步。

(二)并购永隆银行有助于招行改善和优化业务结构

与国内商业银行相比,永隆银行的收入来源较为多样化,尤其是非利息收入占比为46.70%,已经接近国际先进银行的平均水平。永隆银行保险业务占比达到15.59%,证券经纪业务占比13.33%,信用卡收入占比为到2.49%。同时,永隆银行在零售银行业务方面具有一定的竞争优势,尤其是在按揭业务上更具有较强的竞争力。因此,并购永隆银行将对招行业务结构调整及零售银行发展战略目标的实现具有积极作用。

(三)并购永隆银行能够帮助招行在一定程度上继续推进综合化经营战略目标

香港实行金融混业制度,永隆银行本身就是一个典型的银行控股集团,其旗下拥有保险、证券、信托、期货、财务等多个全资子公司。招行并购永隆银行,可以一举取得多种金融业务牌照,并通过这些子公司进行相关业务运作,在香港市场率先实现招行的综合化经营目标,同时也可为招行将来在国内市场全面开展综合化经营储备人才、积累经验、积蓄力量。

（四）并购永隆银行可以充分发挥协同效应

尽管永隆银行也有许多不足之处，如家族式银行的公司治理结构不尽合理、在大陆的网点资源明显不足、经营活力相对缺乏、业务增长相对缓慢、市场份额不高等，但招行并购永隆银行，正好能够改善其不足，通过资源共享、优势互补、各显所长、有机整合与高效联动，达到 $1+1>2$ 的协同效应。从网点看，永隆银行和招行基本没有重叠(永隆银行在国内仅四家机构)，几乎没有网点重新布置的整合成本，能迅速增强招行在香港的网点覆盖率；从客户看，永隆银行的公司客户主要集中于香港，不少企业与内地特别是珠三角有紧密的业务联系，双方客户群重复较少，可以向双方互补的客户群进行交叉销售；从业务看，永隆银行在内地尚未打开局面，而招行在香港发展也比较缓慢，双方可以通过分享各自的业务优势，在各个业务领域相互借鉴学习和交叉销售，提高服务和开发新产品能力。此外，并购后双方也可以考虑在后台操作方面进行整合，节省开支进一步降低银行运营成本。

（五）并购永隆银行能进一步增强招行的市场地位

招行总资产在国内银行业排名第六，但与紧跟的浦发、中信、民生等相差不大。据了解，国内工商银行、建设银行、交通银行、民生银行等都有意参加竞购永隆银行。倘若其他股份制银行成功并购永隆银行，其资产规模将接近招行，会进一步增强其市场地位和声誉，从而对招行的市场影响力带来不利影响。永隆银行是香港本土银行的典型代表，若招行成功并购永隆银行，不但可以进一步巩固招行的市场地位，还可以会为招行带来一定的市场声誉。

三、并购方案介绍和分析

招行收购永隆银行并非一蹴而就，而是步步为营，先取得控制权，而后发起全面要约收购，最后完成 100%股权收购。每一步面对的对象不同，收购方案也有一定的区别。

（一）第一次收购

1. 收购股数

招行有条件地收购永隆银行 123 336 170 股股份，约占永隆银行总股本232 190 115股的 53.12%。

2. 收购价格

收购价格由招行与卖方按公平基准并参照以下各项商议及厘定：(a) 永隆银行股份在香港联交所的最近期价格表现，(b) 截至 2007 年 12 月 31 日止，年度的永隆银行股东应占经审核合并净利润约港币 1 371 514 000.00 元，(c) 永隆银行集团截至 2007 年 12 月 31 日止的经审核合并净资产约港币 12 480 103 000.00 元，(d) 招行对永隆银行的审慎尽职调查后对其价值的必要调整。

最终确定招行以每股港币 156.5 元的价格收购永隆银行股份，总计需支付约港币 193.02 亿元。每股价格相当于：

（1）永隆银行股份于 2008 年 5 月 30 日暂停买卖前最后一个完整交易日即 2008 年 5 月 29 日，在香港联交所所报收市价每股永隆银行股份港币 147.40 元，溢价约 6.17%；

（2）永隆银行股份于 2008 年 5 月 30 日暂停买卖前最后连续 5 个完整交易日，在香港联交所所报平均收市价每股永隆银行股份约港币 148.66 元，溢价约 5.27%；

（3）永隆银行股份于 2008 年 5 月 30 日暂停买卖前最后连续 30 个完整交易日，在香港联交所所报平均收市价每股永隆银行股份约港币 142.64 元，溢价约 9.72%；

（4）永隆银行股份于 2008 年 2 月 12 日［即最近就有关可能出售目标股份之报道（2008 年 2 月 13 日）前的最后一个完整交易日］在香港联交所所报平均收市价每股永隆银行股份约港币 88.85 元，溢价约 76.14%。

3. 收购方式和对价支付方式

招行以现金方式收购永隆银行股份，对价支付方式如下：

（1）招行于签订《买卖协议》时向卖方支付订金港币 9.65 亿元，其中 5.13 亿元支付给伍絜宜有限公司，4.52 亿元支付给伍宜孙有限公司及宜康有限公司；

（2）对价余额港币 183.37 亿元须由招行于目标股份收购完成日期向卖方支付，其中港币 9 741 918 819.07 元付给伍絜宜有限公司，其余港币 8 595 086 255.67 元付给伍宜孙有限公司及宜康有限公司。

4. 卖方的承诺

每一卖方承诺，在《买卖协议》签署日期和目标股份收购完成期间内，他们以及永隆银行集团，将正常进行各自业务。除非招行另有书面同意或除非与卖方已披露的事项有关，各卖方亦承诺：

（1）不会发售或赎回其任何股本（股东或从属债务）；

（2）不会宣布、作出或支付任何股息或其他分配（2008 中期股息除外）；

（3）不会就任何个别金额超过港币一亿元之个人责任、索赔、行动要求或争议的诉讼或仲裁程序作出妥协、和解、免除或解除任何责任、索赔、行动、要求或争议或放弃任何权利。

各卖方亦承诺目标股份收购完成前之期间尽可能确保及目标股份收购完成后之期间尽可能合理协助,由永隆银行的外部核数师审核永隆银行截至 2008 年 6 月 30 日六个月的合并资产负债表、损益表及现金流量表及须于目标股份收购完成前或 2008 年 9 月 30 日或之前(以较后者为准)向招行提交有关合并资产负债表、损益表及现金流量表之副本。

5. 招行的承诺

招行尽力维持永隆银行管理层及员工的长期稳定性和持续性,承诺在目标股份收购完成日期后至少 18 个月内不会终止任何永隆银行集团职员的雇用,但在一些有限的特定的情况下除外,同时将尽力向每一卖方提供有关其获取各项必要批准之进展的定期更新信息。

6. 完成条件

目标股份收购须待下列条件达成后,方告完成:

(1) 招行股东大会批准本次收购;

(2) 已取得完成本次收购所需的中国政府有关审批机关的所有批准;

(3) 招行及招行的任何控股公司或其他控权人已在有关期间内获香港金融管理局批准或不予反对为永隆银行大股东控权人,而招行拟于目标股份收购完成时委任的永隆银行行政总裁及董事亦已获香港金融管理局批准;

(4) 招行及招行的任何控股公司或其他控权人已在有关期间内获香港证监会批准为永隆证券有限公司及永隆期货有限公司各自的大股东;

(5) 招行及招行的任何控股公司已在有关期间内获香港保险业监督批准或不予反对为永隆保险有限公司的控权人。

两份《有关永隆银行已发行股本的买卖协议》应在完成日期同时完成。

如任何上述完成条件于最后终止日晚上 11 时 59 分或之前尚未达成或被书面豁免,则《买卖协议》立即自动终止,而卖方或招行均无义务完成目标股份收购。

7. 涉及本次收购的其他安排

(1) 可能进行的无条件强制性现金收购建议

根据香港法律,招行须于目标股份收购完成后就所有已发行永隆银行股份(已为招行或与招行一致行动人士于提出全面收购建议时拥有或同意收购的股份除外)提出全面收购建议。

(2) 本次收购的资金来源

招行有足够的资源来完全满足本次收购的需要。本次目标股份收购完成后,资本充足率仍保持在 8% 以上。招行将通过选择发行国内次级债、国际次级债、国际可转债以进一步增强资本实力。本次收购最终选择了发行次级债方式。

8. 强制收购和撤回上市地位

如果招行在发出综合收购建议后的 4 个月内收购不少于 90%的建议收购股份，招行有意按照香港法律的规定强制性地收购未根据全面收购建议收购的永隆银行股份。在完成强制收购后，按计划永隆银行将成为招行的全资子公司，并将根据《香港联交所上市规则》，申请撤回永隆银行股份在香港联交所的上市地位。

假设招行并无进行上述强制收购，招行董事以及将获招行委任加入永隆银行的新董事将共同及个别地向香港联交所承诺采取适当措施，确保永隆银行于全面收购建议结束后符合《香港联交所上市规则》项下最低公众持股量的规定。

（二）第二次收购

招行完成永隆银行 53.12%股份的协议收购之后，根据香港监管要求，向永隆银行的公众股东提出了全面收购建议，方案的要点如下：

1. 收购标的

永隆银行 108 853 945 股股份，占永隆银行总股份的 46.88%。

2. 收购价格

收购价格与协议收购一致，为每股港币 156.5 元。若收购全部完成，招行总计需支付约港币 170.36 亿元。但招行保留在收购超过永隆银行 75%股份后不受上述价格约束的权利。

3. 接纳期间及修订

全面收购建议于 2008 年 10 月 6 日（星期一）发出，自当天起可供接纳，直至 2008 年 10 月 27 日（星期一）下午四时整为止。招行保留根据《收购守则》修订或延长全面收购建议的权利。

全面收购建议可于截止日期前任何时间修订。若全面收购建议予以修订，该项经修订之全面收购建议将自向永隆银行股份寄发修订通知书之日起计至少 14 日内继续可供接纳。

4. 撤回权利

由于全面收购建议在所有方面均为无条件，故永隆银行股东提交的全面收购建议接纳不可撤回，且不可撤销，除非《收购守则》所允许情况或招行未遵守全面收购建议有关公告的条款时除外。

四、并购方案主要技术问题分析

（一）收购主体的选择

根据收购主体的不同，招行对永隆银行的收购可以选择以下四种方式进行：一是招商银行直接收购，二是招商银行设立 BVI 公司收购，三是通过招银国际金融有限公司（招商银行 100％控股的香港注册的子公司）收购，四是由招银国际设立 BVI 公司收购。

无论采用上述哪种方式，在收购过程中，银监会、发改委和外管局的审批都是境内审批的必经环节；在香港，香港金管局则会对银行的持有人是否具备适当的条件保证机构健全及谨慎管理进行审查。

招银国际金融有限公司受香港证监会监管，若由其或其下属的 BVI 公司作为收购主体，虽然收购项目本身无需取得香港证监会的批准，但是香港证监会需要对收购的财务安排和资料等进行查询，并要求招银国际金融有限公司定期报告，不利于招银国际与其下属 BVI 公司运营的灵活性。

如果通过设立 BVI 公司收购，虽然招行可隐身幕后，但当时并不比招行直接收购在税收方面有优惠，且设立 BVI 还需商务部审批，又多一个审批环节。

因此，最终招行选择直接以“招商银行股份有限公司”作为收购主体，发起对永隆银行的收购行为。

（二）确定估值

为确定对永隆银行的收购报价，招行分别采用了股息折现法、可比交易分析法和控股权溢价法三种方法对永隆银行进行了估值，并综合考虑了竞争对手报价等因素，最终确定了对永隆银行的报价。以下简要说明了第一次收购报价的确定过程。

1. 股息折现法

招行预测了永隆银行 2008—2013 年的股息派发金额，并假设以 2.25 倍市净率、12.5 倍市盈率、3.5％的永续增长率和 8.5％的折现率，计算剩余价值。在此方法下，不考虑协同效应，永隆银行的价值为每股 118—149 港元。从长远考虑协同效应，永隆银行的价值为每股 169—200 港元。

2. 可比交易分析法

招行选取了 2000 年以来香港和澳门 13 起银行并购交易中最相关的 3 宗交易案例，进行了对比分析。一是 2007 年中国工商银行收购澳门诚兴银行交易，这是港澳地区最近的一宗银行并购交易；二是 2006 年日本信用保证集团收购亚洲商业银行的交易，这是香港最近的一宗银行并购交易；三是新加坡星展银行(DBS)收购道亨银行的交易,这是 2001 年以来唯一一宗被收购对象在规模上与永隆银行可比的银行交易。按照上述三宗交易的中值(市净率 3.18 倍,市盈率 22.4 倍)正负 10%的范围计算,永隆银行的估值分别为每股 162—198 港元(市净率 3.18 倍上下浮动 10%)及每股 118—144 港元(市盈率 22.4 倍上下浮动 10%)。

3. 控股权溢价法

由于永隆银行出售的是控股权,购买控股权通常有一个溢价,因此招行还采取了控股权溢价法。在香港历史上,上市金融机构控股权被收购的交易很少,可参考的交易仅有 3 个银行交易和 1 个保险公司交易。从收购目标的盈利能力来看,4 笔交易中,星展银行收购道亨银行(50%的溢价)以及富通收购盈科保险的交易(70%的溢价)是与永隆银行交易最具相关性的可比交易。在此方法下,以永隆银行出售消息公布前 30 天的加权平均价每股 89.7 港元为基础,得出永隆银行的价值为每股 135—153 港元。

综合考虑以上测算方法及竞争对手可能的报价策略,招行初步认为对永隆银行的投标价格应在 2.5—3.5 倍 PB 估值,即每股 135—188 港元。考虑到永隆银行 2008 年一季度出现的亏损和永隆保险业务不可分割,最终的交易价格确定为 156.5 港元,为永隆银行 2007 年末经审计后每股净资产的 2.91 倍。

(三)两次收购

招行对永隆银行 100%股权的收购实际上是由两次收购行为组成,第一次是通过协议方式,收购了控股股东伍氏家族 53.12%的股权,第二次是根据香港《收购守则》,招行向公众股东发出全面要约收购建议,收购了永隆银行其他股东持有的 44.7%股权,并在此基础上,按监管规则强制收购了剩余的 2.18%股权,最终取得了永隆银行 100%控股权。

(四)收购永隆银行的商誉确认

完成永隆银行收购后,招行根据财政部《企业会计准则(2006)第 20 号——企业合并》(以下简称《准则》)的规定对收购永隆银行产生的商誉进行确认,具体处理方式如下:

1. 确定购买日

确定购买日是确认企业并购合并报表商誉的关键要素。

《准则》第十条规定:参与合并的各方在合并前后不受同一方或相同的多方最终控制的,为非同一控制下的企业合并。购买日,是指购买方实际取得对被购买方控制权的日期。同时,根据《企业会计准则讲解(2008)》第 321 页:满足以下条件时,一般可认为实现了控制权的转移,形成购买日。有关的条件包括:

（1）企业合并合同或协议已获股东大会等内部权利机构通过。

（2）按照规定，合并事项需要经过国家有关主管部门审批，已获得相关部门的批准。

（3）参与合并各方已办理了必要的财产权交接手续。

（4）购买方已支付了购买价款的大部分（一般应超过50％），并且有能力、有计划支付剩余款项。

（5）购买方实际上已经控制了被购买方的财务和经营决策，享有相应的收益并承担相应的风险。

招行收购永隆银行过程中的主要时间点如下：

2008年6月27日，招商银行召开2007年度股东大会，表决通过了《关于招商银行股份有限公司收购永隆银行有限公司的议案（包括其后可能进行的全面收购建议）》，至此招商银行对永隆银行控股权益的收购已获董事会、股东大会等内部权力机构通过。

截至2008年9月18日，招商银行顺利获得了中国银监会、中国人民银行、国家外汇管理局、香港金融管理局、香港证监会和香港保监处等境内外监管机构对于协议收购需要的所有审批，股权交割所需内外部条件已全部具备。

2008年9月30日，招商银行在香港举行收购永隆银行控股权益交割仪式，招商银行向伍氏家族支付完毕收购价款，办理了必要的股权转让手续。同时，招商银行取得永隆银行53.12％的股权，招商银行的代表占永隆银行董事会超过半数，招商银行马蔚华行长担任董事长，并委任招商银行副行长朱琦为永隆银行的行政总裁。根据永隆银行的公司章程，招商银行取得了永隆银行的财务和经营决策控制权，并享有相应的权益、承担相应的风险。至此，确认购买日的5个条件全部满足。

因此，招行以2008年9月30日为协议收购的购买日，并据此确认相应商誉。

2. 确认商誉

《准则》第十三条规定：购买方对合并成本大于合并中取得的被购买方可辨认净资产公允价值份额的差额，应当确认为商誉。

以2008年9月30日为购买日，经中介机构评估及会计师审计，永隆银行的购买日可辨认净资产公允价值为128.98亿元。按照招行持有的53.12％股份比例计算，归属于招行股东的永隆银行购买日可辨认净资产公允价值为68.52亿元。

经会计师审计，招行收购永隆银行53.12％股份的合并成本为170.29亿元。合并成本大于永隆银行购买日可辨认净资产公允价值 101.77 亿元,即为协议并购商誉。

五、并购交易进程回顾

(一)慎重决策,参与竞购

早在 2007 年 8 月,市场上就出现了"建行将全面并购永隆"的传言,但永隆银行公告否认。2008 年 2 月初,香港几家投行分别在市场透露消息,称伍氏家族正在寻找买家,拟出售其拥有的永隆银行控股股份。2008 年 3 月,据香港本地传媒报道,香港永隆银行两大股东分别委任瑞士信贷集团和瑞士银行作为财务顾问,负责出售其所持永隆银行股权。同时,美国彭博社报道,包括工行、建行、交行在内的多家大陆银行有可能参与竞购香港永隆银行,澳大利亚澳新银行和香港本地的渣打银行也有意参与竞购。直至 3 月 19 日,永隆银行董事长伍步高正式宣布他和他的家族愿意出售永隆银行 53.1% 的家族股份,但当时还未就并购进行任何正式的谈判。

3 月 12 日,就在伍氏家族宣布出售永隆银行控股权的前一周,永隆银行控股股东的卖方财务顾问瑞士信贷、瑞士银行正式向招行发出了招标邀请函,邀请招行参与永隆银行 53.1% 股份的竞购,并要求招行最迟于 3 月 26 日中午 12 点前提交非约束性标书。

对于一直以国际化发展为战略方向的招行来说,永隆银行的并购是一个非常难得的机会窗口,尤其是控股权并购可以触发全面要约收购,最终取得香港本土第四大银行 100% 控制权,这样的机会更是可遇而不可求。而且永隆银行规模大小较为适中,如果价格合适,对永隆银行的并购应当在招行的财务实力可承受范围之内。2008 年 3 月 17 日,招行专题讨论了本行参与收购永隆银行事项,经慎重研究和通盘考虑,认为并购永隆银行对于招行大力拓展香港市场,坚定不移地实施国际化战略有着不言而喻的重要意义和长远价值,正式决定参与永隆银行竞购。

(二)第一轮投标结果突变,竞标权失而复得

1. 确定投标价格

招行作出参与永隆银行竞购的重大决策之后,立即紧锣密鼓地展开了各项相关准备工作。2008 年 3 月中旬,招行内部成立了永隆项目工作小组,与聘请的财务顾问、法律顾问、会计顾问、物业评估顾问等中介机构,一同进行尽职调查及相关分析,并按照卖方财务顾问招标邀请函的要求准备投标书。

由于香港银行业现存的收购机会不多,且有多家国内外银行计划竞购永隆

银行,竞价预计将非常激烈,伍氏家族很可能将香港和澳门近期已完成的可比银行并购交易作为估值基础,还有市场传闻伍氏家族出售永隆银行的底价约为3倍市净率,以永隆银行2007财年约53港元的每股账面价值计算,3倍账面值相当于每股价格159港元。

　　为提出一个合理的投标价格,招行在财务顾问的协助下,使用股息折现法、可比交易分析法和控股权溢价法等三种方法对永隆银行进行了估值测算,初步认为投标价格应在2.5—3.5倍PB,即每股135—188港元,与永隆银行3月11日78.95港币的收盘价相比有70％—139％的溢价。

　　招行董事会和高管层对投标价格高度重视,多次与中介开会讨论投标价格,并听取了关于标书的情况汇报。综合考虑对手可能的报价和自身理性报价的因素以及第一轮投标为非约束性投标,董事会确定了第一轮投标的两项报价原则:一是争取入围,二是不做价格第一。招行以此原则报价,参与了第一轮投标。

　　2. 招行未入围

　　但标书投出去之后,招行方面迟迟未得到反馈。经过多方打听,得知招行的投标价格排在第三位。招行慎重研究之后,认为招行首轮出价是经过永隆项目工作小组和顾问中介进行认真估值分析后所得,不应该为了入围而盲目提高价格。

　　4月2日,根据中介机构和媒体消息反馈,工行、交行和澳新银行进入第二轮投标,招行由于报价低且需要融资等原因未能入围。据市场传闻,三家最后入围的银行均拟以直购方式提购,其中工行以全现金向永隆提购,成功竞购呼声最高。

　　就在招行认为竞购永隆已经无望的时候,竞购又出现了戏剧性变化。4月21日,交通银行退出了永隆银行的股份竞购,这对卖方来讲显然是一个不利因素。同时市场传闻,若工行成功收购永隆,很有可能会将之与工银亚洲合并,甚至藉此把工银亚洲私有化。这些因素对于伍氏家族来说都较为不利。

　　3. 再次回到竞标行列

　　4月26日,永隆的财务顾问提出,希望招行能够重新参与并购永隆银行的竞标。如果招行再次参与竞标,竞争对手将是工行和澳新银行。

　　工行是资本实力最雄厚的国有商业银行,市值已跃居全球前列,无疑是国内银行业当中的“巨无霸”,招行虽然是发展速度最快的股份制银行,但与工行在规模上还难以相提并论,但在海外拓展、业务创新、竞争力表现上两家银行无疑已经形成了竞争。工行和招行在海外扩张的战略上近年表现得同样“欲望强烈",双方都在积极搭建国际化战略的大架子。工行凭借强大的网络和资金优势,以"面"取胜,迅速铺开了国际化平台。招行虽然无法像工行那样到其他国家大规模地进行收购扩张,广度拓展以"面"取胜,但招行采取了纵深拓展以"点"为营的策略。若招行成功收购永隆,获得香港 35 个营业网点之后,可以与纽约分行相连接,将一条由内地、香港、美国三地串起的国际化经营线路成功串起,同样能够搭建起一个为客户提供"一站式"金融服务的国际化平台。

但招行与工行竞争并购永隆银行,招行仍然处于较为不利的地位。伍家出售永隆银行的要求非常明确,希望在最短的时间内获得全部现金,因此其要求投标书详细说明并购融资的方式和融资时间。由于在规模和资本实力上,招行与工行相比明显处于劣势,招行清楚,若招行出价与工行一样,招行不可能胜出,只有在价格上略高于工行,招行才有竞标成功的可能。从招行自己看,招行在香港只有一个网点,且永隆与招行总体上有很强的互补性,协同效应明显高于工行,理论上出价可以高于工行,但招行不愿意也不会高于工行报价太多。

澳新银行的入围完全是卖家考虑竞标的一种技巧。媒体分析,选澳新入围,是为了避免完全是国内银行竞争的局面,防范国内银行形成价格同盟,使卖方处于不利地位。另一方面,澳新采用的是先与伍氏家族签署不可撤销的承诺协议,然后向所有股东全面收购,如果收购达不到 90%,其他股东不接受其报价,其与伍氏家族的协议亦则不能生效,这样大大增加了伍家卖股的风险。因此从伍氏家族的角度考虑,招行先给出报价收购永隆银行控股股东伍氏家族所持有的 53.12%股份后,根据香港法律再向其他股东发出全面要约收购,伍家会较快收回现金,如果条件相同,在澳新银行与招行之间,肯定会优先考虑招行。

经过董事会和高管层的认真研究,招行决定重新参与竞标。4 月 27 日,招行正式收到永隆银行控股股东伍氏家族第二轮投标邀请函并发出"跟进函"。至此,招行又重新回到竞购永隆的争夺之中。

(三)争分夺秒完成尽职调查,合理估值赢得第二轮投标

在重新回到竞标永隆的争夺后,招行进入第二轮投标的时间较工行与澳新银行晚整整一个月,虽然永隆方面同意将投标时间从 5 月 12 日延长至 5 月 16 日,但留给招行团队尽职调查和准备标书的时间仍十分紧张。

在接下来的 10 多天内,招行项目工作小组与各个中介机构一起展开了紧张的尽职调查工作,尤其是对永隆的保险业务、CDO 及 SIV 进行了重点调查。期间,永隆银行公布了 2008 年第一季度财务报告,第一次出现季度亏损 8 253 万港元。招行迅速进行了认真研究分析,并将存在的风险反映到永隆银行的估值中。5 月 10 日,招行项目组的尽职调查报告完稿,从业务、管理、技术和战略

四个方面分十个章节全面描述了永隆银行的现状和优劣势以及发现的主要问题。各中介机构也都分别完成了财务及税务尽职调查报告、估值报告、法律尽职调查报告以及物业重新评估等工作。

5月14日,招行召开董事会,听取了工作小组和各中介机构的情况汇报。通过对收购背景、尽职调查情况、永隆银行经营优劣势和估值分析的讨论,董事会认为把握难得的香港当地银行控股权收购机会有助于招行加快推进国际化和综合化的战略目标,会议决定了投标价格和原则。根据董事会决议,并综合考虑了永隆银行的整体情况(包括保险业务)后,招行最终确定投标价格为每股港币156.5元,为永隆银行2007年末经审计后每股净资产的2.91倍。

在向卖方递交完标书后,5月16日上午,招行与伍氏家族进行会晤,双方的财务顾问、律师列席会谈。会上,卖方就所关心的监管审批所需时间、涉及的监管部门、招行与香港金管局的沟通以及买卖协议条款能否有所宽限等事宜提出了询问。

同时,招行拜会了香港金管局有关领导。双方沟通中,金管局从监管方的角度对招行本次并购及卖方自身实力做出了正面评价。金管局认为卖方在香港市场上是公认的经营稳健、作风谨慎的家族性银行,具有较好的品牌知名度,称"永隆是一个不需要监管部门给予更多关注的银行"。此外,金管局就招行关心的卖方CDO、保险、贷款过分集中于房地产等事宜也给出了比较正面的回答。与此同时,招行也向银监会就竞购永隆银行的情况进行了口头汇报,并得到了银监会领导的支持。

5月22日,招行前往香港与伍氏家族谈判,卖方经过慎重分析和多方比较,最终确定招行为排他性的唯一谈判对象。

（四）协议收购圆满完成,招行取得永隆银行53.12%股份

招商银行根据招标结果于2008年5月30日分别与永隆银行原控股股东签署了《买卖协议》,目的在于取得对永隆银行的控制权。根据《买卖协议》,招商银行以总计港币19 302 110 605.00元的对价(相当于港币156.50元/股)有条件地收购伍絜宜有限公司持有的永隆银行65 524 929股股份(约占永隆银行总股本的28.22%)、伍宜孙有限公司及宜康有限公司合计持有的永隆银行57 811 241股股份(约占永隆银行总股本的24.90%)。招商银行于2008年6月2日发布了《招商银行股份有限公司关于收购永隆银行有限公司的公告》,该公告事项以大股东提交临时提案的方式,提交2008年6月27日召开的招商银行2007年度股东大会审议通过。

2008年9月30日,招商银行在香港举行收购永隆银行控股权交割仪式,招

商银行在当天向伍氏家族支付完毕收购价款,办理了必要的股权转让手续,成功从伍氏家族中收购了 53.12％控股股权,成为永隆银行的控股股东。通过此第一次的协议收购,招商银行成功完成了控股并购,达成并购意愿,取得了永隆银行的控制权,并享有相应的控股权益、承担相应的风险。有关的控股权益及所须承担的风险并不会因其后的第二次收购的结果而受到影响。正因如此,在完成第一次收购法律手续后,招商银行于 2008 年 9 月 30 日对其实行合并报表的管理,并改组了永隆银行董事会,招商银行的代表占永隆银行董事会超过半数,招商银行马蔚华行长担任董事长,并委任招商银行副行长朱琦为永隆银行的行政总裁。

（五）发起全面要约收购

由于招商银行在向伍氏家族完成上述收购后,取得了永隆银行超过 30％之股权,因此招商银行须按香港《收购守则》第 26.1 条之规定就永隆银行全部已发行股份(已为招商银行或与招商银行一致行动人士于进行全面收购建议时拥有或同意收购的永隆银行股份除外)提出无条件的全面收购建议。招商银行按相关规定于 2008 年 10 月 6 日向永隆银行公众股东发出全面收购建议文件,展开全面收购建议的程序。在香港法下,根据香港《收购守则》提出全面要约收购建议的结果并不会影响招商银行第一次按买卖协议完成收购已经拥有的永隆银行控制权的 53.12％。同时,由于永隆银行股东在全面收购建议期间,可自由决定是否将其持有之永隆银行股份出售给招商银行,因而在全面收购建议结束前,招商银行无法预计可从全面收购建议中取得多少剩余的永隆银行股份,只能就下述可能出现的收购结果作出准备:

1. 如透过全面收购建议,招商银行能获得剩余 46.88％已发行股票中至少90％接受收购(即获得永隆银行所有已发行股份中 95.31％所有权),则招商银行需按香港法规要求强制收购少数股东的剩余股份,从而将会持有永隆银行100％股份;

2. 如果招商银行得到的接受比例低于剩余 46.88％股份的 90％,但高于剩余 46.88％股份的 46.7％,即招商银行持有永隆银行的股份超过 75％但低于95.31％,这样永隆银行公开发行的股份将低于法规最少有 25％由公众人士持有的要求,则招商银行须准备在一定时期内减持股份,以满足香港联交所最低流通股份之要求。

最终,全面收购建议于 2008 年 10 月 27 日结束,招商银行在全面收购建议中取得永隆银行 44.70％的股份,故招商银行及其一致行动人士在全面收购建议结束时共持有永隆银行股份的 97.82％。

由于第二次全面要约收购是按香港《收购守则》第 261 条之规定而作出的，有关全面要约收购是以第一次协议收购完结后才引发的法律责任，最终接受要约与否在于公众股东的独立判断，赞成或否决全面要约收购建议的权力在于永隆银行的公众股东，招商银行的角色是被动的，因其并不能事先知悉或强迫任何永隆银行公众股东接受全面要约收购建议。

随后，由于在全面收购建议文件寄发后 4 个月内，同意出售股份的股东所持有的永隆银行股份超过全面要约收购建议所涉及股份数量的 90％，招行行使了香港《公司条例》第 168 条及附表九所赋予的权利，并按照香港《收购守则》第 211 条强制性收购剩余的永隆银行股份。

强制性收购通知于 2008 年 11 月 13 日寄发给并未接纳全面要约收购建议的剩余永隆银行股份的持有人，强制性收购于 2009 年 1 月 15 日在所有剩余永隆银行股份转让给招商银行时完成。强制性收购完成后，永隆银行成为招商银行的全资附属公司，而永隆银行亦已根据香港上市规则第 615 条于 2009 年 1 月 16 日（星期五）上午 9 时 30 分起撤回其于香港联交所的上市地位。

招行对永隆银行的收购一波三折，经历了协议收购两轮投标，全面要约收购和强制性收购等多个阶段后，招行最终取得了永隆银行 100％股权，收购圆满成功。

六、并购交易实施效果

回顾整个并购交易过程，招行首先通过协议收购，从伍氏家族手中收购了永隆银行 53.12％的股份，取得了控制权，然后根据监管要求，发起了全面要约收购，取得了永隆银行 44.70％的股份，最后通过强制性收购，完成了 100％股权的收购。

招行并购永隆银行的最终交易价格为 156.5 港元/股，相当于永隆银行 2007 年末未经调整每股净资产值的 2.91 倍。并购 53.12％的控股股权资金为 193 亿港元，加上后来的全面要约并购，最终共支付 363 亿港元。

并购永隆银行之后，招商银行一直高度重视整合工作，采取了一系列扎实有效的整合举措，并取得了预期的效果。

从 2009 年 3 月 2 日起，整合工作计划正式进入全面实施阶段。三年多来，尽管面临着国际金融危机的不利影响，但是在两行高管团队的周密部署和两行员工的共同努力下，永隆整合按计划扎实有序地向前推进，总体进展比较顺利。境内外业务联动全方位、多层次开展，协同效应逐步显现，永隆银行的盈利能力显著提升，业务增长和利润增长均明显高于香港同业平均水平；随着两行管理整合与文化融合的不断深入,永隆银行内部发生了许多积极变化,管理能力、创新能力、服务能力不断提升,IT 系统逐步升级改造,员工士气持续高涨;永隆银行过去相对保守的市场形象逐步改观。

截至 2011 年末,永隆银行总资产 1 639 亿港元、总存款 1 151 亿港元、总贷款 853 亿港元,比 2008 年 9 月末并购之初分别增长 61.4%、41.4%和 94.3%。2008 年由于受金融危机冲击,永隆银行亏损 8.16 亿港元,而 2009 年以来,近三年净利润分别为 8.84 亿港元、13.49 亿港元、18.57 亿港元,2010 年和 2011 年利润增速分别为 52.5%和 37.7%。无论业务还是利润,都保持了远高于香港同业的快速增长势头。2011 年末不良贷款率为 0.44%,资产质量一直保持优良水平;资本充足率为 13.86%,流动性比率为 43.32%,均持续高于监管要求。

并购以来永隆银行的持续快速发展获得了市场的普遍认同,两地主流媒体纷纷以"招商银行与永隆银行无缝对接"、"招行收购永隆物有所值内外联动整合永隆"、"招行永隆协同效应值得期待"等为标题对整合成效进行报道,作出了积极正面的评价。并购以来的经营方针和发展策略,也获得了国际评级公司的肯定,穆迪公司对并购后的永隆银行连续两年给出了正面稳定的评级结果,该公司 2011 年 1 月 5 日发布的评级报告指出:永隆银行获得良好评级结果,主要得益于收购之后有计划地通过资产负债灵活增长,带动盈利能力提升,而且始终保持优良的资产质素、良好的流动性及资本基础,尤其是招商银行作为永隆银行的强大后盾支持,为提升永隆银行带来了非常积极的正面影响。

七、借鉴和思考

(一)站在战略的高度决策

招行收购永隆银行的过程中,收购价格一直是倍受市场关注的关键点。招行并购永隆银行的最终交易价格为 156.5 港元/股,作为一项战略收购,这一交易价格,市场总体认为比较公允,但外界也有一些不同看法,觉得出价偏高,尤其是国际金融危机发生之后,有些人认为当时买贵了,再等等价格可能会便宜一些。关于交易价格问题,招行有自己的独立判断和看法。经过这次成功的收购,招行在并购交易的估值上积累了宝贵的经验。

1. 与近年来其他并购案例价格相比,并购永隆的 PB 处于正常水平

根据资本市场的规律,控股权并购尤其是 100%控股权并购都会有比较高的溢价。据统计,2001 年以来港澳可比银行交易案例的 PB 基本介于 2.55—3.25 倍之间(见下表),而招行并购永隆的 2.91 倍 PB 位于可比案例的中间水平。

表30 近期可比较银行并购交易案例

日期	并购方	目标公司	并购比例	每股出价（港币）	百万港币	对价支付方式	市净率（倍）
2007年8月	工商银行	诚兴银行	79.9%	35.9	5 391	现金	3.25
2006年8月	建设银行	美洲银行（香港）	100%	3.68	9 710	现金	1.32
2006年2月	大众银行（马）	亚洲商业银行	100%	N/A	4 500	现金	2.55
2005年12月	大新银行	澳门商业银行	100%	N/A	1 669	现金	3.1
2001年4月	星展银行	道亨银行	100%	N/A	5 386	现金	3.2

注:建设银行并购美洲银行(香港),是美洲银行战略入股建设银行交换的结果。

2. 价格是由供求关系决定的,激烈的竞购必然会推高价格

如前所述,香港银行业的并购机会十分罕见,但有兴趣并购的银行却很多,竞价非常激烈,严重失衡的供求关系必然会推高交易价格。招行当然也想买便宜的,但那只是一厢情愿,报价过低是根本不可能买到的。

3. 买卖时机不是招行所能左右的,并购机会稍纵即逝

报价截止时间由卖方决定,如果截止日之前不能提出报价,就意味着放弃竞购。有人说金融危机之后购买会便宜一些,但那时候买方想买,卖方却未必想卖了。

4. 判断交易价格高低不能简单地、静态地看估值水平,还要看整合之后的协同效应能否有效发挥

同样一笔并购交易,有人买得值,但换了别人可能买得不值,因为后续整合产生的协同效应往往存在巨大差异。招行和永隆在经营管理和业务发展方面存在很强的互补性,整合空间和协同效应潜力很大。招行并购永隆银行,之所以被英国《金融时报》称之为“不可复制的案例”,就是因为招行与其他银行相比,有着毗邻香港的独特地缘优势,有着珠三角跨境客户众多的独特客户优势,有着零售业务强大的独特业务优势,招行与永隆之间更容易挖掘和发挥协同效应,整合更容易取得成功。并购完成至今仅三年多,招行和永隆之间的协同效应已经加速显现,永隆银行内部也发生了许多积极的变化,业务发展态势良好,盈利能力大幅稳步提升。三年的整合效果已预示,招行并购永隆银行一定是物有所值。

（二）高度重视和扎实抓好整合工作与协同效应

一宗并购是否成功,关键看并购之后的整合方案是否合理,整合措施是否有效执行,协同效应是否得到充分发挥。并购永隆银行之后,招行一直高度重

视整合工作,采取了一系列扎实有效的整合举措。

整合工作组织上,在董事会的指导和高管层的部署下,招行和永隆银行专门成立了强大的整合团队,建立了有效的整合项目管理机制,制订了周密的整合方案,细化了每年的整合工作任务与目标,并强化各个层次的考核激励,广泛调动了两行员工参与永隆整合的积极性。整合战略目标上,提出了"一年奠定基础,三年明显见效,五年取得成功"的三步走策略,将由浅入深、由点及面,积极稳妥地推进整合工作,力争用五年时间打造永隆银行全新的品牌形象,将整合后的招商银行与永隆银行打造成为在跨境金融服务领域最具竞争力的,在两岸三地乃至国际金融市场上有较大影响力的现代化、国际化、综合化商业银行。

整合工作思路上,两行一方面紧紧围绕客户跨境金融需求,以批发跨境联动业务和为高端客户提供财富管理服务为突破口,以客户转介、联合营销和资源共享为主要策略,以特色联动产品为服务内容,深入挖掘内地和香港两个市场潜力,大力推进批发、零售等业务的快速发展;另一方面加大资源投入,努力打造和构建永隆银行核心能力平台,不断提升永隆银行客户服务能力、产品创新能力、风险管理能力和IT支持能力等各项关键能力,以支持永隆银行业务的长期可持续发展。

从2008年9月27日永隆整合项目启动至2009年3月1日为项目的规划阶段,这五个月是整合工作非常关键的时期。尽管当时面临着全球金融危机爆发的严峻形势,但项目团队通过加强内外沟通等积极有效的工作,很好地保持了永隆银行客户基础和员工队伍的稳定,成功实现了平稳过渡的首要整合目标。同时,制定了周密的整合工作计划和有效的项目管理机制,并根据当时的实际情况,围绕"稳定和快赢"与"整合方案制订"两条主线同步推进整合工作。

(三)收购与整合过程中持续做好信息披露工作

跨境并购涉及的收购方、被收购方及收购标的可能来自两个或者多个不同国家或地区,受到不同的法律环境约束,尤其是在参与者是上市公司时,更是需要满足来自更多监管机构的要求。符合监管要求的信息披露工作是确保收购顺利合规进行的重要条件。同时,及时、准确、真实、完整的信息披露,有利于向市场传达准确清晰的信息,消除市场传言和猜疑,避免对收购及整合工作造成不利影响。

1. 充分计划准备,积极与两地监管机构沟通,圆满完成收购永隆过程中的信息披露工作

由于永隆银行为香港本地上市银行,因此有关收购系列公告的披露时间与内容须经香港金管局、香港证监会、香港联交所的审核批准。而招行作为香港、

上海两地上市公司,信息披露也要同时符合两地监管机构的规定。这就要求招行在信息披露时,需要就相关披露的时点和内容与两地监管机构以及永隆银行进行及时充分的沟通与协调。

尽管总体比较顺利,但由于两地监管要求的差异,招行的披露工作也遇到了一些小问题。如两地交易所对重大事项是否要停牌、何时停牌的理解和要求不同,以及两地监管机构审核公告文件所需时间不同,导致签署买卖协议后,招行 A、H 股可能存在不同步停牌的情况。又如由于两地假期存在差异,且公告上挂方式不同(香港只需要挂网,而上交所需要挂网和见报),容易导致两地不能同步披露的问题等。

从整个收购过程来看,由于招行提前做了比较充分的准备,制订了详细的工作计划和时间表,对于可能出现的问题和难点,提前研究应对措施并准备应急预案,通过统一有序的组织与协调,圆满完成了有关收购永隆银行的一系列重大信息披露工作,最大程度保证了两地投资者及时、公平、准确地获取相关信息。

表 31　收购永隆银行所发布公告的清单

时间	公告名称
2008 - 05 - 30	停牌(H 股)
	重大事项继续停牌公告(A 股)
2008 - 06 - 02	公告——收购永隆控股权(H 股)
	关于收购永隆银行有限公司的公告(A 股)
2008 - 08 - 12	公告——延迟买卖协议联合公告(H 股)
	收购永隆协议延迟公告(A 股)
2008 - 09 - 11	有关进一步延迟买卖协议的最后终止日之公告(H 股)
	有关进一步延迟买卖协议的最后终止日之公告(A 股)
2008 - 09 - 30	公告——收购永隆银行控股权益完成的公告(H 股)
2008 - 10 - 06	关于收购永隆银行有限公司的控股权益完成的公告(A 股)
2008 - 10 - 06	寄发综合收购建议文件的联合公告(A、H)
	综合收购建议文件(A、H)
2008 - 10 - 27	公告——全面收购建议结束(H 股)
	关于永隆银行全面收购建议结束的公告(A 股)
2008 - 11 - 13	致持异议 WLB 股东之强制性收购通知(A、H)
2009 - 01 - 15	强制收购永隆股份完成及撤回其上市地位的公告(A、H)

2. 主动披露整合情况，让投资者了解永隆经营情况，增加信心

收购完成后由于国际金融危机的全面爆发，金融股估值大幅下跌，投资者对于招商银行收购永隆的前景忧虑重重，为了让投资者及时了解收购后永隆银行的经营和整合情况，招商银行在年报和半年度报告中专门增加了"永隆集团业务"一节，主要披露了：永隆银行简介、永隆集团报告期财务及业务回顾及展望，具体包括报告期永隆集团的总体经营业绩分析，同时从存款、贷款、投资、财资、理财、信用卡、证券、保险、分行等方面逐项介绍永隆的业务情况、永隆银行回购雷曼迷你债券达成的协议、永隆银行整合工作进展情况等投资者关注的信息。随着永隆银行业绩的大幅增长，投资者对于永隆整合的成功越来越有信心。

（四）抓住热点与重点精心组织投资者关系管理工作

收购过程中的重大事项尚未达到正式对外披露条件时，关于收购的各种传言可能已经在市场上广为流传，并引起了高度关注，甚至股价异动。这种情况下，收购方和被收购方必须开展有效的投资者关系管理工作，尽力引导市场预期朝对收购有利的方向发展，做好应对一切突发事件的危机公关，并在整合初期成效尚不明显的时候，主动耐心做好沟通解释工作。

在对永隆银行进行收购的 2008 年度，招行完成了大量投资者关系管理工作。2008 年接听投资者电话 530 通，处理网上留言 233 条；接待投资者、分析师来访人次同比增长 27％；参加国内外券商投行举办的推介会同比增长 24％；在常规的业绩推介会之外，主动增加投资者与高管的交流活动。通过大量的沟通交流，让投资者充分感觉到招行管理层的态度是坦诚坚决的，招行的投资者关系沟通渠道是畅通无阻的，这在一定程度上减弱了投资者的顾虑和担心，消除了市场的不稳定因素。在收购和整合的各阶段，面对不同的市场形势，招行开展的投资者关系管理工作主要如下：

1. 收购永隆银行前对市场传闻回应工作

永隆银行的收购，引起了市场高度关注。在尚未正式披露收购事项之前，招行通过向国内外投资者不断灌输招行战略发展的持续性、海外发展的策略，有技巧地与投资者进行沟通，澄清招行参与竞购的举措，引导投资者预期，消除市场传言和媒体过度炒作对招行和永隆股价以及收购谈判的负面影响。

2. 举办投资者分析师电话会议，通报收购永隆银行的有关情况

2008 年 6 月 3 日，即买卖协议签署后第 3 天，招行举办了投资者分析师电话会议，邀请了上百名国内外投资者分析师在线参会。招行董事长、行长、董秘等高管耐心、细致、正面地回答了投资者对于收购永隆银行的疑问，让投资者更清晰地了解招行收购永隆银行事项的进展，会议取得了良好的沟通效果。

3. 在巨大的市场压力下,招行主动沟通,增强市场的认同度

2008 年 7 月正值全球金融危机爆发,有投资者开始质疑招行收购永隆银行的战略选择,而招行又两次延迟买卖协议时间,市场对招行是否继续完成对永隆剩余股份收购也产生了疑问。

在投资者心理较为脆弱、对股市前景缺乏足够信心的环境下,发布交割公告的当晚,招行立即向媒体发出新闻稿,将积极、正面的信息在第一时间传播出去。交割完成后,招行高管就收购永隆事宜接受了主流媒体的采访,并以媒体深度报道的形式将招行收购永隆银行的意义、整合协同效应、永隆银行董事会和高管的更换等信息主动发布出去,表达招行收购永隆后的信心。招行安排了更多人员接听投资者电话,尽可能保证第一时间回答投资者在线留言。

4. 成立永隆银行收购突发事件处理小组进行危机公关

为了处理永隆银行收购进程中可能出现的突发负面报道,招行成立了永隆银行收购突发事件处理小组,及时有效地沟通协调新闻媒体,避免新闻媒体由于信息不对称造成的错误报道。在《京华时报》误报招行收购永隆浮亏百亿港元的事件中,招行危机公关发挥了重要作用,第一时间与《京华时报》进行了交涉,并及时向证监会等监管机构汇报沟通。《京华时报》随后刊载了澄清新闻稿,国家新闻出版总署对其进行了责任追究和相应的处罚。及时的危机处理,尽可能地控制了声誉风险。

5. 整合初期的投资者关系管理

永隆银行 2008 年净利润亏损港币 8.16 亿元,引起一些投资者对收购和整合前景提出质疑。为此,招行安排董事会办公室的投资者关系团队统一对外解释投资者关于永隆经营业绩的所有疑问。投资者关系管理人员作为永隆整合项目管理办公室沟通小组的重要成员,深度参与到对客户、投资者、境内外监管机构等各关键利益方的短期和长期沟通方案中,建立了面对各关键方的沟通流程、回答机制和关键题目问答提纲。招行通过各种渠道、方式向投资者介绍永隆 2008 年度业绩表现不佳的原因,并主动宣讲永隆银行的整合策略以及整合中逐步显现的协同效应,使投资者对永隆当年的亏损情况表示理解,对永隆整合实施的方案加深了认识,对永隆银行未来的发展增强了信心。

案例三 兖矿收购澳洲菲利克斯公司(Felix Resources)

【内容提要】

兖州煤业股份有限公司("兖州煤业")于 2009 年 8 月 13 日宣布通过旗下全资子公司澳思达公司以现金收购澳大利亚上市煤炭企业菲利克斯公司(Felix

Resources Limited)100％股权。本次交易的收购对价为 16.95 澳元/股,总交易对价为 33.33 亿澳元(约合 30 亿美元)。交易于 2009 年 12 月 23 日完成股权交割。

兖州煤业收购 Felix 是截至当时中国企业在澳大利亚进行的最大一笔并购交易,同时也是第一次由中国上市公司完成对一家澳大利亚上市公司 100％股权的收购,共涉及四个上市地(兖州煤业为三地上市公司),同时构成兖州煤业在 A 股市场的重大资产重组与 H 股市场的主要交易,具有标志性意义和示范作用。

本次交易也为兖州煤业未来在澳大利亚的进一步资产收购与整合打下了坚实的基础。交易完成后,兖州煤业将被退市的 Felix 和其澳洲现有资产澳思达煤矿进行了成功整合,显著提高了当地的生产和经营规模。此后,又于 2010 年和 2011 年陆续进行了几次补强型收购,并于 2012 年与另一家澳大利亚上市公司格罗斯特达成协议,将其在澳洲的大部分经营资产注入格罗斯特,成功实现反向上市,从而在澳大利亚同样拥有了一家上市平台。

一、交易各方基本情况介绍

(一)收购方——兖州煤业概览

兖州煤业是中国第三大煤炭企业,在上海、香港和纽约三地证券交易所同时上市。公司位于山东省济宁市境内,主要从事地下煤炭开采、洗选加工、销售、煤炭深加工和煤炭铁路运输业务。兖州煤业的控股股东兖矿集团是国有独资公司,其实际控制人为山东省国资委。兖矿集团是以煤炭、煤化工、煤电铝及机电成套装备制造为主导产业的省属国有特大型企业,是华东地区煤炭生产、出口、深加工重要基地和山东省三大化工产业基地之一。

兖州煤业辖有南屯煤矿、兴隆庄煤矿、鲍店煤矿、东滩煤矿、济宁二号煤矿和济宁三号煤矿等六座大型煤矿。截至 2008 年 12 月 31 日,公司本部已探明及推定储量合计约 18.66 亿吨(交易前最近一次披露);此外,通过积极实施外延式发展战略,赴省外和境外寻求开发新的煤炭项目,在澳大利亚、山西和顺、山东菏泽开发了澳思达煤矿、天池煤矿和赵楼煤矿,新增煤炭可采储量 1.82 亿吨。

2008 年度,兖州煤业生产原煤 3 608 万吨,销售商品煤 3 756 万吨,实现营业收入 261.24 亿元,净利润 64.84 亿元;2009 年 1—6 月,兖州煤业生产原煤 1 728 万吨,销售商品煤 1 766 万吨,实现营业收入 96.64 亿元,净利润 19.04 亿元。截至 2009 年 6 月 30 日(交易前最近一次财务披露),兖州煤业资产总额 342.17 亿元,其中净资产 262.91 亿元,货币资金 117.71 亿元。资产负债率为 22.54％,有息负债率为 0.7％。

交易的收购主体澳思达煤矿有限公司是兖煤澳洲公司的全资子公司，主要负责澳思达煤矿的煤炭生产、加工、洗选、营销等经营活动。兖煤澳洲公司是兖州煤业的全资子公司，注册于澳大利亚。

（二）目标公司——菲利克斯公司概览

菲利克斯公司（Felix Resource Limited，以下简称 Felix）是澳大利亚的主要煤炭企业，自 1970 年起在澳大利亚证券交易所上市。该公司注册于澳大利亚昆士兰州布里斯班市，主要从事煤炭的勘探、开发、生产和销售业务。产品包括动力煤、高炉喷吹煤和半软焦煤，客户主要为亚洲、欧洲、美洲和澳大利亚的钢铁企业、电厂和其他工业企业。

Felix 的煤炭资产包括 4 个运营中煤矿、2 个在建煤矿和 4 个勘探项目，其中运营中的煤矿均位于昆士兰州和新南威尔士州。截至 2009 年 6 月 30 日，符合 JORC 标准的煤炭总资源量为 20.06 亿吨，权益资源量 13.75 亿吨；总探明和推定储量为 5.10 亿吨，权益探明和推定储量 3.86 亿吨。

2009 财政年度（2008 年 7 月至 2009 年 6 月），Felix 按 100％持股比例计算共销售商品煤 725 万吨，按实际持股比例计算共销售商品煤 477 万吨，同比分别增长 3.4％和 3.5％，实现销售收入 7.31 亿澳元，净利润 2.68 亿澳元，同比分别增长 65.8％和 42.6％。截至 2009 年 6 月 30 日，Felix 资产总额 10.08 亿澳元，负债总额 2.96 亿澳元，净资产为 7.12 亿澳元。资产负债率为 29.37％，有息负债率为 5.1％。

Felix 的股东结构相对集中，且大部分为公司内部人士。前十大股东合计持股 85.9％，其中有出售意愿的股东合计持股约 70％。

二、并购的背景及动因

（一）交易背景

1. 本次交易是公司长期发展战略的要求

为了增强企业竞争力，在国际煤炭行业新的竞争形势下脱颖而出，兖州煤业长期以来致力于实施内涵式发展与外延式发展相结合的战略。作为资源开发类企业，后备资源的储备不足将难以支撑企业长期、稳定、健康的发展。尤其是考虑到公司总部位于煤炭资源紧缺的华东地区，未分配煤炭资源潜力有限。因此，通过外延式发展获得海外的优质煤炭资源对于实现公司的可持续发展至关重要。

收购 Felix 还对兖州煤业的煤炭深加工产业具有重要的战略意义。煤炭深加工产业拥有较大的市场空间和相对煤炭产品而言更高的附加值，具备较好的投资收益。根据公司未来的发展规划，煤炭深加工产业将是公司进行产业结构优化、未来重点发展的领域之一。收购 Felix 将可以保障优质炼焦煤及适用于深加工的其他煤炭产品的稳定供应，有利于促进公司的产业结构优化调整。

2. 投资资源类公司面临难得的窗口

在全球金融危机的影响下，大宗商品价格自 2008 年中以来经历了大幅下行，其中，动力煤和炼焦煤等煤炭产品的价格在经历了 2008 年上半年的大幅攀升之后，下跌幅度明显，并带动了煤炭上市公司股票价格的下滑，企业价值出现低估。

这一形势给有意于进行资源拓展与开发的企业提供了难得的契机。从影响需求和供给的驱动因素来看，煤炭行业的长期前景不会受到根本性的影响，仍将维持乐观：一方面，煤炭具有长期的需求支撑，尤其是来自中国、印度、越南等新兴经济体的强劲需求增长；另一方面，考虑到煤炭资源的稀缺性与不可再生性，其供给难以跟上需求增长的步伐且面临着不可忽视的基础设施瓶颈，因此，有实力的企业可以把握这一机会，以合理的对价收购海外优质的煤炭资产。

3. 澳大利亚是煤炭企业境外投资较为理想的选择

首先，澳大利亚拥有丰富的煤炭资源，是世界上重要的煤炭资源国、生产国和最大的煤炭出口国，其煤炭资源丰富，地质赋存条件好，且资源质量高，地理位置优越，在世界煤炭市场上具有举足轻重的地位。

其次，澳大利亚拥有稳定的政治环境，是亚太地区乃至世界范围内兼具发展潜力和稳定环境的理想投资目的地。

再次，澳大利亚具有良好的商业环境，其投资政策较为开放。在煤炭资源的勘探、开发和生产方面具备比较完善和透明的监管体制，政府对于煤炭运输和服务条件的监管体系也比较完善。

最后，澳交所作为亚太区排名前列的交易所，有着较为成熟的运营经验、健全、完善的法律法规以及透明、规范的监管体系。这在一定程度上保证了在该交易所上市的公司信息披露的规范性以及资产的安全性，法律风险较小。

通过综合考虑资源条件、投资环境、市场环境、监管体系、资本市场等因素，兖州煤业选择澳大利亚作为实现跨国经营的目标国。

4. 兖州煤业在海外投资领域已进行了前期准备工作

自上世纪九十年代起，兖州煤业就认识到海外扩张对公司实现自身长期发展战略的重要性，并积极开展海外投资的研究和准备，确立了积极、稳健、审慎的投资和收购标准。兖州煤业于 2004 年成功收购了位于澳大利亚的澳思达煤矿（原名为南田煤矿），这是我国企业首次成功收购境外煤矿，此后，公司仍一直密切关注位于澳大利亚等国家的海外优质资产的其他投资机会。

兖州煤业过去几年在对澳思达煤矿的运营和管理中，理顺了劳资关系，建立了新的矿井管理体系,安装调试了高效、便捷的煤矿商务管理系统,成功应用了综采放顶煤技术,并与当地港口及运输公司签订了商务合同。通过对澳思达煤矿的收购和稳定运营,公司对澳大利亚政治体制、法律及人文环境有了更多理解,对澳大利亚当地的劳工关系、商业环境、煤矿管理有了一定的认识,对在澳大利亚运营当地的煤炭企业积累了部分经验,这些为本次收购完成后对Felix的运营和管理奠定了坚实的基础。

（二）交易目的

1. Felix自身的条件符合兖州煤业战略要求

Felix拥有较为丰富的煤炭储量和资源量,地质赋存条件良好,并且旗下的矿山资产组合十分平衡,共包括4个运营中的煤矿、2个开发中的煤矿以及4个煤炭勘探项目,具有较大的发展潜力和长期前景。

Felix的生产矿井设备完善,港口、铁路等交通运输条件也十分便利。Felix还持有澳大利亚纽卡斯尔港煤炭基础设施集团(NCIG)15.4%的股权,NCIG负责建设并运营纽卡斯尔港第三码头,通过在NCIG中所持权益,Felix可以相应获得在这一码头的运力配额;除此之外,Felix还拥有超洁净煤专利技术,该技术具有较大的经济和环保潜力。

作为在澳交所上市的公司,Felix的资产权属清晰明确,运行透明规范,财务数据公开透明、并由专业审计机构定期审计。

综上所述,Felix具有优良的自身条件和竞争实力。在完成交易之后,兖州煤业通过持有Felix 100%的股权,可实现如下战略目标:进一步拓展兖州煤业的煤炭资源,增加资源储备和煤炭产量;借助Felix的港口运力配额,实现兖州煤业在澳大利亚的煤、港一体化运营;获得Felix的清洁能源技术,实现双方的技术共享。从而可进一步巩固行业地位,提高核心竞争力,拓展并完善国际业务平台,确立国际化、现代化跨国煤炭企业的地位。

2. 可实现与兖煤澳洲公司/澳思达煤矿的协同效应

本次收购完成后,兖州煤业的全资子公司兖煤澳洲公司将通过澳思达公司间接持有Felix和澳思达煤矿两个经营实体,澳思达煤矿位于新南威尔士州猎人谷地区,与Felix部分煤矿资产的地理位置十分接近。兖州煤业将以此为契机,通过对Felix与澳思达煤矿的整合,将兖煤澳洲公司建设成为海外业务开发整合、资本运作的平台,并在煤炭开采、运输、销售和营销、原料供应等多个环节实现公司在澳大利亚经营的协同效应。

3. 收购Felix100%股权的原因

兖煤澳洲公司旗下的澳思达煤矿位于新南威尔士州,与Felix的Ashton和

Moolarben 项目地理位置接近,如果能够对这三个煤矿的管理、运输和销售等环节进行有效整合,可以实现良好的协同效应并创造更大的价值。

收购 Felix 100％股权,可以使公司在最大程度上实现对 Felix 的接管与控制,从而在包括整合澳思达煤矿和 Felix 资产、开发 Felix 旗下在建项目和勘探资产、规划并实施公司未来在澳大利亚的发展战略等在内的一系列活动方面获得最大的自主权和灵活性,有利于更快和更有效地实现接管与整合、为股东创造更大价值,因此公司决定在本次交易中收购 Felix 100％股权,并申请将其在澳交所退市。

三、并购方案介绍和分析

（一）并购方案概述

收购方:兖州煤业股份有限公司

收购主体:澳思达煤矿有限公司

目标公司:Felix Resources Limited

交易对方:目标公司的全体股东

收购方式:兖州煤业与目标公司通过签署《安排执行协议》,由兖煤澳洲公司以协议安排的方式,由其全资子公司澳思达公司以现金收购目标公司的全部股份。

收购对价:16.95 澳元/股,对应了目标公司于公告日前 1 个月经股利调整的成交量加权平均价格基础上 10.9％的溢价。

交易金额:33.33 亿澳元。

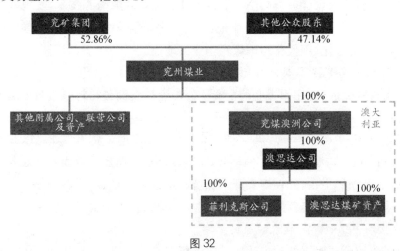

图32

（二）并购方案分析

1. 收购方式

本次交易选择以协议安排（Scheme of Arrangement）作为收购 Felix 100％股权的方式。协议安排是除要约收购之外，在澳大利亚收购上市公司的另一主要方式，但前提是需与卖方达成良好协议。

2. 协议安排的主要特点

（1）只适用于善意收购；

（2）要么完全成功，要么一无所获；

（3）具有灵活性，可用来设计复杂的交易方案；

（4）可设置交易的生效条件，且范围更加广泛（如完成确认性尽职调查等）；

（5）需取得法院批准，以及澳大利亚证券投资委员会（ASIC）的无异议确认；

（6）在第一次法庭听证会后，若更改条款或生效条件会受到限制；

（7）由于被视为协议收购，因而会降低第三方介入的风险；

（8）与要约收购相比，其强制收购的门槛更低：参加股东大会并投票的股东人数的 50％及其持股价值的 75％；

（9）所需时间主要取决于公司法和法庭，较确定，通常为 2 个月左右。

3. 协议安排的基本流程

（1）谈判并签署《安排执行协议》；

（2）起草公告及协议安排文件；

（3）向 ASIC 递交协议安排文件草稿供其审阅；

（4）向法院申请召开协议安排会议——第一次法庭听证；

（5）召开协议安排会议（Felix 股东大会），讨论并批准协议安排；

（6）向法院申请批准协议安排——第二次法庭听证；

（7）法院命令被正式存放，实施协议安排。

四、并购方案主要技术问题分析

（一）合理规划及统筹管理，协调交易双方共四地的信息披露

由于兖州煤业同时在上海、香港、纽约三地上市，Felix 在澳大利亚上市，因此协调交易双方上述四地的交易所信息披露的内容和时间成为一项较为复杂的系统工程。尽管不同证券监管机构在信息披露要求方面有所差异，但兖州煤业须保证在上交所、联交所、纽交所三地披露的信息内容一致。

举例说明，A 股《重大资产购买报告书》与 H 股《通函》的主要披露内容应当一致；A 股《重大资产重组预案》与 H 股《主要交易公告》的披露内容应当一

致。即使对于联交所不作要求的信息披露内容,如重大资产重组实施情况报告书、以及国内专业证券机构出具的意见等,也需与 A 股同时发布海外监管公告。同时,兖州煤业与 Felix 的信息披露内容也需要确保一致,尽管交易双方在公告中的侧重点不完全相同,监管要求也有差异,但不应出现实质性偏差或疏漏。

在信息发布的时间上也需要充分协调,力争在同一时间进行信息披露。其中,8 月 10 日的停牌时间非常关键,需要精确把握;此外,双方 8 月 13 日收市后的复牌时间同样需要严格把握。

交易执行过程中,公司和财务顾问进行了合理规划及统筹管理,领导并协调各方中介团队紧密配合,保证了交易流程和信息披露事项有条不紊的进行。

(二)严格执行保密制度,避免交易双方股价出现异动

对于涉及到上市公司的收购,保持股价的稳定,避免出现股价异动对收购成本乃至收购能否取得成功至关重要。考虑到兖州煤业和 Felix 均为上市公司,双方及其项目团队均执行了严格的保密制度,在本次交易公告前双方的股价均未出现异动现象,为交易成功奠定了良好的基础。

Felix 的股价在交易公告前一段时间不仅未出现异常上升,反而在前一周经历了小幅下降,如下图所示。

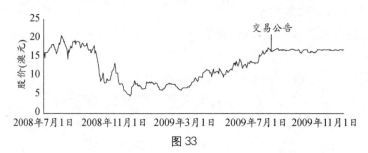

图 33

兖州煤业 A 股、H 股、ADR 同样未在交易公告前一段时间出现股价异动现象。如下图所示。

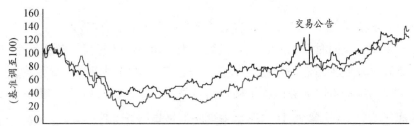

图 34

（三）准确把握市场机会，在宝贵的投资窗口达成交易

在金融危机影响下，煤炭产品价格在经历了 2008 年上半年的大幅攀升后，下跌幅度明显。煤价下跌带动了煤炭上市公司股票价格的下滑，企业价值出现低估。在这一形势下，兖州煤业及时把握了市场机会，在宝贵的投资窗口达成交易。

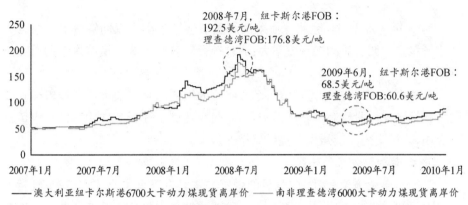

图 35　煤炭现货价格走势图（2007 年 1 月至 2010 年 1 月）

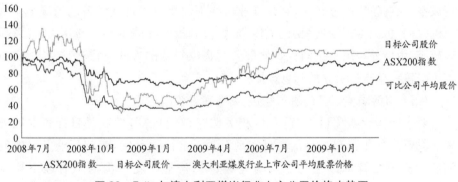

图 36　Felix 与澳大利亚煤炭行业上市公司价格走势图

（四）寻求最优化融资安排，力争获得最低的融资成本

根据交易公告时的初始融资方案，兖州煤业将申请相当于 16.65 亿澳元的银行贷款，余下交易对价款将来自于兖州煤业自有资金。此后，根据专业中介机构的建议，本着降低交易成本、减少经营风险、优化税收结构的考虑，兖州煤业对上述融资方案进行调整，调整后的方案为：通过银行贷款的方式筹措本次收购所需全部资金，具体以"内保外贷"方式进行。

1. 初始融资方案

2009 年 8 月 13 日，兖州煤业第四届董事会第八次会议审议通过了《关于收

购澳大利亚菲利克斯公司股权项目融资方案的议案》。初始的融资方案为：兖州煤业将申请相当于 16.65 亿澳元或其他等值币种的银行贷款；余下的交易对价款将来自于兖州煤业自有资金。

所有的收购资金均由兖州煤业向兖煤澳洲公司提供，其中包括：向兖煤澳洲公司增加注册资本 8.34 亿澳元，向其提供委托贷款 25 亿澳元。

2. 调整后的融资方案

2009 年 9 月 11 日，兖州煤业第四届董事会第十次会议同意对上述融资方案进行调整。调整后的融资方案为：通过银行贷款的方式筹措本次收购所需全部资金。

具体而言，中国银行悉尼分行牵头组成的银团向兖煤澳洲公司以银行贷款的方式提供支付股权对价款所需资金，兖州煤业就上述贷款向中国银行申请开立保函，兖矿集团向兖州煤业提供反担保。

3. 新老融资方案的比较

与初始融资方案相比，调整后的融资方案具有降低交易成本、减少经营风险、优化税收结构等方面的好处，符合兖州煤业全体股东的最佳利益。具体好处在于：境外贷款利率较境内人民币贷款利率更加优化，有利于获得最低的融资成本；在调整后的方案下，兖州煤业可在不动用自有现金储备的情况下实现境外收购，扩大生产规模，相比境内贷款，公司没有还贷的现金流压力，经营风险较小；由境外银团直接向兖煤澳洲公司提供贷款的方式，可避免初始融资方案下跨境利息支付引起的利息预提税。

（五）与两国监管部门进行积极、富有建设性的沟通

对于跨境收购项目而言，获得相关监管部门批准，尤其是目标所在国外资主管部门的批准对交易的顺利实现至关重要。这其间，兖州煤业及其顾问团队与两国监管部门进行了富有建设性的沟通。此种沟通本着以下原则进行：

（1）严格遵守各部门的监管规定及相关政策；

（2）保证项目申请文件及配套材料的高质量；

（3）迅速做出反应，及时回答有关问题；

（4）积极汇报项目最新进展，认真听取领导意见。

尤其需要说明的是，由于在本次交易被批准之前，已有数家中国企业在澳大利亚进行投资/收购的项目未获批准，加之本次交易为 100% 收购，因此澳大利亚联邦财政部/外国投资审查委员会（FIRB）的态度至关重要。

兖州煤业为获得澳大利亚联邦财政部/FIRB 批准采取了如下举措：

（1）聘请当地专业的公关顾问 Bespoke Approach；

（2）提前与之进行沟通（FIRB 对于交易将严格保密），获得对方的理解；

（3）随时准备好回答对方官员所提出的问题，并在就业、税收、技术等对方关心的重点问题方面向其传递积极的信息，包括：本次交易将会给 Felix、当地社区以及澳大利亚带来的好处；强调投资的长期性，尤其将会保持 Felix 运营和人员的稳定；公司将会严格遵守当地的法律法规，特别是关于安全生产、环境保护、劳工等问题的法规；兖州煤业是一家富有社会责任感的公司；兖州煤业已在澳大利亚拥有运营实体及澳思达煤矿，且过往记录良好，为当地经济做出了贡献，获得各界的认可与肯定；

（4）在媒体发布方面采取低调、审慎的策略，仅指定一名发言人以控制信息传播口径，密切关注媒体动态；尤其是保证不在公开场合对澳大利亚政府或监管机构的立场及态度做出评论；

（5）根据 FIRB 官员的建议，在 30 天审核期即将到期时重新提交项目申请材料，保持一定的灵活性。

五、交易进程回顾

本次交易的时间表如下图所示。自 2009 年 8 月 13 日交易公告，至 2009 年 12 月 23 日完成股权交割。

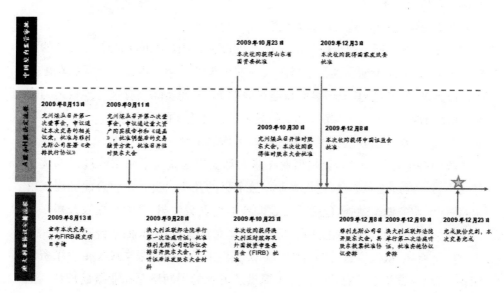

图37

六、并购交易实施效果

对于兖州煤业来说，Felix的资源和业务条件十分符合兖州煤业的发展战略，此次并购将有利于兖州煤业立足于澳洲，开展海外煤炭业务，并有利于发挥规模经济优势。

（一）扩充资源量为未来成长奠定基础

对Felix的收购成功使兖州煤业资源储量新增5.10亿吨，扩张幅度达到23.8%，未来权益产能增加39%。市场分析人士认为，由于兖州煤业在澳洲拥有的澳思达煤矿目前的成长性较强，再加上此次公司并购的Felix，兖州煤业未来有望在澳洲实现"再建一个兖州煤业"的梦想。

交易完成后，扩大后的兖煤澳洲公司2010年度共生产原煤1 203万吨，生产商品煤876万吨；实现净利润人民币26.64亿元，与收购前相比规模大幅增长。兖煤澳洲净利润同比增加了24.163亿元或977.4%，超过兖煤国内净利润的10%。主要利润增长原因包括并入菲利克斯公司净利润7.318亿元，以及受澳元兑美元汇率变动影响。兖州煤业董事会秘书张宝才认为，交易完成后将扩大公司资源储量，扩大客户基础，有助于兖州煤业提升盈利能力，带动兖州煤业开采技术与设备的输出，并获得Felix清洁能源技术及发挥Felix与澳思达公司的协同效应。

（二）参股基础设施获取运力配额

Felix在澳大利亚纽卡斯尔港煤炭基础设施集团（NCIG）拥有15.4%的权益，并因此将在纽卡斯尔港第三号码头一期工程和二期工程投入运营后获配至少830万吨/年的运力，兖州煤业将通过收购Felix而实际享有这一港口运力配额，获得当地港口的运力保障，对于公司来说具有重要的战略意义。

（三）Felix提供新的资源整合和资本运作的平台

收购并整合Felix后，兖州煤业在澳大利亚当地获得了一个成规模的优质经营平台。通过这一平台，兖州煤业在接下里的几年内进一步整合澳洲煤炭资源，将澳洲业务做大做强，包括后续收购新泰克煤炭公司、普力马煤炭公司以及后续与格罗斯特的合并。上述资本运作均建立在收购Felix的平台基础上。

综上所述，从经济意义上，收购Felix长期来看为公司未来成长提供了资源储备，短期来看新建矿的投产为公司提供了可观的利润增厚和业绩成长性。从战略意义上，一方面Felix独特的地理位置使公司在澳洲形成协同效应和规模效应，另一方面Felix为公司日后在澳洲的扩张提供了优质的平台。

七、借鉴和思考

兖州煤业收购 Felix 是截至当时中国企业在澳大利亚进行的最大一笔并购交易，同时也是第一次由中国上市公司完成对一家澳大利亚上市公司 100％股权的收购，具有标志性意义和示范作用。

就收购方式而言，本次交易并没有采用之前大家比较熟悉的要约收购来进行，而是采用了协议安排。协议安排类似于协议收购，适用于善意交易的情形，在卖方主要股东支持的情况下，收购 100％股权的确定性较高，时间表也比较可控，避免了部分小股东不预收要约的情形。对于希望收购澳洲上市公司确定比例的股权，且已与卖方达成友好意向的企业来说，这种收购方式非常具有借鉴意义。

本次交易另一个值得参考的地方在于公关和媒体管理。因本次交易执行的过程中适逢多家中国企业在澳进行收购/投资，其中部分交易已被 FIRB 出具否定或部分否定意见，而中铝收购力拓股权及部分资产的交易也未能达成，这些在澳大利亚政坛和媒体都引发了不小的影响，也受到国内的高度关注，FIRB 还特别针对外国国有企业在澳大利亚收购/新建项目出台了关于所占股权比例的明确规定。在这一复杂的大环境下，本次交易在 FIRB 审核中也遭遇了几次延期，但由于交易初始公司便高度重视此事，并与 FIRB 展开了充分沟通，且兖州煤业与 Felix 对外均发表了积极且一致的声明，展现了善意交易的因素。因此 FIRB 最终在公司提交申请的 2 个多月后，于 2009 年 10 月批准本次交易。事实证明，充分的事前规划、聘请专业公关顾问和境外律师、积极而审慎的媒体管理和内部管理以及同期与国内主管部门的积极沟通汇报，构成了本次交易获得监管批准的关键因素。

从收购效果而言，本次交易使兖州煤业获得了位于澳大利亚的一个主体运营平台。更重要的是，兖州煤业后续以此为基础，陆续进行了几次补强型收购，并于 2012 年与另一家澳大利亚上市公司格罗斯特达成协议，将 Felix 的资产注入格罗斯特，成功实现反向上市，不仅基本实现了 2009 年对 FIRB 的承诺，而且兖州煤业仍在合并后的上市公司中占据控股地位，在澳大利亚同样拥有了一家上市平台，为其未来进一步资本运作奠定了良好的基础。兖州煤业在本次收购完成后的整合、管理以及持续发展运作，也为同样积极部署海外战略的国内企业树立了典范。

第三节　收购境外非上市公司

案例一　中国银行收购新加坡飞机租赁公司

【内容提要】

本次交易总对价 9.65 亿美元,中国银行将在收购后向新加坡飞机租赁公司董事会委派董事。新加坡飞机租赁公司将继续由首席执行官 Robert Martin 领导的现有管理层在新加坡管理和经营。收购后新加坡飞机租赁公司更名为"中银航空租赁私人有限公司"。

收购完成后,中银航空租赁私人有限公司业务迅速发展,公司服务范围扩大至 29 个国家和 47 家航空公司。除租赁业务发展外,中银航空租赁还为中国银行提供向航空公司客户进行交叉销售的潜在机会,促进中国银行国际银行业务发展。

本次收购是中国银行的首次海外收购,中国银行借此成为全国首家进入全球性飞机租赁业务的银行,并提前 5 年完成了追赶亚洲规模最大的飞机租赁公司的中期战略目标。

一、交易各方基本情况

（一）收购方概况介绍

名称:中国银行股份有限公司

交易前总市值(2008 年 12 月 15 日):11 110 亿元(人民币:港元＝1:0.88)

上市地:香港联交所;上海证券交易所

1. 中国银行简介

1912 年 2 月,经孙中山先生批准,中国银行正式成立。从 1912 年至 1949 年,中国银行先后行使中央银行、国际汇兑银行和外贸专业银行职能,坚持以服务大众、振兴民族金融业为己任,稳健经营,锐意进取,各项业务取得了长足发展。新中国成立后,中国银行成为国家外汇外贸专业银行,为国家对外经贸发展和国内经济建设做出了重大贡献。1994 年,中国银行改为国有独资商业银行。2003 年,中国银行开始股份制改造。2004 年 8 月,中国银行股份有限公司挂牌成立。2006 年 6 月、7 月,中国银行先后在香港联交所和上海证券交易所成功挂牌上市,成为首家在内地和香港发行上市的中国商业银行。

2. 股东结构

中国银行的控股股东是中央汇金投资有限公司,截至2006年末,中央汇金投资有限责任公司持有中国银行股份67.49%。

表32 截至2006年末中国银行前十大股东分布

股东名称	占总股本比例%
中央汇金投资有限责任公司	67.49%
香港中央结算(代理人)有限公司	11.92%
RBS	8.25%
亚洲金融控股私人有限公司(淡马锡全资子公司)	4.13%
全国社会保障基金理事会	3.30%
瑞士银行	1.33%
亚洲开发银行	0.20%
The Bank of Tokyo-Mitsubishi UFJ Ltd	0.19%
Wingreat International Limited	0.17%
Best Sense Investments Limited	0.09%
Turbo Top Limited	0.09%
合计	97.16%

资料来源:公司年报

3. 交易前中国银行主要财务指标

表33

百万元人民币	2004	2005	2006	04—06年均复合增长
净利息收入	84 985	100 405	120 707	19.2%
非利息收入	19 752	15 623	16 921	(7.4%)
营业利润	57 841	64 744	77 552	15.8%
净利润	20 932	27 492	41 892	41.5%
总资产	4 270 443	4 742 806	5 325 273	
股东权益	205 351	233 842	388 254	
净资产收益率(%)	10.19	11.76	10.79	

资料来源:公司年报

（二）被收购方概况介绍

名称：新加坡飞机租赁有限责任公司（Singapore Aircraft Leasing Enterprise Pte. Ltd）

上市地：未上市

1. 新加坡飞机租赁公司简介

总部设在新加坡的新加坡飞机租赁公司是亚洲最大的飞机租赁公司。交易前，新加坡飞机租赁公司拥有一支由 63 架飞机组成的机队并代表第三方管理 14 架飞机。此外，新加坡飞机租赁公司持有订购另外 28 架飞机的确实订单及另行购买 20 架飞机的选择权。新加坡飞机租赁公司的机队是国际飞机租赁业中最年轻的机队之一，平均机龄为 3.5 年，其中超过 70% 的飞机是十分普及的波音新一代 B737 窄体飞机及空中客车 A320 飞机。新加坡飞机租赁公司的客户遍及六大洲 20 个国家。

2. 股东结构

交易前，新加坡飞机租赁公司由四家股东共同持有。

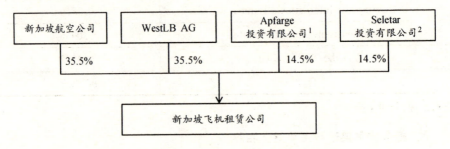

图 38　交易前新加坡飞机租赁公司股权结构图

资料来源：交易公告

注 1：Apfarge 投资有限公司是新加坡政府直接投资有限公司下属的一个投资公司

注 2：Seletar 投资有限公司是淡马锡控股（私人）有限公司的一个全资子公司

3. 交易前新加坡飞机租赁公司主要财务指标

交易前，截至 2006 年 9 月 30 日，新加坡飞机租赁公司的总资产 31 亿美元，总负债 22.8 亿美元，股东权益 5.35 亿美元，资产负债率 73.5%。2006 年全年净利润约 0.49 亿美元[①]。

---

① 根据中国银行 2007 年年报披露数据推算。

4. 股价表现

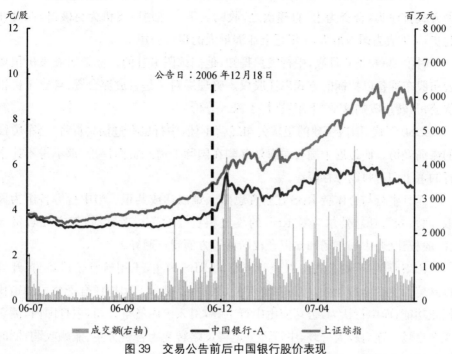

图39　交易公告前后中国银行股价表现

数据来源：WIND

二、并购的背景及动因

中国银行对飞机租赁公司的收购灵感最初来自于战略合作伙伴苏格兰皇家银行（RBS），后者在飞机租赁行业有着丰富的经验，自1980年就开始为中国几乎所有的航空公司提供租赁担保。RBS在入股备忘录中提出，希望和中行共同开展租赁业务。中行管理层研究之后，决定选择飞机作为租赁业务的突破口，于2006年1月正式立项并展开前期调研。

专题调研组由总行数个部门和从事投资业务的附属公司人员组成，收集了近50份资料，向民航局、银监会、国航、海内外分行、IPO顾问和外部律师等39个单位征求了意见，形成《关于中国银行开展民用飞机租赁业务的项目建议书》。

建议书得出的结论是，中行现在开展飞机租赁具备一定的比较优势，成功率较高，不但可以满足客户资金需求，还可以降低现有信贷业务风险，维系和发掘航空公司产业链上新的优质客户，提高整体收益。但目前国内的法律、监管、会计制度、税务条例等外部环境无法满足租赁行业的发展条件，所以中行应尽快在爱尔兰或香港组建合资的飞机租赁公司。

中行决定组建由自己主导的飞机租赁公司,并对合资、独资和收购兼并三种方式排序为:合资为上、自建次之,收购为下。计划以飞机为突破口,在海外起步,3年成为国内最大,5年赶上亚洲最大的租赁公司。

时值2006年6月底,中行突然得知,他们试图追赶的目标新加坡飞机租赁公司股东准备以招标的方式出让股权。管理层对于是否放弃合资、自建飞机租赁公司,转用收购这个"下策"进行了深入分析。

1980年代,国内组建的租赁公司经营不佳,中行也有过损兵折将、全军覆没的惨痛经历。而最近中国公司海外并购在国际上遭到负面评价,都不得不让中行的董事们对收购心存疑虑。

而且中行与合作者RBS在合资思路上难以达成共识。当中行筹备组为汲取经验、专门赶赴爱尔兰对RBS的飞机租赁公司进行考察时,双方在合资方式、股权比例、中国市场和知识产权转移等方面观点迥异。

RBS认为,合资公司应以经验丰富的RBS为主,不用航空公司参与,开展以欧美为主的全球业务,中行在合资公司中主要是学习和担任合资公司的销售网点功能;而中行认为,公司应由中行主导,引入国内航空公司,主打国内,侧重亚洲市场。面对较大分歧,中行遂决定将策略转变为合资为主、兼顾收购,同时与其他同业进行接触,并对新加坡飞机租赁展开更深入的了解。

中行测算,如果自建公司,至少需要10年方可达到同等机队规模和盈利水平,还不算各种难以预测的操作风险;如果设立合资公司,则至少需要5年。

有鉴于此,中行董事会最终决定参与新加坡飞机租赁公司的本次竞标。

三、并购方案介绍和分析

中国银行通过其香港全资子公司中银集团投资有限公司,以9.65亿美元全现金收购新加坡飞机租赁公司股权。中国银行将在收购后向新加坡飞机租赁公司董事会委派董事。新加坡飞机租赁公司将继续由首席执行官Robert Martin领导的现有管理层在新加坡管理和经营。

收购后新加坡飞机租赁公司更名为"中银航空租赁私人有限公司"。

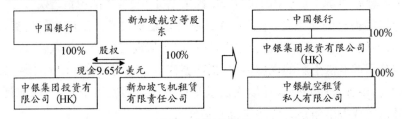

图40　交易结构图

四、并购方案主要技术问题分析

（一）交易主体选择

本次交易主体为中银集团投资有限公司。中银集团投资有限公司是中国银行的直接投资和投资管理业务平台，1984 年在香港注册成立，作为中银集团唯一的专业投资管理公司，其业务范围包括企业股权投资、不良资产投资、不动产投资、管理与租赁以及物业管理等四大业务板块。

本次交易中，中国银行通过中银集团投资有限公司收购新加坡飞机租赁，一方面充分利用了海外平台的操作便利，另一方面充实了中银集团投资有限公司的业务范围。将飞机租赁作为一个独立板块运营，既一定程度上保持了飞机租赁公司的独立运营，又有利于旗下各板块业务发挥协同效应。

（二）尽职调查和估值

飞机租赁属于专业性较强的行业，具有资产价值高、国际化运营等特点。本次交易中，中国银行聘请了国际一流的中介机构（财务顾问、技术顾问、法律顾问等），对目标公司资产状况及业务情况进行判断，包括目标公司现有机组的机型、机龄、资产维护状态、风险控制和应急能力等。

在对目标公司进行估值时，财务顾问和技术顾问一起，综合考虑了目标公司现有机组资产价值、未来订单价值、目前租约价值以及潜在的风险因素，协助公司给出合理、有竞争力的报价，最终顺利赢得交易。

五、并购交易进程回顾

2006 年 6 月底，新加坡飞机租赁公司股东准备以招标的方式出让股权。

2006 年 8 月底，中行董事会同意了以合资或收购形式在境外成立飞机租赁公司，但要求聘请专业顾问给予客观评估和尽职调查。

2006 年 9 月，获聘顾问团立即对由 24 个部分组成的约 1.2 万页的新加坡飞机租赁公司资料进行了快速而详尽的尽职调查。

2006 年 10 月初，顾问团随中行到新加坡与 SALE 管理层进行当面尽职访谈，并对当地法律、税务、监管等环境进行考察，在此基础上形成了项目估值报告和投资建议。

2006 年 11—12 月，中国银行与卖方进入独家谈判期。

2006 年 12 月 18 日，中国银行公告，已完成现金收购新加坡飞机租赁公司100％股权。

六、并购交易实施效果

交易完成后,中银航空租赁私人有限公司业务迅速发展,公司服务范围扩大至 29 个国家和 47 家航空公司。

截至 2011 年末,飞机组合数量较 2006 年末增长两倍,达 183 架;总资产翻番,达 76 亿美元;2011 年净利润较 2006 年增长 3 倍,达 2.01 亿美元,年均复合增长率达 33%。

除租赁业务发展外,中银航空租赁还为中国银行提供向航空公司客户进行交叉销售的潜在机会,促进中国银行国际银行业务发展。

表34 收购后中银航空租赁(原新加坡飞机租赁)主要经营和财务指标

	2006	2007	2008	2009	2010	2011	06 - 11 CAGR
飞机组合数量	63	76	92	142	166	183	24%
自有飞机	49			118	140	158	26%
代表第三方管理	14			24	26	25	12%
税后利润(亿美元)	0.49	0.81	1.07	1.37	1.68	2.01	33%
增长率		67%	32%	28%	22%	20%	

资料来源:中国银行年报

七、借鉴和思考

本次收购是中国银行的首次海外收购,中国银行借此成为全国首家进入全球性飞机租赁业务的银行,并提前 5 年完成了追赶亚洲规模最大的飞机租赁公司的中期战略目标。

本次收购是中国银行进一步扩大多元化金融服务范围、提高非利息收入总体战略的举措之一,不仅提高了中行的非利息收入,更有利于在与同行间的差异化竞争中获得优势。

对于拟进入的飞机租赁领域,中国银行最终放弃了自建或者组建合资公司,在有合适目标公司的前提下,通过并购迅速进入新领域,值得中国企业实施多元化战略时借鉴。

案例二 中联重科并购意大利 CIFA

【内容提要】

2008 年 9 月,中联重科联合共同投资人成功并购全球第三大混凝土机械制造商意大利 CIFA 公司。通过 CIFA 项目的成功运作,中联重科探索出了一条中国企业走出国门、进行海外并购的新路,总结出了一个互利双赢、可借鉴复制的模式。

中联重科并购 CIFA 项目获得了国际性认同:2011 年初,意大利总统亲自将莱昂纳多国际奖授予中联重科;该并购案入选中国海外投资五大经典案例,同时也是载入哈佛大学教材中的成功收购案例。

一、交易各方基本情况

(一) 收购方基本情况介绍

本次交易为中联重科和共同投资方进行的共同投资。

1. 中联重科基本情况介绍

中联重科股份有限公司(以下简称"中联重科"或"公司")创立于 1992 年,2000 年 10 月在深交所上市(股票代码 000157),2010 年 12 月在香港联交所上市(股票代码 1157)。目前,公司注册资本为 77.06 亿元,员工人数超过 3 万人;截至 2011 年底,公司总资产 716 亿元,净资产 354 亿元;2011 年,中联重科实现销售收入近 850 亿元,利税超过 120 亿元。经过二十年的快速发展,中联重科已经成为中国工程机械行业的领军企业,2011 年公司位列全球工程机械企业第六位。

中联重科主营业务优势突出,并持续高速增长。公司是全球产品链最齐备的工程机械制造商之一,主要产品包括混凝土机械、起重机械、土方机械、路面机械、环卫机械、基础施工机械等产品。公司两大核心产品混凝土机械和起重机械均排名全球前两位,其他产品也处于市场领导地位,有良好的市场份额。公司成立二十年来,保持了年复合增长率超过 50% 的增长速度,尤其是自 2006 年以来,公司营业收入年复合增长率超过 60%,增速排名全球工程机械企业第一位,在全球工程机械发展史上,创造了一个成长奇迹。

中联重科具有很强的技术创新能力。公司是首批入选"国家技术创新示范企业"的公司,现已形成国家级企业技术中心、建设机械关键技术国家重点实验室、国家混凝土机械工程技术研究中心、国家级城市公共装备技术研究院、国家级博士后工作站五位一体的高端创新体系。公司是中国工程机械行业标准的制定者,参与制订和修订超过 180 项国家和行业标准,行业覆盖率达 70%。公司也是唯一代表中国工程机械行业参与制定和修订国际(ISO)标准的企业;2012 年 5 月,国际 ISO 标准组织起重分会的秘书处正式落户中联重科。近年来,公司每年研发投入约占年营业收入的 5%,年均产生 300 多项新技术、新产品,新产品对销售收入的贡献率超过 60%。

中联重科是一家善于进行战略整合的企业。公司秉承"至诚无息、博厚悠远"的企业文化理念,外延式发展与内源式发展并重,先后收购了英国保路捷、湖南机床厂、浦沅集团、中标公司、陕西新黄工、华泰重工、湖南车桥、信诚液压和意大利 CIFA 等九家境内外企业。对于这九家企业的并购整合,中联重科实现了并购一家、成功一家、兴旺一家、稳定一方的战略目标,成为唯一一家具有境内外成功并购经验的中国工程机械企业。

中联重科是一个法人治理结构规范透明的企业。公司是一家在深圳和香港两地整体上市的企业,湖南省国资委是公司第一大股东,持股 16.19%,其他股东持股分散而多元化,这样的股东结构有利于独立决策;公司成立了独立的专家型董事会,七名董事中,独立董事占四席,从而保障高效科学的决策;公司具有一支经验丰富、执行力强的优秀管理团队,实践证明,这支团队无论在行业的低谷和高峰,都能一直引领企业快速稳健增长,自公司成立 20 年来,公司的收入和利润年复合增长率达 50%。

中联重科具有清晰的发展战略。中联重科的战略是"裂变+聚变=全球化"。裂变是"分",按产品类别组团,形成多个专业化事业部,做精做强各类产品;聚变是"合",通过全球并购,使国内事业部与国外同专业的企业聚合,形成跨国事业部。在这种分与合的辩证演绎中,整合全球资源,释放发展能量。中联重科对世界第三大混凝土机械制造商意大利 CIFA 公司的成功并购整合,对公司实现全球整合具有重大战略意义。中联重科的战略目标是 3—5 年进入全球工程机械企业前三名。

2. 共同投资方简介

(1) 弘毅投资(Hony Capital)

弘毅投资成立于 2003 年,是联想控股有限公司("联想控股")成员企业中专事股权投资及管理业务的子公司。弘毅投资是中国起步较早、业务聚焦在中国本土规范运作的专业投资公司。弘毅投资目前共管理五期美元基金和两期人民币基金,管理资金总规模超过 450 亿元人民币。弘毅投资的投资人包括联想控股、全国社保基金、国家开发银行及高盛、淡马锡、斯坦福大学基金等全球著名投资机构。国内国际的优质资源组合,提升了弘毅投资为企业提供增值服务的能力。

(2) 高盛公司

高盛为世界领先的投资银行、证券和投资管理公司,在世界各地向重要、多样化的客户提供全系列的服务,客户包括公司、金融机构、政府和高净值个人。公司成立于 1869 年,为世界上历史最悠久、规模最大的投资银行之一。公司总部设在纽约,在伦敦、法兰克福、东京、香港和其他主要世界金融中心均设有分支机构。

（3）曼达林基金（Mandarin Capital Partners）

曼达林基金是首支中欧合作私募股权基金,亦是目前规模最大的中意私募股权基金,首期基金规模 3.28 亿欧元。基金成立于 2007 年,注册于卢森堡,基金的发起人和主要投资人包括中国两家重要的政策银行（国家开发银行和中国进出口银行）以及意大利和欧洲最大银行之一的 Intesa Sanpaolo S. p. A. 银行。该基金的宗旨是促进中国公司全球化扩展及其在欧洲获取经销渠道、全球品牌和专业技术,以及促进欧洲公司在中国的投资和发展。基金侧重于高端装备制造、医疗卫生、环保和消费等领域的投资,主要选择可促使中国和欧洲之间产生协同效应的项目。

（二）交易对方基本情况介绍

CIFA 为一家意大利企业,并购时的股权结构如下:

表35

序号	股东名称	比例	类型
1	Magenta SGR S. p. A.	50.72%	意大利投资基金
2	Fadorè S. àr. l.	10.0%	卢森堡公司
3	Intesa Sanpaolo S. p. A.	10.0%	意大利银行
4	Plurifid S. p. A.	27.5%	代表 2006 年收购之前的 5 个股东持有现 CIFA 的股权,包括: Immobiliare BA. STE. Do. S. r. l. (7.18%), Immobiliare Duemila S. r. l. (7.18%), Immobiliare Novanta S. r. l. (7.18%), Pasquale DiIorio (2.98%), Simone Rafael Emdin (2.98%)
5	Maurizio Ferrari	1.78%	自然人,时任 CIFA 董事长
	合计	100%	

上述 5 个股东代表了 9 位交易对方,具体情况如下:

1. 意大利投资基金 Magenta SGR S. p. A.

Magenta SGR S. p. A. 是一家意大利投资基金公司。该公司于 2006 年设立,其投资对象为意大利中型规模的公司。

2. 卢森堡公司 Fadorè S. àr. l.

Fadorè S. àr. l. 是一家卢森堡公司,主要业务是泛欧私人股权投资。

3. 意大利联合圣保罗银行 Intesa Sanpaolo S. p. A.

Intesa Sanpaolo S. p. A. 是意大利市值第一的银行。

4. 意大利公司 Immobiliare BA. STE. DO. S. r. l.

Immobiliare BA. STE. DO. S. r. l. 一家意大利公司。该公司是 CIFA2006 年重组前的股东。

5. 意大利公司 Immobiliare Duemila S. r. l.

Immobiliare Duemila S. r. l. 一家意大利公司。该公司是 CIFA2006 年重组前的股东。

6. 意大利公司 Immobiliare Novanta S. r. l.

Immobiliare Novanta S. r. l. 一家意大利公司。该公司是 CIFA2006 年重组前的股东。

7. 自然人 Pasquale Di Iorio

Pasquale DiIorio 是 CIFA2006 年重组前的股东。

8. 自然人 Simone Rafael Emdin

Simone Rafael Emdin 是 CIFA2006 年重组前的股东。

9. 自然人 Maurizio Ferrari

Maurizio Ferrari 是 CIFA 时任董事长。

（三）交易标的 Compagnia Italiana Forme Acciaio S. p. A 基本情况介绍

Compagnia Italiana Forme Acciaio S. p. A（简称"CIFA"）成立于 1928 年，是一家意大利的工程机械制造商，总部设于意大利米兰附近的 Senago（塞纳哥）。

CIFA 是全球知名的混凝土机械装备制造商，经营混凝土机械相关业务的历史悠久，是全球前三大混凝土机械制造商之一，全球排名第二的混凝土输送泵、混凝土泵车制造商，同时也是全球排名第三的混凝土搅拌车制造商。2007 年，CIFA 的总销售额达到 3 亿欧元。

CIFA 的主要产品包括 3 大类，（1）混凝土泵送机械类：混凝土输送泵、混凝土泵车、带泵混凝土搅拌运输车、砂浆喷射泵等；（2）混凝土搅拌运输车类：混凝土搅拌运输车、搅拌运输车配件等；（3）其他类：混凝土搅拌站、稳定土拌合设备、混凝土施工模板等。

从产品结构上看，CIFA 是一家能够全面提供各类混凝土设备的制造商，在全球客户中拥有极高的品牌知名度和客户美誉度；从客户所在地来看，CIFA 的营业收入中有 70% 来自欧洲，其余的来自波斯湾、南美洲和非洲地区，大部分为较为发达的国家和地区；从技术上看，CIFA 始终处于全球领先地位，碳纤维臂架技术、S 管阀、主动减震技术、耐磨材料等,均代表全球混凝土机械行业的顶尖水平;从制造技术和企业管理能力来看,早在 2007 年,CIFA 仅拥有约 1 000 名员工,共计投入固定资产和流动资产约 20 亿元人民币,但是当前主营业务收入已达约 30 亿元人民币。可见,与行业竞争对手相比,CIFA 的品牌、销售网络、技术工艺、制造技术和企业管理能力均处于领先地位。

二、并购的背景及动因

(一)交易背景

为进一步加强我国企业的国际竞争力,国家提出了企业"走出去"的战略,鼓励和支持各类优势企业对外投资,充分利用国际、国内两个市场,优化资源配置,提高企业参与国际竞争与合作的层次和水平。

我国制造的混凝土机械产品在 2006 年才进入国际市场,大部分海外用户特别是欧美地区的用户对中国制造的混凝土机械产品还处在试用和观望阶段。尽管国内混凝土机械制造企业都在积极地根据海外不同市场的技术、安全、环保、认证等多方面的要求研发、改进产品,但要得到海外用户的完全接受并进入市场成熟期还需要一定的时间。所以中国混凝土机械产品目前在海外市场的占有率并不高。

2008 年,中联重科已成为国内行业龙头,并已确立了"裂变+聚变=全球化"的发展战略,但成功拓展海外市场需要国际品牌、海外销售渠道、全球领先的技术等,这些都是国内混凝土机械制造商欠缺而 CIFA 公司拥有的。收购欧美知名品牌,是中联重科国际化发展的重要选择。

(二)交易动因

本次交易的动因,主要在于完成中联重科由国内同行业排头企业向国际化企业的跨越。这一跨越主要表现在以下三个方面:

首先,本次交易的完成可以实现中联重科混凝土机械销售和服务网点的全球化布局。CIFA 不仅在欧洲传统市场具有相应的市场份额和客户忠诚度,而且已经布局东欧、俄罗斯、印度等具有发展潜力的新兴市场,并已形成良好的竞争态势,中联重科将 CIFA 这一市场布局优势与自己现有销售和服务网络进行整合,不仅能在较短的时间内进入东欧、俄罗斯、印度等具有发展潜力的新兴市场,而且能节约开拓欧洲市场的高昂费用,积累资金拓展其他市场。

本次交易完成后,中联重科的销售与服务网络布局在全球主要市场将形成规模,国际市场地位将大为提升,从而改写世界混凝土机械市场的格局。

其次,本次交易可以实现中联重科混凝土机械产品与制造技术的国际化跨越。与目前我国混凝土机械行业发展水平相比较,CIFA 无论是在产品技术性能方面还是在制造工艺水平方面,都有明显优势,将 CIFA 纳入中联重科旗下,将使我国混凝土机械制造行业一步跨入世界领先水平行列。

第三,通过本次交易,公司能够在制造技术和企业管理等方面快速提高水平。本次交易完成后,通过利用 CIFA 和中联重科自身的技术优势、产能优势、市场网络优势及管理优势,公司将构建一个具有规模效应协同发展平台,更好地服务不同层面的客户。本次交易将改变全球混凝土机械市场的竞争格局,交易完成后,公司将成为全球最大的混凝土机械制造商。

三、交易方案介绍

(一)本次交易的交易结构

中联重科于香港设立一家全资控股子公司——Zoomlion H. K. Holding Co. Ltd[中联重科(香港)控股有限公司,以下简称"中联香港控股"],然后由中联香港控股在香港设立一家全资子公司("香港特殊目的公司 A"),该香港特殊目的公司 A 与共同投资方在香港合作设立一家香港特殊目的公司 B(其中香港特殊目的公司 A 持股 60%,共同投资方曼达林持股 9.04%,弘毅持股 18.04%,高盛持股12.92%)。本次交易完成后,香港特殊目的公司 B 最终持有 CIFA100%股权。

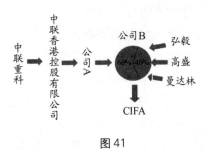

图 41

(二)交易对价和主要融资方式

本次交易中,为取得 CIFA100%股权,公司和共同投资方合计出资 2.71 亿欧元(约合人民币 28.78 亿元),其中 2.515 亿欧元(约合人民币 26.71 亿元)为支付给卖方的股权转让价款,0.195 亿欧元(约合人民币 2.07 亿元)为应支付的交易费用。中联重科占 CIFA60%的股份,需支付 1.626 亿欧元;弘毅投资、高盛、曼达林基金投资占 40%。根据《买卖协议》,本次交易中 CIFA 全部股权作价 3.755 亿欧元(约合人民币 39.88 亿元),除上述由公司和共同投资方合计支付的 2.515 亿欧元(约合人民币 26.71 亿元)股权转让价款外,差额部分 1.24 亿欧元(约合人民币 13.17 亿元)最终由 CIFA 自身长期负债解决。公司及共同投资方对该笔借款不承担任何还款及担保责任。

此次收购的资金来源主要有两部分:

1. 中联重科在香港成立的、用于收购 CIFA 股权的香港特殊目的公司 B 将向巴克莱银行香港分行借款 2 亿美元,期限不少于三年。该部分借款将由中国进出口银行湖南分行提供同金额、同期限的融资担保,同时由中联重科向进出口银行提供反担保。有关贷款成本采用浮动利率(综合年利率目前不超过5.7%)。在优于上述贷款条件的情况下,中联重科不排除从其他金融机构获得上述贷款。

2. 剩余 5 000 万美元支付资金将由中联重科以自有资金支付解决。

四、并购方案主要技术问题分析

此次收购的目标 CIFA 是一家意大利公司,其主要资产和业务都集中在欧洲。与中联重科存在企业文化、法律法规、会计税收制度等经营管理环境方面的差异。同时,CIFA 的股东变更也可能导致国际市场对 CIFA 品牌的认同度下降,导致 CIFA 原有市场份额流失,增加新兴市场开拓的难度。所以,如何确保并购后能够实现有效整合及规避跨国并购中文化和商业环境的冲突所导致的风险成为了并购方案要解决的主要问题。针对这一问题,中联重科在此次并购中做出了具有决定性意义的安排,那就是邀请三家投资方共同收购 CIFA。

中联重科邀请共同投资方参与本次并购,一方面弘毅投资作为财务投资者及公司长期合作伙伴,可对中联重科未来与 CIFA 的整合提供全面支持;另一方面具有全球投资管理经验的高盛以及意大利本土曼达林基金作为共同投资方加入到中联重科的本次交易中,这样就组成了既熟悉中国国情又具有国际视野的投资组合,形成了"文化缓冲地带",从而在中联重科与 CIFA 融合前期有效地缓冲文化和理念的冲突,确保了重组整合的顺利进行。

同时,中联重科与三家共同投资方约定,在并购完成后的三年之内,投资方不得退出,上述约定相当于用 40% 的股权空间换取三年的整合时间,从而使两家存在巨大文化差异的企业可以渐进地、有序地磨合与整合。此外,中联重科不对共同投资人收益保底,有利于充分调动和利用各种资源,使得共同投资人有共同努力做好 CIFA 的压力。风险共担利益共享的原则,使中联重科与共同投资人形成一致的利益取向。

后期的整合表明,上述安排对两个企业的成功融合起到了关键性的作用。

五、并购交易主要进程回顾

2007 年下半年,CIFA 第一大股东 Magenta 股权投资基金决定解散 CIFA并出售股权;

2007 年 11 月,CIFA 正式启动公开竞标的出售程序;

2008年1月底，中联重科提交第一轮无约束力投标书；

2008年2月，中联重科开始对CIFA进行尽职调查；

2008年3月，中联重科递交第二轮有约束力投标文件，双方开始谈判；

2008年6月，中联重科与CIFA签署最终的《买卖协议》并提交股东大会批准；随后又提交证监会、发改委、商务部、外管局和省国资委等监管部门批准和备案；

2008年9月28日，中联重科与CIFA正式签署收购交割协议，完成此次并购。

六、整合方案及实施效果

（一）整合方案的主要内容

收购完成后，中联联合共同投资人和CIFA的管理团队经过细致的沟通，成立了"协同委员会"领导中联CIFA混凝土机械公司的重组整合工作。重组整合方案的主要内容可概括为"一个家庭，两个品牌，三个原则，'四个一'的阶段目标"。"一个家庭"即中联和CIFA是一个大家庭；"两个品牌"即整合后推行双品牌战略；"三个原则"即保持一个稳定的、充满活力的CIFA管理团队，坚持CIFA独立经营和CIFA全面共享中联在全球的市场、生产和技术资源；重组整合要达到"四个一"的阶段目标，即：中联和CIFA拥有一个共同的管理团队，一个共同的国际市场营销体系，一个共同的研发平台和一个共同的生产协调体系。

（二）整合的实施效果

根据上述原则，中联重科从管理、技术、生产、市场等方面具体开展重组整合工作，取得了很好的效果。

1. 管理整合

并购CIFA后，为了加快融合，中联重科成立混凝土跨国事业部，统一管理中联重科本部混凝土公司和CIFA，并采取以下一些措施，加强双方的协同效应：（1）国际战略、协同、财务和信息化管理部门设在长沙总部，有利于总部管理者汇总各个方面的综合信息，制定决策；（2）采购部设在长沙，可以利用总部的信息平台，根据各方流程汇集的信息，实施全球采购，实现了产业链上、中、下游信息的对称流动，又降低了采购成本和交易双方的运行成本；（3）技术和市场中心设在意大利米兰，有利于发挥CIFA的优势；（4）利用国内生产成本低的优势，调整双方产品结构，使得双方产品在国际市场上更具有竞争力；（5）中联重科在并购后，保持CIFA方面的管理层不变，中方不派员工参与直接管理，这种完全信任的态度和"意人治意,高度自治"的模式带来的正面积极作用也是不可忽视的。

2. 技术整合

混凝土跨国事业部把技术研发放在意大利米兰,利用CIFA世界领先的技术平台,与中联重科的本土的研发队伍开展技术交流与合作,推动技术创新。2010年初,由CIFA研发的世界首台混凝土泵车碳纤维臂架已经成功完成6—11年的疲劳测试,即将投入商用,这种超轻臂架的研制成功,颠覆了目前国际通行的泵车臂架设计传统理念和制造工艺,使得CIFA在该领域领先行业5—10年。2012年9月28日,中联-CIFA复合技术7桥7节臂101米碳纤维臂架泵车的成功下线,创造了吉尼斯世界纪录,成为全球在用的最长臂架泵车,其稳定性、安全性、环保性能和高效率均创造了新的世界高度。

3. 生产整合

在采购环节,在对双方采购模式、采购资源、采购链条进行梳理、对比基础上,中联重科的全球供应链战略性整合工作有序开展。目前,双方已形成成熟的互相委托对方代为采购的业务模式。中联重科利用CIFA的欧洲企业身份,委托其在欧洲采购所需的基础零部件,而CIFA也委托中联重科在中国采购部分关键零部件,从而降低各自的采购成本。

在生产制造环节,通过生产资源的共享实现成本节省。混凝土机械公司具有配套设施齐全的生产场地资源,先进的加工设备,较为低廉的劳动力成本,生产能力储备充裕;CIFA具有较先进的制造技术与生产技术,高效的信息化手段,整体生产效率高;通过双方的协同,将使资源互补从而达到优化资源配置的目的,实现规模经济、降低单位成本,增强企业竞争力。CIFA在中联重科混凝土事业部长沙麓谷工业园设立"厂中厂",主要管理人员来自CIFA总部,采用CIFA成熟的生产制造加工工艺及管理流程,产品以中联-CIFA复合品牌主要面向亚洲市场销售,在保证技术和品牌优势的同时,大大降低了生产成本。中联重科混凝土事业部按照CIFA的标准生产零部件,可以再返销意大利。中联重科的油缸厂则可以提供CIFA所需的全部油缸,由于采购价格远低于国际市场价,使CIFA性价比更具有竞争力。

4. 市场整合

混凝土跨国事业部把市场营销也放在米兰,利用CIFA完善的销售渠道以及较高的品牌影响力,在巩固原有市场的同时,积极拓展全球市场。CIFA在保持原有代理商的同时,对他们的代理方式进行了调整,原来的代理商现在不仅可以做CIFA的产品,也可以做中联重科的产品,可以双品牌运作。CIFA的产品也可以通过中联重科的营销渠道进行销售,最终达到整个中联重科销售渠道的畅通。

中联重科和 CIFA 通过渠道优势互补,提升了双方的市场占有率,市场整合效应开始显现。在国内混凝土机械市场,中联重科一直处于领先者的位置,市场份额逐年提升,主导产品长臂架混凝土泵车、混凝土搅拌运输车、车载泵已成为市占率第一的产品。而就 CIFA 而言,并购完成之后,CIFA 即遭遇全球性的金融危机,传统的欧美市场影响尤甚。2008 年四季度及 2009、2010 年,CIFA 均出现了一定程度的亏损。对此,中联重科加大了与 CIFA 在研发、制造、采购与销售的协同,实现资源共享,优势互补。2011 年,CIFA 自身实现了盈利,在欧洲同行中率先走出金融危机;2012 年上半年,CIFA 的收入和利润实现了50％以上增长。同时,双方的产品在欧洲的市场占有率得到明显提升,并成功实现了中国、非洲、中东等新兴市场的重大突破。

（三）回购其他股东股权

经过超过 4 年的整合,中联重科混凝土已经实现与 CIFA 的一体化整合,共同投资人的使命已经完成。CIFA 是中联重科国际化战略中的重要环节,但仅拥有约 60％的股权的中联重科,大部分经营决策需要 CIFA 的董事会和股东会的审批,公司的决策效率和效果受到了一定的影响。因此,2012 年 12 月,为了巩固与 CIFA 的整合成果,进一步提高一体化经营的效率和效果,加速公司整体的国际化布局和进程,在充分考虑股东的长远利益的基础上,中联重科回购了 CIFA 其他股东的股权。

七、借鉴和思考

回顾中联重科成功并购整合意大利 CIFA 公司的全过程,有以下一些作法值得借鉴和思考:

（一）围绕主业进行战略并购是前提

中联重科始终围绕工程机械主业来开展境内外并购。纵观中联重科每次收购都是基于主业向心力的产业投资行为,此次收购 CIFA 也是中联重科基于主业向心力收购战略在全球化道路上的成功演绎。中联重科收购 CIFA 之所以能取得成功,也正是因为双方主业长期战略发展的需要,是一次基于主业的战略融合。

（二）协同效应强是基础

中联和 CIFA 之间在战略采购、销售网络、研发制造能力等方面具有很强的互补性。首先,CIFA 业务集中于欧美,在国际市场尤其是欧美市场拥有完善的销售网络；中联业务主体在国内，在国内拥有较庞大的营销网络。其次，CIFA在混凝土技术研发方面具有雄厚实力，中联具有大规模的生产、制造管理能力，其成本控制管理较好。最后，双方诚信的企业文化为双方的互补融合提供了共同平台。

（三）成功整合是关键

并购活动能否最终达到预期的目标，后期整合是关键。基于自身的思考和实践，我们总结出了企业跨国并购的五项基本原则，也就是包容、共享、责任、规则、共舞。

所谓包容就是用尊重理解和主动适应达成文化的融合，中西方文化存在很大的差异，而这种差异会成为国际并购整合中的重大障碍，消除障碍最需要的就是包容，想让别人理解，首先去理解别人，想要达成共识，首先去换位思考，只有跳出固有的思维海涵他人，才能融合东西方文化的差异。

所谓共享就是成果风险共担，打造利益的共同体。国际化不是经济殖民，不是征服，而是要在共同的愿景下，建立一个利益共同体，实现共同的发展。一个行之有效的方法，就是在企业并购后，对管理团队进行股权激励，在绑定利益的同时凝聚人心。

所谓责任就是用负责的行为赢得当地的尊敬，走出去的中国企业应当具备的基本素质是：对员工负责，对企业的未来负责，做一个好的企业公民，尤其应当认真地对待员工，认真地对待裁员。只有企业对员工负责，员工才会对企业负责，只有负责的员工，才能成就受人尊敬的企业。

所谓规则就是现代市场经济的契约精神，只有建立规则、认同规则、遵守规则，管理才有章法，做事才有规矩，评价才有标准。规则是硬性的，是不可突破的底线，敬畏规则、遵从规则，需要从一开始就做到约法三章，公开同名，令行禁止。对被并购的企业需要将其纳入同一个管理体系，由同一种标准形成统一的管理语境，处理问题一视同仁，信任而不放任。对不适应企业发展、不利于资源整合、不按规则办事的人必须换掉，这就是规则。

所谓共舞就是定好角色、定好流程各就各位，共舞是收购之后的整合行为，更是持续的经营行为，只有共舞才能实现战略上的统一，管理上的一体化，技术上的协同，市场上的渠道共享和文化上的和谐。

中联重科在实践中摸索出的跨国并购的五项基本原则，让走出去的中联重科也走进去了。现在的CIFA公司虽然没有一名总部派驻的中方员工，但却在严格按照中联重科的制度体系运行；虽然是独立的法人，但每年会接受中国总部的全面审计，对规则执行的情况进行审查；虽然远在万里之外，但每天的运作都与总部遥相呼应、步调统一。上述跨国并购的五项基本原则源自于中联重科的实践，又促成了并购整合实践的成功，我们坚信跨国并购秉承包容、共享、责任、规则、共舞这五项基本原则，能更好的融入全球主流的产业生态，成就世界级的企业。

案例三 三一重工并购德国普茨迈斯特

一、交易各方基本情况介绍

（一）三一重工简介

三一重工创建于 1994 年，总部在长沙，是中国最大、全球第六的工程机械制造商。2011 年营业收入 508 亿元，归属母公司股东的净利润 86 亿元，位中国工程机械行业之首。2003 年上市至今，营业收入复合年均增长率超过 50%，净利润复合年均增长率超过 70%。根据 2010 年 9 月波士顿咨询公司报告，三一重工股东回报率居全球第五、中国机械行业第一。上市九年以来，现金分红高达 37.34 亿元，是募集资金 19.90 亿元的 1.88 倍，股价涨幅最高为 IPO 的 49 倍。

三一重工的主要产品混凝土机械、挖掘机、履带起重机、旋挖钻机已成为国内第一品牌。2011 年 4 月，根据美国建筑设备研究机构 Yengst 发布的 2010 年世界混凝土机械行业统计数据，三一重工以 27.2 亿美元的混凝土机械年销售额位列世界第一位；其中，泵车国内市场份额达 57%、产量居世界首位。2011 年挖掘机销售 20 614 台，一举超过小松、卡特，跃居国内市场行业第一。公司建有长沙、上海川沙、上海临港、昆山、北京、宁乡、常德等国内产业园。国际业务覆盖 160 个国家和地区，建有印度、美国、德国、巴西、印尼五大海外研发制造基地。

2012 年 5 月，根据国际权威媒体 International Construction（《国际建设》杂志）2012 年度 Yellow Table 排行榜，来自中国的工程机械龙头三一重工，以 78.61 亿美元的规模领衔中国军团，名列全球工程机械行业第六名，并蝉联入选榜单的中国企业第一名。2011 年 7 月 1 日，公司以 215.84 亿美元的市值首次入围 2011 年英国《金融时报》全球 500 强，位列第 431 位，成为中国机械行业首家进入世界市值 500 强的企业。

（二）普茨迈斯特简介

普茨迈斯特成立于 1958 年，是全球最知名的工程机械制造商之一，全球混凝土机械第一品牌，运营总部位于毗邻德国斯图加特的 Aichtal。2003—2007 年销售收入复合增速达到 24%,2007 年销售收入达到近几年的高点 10 亿欧元,受欧债危机影响,2011 年销售收入约为 5.7 亿欧元,回到 2004 年的收入水平。

普茨迈斯特一直创造并保持着液压柱塞泵领域的众多世界纪录,在中国之外的国际市场上已成为混凝土技术的全球领导者,主要从事开发、生产和销售各类混凝土输送泵、布料杆和部件、高密度固体泵送设备、适用于地下工程的混凝土布料和废土运送设备、自动化材料处理设备、灰泥设备、砂浆设备、砂浆机械和碎片运输设备、专业用高压喷水设备和特殊应用产品等。运营领域包括土木工程、采矿和隧道工程、大型工业工程项目、发电厂、废水处理和垃圾焚化炉等。

截至 2011 年底,普茨迈斯特已经在世界范围内建立了 8 个主要生产基地,并先后在 16 个国家建立了子公司,设置代表处或销售中心的国家在 2007 年已经有 66 个。8 个主要生产基地是:德国、土耳其、印度、法国、西班牙、中国、意大利、美国。从子公司分布来看,已经覆盖了北美、欧洲和亚洲的大部分地区,只有非洲建立一个子公司,南美还没有子公司建立,但是南美已经建立了销售中心。普茨迈斯特生产基地和子公司的分布已经处在行业的前列。

普茨迈斯特自 1968 年开始大规模生产混凝土泵,其"大象"牌混凝土泵从 20 世纪 70 年代初开始畅销全球,普茨迈斯特的全球混凝土机械市场占有率长期高达 40% 左右,2010 年其国际化指数高达 95.50%,海外市场遍布全球 110 多个国家。

二、并购的背景及动因

(一) 收购背景

1. 行业:收购具备"天时、地利、人和"条件

2008 年之前没有人可以想象中国工程机械企业可以收购全球工程机械龙头企业,随着中国工程机械行业的发展壮大,近年来中联收购了 CIFA、柳工收购波兰 HSW,这些跨国收购说明中国工程机械行业国际化进程正在加快进行。虽然这个进程很缓慢,但是回顾国际工程机械巨头的成长,如卡特彼勒、德雷克斯勒等都是通过不断的收购兼并、全球扩张成长为跨国工程机械企业。

目前中国工程机械企业正面临天时、地利、人和的优势。

天时:全球经济危机给欧美一些制造企业尤其是家族式企业带来经营压力,投资基金退出,资金压力增大。

地利:虽然"十二五"期间中国投资也面临着增速放缓的问题,但和欧洲、北美等地区相比,高铁、城际快速轨道交通建设、西部区域经济发展仍将支持投资

平稳增长，政治经济稳定、资本市场健康发展为优势企业也提供了融资支持。

人和：中国企业家正处于成长期，年富力强，具有创新精神，以三一和普茨迈斯特为例，三一的高管层平均年龄在45岁左右，而普茨迈斯特的创始人公司董事长接近80岁，企业家是企业的灵魂，也决定了企业所处的生命周期。

2. 收购标的巨头的"联姻"记

这两家工程机械巨头的联姻并不是偶然的。1994年，当梁稳根带领他的创业团队进军工程机械行业时，就选择了当时世界最顶尖的普茨迈斯特为学习榜样，"当时，大象是全球第一，和它合作是可望而不可求的。"梁稳根说。如今命运的天平，显然倾向于这家中国民企。

2011年6月，德国重工业城市科隆以新街道"三一大街"的命名方式表示了对三一重工投资德国的欢迎。时隔短短半年，三一重工又因此次重金并购再次成为焦点。

作为"大象"的创始人和实际控制人，80多岁的董事长卡尔·施莱西特已经12年没有参与普茨迈斯特的经营管理，他将更多的精力倾注于慈善事业，而其子女缺乏继续经营企业的兴趣，近年来公司业绩不佳，卡尔·施莱西特决定将公司出售。

这与近年来风头正健的三一重工可谓一拍即合，雄心勃勃的梁稳根觉得这是一个千载难逢的好机遇。但和三一重工一同参加并购战角逐的还有卡特彼勒、小松等世界工程机械行业龙头。于是梁稳根当即就给卡尔·施莱西特写了一封热情洋溢的信。在信中，他表达了强烈而真诚的合作愿望："普茨迈斯特以专业和品质受到全球的认可，一直以来，都是我们学习的榜样，也是我们要超越的目标。"

卡尔·施莱西特也证实，他在2011年圣诞节之后，收到了梁稳根先生表达合作意愿的一封信，他们见面后几个小时就达成了默契。"我们是在半个多月以前才第一次相见的，但一见如故，相互充满了信任。"

"本来1月19日我们就要在法兰克福签合同，但由于法律上的原因，没有及时签订协议。考虑到时差因素，为了达成目标，我和卡尔·施莱西特先生同时调了对方的手表，并交换了手表。"梁稳根说。

卡尔·施莱西特先生写了一张纸条给梁稳根，表示普茨迈斯特只跟三一重工合并，不再与其他企业谈。

梁稳根说，两人彼此都珍视欣赏对方。梁赠与的手表，是其独生子用第一份工资给自己购买的礼物，而施莱西特的手表是其妻子赠送的礼物，在他手上已戴了25年。

2012 年 1 月 21 日,双方最终在德国法兰克福签署了协议,只用了半个月时间,业界评论这是宗"闪电并购"。

3. 普茨迈斯特业绩下滑提供收购契机

普茨迈斯特为全球混凝土机械行业第一品牌,但近几年收入利润显著下滑。2011 年销售收入重新回到 2004 年的水平,但盈利能力比 2004 年显著下滑。公司 2003—2007 年销售收入复合增速达到 24%,2007 年销售收入达到近几年的高点——10 亿欧元,2010 年销售收入 5.5 亿欧元,2011 年销售收入约为 5.7 亿欧元。但是从盈利水平看 2010 及 2011 年净利润分别为 150 万、600 万欧元,显著低于 2003、2004 年水平,销售净利率下滑很快。ROCE 在 06、07 年曾经超过 30%,但最近几年显著下降。普茨迈斯特全球市场占有率长期达 40%左右,90%以上销售收入来自海外。2007 年,欧洲(除德国以外)和北美市场的业绩贡献最大,占到总销售额 70%。高质然而高价的"德国制造"在"新兴市场"上竞争力相对较弱。

(二)动因

1. 全球混凝土 NO.1 须主打"产品"与"技术"两张牌

虽然 2008 年以来三一重工混凝土机械业务在销量和销售额上已超过普茨迈斯特,但普茨迈斯特仍毫无争议的是全球混凝土机械的第一品牌,主要表现在产品的技术指标(泵送高度、压力、臂长)、可靠性、稳定性、质量控制标准和流程等方面,德国制造技术和工艺处于全球顶尖水平。三一收购普茨迈斯特有利于提升产品品质和丰富高档产品系列,后者作为高端产品系列将定位全球高端市场,此次收购也有利于三一提升其精益制造和质量控制水平。

2. 国际化提速让三一找到占领全球市场的金钥匙

普茨迈斯特拥有其在全球经营了 53 年的销售与服务网络,销售覆盖全球 154 个国家,根据维基百科数据,2006 年销售 10%来自德国国内,20%来自美国,50%来自欧洲其他地区,值得注意的是,普茨迈斯特是全球水泥用量第二的印度地区的混凝土泵领导者,2010 年其泵车市场占有率 60%,拖泵市场占有率也上升至 30%。印度一年的量约 1 500 台,其中拖泵约 100 台。中国工程机械产品在北美、日本、欧洲、印度的占有率非常低,通过收购普茨迈斯特,三一找到了进入欧美和印度市场的"金钥匙"。

三、并购方案介绍和分析

(一)股权结构

三一重工是一家中国 A 股上市公司,截至 2011 年 12 月 31 日,三一重工股份有限公司在 A 股市场总股本为 7 593 706 137 股,其中,三一集团有限公司持有本公司 56.38％的股权,为本公司控股股东。

普茨迈斯特则是一家典型的德国家族企业和非上市公司,其 99％的股份归属于 KSG(Karl Schlecht Gemeinnützige Stiftung 是一家慈善机构,拥有 10％的董事会投票权),另有不到 1％的股份属于 KSF(Karl Schlecht Familienstiftung 拥有 90％的董事会投票权)。1998 年,创始人 Schlecht 先生正式宣布退出公司的日常管理,改任监事会主席。而且,Schlecht 把他的股份捐给了以他的名字命名的公益基金会。

(二) 收购方案

1. 交易方式、交易对方和交易标的

三一重工控股子公司三一德国有限公司(以下简称"三一德国")联合中信产业投资基金(香港)顾问有限公司(以下简称"中信基金"),于 2012 年 1 月 20 日与德国普茨迈斯特公司(Putzmeister Holding GmbH,以下简称"普茨迈斯特")的股东 KSG(持普茨迈斯特 99％股份)和 KSF(持普茨迈斯特 1％股份)签署了《转让及购买协议》,三一德国和中信基金共同收购普茨迈斯特 100％股权,其中三一德国收购 90％,中信基金收购 10％。三一德国的出资额为 3.24 亿欧元(折合人民币 26.54 亿元)。

2. 交易价格

三一德国和中信基金共计出资 3.6 亿欧元收购普茨迈斯特 100％股权,其中三一德国出资 3.24 亿欧元(折合人民币 26.54 亿元)。

3. 定价依据

综合考虑普茨迈斯特所处行业地位、经营发展、盈利能力和财务状况等因素,参照国际上通行的工程机械制造企业估值的常用方法,根据公平合理的定价原则经与卖方协商确定。

4. 交易完成期限

在德国时间 2012 年 3 月 1 日或全部交割条件满足(或被豁免)后的第 5 个工作日,两个日期中较后一个日期的上午 10:00 完成股权转让价款的支付和股权交割。

(三) 收购分析

1. 中德联姻:价格合理财务安全系数高

3.6 亿欧元的全部股权收购价格相当于普茨迈斯特 2011 年 PS 为 0.64 倍、2010 年底 PB 为 2.03 倍,收购价格合理。PS 估值低于国内 A 股工程机械的估值水平,PB 比较接近国内 A 股工程机械的估值水平。由于近几年,国外的混凝土机械企业盈利水平较低,PE 估值水平较高。

三一重工 2011 年收入超过 500 亿元人民币,普茨迈斯特 2011 年收入占收购后公司合并收入的 10% 以内,截至 2012 年 1 月 29 日,三一重工市值 1 062 亿元人民币,净资产 187 亿元人民币,总资产 544 亿元人民币,本次收购资本支出以 26.54 亿元人民币相对公司市值和总资产占比不大。

2. 普茨迈斯特嫁妆丰厚:"1+1"大于"2"

(1)技术与专利:三一重工超长臂架泵车产品品质与普茨迈斯特等欧美领先品牌相比仍有一定差距,而超长臂架泵车代表行业内最领先技术,其销量占比也正稳步提升(2011 年国内市场 50 米及以上臂架泵车销量占比较 2010 年的 10% 提升至约 17%)。通过收购,公司将直接获得"德国制造"的顶尖技术与专利。

(2)国际网络布局,推进三一国际化进程:普茨迈斯特拥有全球销售网络,超过 90% 的销售收入来自海外市场;而 2011 年上半年三一重工的海外销售收入占比不到 5%。通过收购,三一可以借助普茨迈斯特在中国以外的全球销售网络快速进入海外市场,提高产品的全球份额,同时普茨迈斯特可通过三一在国内的成熟销售网络推广其技术优势产品,地理布局有很强的互补性。

(3)协同发挥普茨迈斯特的品牌优势和三一的成本优势,同时增强采购及制造的规模效应。实施双品牌策略有助于满足不同市场用户的多样化需求。

三一重工之前一直通过"本土化"方式进行国际化扩张;德国是三一重工继印度和美国之后设立的第三个海外研发制造基地,同时也是三一混凝土机械的全球(中国以外)的管理总部。此次收购完成后,普茨迈斯特总部斯图加特将成为三一重工在中国以外的新全球总部。三一重工仍将专注于开拓中国国内中高端市场,而普茨迈斯特仍将保持独立品牌、独立运作,保持其在高端市场地位。三一此次首次进行海外并购,并购整合经验并不足,且面临中、德企业文化融合的普遍难题,收购整合普茨迈斯特的挑战是巨大的;但公司机制灵活,人才培养与激励到位,整合成功的优势明显。

四、并购方案主要技术问题分析

(一)普茨迈斯特盈利能力不佳,短期贡献有限但长期利好可期

根据历年全球工程机械制造商 50 强排行榜所披露数据测算,2005—2010 年普茨迈斯特集团销售收入依次为 6.6 亿欧元、8.5 亿欧元、9.4 亿欧元、12.2 亿欧元、8.0 亿欧元、5.6 亿欧元,即使到了 2011 年,销售收入也仅约为 5.7 亿欧元,只相当于 2004 年的收入水平,2008 年之后公司销售收入增长因欧

洲经济低迷而陷入停滞状态。而且,2010 年和 2011 年净利润仅为 150 万欧元、600 万欧元,净利率为 0.27%、1.07%,远低于 2007 年 12.4% 的历史最好水平。

2011 年上半年,三一混凝土机械实现销售 158.43 亿元人民币,而普茨迈斯特 2011 年全年销售收入为 5.6 亿欧元。

但可以预见的是,普茨迈斯特收购后带给三一的业绩提升的影响正在逐步扩大。据梁稳根在接受中国中央电视台"经济半小时"专栏访谈时透露,普茨迈斯特 2012 年销售额的预算上调高了 1 亿欧元,即今年至少完成 7 亿欧元的销售。

(二)优势互补尚需时间,文化差异存在风险

三一重工自 2008 年金融危机后,其海外销售收入在公司营收的占比一直低于 10%,虽然公司在海外新建了五大产业园区立志打开国际市场销路,但是短期的增长速度并不明显;而普茨迈斯特全球市场占有率长期达 40% 左右,90% 以上销售收入来自海外。2007 年,欧洲(除德国以外)和北美市场的业绩贡献最大,占到总销售额 70%。高质然而高价的"德国制造"在"新兴市场"上竞争力相对较弱。

中国企业大举出击国际市场之际不能不认真审视风险问题,尤其是目前在欧元汇率走低的吸引下,对待欧洲的企业并购除了有利的一面,更要看到挑战的一面。以此次收购为例,尽管普茨迈斯特占据了混凝土机械全球霸主地位,但产品毛利率仅 10% 多一点,与三一重工 40% 产品毛利率相比,差距悬殊。

而且,中国企业的经营理念和管理方式与欧洲有着巨大的差别,企业在进行并购决策时要多方面衡量,既要看到渠道和技术的吸引,也要考虑到成本,尤其是法律、文化整合和新增劳动力等带来的成本。可以看到,在技术优势互补、营销网络整合和降低生产成本的问题上,这两家企业还需一定的磨合期。

五、并购交易进程回顾

三一重工于 2012 年 1 月 30 日晚发布公告,宣布控股子公司三一德国联合中信产业投资基金(香港)顾问有限公司于 1 月 20 日与德国普茨迈斯特公司(Putzmeister Holding GmbH)的股东签署了《转让及购买协议》。三一德国和中信基金共同出资 3.6 亿欧元收购普茨迈斯特 100% 股权,其中三一德国出资 3.24 亿欧元(折合人民币 26.54 亿元)收购 90% 股权。本项目尚须有关政府主管机构的批准。

2012 年 4 月 1 日,三一重工获得国家商务部《不实施进一步审查通知》(商反垄初审函[2012]第 48 号),国家商务部决定对三一重工收购德国普茨迈斯特

控股有限公司 90％股权案不实施进一步审查。

2012 年 4 月 10 日,三一重工获得国家发展和改革委员会《关于三一重工股份有限公司收购德国普茨迈斯特公司全部股权项目核准的批复》(发改外资〔2012〕944 号),国家发改委同意三一重工与中信产业投资基金(香港)顾问有限公司收购德国普茨迈斯特控股有限公司 100％股权项目。

德国时间 2012 年 4 月 16 日,三一重工及中信产业投资基金(香港)顾问有限公司与德国普茨迈斯特控股有限公司的股东 Karl Schlecht Stiftung 和 Karl Schlecht Familienstiftung 在德国完成了普茨迈斯特控股有限公司股权转让的交割手续,交割完成后,三一重工之间接控股子公司三一德国有限公司持有其 90％股权,中信产业投资基金(香港)顾问有限公司持有其 10％股权。

北京时间 2012 年 4 月 17 日,三一重工发布《三一重工股份有限公司关于完成德国普茨迈斯特公司股权交割的公告》,宣布三一重工收购普茨迈斯特正式交割完成。

六、并购交易实施效果

(一)品牌协同效应

收购后将使三一成为混凝土领域无可争议的全球技术和产品领导者。

1. 普茨迈斯特在产品组合、研发、生产以及销售和分销方面对三一的业务具有互补作用。

2. 借助普茨迈斯特在发达市场和其他新兴市场的业务,可以在全球范围强加三一的业务。

3. 通过此次收购,三一进一步巩固了其在混凝土技术领域的全球领导地位。

(二)品质协同效应

虽然过去三年三一重工混凝土机械业务在销量和销售额上已超过普茨迈斯特,但是普茨迈斯特仍毫无争议的是全球混凝土机械的第一品牌,主要表现在产品的技术指标(泵送高度、压力、臂长)、可靠性、稳定性、质量控制标准和流程等方面,德国制造技术和工艺处于全球顶尖水平。三一收购普茨迈斯特有利于提升产品品质和丰富高档产品系列,PM 作为高端产品系列将定位全球高端市场,此次收购有利于提升精益制造和质量控制水平。

普茨迈斯特其品牌价值主要表现在产品隶属"德国制造",定位高端、产品工作的可靠性和稳定性强、企业管理和生产流程中有成熟的质量控制体系。PM 泵车可以连续工作 100 个小时,而国内企业都无法做到。收购成功后,三一将利用普茨迈斯特成熟的一整套技术(包括液压系统、焊接、涂装等)及零部件供应体系装备包括自身混凝土产品、路面机械、挖掘机整机及零部件等在内的全部工程机械产品,提高其质量和工作可靠性。

(三)国际化协同效应

普茨迈斯特拥有其在全球经营了53年的销售与服务网络,销售覆盖全球154个国家,公司2006年销售10%来自德国国内,20%来自美国,50%来自欧洲其他地区;2010年,普茨迈斯特在欧洲和北美市场的销售收入仍然占公司全部销售收入的50%以上。普茨迈斯特是全球水泥用量第二的印度地区的混凝土泵领导者,2010年其泵车市场占有率60%,拖泵市场占有率也上升至30%。印度一年的量约1 500台,其中拖泵约100台。中国工程机械产品在北美、日本、欧洲、印度的占有率非常低,本次收购壮大了三一现有销售网络,并为打开全球高端市场奠定了销售网络基础。通过收购普茨迈斯特,三一找到了进入欧美和印度市场的"金钥匙"。公司积累53年的销售网络覆盖全球110个国家和地区,特别是日本、北美和欧洲等高端市场一直是国内品牌的处女地。

七、借鉴和思考

(一)"学生"学艺可以并购"老师"

在工程机械领域,普茨迈斯特公司占有全球市场的40%,90%的销售收入来自海外,是除中国以外的市场领导者。但形成反衬的是,普茨迈斯特公司海外收入中中国市场的所占比例很小,由于本土巨头三一重工突飞猛进的发展态势,普茨迈斯特在中国的销售实际上在步步退却。2009年,金融危机对实体经济的效应全面释放,当时普茨迈斯特的销售额跌了近50%,与此同时三一重工的销售额却飙升了约50%。

但与三一重工不同的是,普茨迈斯特要面对欧债危机的阴霾,还要面对强大的工会势力,员工成本远比三一重工昂贵。而两家公司合并后,原来的问题变成了优势,普茨迈斯特的业务一直集中在灰浆、混凝土机械这个领域,借助三一重工的产业链优势,普茨迈斯特有能力覆盖更多的产品线。一些零部件生产还可以从德国或者其他国家转移到中国来,这是降低成本的好办法。

三一重工从合并中获益更多,在控股"大象"公司后,一夜之间,其海外销售扩大了三倍,并获得了"大象"公司全球的分销和售后服务网络。以此看以后国际市场的中资并购趋势,后来居上的中资企业也可以并购老牌的国际竞争对手。

(二)德国老企业将品牌传承的重任交给中国民企

中国企业2011年开始大力收购德国企业,虽然绝对数字不大,但是增长率很高。据联邦银行统计,中国在德国的直接投资从 2006 年到 2009 年增加了一倍,达到 6.29 亿欧元。普华永道咨询公司(Pricewaterhouse Coopers)估计,到 2020 年会达到 20 亿欧元。中国在全球范围对外国的投资也在迅速上升,普华永道公布,2010 年增加了整整 1/3 达到 590 亿美元,其中 380 亿用于公司并购。种种现象表明,欧洲对于中国特别有吸引力,因为许多中国企业认为,欧盟的保护主义色彩相对较弱。在美国,政治家近年来挫败了多起来自中国的收购企图,据全球市场调研机构 IHS Insight 的估算,2010 年中国公司在欧盟的投资增加近两倍,在日本增加了 120%,在美国只有 80%。

但是从德国公司角度来看,"害怕中国是过分夸张,如果需要资本,中国的钱可以放心接受。像'蝗虫'一样榨取企业精华或者大规模裁员,在中国人那里迄今还不明显。他们对德国厂家感兴趣主要因其技术,买家按其基本结构保留整个企业,可以从中获得更多好处。"

（三）中德法律界限成障碍,并购需考虑劳动法问题

德国,这个位处欧洲交通"十字路口"的国家,对中国企业而言,其各方面的吸引力不容忽视。一方面,德国是欧盟最大的市场,另一方面,德国具备优越的地理位置,中国企业可以德国为跳板,将业务拓展到欧盟的其他国家,特别是欧盟的新成员中东欧各国。就双边贸易额来说,德国也是中国在欧洲最重要的贸易伙伴。

德国的雇员非常注重维护自身的合法权益。在德国,常常发生员工将公司告上法庭的情况,公司经理不得不因此而去劳工法院应诉。如果事先对法律关系和状况有充分的了解,可以避免不少此类麻烦。过去一段时间,中国企业更多希望收购破产企业,因为看上去破产企业更物美价廉。但是,在企业破产的情况下,很多原来的优秀员工都会解除他们的劳动合同而离开企业。所以,虽然购买企业可以花相对少的钱,但是企业最有价值的部分——优秀的员工却丧失殆尽。

（四）并购后资产需正确消化,管理能力受考验

几乎每个来德国并购的中国企业都会碰到同样的问题,就是并购后的企业由谁来管理。凡目标企业都或多或少有些管理上的问题,而对这些问题总经理又大多脱不了干系。但由于中国企业没有足够的懂技术、懂语言、懂文化的管理者,企业并购后便面临十分尴尬的境地,即尽管现任总经理并非最好人选,中国投资者还是得从一开始就表示百分之百的信任和支持,承诺收购后让他继续留任,领导公司经营。我们在实践中碰到不少例子,股权收购了,信任给予了,时间过去了,经营还是不见起色。

在此次三一并购案例中,三一奉行的"只派三个人,最大限度地保留普茨迈斯特的自主性"的做法值得借鉴:一是最大限度地保留普茨迈斯特的自主性,二是保持这家企业原有的管理运营模式,保持原有企业的管理层架构。三一不但没有裁员,2012年公司还扩招了120个员工。收购之后,三一就派了三个方面的人去,一个是派了一个联络官,就是把三一的一些日常事务跟他进行联络;另外一个就认定了一个财务官;另外一个就派了一个文化官,就是负责这个企业跟三一之间文化的一些沟通。

总而言之,并购制造强国企业并非易事,如果仅靠企业自身的力量恐怕很难达到完美。既然走国际化道路,中国企业也要适应国际规则,大胆使用专业人士的服务,无论是法律、财务、税务现在都有不少优秀的咨询公司有能力提供令人满意的服务。同时,注意国际化人才的培养和发现。三一重工并购普茨迈斯特是一桩较为成功的中资上市公司并购德国非上市公司的案例,特别是三一作为一家民营企业为以后的中国企业并购更多的德国工程机械企业做出了表率,希望中国企业能够大胆走出去,走出质量,走出前途。

第四节　部分收购上市公司股权

案例一　工商银行收购南非标准银行

【内容提要】

2007年10月25日,中国工商银行股份有限公司(以下简称"工商银行"、"工行")公告了收购南非标准银行扩大后20％股权的交易。根据收购安排,南非标准银行向工行定向发行占扩大后股本总数10％的新股,同时工行按比例向南非标准银行现有股东协定收购相当于扩大后股本总数10％的股份,对价总共约合54.6亿美元。2008年3月3日,工商银行公告获得所有必要批准并完成该次交易交割。

本次交易是中国银行业海外扩张的重要步骤,为后续中国银行业海外扩张积累了宝贵经验。本次交易无论从规模上、地域上还是交易方式上,都开创了中国银行业海外扩张的先河。从规模上看,本次交易金额达到了创纪录的54.6亿美元,且收购标的是南非最大、在全世界38个国家和地区均开展运营的银行;从地域上看,这是中国银行业首次尝试收购除亚洲以外的新兴市场的银行,具有开创性意义;从交易方式上看,采取了参股及战略合作的方式,突破了以往中资金融机构收购海外小型金融机构时的控股权收购模式,并且事实证明获得了相当的成功。

收购南非标准银行是工行完成 IPO 以来全球化战略的重要一步,也是中非合作在金融领域迈出的重要一步。根据两行签署的相关业务合作协议,双方开始开展在资源银行、公司银行、投资银行、全球金融市场、投资基金等领域的战略合作。长期而言,南非标准银行将成为工行乃至中国银行业在非洲业务探索和扩张的桥头堡。

一、交易各方情况介绍

(一)中国工商银行股份有限公司

中国工商银行股份有限公司前身为中国工商银行,成立于 1984 年 1 月 1日。收购南非标准银行时,工商银行是中国最大的商业银行。截至 2008 年末,工商银行总资产达到 97 577 亿元,全年实现税后利润 1 112 亿元,年末总市值1 739 亿美元,居全球上市银行之首;拥有 385 609 名员工,16 386 家境内外机构,为 1.9 亿个人客户与 310 万公司客户提供广泛而优质的金融产品和服务。

在扩张经营规模的同时,工商银行积极推进国际化、综合化经营发展战略。例如在 2008 年,工商银行顺利完成收购南非标准银行 20% 股权和诚兴银行79.933 3% 股权的交割工作,以及购买工银亚洲普通股和认股权证的交割及行权工作;悉尼分行、纽约分行、工银中东和多哈分行相继成立;在香港注册成立"工银国际控股有限公司",获得香港证监会颁发的投行业务牌照,成为工行境外独资的投资银行平台。截至 2008 年末,工商银行已在境外 15 个国家和地区设有 21 家营业性机构,分支机构 134 家,与 122 个国家和地区的 1 358 家境外银行建立了代理行关系,境外网络已具规模。

工商银行的良好经营表现赢得了国内外各界的广泛认可,2008 年《环球金融》、《银行家》、《亚洲银行家》、《财资》、香港上市公司商会等知名媒体及中介机构将"亚洲最佳银行"、"中国最佳银行"、"香港公司管治卓越奖"等 131 个奖项颁给了工商银行。国际专业评级机构也给予了工商银行较高的评价,其中穆迪公司将工商银行长期信用等级评为"A1",标准普尔公司评为"A-"。

(二)南非标准银行

南非标准银行在南非已有超过 145 年的历史。1962 年,南非标准银行在南非注册成立,当时是作为英国标准银行南非分支机构来运营;1987 年渣打银行撤出南非,把持有的 39% 的股份出让,南非标准银行于是成为完全的南非银行。1998 年开始,南非标准银行在非洲通过新建和收购建立了经营网络。此后,标准银行通过自身增长和收购,发展成为非洲最大的银行。2007年中期,南非标准银行总资产达1 600亿美元,总市值210亿美元。南非标准银行在南非有713家分支机构,在非洲其他18个国家有240家分支机构,在欧美和亚洲的金融中心还设有上百个分支机构。在2007年之前几年里,南非标准银行在阿根廷、尼日利亚、土耳其等国家亦进行了收购,使得该行在38个国家拥有业务,雇员超过4.6万人。2007年6月底,标准银行在南非的总资产、总存款和总贷款市场占比分别为25.4%、22.9%和24.3%。该行实现了业务结构的多元化,个人和企业银行业务占45%,公司和投资银行业务占47%,资产管理和人寿管理占8%。这些业务在各细分市场的占比均在20%以上。南非标准银行在南非约翰内斯堡证交所上市,资产和盈利位列非洲银行业第一。在全球1 000家上榜银行中排名第106(非洲共有18家银行上榜)。

收购当时工商银行与南非标准银行主要财务情况如下:

表36

	南非标准银行(百万美元)			工商银行(百万美元)
	2004	**2005**	**2006**	**2006**
总资产	86 899	108 752	137 298	1 001 167
增长率(%)	15	25	26	16
贷款	36 079	48 111	63 502	471 197
增长率(%)	13	33	32	10
存款	44 418	58 032	76 487	846 856
增长率(%)	94	31	32	10
净资产	5 406	7 158	9 081	62 800
税后利润	1 078	1 260	1 564	6 651
增长率(%)	20	17	24	31
总资产收益率(%)	1.24	1.16	1.14	0.7
净资产收益率(%)	24.2	25.2	25.2	10.6
资本充足率(%)	15.0	14.2	14.8	14.05
不良贷款率(%)	1.50	1.20	1.20	3.79
准备金覆盖率(%)	45.0	39.0	39.0	70.56

注:人民币对美元汇率按照1美元=7.5人民币计算

二、并购的背景及动因

（一）中国银行有必要跟随客户的步伐走出去；工行是国内最大最领先的商业银行，国际化进程抢先

随着中国经济的增长，中国企业和居民境外金融需求快速增长。为了抢先获得客户，具备条件的中国银行在海外扩张势在必行。收购当时，恰逢工商银行上市完成，正在积极推进国际化、综合化经营发展战略，以成为一流的国际现代金融机构为目标。为实现这目标，工商银行的其中一个策略是进一步扩大其网络，特别是进入非洲等全球新兴市场。收购之前，工商银行一直积极关注非洲等市场，充分了解中国和非洲大陆之间大规模的贸易和投资流量，做好了必要的战略准备。

同时，在收购前若干年，工行已完成一些重要的海外并购尝试，如2003年工银亚洲收购华比富通银行，2005年工银亚洲收购华商银行等，积累了一定海外收购和运营经验，为进一步国际化探索、收购南非标准银行打下了良好的基础。

（二）在中非关系的大环境下，非洲作为工行跨境收购的重要尝试具有现实意义和可行性

鉴于南非良好的增长前景、成熟的经济和良好、具盈利性及受完善监管的金融服务基础设施，以及其快速增长的银行客户源，工商银行视其为进行此类投资的具吸引力的市场。工商银行认为捕捉这些增长机遇的最佳手段便是与在非洲大陆有重要业务的一家大型南非银行形成战略联盟。

2006年的中非合作论坛将本就不错的中非关系推向了高潮，中国政府在非洲的投资力度也不断加大。这一良好的政治大环境，为工行加快实施海外发展的全球化战略铺平了道路。与此同时，随着中国对外贸易的发展，越来越多的中国企业已经或即将走出去，企业发展的全球化必然推动金融业发展的全球化，这成为中国的大银行国际化的助推力。工行显然抓住了海外收购行动的较好时机。

（三）南非标准银行是工行进入非洲的合适目标

南非的GDP占非洲20%以上，是非洲规模最大、实力最强的经济体。南非标准银行凭借强大的分销网络和多元化的业务结构，在当地占据领先地位；而且该行财务指标优于同业水平，核心资本充足率高。工行选择与最具发展潜力的非洲大陆上的最具实力的银行合作，促成亚、非最大银行间的强强联手，使其从一开始进入非洲市场就站在了很高的起点上。

(四)工行和南非标准银行具备协同效应

近年来,多家中资银行纷纷推进国际化战略,相比于在海外设立分行、成立子银行的传统扩张模式,并购当地银行更能借助被收购者的本土优势,规避监管,降低投资成本,提高运营效率。工行选择并购当地银行,而非增设新的分支机构,很大程度上避免了进入陌生经营环境的"水土不服"。

工商银行和标准银行在各自的本土都拥有庞大的机构网络和优质的客户基础,资源天然互补,是理想的合作伙伴。工商银行与标准银行以股权交易为纽带建立战略联盟,将在国际结算、贸易融资、资金交易、投资基金等各个领域实现信息共享、优势互补,符合双方共同的经济利益。

工行和标准银行的战略合作,将是中国最大商业银行和非洲最大商业银行之间的战略握手。通过与标准银行的战略合作,工行将进一步优化在全球范围内的资产配置,为客户提供更优质的跨国金融服务,为股东创造更高的价值。这一合作符合双方的经济利益,也有助于中非经贸关系的进一步发展。

三、并购方案介绍和分析

2007年10月25日,工商银行公告了收购南非标准银行扩大后20%股权的交易。根据收购安排,南非标准银行向工行定向发行占扩大后股本总数10%的新股,发行价格为每股104.58南非兰特。工行将按比例,向南非标准银行现有股东协定收购相当于扩大后股本总数10%的股份,收购价格为每股136南非兰特。对价总共约合54.6亿美元。工行此次收购的平均对价为每普通股120.29兰特,该平均价为普通股于2007年10月23日前三十个交易日(不含10月23日)在约翰内斯堡证券交易所的加权平均价加上约15%的溢价。收购价以工行内部资金支付。

当时南非前三大银行估值情况如下:

表37

	PE		PB		ROA		ROE		NPL%	准备金覆盖率
	07E	08E	07E	08E	07E	08E	07E	08E	07E	07E
标准银行	11.6	9.8	2.60	2.18	2.54	2.15	24.3	24.0	1.30	88.3
联合银行	9.6	8.1	2.28	1.91	2.25	1.91	27.3	27.2	1.50	71.6
莱利银行	10.1	8.7	2.18	1.90	2.21	1.93	21.0	21.3	1.20	122.6
平均	10.5	8.9	2.35	2.00	2.33	2.00	24.2	24.2	1.33	94.2

考虑发行新股的影响后,工行此次收购价格相当于2.47倍07年市净率和

14.6 倍 07 年市盈率,与南非前三大银行的交易市净率和可比交易的估值基本相当。结合 Bloomberg 预测,标准银行 2008 年的净利润为 22.6 亿美元,工行股权对应的 08 年投资收益为 4.51 亿美元。考虑到收购资金投资美国国债的机会成本,此次收购能提升工行 08 年净利润 1.8%。

完成交易后,工行持有南非标准银行 20% 的股权,并有权提名两位非执行董事进入标准银行集团的董事会,一位还将担任副董事长。双方还成立战略合作委员会,并定期召开会议;成立全球资源基金,投资初级矿业和能源部门,基金规模达 10 亿美元。作为亚洲和非洲两家最大银行的合作,双方宣称将建立全面的战略合作关系,形成客户、网络等资源的共享,在国际结算、资金交易、贸易融资、投资组合等方面开展深入合作。双方将建立战略合作委员会,至少每季度会晤一次,由工行行长杨凯生和杰克马理担任联席主席。

交易方案示意如下:

1. 交易前标准银行股权结构

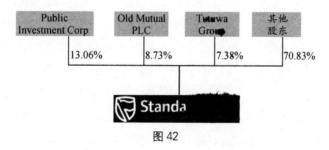

图 42

2. 交易方案

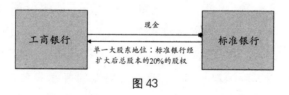

图 43

3. 交易后标准银行股权结构

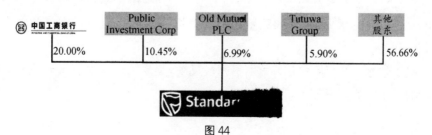

图 44

交易方案详情如下：

1. 工商银行将按照工商银行建议的标准银行及其普通股股东之间的协议安排，于协议安排实施日以每股普通股 136 兰特的价格从现有普通股股东处收购普通股，其数量相当于该日期已发行普通股数目的（11 1/9）％（注：约 11.111 1％）；

2. 工商银行将以每股普通股 104.58 兰特的价格认购普通股，其数量相当于标准银行在紧接交易完成之前已发行股本的（11 1/9）％（注：约 11.111 1％）。

这些步骤会使工商银行在紧随交易实施完毕之后，以每普通股 120.29 兰特的平均价持有经扩大股本的 20％，该平均价为普通股于 2007 年 10 月 23 日前三十个交易日（不含 10 月 23 日）在约翰内斯堡证券交易所的加权平均价加上约 15％的溢价。

就认购股份，工商银行将以每股普通股 104.58 兰特的价格收购认购股份，相当于 2007 年 10 月 23 日前 30 个交易日（不含 10 月 23 日）普通股在约翰内斯堡证券交易所的成交量加权平均价。就根据协议安排收购的普通股，工商银行将以每股普通股 136 兰特的价格收购，相当于 2007 年 10 月 23 日前 30 个交易日（不含 10 月 23 日）普通股在约翰内斯堡证券交易所的成交量加权平均价约 30％的溢价。按标准银行截至 2007 年 10 月 23 日的已发行普通股数目（为 1 371 931 513 股）计算，工商银行将根据认购购入约 152 436 835 股普通股及根据协议安排购入约 152 436 835 股普通股。因此依照交易的条款支付的总对价约为 366.7 亿兰特（约合 423.1 亿港元），并由工商银行利用内部现金资源以现金支付。

若交易完成前，已发行的普通股股本因根据标准银行的管理层或员工激励计划发行新普通股等原因增加，向工商银行增发的普通股数量将随之增加，数目达到经扩大股本的 20％，且支付的总对价将相应增加。若标准银行向其普通股股东支付股息或者其他的分配，在完成交易之前，由工商银行就有关交易支付的对价总数应减少，减少的数量相当于根据分配由标准银行支付的总金额的 20％。

对于本次交易，资本市场做出了积极反映，交易前后南非标准银行和工商银行的股价走势如下：

图45　南非标准银行交易公告前后股价走势

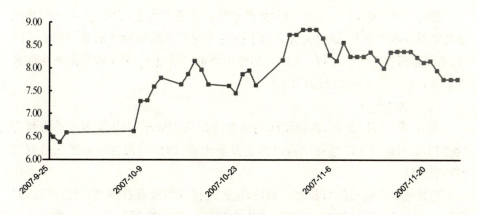

图46　工商银行交易公告前后股价走势

四、并购方案涉及的主要问题分析

（一）入股和方式的选择

在谈判初期，由于外方及当地部分舆论对工行成为南非第一大银行的单一最大股东存在一定顾虑，双方对于入股比例有较大分歧。对工行而言，20％既是对南非标准银行实现权益法核算、分享其经营利润的基础，也是获得第一大股东地位的合理选择；通过紧密的股权绑定，可以使双方更为长远地思考未来的业务合作和资源整合，真正实现协同效应。

同时，"10％＋10％"的方案，即工行收购10％老股，且认购10％新股的方案,同时可以兼顾南非标准银行对资本金的需要,以及合理降低工行的收购现金成本,事实证明是较好的入股方式。

工商银行坚持控股的原则,最终将入股比例从最初的10%提高到20%,同时兼顾标准银行的财务收益,采取10%新股和10%老股相结合的交易方式,既实现了工商银行控股的目标,也保证了标准银行的财务指标不受影响。

(二)股东沟通

如前所述,南非标准银行当时股东持股结构较为分散,本次交易中工商银行如果获得20%股权,将成为单一最大股东,使得标准银行的控制权发生实质性变化,因此当时部分股东及舆论对本次交易存在一些顾虑。

工行从战略的高度,对股东沟通工作进行了认真细致的准备,在交易结构上,使老股东仍然保持原有相对地位不退出,共同分享未来增值收益;在战略合作上,制订了一系列资源银行、公司银行、投资银行、全球金融市场、投资基金等领域的战略合作框架,充分显示对老股东和南非标准银行的尊重和重视。

最终,2007年12月3日,南非标准银行召开股东大会,以超过95%的赞成票高票通过本次交易,这也充分说明了投资者对双方战略合作前景的信心。同日,工商银行股东大会也以99.96%的赞成票审议通过了《关于收购南非标准银行集团有限公司20%股权的议案》。

(三)媒体公关

2007年10月29日,花旗集团的证券分析师 Harry Hall 发表了一份题为"我们不会对每股136兰特的协议转让投赞成票"的研究报告引起了交易双方的高度关注。

与其他投资银行的分析报告相比,花旗的报告不仅观点激进、措辞严厉,并且具有一定的政治挑衅性,直接抨击工商银行收购标准银行项目,怂恿南非标准银行的股东向工商银行索要高价,大有蓄意破坏该项交易的意图。

针对这突如其来的负面报道,工商银行沉着应对,有效地化解了这次"评论危机"。2007年11月下旬,工商银行管理层出访南非,拜会标准银行众多股东和南非政府部门,争取相关各方的支持。工商银行结合花旗研究报告中提出的质疑之处进行充分准备,有理有据地阐述可能提出的问题,使投资者充分认可目前的交易方案。

尽管花旗的一纸报告激起了千层浪,然而中非两大银行的战略合作将为南非标准银行带来显而易见的利益,使得花旗论调变得苍白无力,双方高级管理层高效、坦诚、透明的股东沟通工作打消了市场的疑虑,国内外媒体和研究机构对此次交易也给予了普遍好评。

五、并购交易进程回顾

2007 年 10 月 25 日，工行召开的第一届董事会第二十八次会议，通过了《关于收购标准银行集团有限公司 20％股份的议案》。并于当天与标准银行联合宣布，已就股权交易和战略合作事宜成协议。根据协议，工行将支付约 366.7 亿南非兰特(约 54.6 美元)的对价，收购标准银行 20％的股权，成为该行第一大股东。交易的最终完成还须获得南非法院对协议转让安排的批准以及得到中国银行业监督管理委员会、南非储备银行、南非银行注册处等监管部门的批准。

2007 年 10 月 24 日，获得南非储备银行批准；

2007 年 10 月 27 日，工商银行向股东发送通函；

2007 年 11 月 5 日，工商银行向中国银监会提交申请；

2007 年 11 月 15 日，标准银行向其股东寄发协议安排文件；

2007 年 12 月 3 日，标准银行召开股东大会及协议安排会议；

2007 年 12 月 13 日，工商银行召开特别股东大会以批准收购事项；

2007 年 12 月 18 日，南非受理法院聆讯并核准协议安排；

2008 年 1 月 23 日，获得中国银监会批准；

2008 年 3 月 3 日，工商银行公告获得所有必要批准并完成交割。

收购成功后，工商银行将派驻两名非执行董事进入标准银行，其中一名担任副董事长职务。双方还将成立一家资产管理司，募集设立最少 10 亿美金的全球资源基金，旨在投资金属、油和天然气等自然矿产资源。双方还将建立业务合作委员会，工行行长杨凯生、标准银行 CEO 杰克·马理(Jacko H. Maree)任联席主席。

六、并购交易实施效果

(一)短期反响

自 2007 年 10 月 25 日发布工商银行收购标准银行 20％股权的消息之后，工商银行股价在两天内连续上涨，涨幅达 14％，显示市场对此次交易反响热烈而正面。工商银行成为那一周在南非媒体，特别是财经媒体上最热门的词汇之一。南非媒体报道对本次交易给予好评。同时，无论是国内的各大媒体，还是国际媒体，也对此交易予以积极评价。

主要观点有以下几种：

标准银行股东应投票批准中国工商银行收购股份。南非《商报》认为，此次收购结构合理，伙伴合适，对价适当。

布局南非标准银行,工商银行"大策略"浮现。交易公告后,《二十一世纪经济报道》发表文章认为,通过这项收购,工商银行获得了为中非贸易和投资提供金融服务的机会,将触角延展至非洲,进一步完善了其全球化的布局。

《金融时报》认为,这一交易清楚地显示了中国在非洲的投资逐步成熟,因为市场普遍认同标准银行是南非最优的蓝筹股和最稳定的金融企业,中国正在超越自己在过去以提供廉价贷款来换取矿产资源的策略。从短期而言,此次交易有利于工行有效利用剩余资本,提高股本回报:2006 年 IPO 后,工行核心资本充足率在当年年底高达 12.23%。如果以 8% 的目标核心资本充足率来看,工行可利用的资本金规模达到约 200 亿美元,在全球银行中处于前列。在国内严格控制贷款规模增长的背景下,将资本投入到快速发展的新兴市场,有助于提高资本回报。事实上,南非是非洲最发达的国家之一,自然资源及矿产资源丰富,国内政治局势较为稳定,2006 年 GDP 经济增长达到 5%,2002—2006 年存款和贷款复合增长率分别为 19.5% 和 18.2%。而且南非的银行业市场竞争并不激烈,主要银行 2007 年和 2008 年的 ROE 都在 20% 以上。另外,考虑到收购的协同效应和带来的潜在业务机会,此次收购有利于工行有效利用剩余资本,在完成国际化战略重要步骤的前提下,提高股本回报。

(二)长期影响

收购南非标准银行是工行 IPO 以来全球化战略的重要一步,也是中非合作在金融领域迈出的重要一步。根据两行签署的相关业务合作协议,双方开始开展在资源银行、公司银行、投资银行、全球金融市场、投资基金等领域的战略合作。长期而言,南非标准银行将成为工行乃至中国银行业在非洲业务探索和扩张的桥头堡。

1. 跟随中国企业"走出去"战略的实施,有助于维持客户资源,拓展服务网络

中国高度重视与非洲的合作,中非合作论坛后,双方经贸往来更加密切,2007 年 1—7 月,中非贸易额达到 393 亿美元,同比增长近 30%。中兴、华为、中远、北方工业等大型企业纷纷进军非洲市场,带来了大量的金融服务需求。

标准银行在非洲拥有广泛的分支网络,工行通过与其合作能够更好地满足客户的金融需求,减少中国企业"走出去"过程中的客户流失风险。

2. 长期分享中非合作等海外业务合作机会

标准银行是一家集银行、保险、资产管理等多元化、多地域经营的综合性银行,在工行成为第一大股东后,双方在涉及中非、甚至不涉及中非的金融领域均有较大合作空间。例如,在帮助中国企业海外收购方面,2008 年中海油服收购挪威 Awilco 钻探公司时,工行参与对中海油服的贷款,其中重要的一笔海外现

汇来源即是标准银行；又如，2011 年 8 月 5 日工商银行斥资 6 亿美元，相当于 46.8 亿港元向南非标准银行集团购入 55％以及向阿根廷两大家族 Werthein 和 Sielecki 购入 25％，共购入阿根廷标准银行 80％股权。阿根廷标准银行在当地拥有 103 家分行，拥有全银行牌照，完成交易后南非标准银行仍持股 20％。南非标准银行已成为工行国际化战略的重要助力。

3. 分享标准银行在资源融资上的经验

中国和南非在矿产资源上的贸易往来十分密切，而标准银行在采矿业和资源融资上具有国际领先的水准，双方在涉及资源类的跨境融资上具有长期合作潜力。双方还将成立一家资产管理公司，募集设立最少 10 亿美金的全球资源基金，旨在投资金属、石油和天然气等自然矿产资源。

当然，工行在收购南非标准银行及之后的管理中，也不可避免地遇到一些挑战，例如保留人才、有效实施工行影响和业务整合。这些问题也是收购长期来看成功与否的重要决定因素，需要后续进一步观察。

七、借鉴和思考

（一）本次交易从各个方面开创了中国银行业海外扩张的先河

本次交易无论从规模上、地域上还是交易方式上，都创造了中国银行业海外扩张的多项纪录。

从规模上看，本次交易金额达到了创纪录的 54.6 亿美元，且收购标的是南非最大、在全世界 38 个国家和地区均开展运营的银行；从地域上看，这是中国银行业首次尝试收购除亚洲以外的新兴市场的银行，具有开创性意义；从交易方式上看，采取了参股及战略合作的方式，突破了以往中资金融机构收购海外小型金融机构时的控股权收购模式，并且事实证明获得了相当的成功。

（二）中国银行业国际化仍任重而道远

此次交易后，国内银行业更充分意识到"国际化是分散经营风险的重要途径；国内市场在未来较长时间内都将是银行的主要利润来源，但通过跨国经营分散风险也是重要的战略选择。"与国际先进银行相比，我国商业银行海外业务收入占比仍然偏低。面对国际竞争对手国际化程度的深入，上市后面临盈利要求的压力，国内市场竞争的加剧，我国商业银行将会进一步加快国际化经营步伐，增加海外业务收入比重。

中国银行业国际化过程中仍然面临众多思考，比如：

1. 海外收购与新设分支机构的考虑

中资银行业国际化发展方向，主要围绕增设海外分支机构与兼并重组并行。在此次收购前,中资银行国际化步伐主要是靠新设海外分支机构,如截至2007年上半年,我国主要商业银行在近30个国家和地区设立分支机构110多家,海外总资产达到近2万亿元。然而,在面临不同目标国家监管环境、金融业形态、客户需求以及当地人才招募等诸多因素后,金融企业,特别是银行的海外收购是迅速获得当地银行经营牌照、技术和必要客户资源的重要手段。在花旗、汇丰等国际大型综合性银行的发展历程中,也是以并购为主要扩张手段的。中国银行业未来国际化的发展,更可寄希望于以新设分支机构为主转为新设分支机构和兼并重组相结合的方式。

2. 实现国际化需要强有力的保障体系和打造适应国际化发展的人才队伍

中国银行业的国际化是一项系统工程,出价并完成收购只是迈出了第一步。有金融专家表示,中国金融企业必须加快国际化步伐,同时也要充分了解国际市场,清醒认识到国际金融市场的复杂与高风险,提升风险管理能力与自身竞争力。我们在面临与国内金融业态、监管环境全然不同的国家时,既要保证控制风险、降低潜在的无谓损失,也要保留增长潜力和合理的财务回报。

此外,与国际化相适应的人才队伍培养,对完成并购以及顺利运营和整合所收购业务至关重要。鼓励人员海外培训、市场化招聘海外专业人才均是积极推动中国银行业国际化必要的举措。

第五节　其他重要案例

案例一　中石化收购安哥拉、阿根廷等油气资产

【内容提要】

中国石油化工集团("中石化集团")近年来频繁进行海外收购,2004年以来,通过旗下国际石油勘探开发有限公司("中石化国勘")成功完成了安哥拉6块石油区块、瑞士Addax公司、加拿大Syncrude油砂项目9.03%权益、西班牙Repsol公司巴西子公司40%权益、美国西方石油公司阿根廷子公司等多项大型跨境收购项目。

安哥拉18区块是中石化国勘2005年在安哥拉完成的第一次收购。被收购资产位于非洲西南部安哥拉首都罗安达西北方向、距海岸150公里的深海海域,截至交易前探明及可能储量8.61亿桶。交易规模4.215亿美元。2010年,该资产以24.57亿美元注入中石化上市公司。

2010 年,中石化国勘以 24.5 亿美元收购美国西方石油公司阿根廷子公司的所有资产及部分关联公司,首次进入阿根廷石油勘探开发市场。被收购资产在阿根廷持有 23 个生产和勘探区块,截至交易前探明及可能储量为 3.93 亿桶原油。

两项交易均为中石化集团收购海外上游资产并通过收购首次进入当地市场的典型案例。从收购资产的角度,由于集团公司是非上市公司,交易流程较为简单,信息披露较为宽松,有利于交易的成功达成。

一、交易各方概况介绍

(一)收购方概况介绍

名称:中国石油化工集团公司

上市地:未上市

1. 中石化集团简介

中国石油化工集团公司(英文缩写 Sinopec Group)是 1998 年 7 月国家在原中国石油化工总公司基础上重组成立的特大型石油石化企业集团,是国家独资设立的国有公司、国家授权投资的机构和国家控股公司。中国石化集团公司注册资本 1820 亿元,总部设在北京。

中国石化集团公司对其全资企业、控股企业、参股企业的有关国有资产行使资产受益、重大决策和选择管理者等出资人的权力,对国有资产依法进行经营、管理和监督,并相应承担保值增值责任。中国石化集团公司控股的中国石油化工股份有限公司先后于 2000 年 10 月和 2001 年 8 月在境外境内发行 H 股和 A 股,并分别在香港、纽约、伦敦和上海上市。目前,中国石化股份公司总股本 867 亿股,中国石化集团公司持股占 75.84%,外资股占 19.35%,境内公众股占 4.81%。

中国石化集团公司主营业务范围包括:实业投资及投资管理;石油、天然气的勘探、开采、储运(含管道运输)、销售和综合利用;石油炼制;汽油、煤油、柴油的批发;石油化工及其他化工产品的生产、销售、储存、运输;石油石化工程的勘探设计、施工、建筑安装;石油石化设备检修维修;机电设备制造;技术及信息、替代能源产品的研究、开发、应用、咨询服务;自营和代理各类商品和技术的进出口(国家限定公司经营或禁止进出口的商品和技术除外)。

中国石化集团公司在《财富》2011 年全球 500 强企业中排名第 5 位。

2. 中石化国勘简介

中石化国勘是中国石化集团的全资子公司,代表中国石化集团统一对外进行上游油气合作,是中国石化集团海外油气勘探开发投资与经营作业一体化的战略经营单位,是中国石化集团从事上游海外投资经营的唯一专业化公司;主要负责实施中国石化集团海外资源发展战略,对中国石化集团海外投资实行集中决策、统一管理,不断加大跨国油气资源开发力度,代表中国石化集团公司统一行使上游对外投资和管理职责。

中石化国勘成立于 2001 年 1 月,总部设在北京,实行三级管理模式,总部为投资决策和生产经营管理中心,大区公司作为总部派出机构,代表总部行使监督管理和协调服务职能,国家公司为执行中心。中石化国勘总部设有 17 个职能部门,在海外设有多个分支机构,中外员工总数达到了 3 400 余人。

中石化国勘的主营业务范围包括:石油及天然气的勘探、开发、生产、销售、储存和运输领域的投资;石油炼制、石油天然气(含天然气液)化工产品的生产、销售、储存和运输领域的投资;进出口业务;石油、天然气伴生矿资源的综合利用;对外经济贸易咨询服务及技术交流。

2004 年开始,中石化国勘走出国门,开展国际化经营。截至 2009 年底,中石化国勘的海外油气业务遍布全球 20 多个国家,共有 37 个油气勘探开发合作项目 79 个合同,立足非洲、中东、南美、亚太、俄罗斯和中亚等主要油气富集区,海外油气勘探开发战略布局已基本形成;海外项目开发进入快速发展阶段,项目实施取得显著成果;油气储量和权益油产量增长较快,2009 年获得海外权益石油产量达到了 1 279 万吨,累计获得权益油产量 3 500 余万吨。

3. 2007 年以来中石化通过中石化国勘完成的海外并购概览

2008 年 12 月 19 日,中石化集团通过中石化国勘完成以 19.9 亿美元收购加拿大 Tanganyika 石油公司 100% 的股权,获得叙利亚和埃及的油气及重油资产。

2009 年 8 月 14 日,中石化通过旗下国际勘探开发公司完成以 89.9 亿美元成功收购总部设在瑞士的 Addax 公司(油气资产集中在尼日利亚、加蓬、喀麦隆和伊拉克库尔德地区,拥有 25 个勘探开发区块,其中有 17 个在海上,年产 600 万吨石油)100% 的股权。

2010 年 6 月 25 日,中石化旗下国际勘探开发公司完成以 46.5 亿美元的价格收购康菲公司持有的加拿大 Syncrude 油砂项目 9.03% 的权益。

2010 年 12 月 29 日,中石化旗下国际勘探开发公司出资 71.1 亿美元完成对西班牙 Repsol 公司在巴西业务 Repsol Brasil SA(获得权益可采储量和资源量 8.81 亿桶原油)40% 股权的收购。

2011 年 2 月 23 日,中石化所属的石油勘探开发有限公司以 24.5 亿美元完成对美国西方石油公司 Occidental Petroleum 阿根廷子公司 100% 股权的收购,借此进入阿根廷勘探开发市场。

2011 年 8 月 9 日,中石化下属国际勘探开发公司斥资 17.65 亿美元认购 APLNG 公司 15% 股份,此外,中石化承诺从 2015 年开始每年从 APLNG 项目认购 430 万吨的液化天然气。

2011 年 9 月 28 日,中石化国勘公司完成了从雪佛龙印尼公司手中收购东加深水项目 18% 权益,金额 6.8 亿美元,该项目的成功收购是中石化自 2006 年退出印尼市场后在油气合作领域的首次突破。

2011 年 11 月,中石化所属全资子公司国际石油勘探开发公司,通过其全资子公司 Addax,以 5.38 亿美元收购壳牌持有的喀麦隆 Pecten 石油公司全部 80% 股份,喀麦隆国家石油公司持有 PCC 公司余下 20% 股份。

2011 年 11 月 11 日,中石化所属全资子公司国勘公司以 35.4 亿美元收购 Galp 在巴西油气资产的 30% 股权,Galp 在巴西深水油气资产的潜力较大。

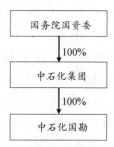

图 47　中石化国勘股权架构

资料来源:中石化上市公司年报、公告

4. 股权结构

中石化国勘为中石化集团全资子公司。

5. 主要财务指标

中石化集团 2008 年净利润为人民币 200.5 亿元;截至 2008 年 12 月 31 日,集团总资产为人民币 10 448.5 亿元,净资产为人民币 4 811.3 亿元。

中石化国勘 2008 年净利润为人民币 -18.6 亿元;截至 2008 年 12 月 31 日,中石化国勘的总资产为人民币 802.4 亿元,净资产为人民币 158.2 亿元。

(二)被收购方之一安哥拉油气资产概况介绍

名称:安哥拉 18 区块

上市地:未上市

1. 安哥拉 18 区块资源和生产概况

安哥拉 18 区块位于非洲西南部安哥拉首都罗安达西北方向、距海岸 150 公里的深海海域,平均水深 1 500 米,开发区面积 322.57 平方千米,作业者为 BP Angola(Block 18) B. V. 。安哥拉 18 区块位于下刚果盆地最南端,古刚果扇盆地斜坡区,构造上以盐隆和盐丘构造圈闭为主,油气储层主要分布于新生界第三系和白垩系的盐上和盐下地层中的砂岩和碳酸盐岩中,浊积岩体形成本区块的主要储集层。

安哥拉 18 区块共完成 11 口探井、评价井,全部获得成功。先后发现 Platina、Plutonio、Cobalto、Paladio、Cromio、Galio、Chumbo、Cesio 共 8 个油田。开发区分为东区和西区两个独立部分,其中,东区(Greater Plutonio 开发区)包括 Plutonio、Galio、Cromio、Paladio、Cobalto 和 Cesio 共 6 个油田,含油面积 111.8 平方千米,2002 年 4 月宣布商业性发现。西区(Platina-Chumbo 开发区)包括 Platina 和 Chumbo 共 2 个油田,含油面积 28.7 平方千米,西区 2005 年 12 月宣布商业性发现,截至交易完成的 2005 年 2 月尚未进入开发准备阶段。

截至 2002 年 4 月,18 区块证实储量 7.51 亿桶,预计 2005 年第四季度还有两块油田可获证实 1.10 亿桶储量(实际达 1.41 亿桶)。作业方英国石油亦有可行的开发计划,到 2007 年油田产量预计可达每天 12.5 万桶,天然气产量每天 150 百万标准立方英尺,2008 年后油田每天 20 万—21 万桶,天然气每天 250—300 百万标准立方英尺。

2. 交易前股权结构

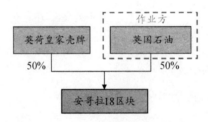

图 48　安哥拉 18 区块交易前股权架构

资料来源:公开信息

(三)被收购方之二阿根廷油气资产概况介绍

名称:西方石油公司阿根廷子公司

上市地:未上市

1. 阿根廷项目资源和生产概况

被收购方在阿根廷持有 23 个生产和勘探区块,其中 19 个区块为作业者。截至 2009 年 12 月 31 日,该项目总的探明和可能储量为 3.93 亿桶油当量。2009 年,其中 22 个生产区块原油产量每日超过 5.1 万桶油当量。

被收购方母公司美国西方石油公司是美国第四大油气公司,其业务范围主要分布在美国、中东、北非以及拉丁美洲几大区域,2009 年市值约为 660 亿美元。

2. 交易前股权结构

图49 收购资产交易前股权构架

资料来源：公开信息

此次收购资产为西方石油公司阿根廷子公司下的资产。

二、并购的背景及动因

相对于中石油、中海油，原油产量一直是中石化的短板，而其炼化能力在三家公司中处于第一位，更突显了其原油需求缺口，加之国内资源有限，中石化更依赖于原油进口，未来业绩面临原油价格上涨和海外业务扩展受阻的风险。海外收购将有助于提升中石化的上游产能，弥补其炼化能力与原油产能的缺口。

出于这个原因，中石化管理层提出了"资源战略"，提出打造"上游长板"，通过旗下中石化国勘于2004年开始实施海外扩张，安哥拉18区块即为公司初期购买的油气资产之一。在收购安哥拉油田资产之前，中国与安哥拉已签署了石油换贸易的协议。中石化从安哥拉进口量很大，但缺乏上游资源。收购安哥拉油田从战略上帮助中石化增强了议价能力，部分弥补了不足。

2010年，中国油气企业开始布局拉丁美洲上游资源。中国对拉丁美洲的油气投资从2009年的0美元，跃升至2010年的133亿美元。其中，中石化占95.5亿美元，分别用于收购位于巴西、阿根廷的油气资源。

三、并购方案介绍和分析

（一）安哥拉油气资产

1. 交易方案

（1）安哥拉国家石油公司行使优先回购权，收购壳牌在18区块所持50%权益。

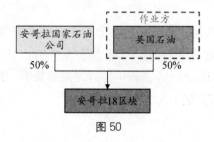

图50

（2）安哥拉国家石油公司将安哥拉 18 区块的 50％股权转售给安中国际控股有限公司（Sonangol Sinopec International Limited，下称 SSI），交易价格为4.215 亿美元，由中石化国勘提供收购贷款。

中石化国勘通过全资子公司 SOOGL 在 SSI 持股 55％，安中石油（China Sonangol International Holdings Limited）持股 45％。其中安中石油由安哥拉国家石油公司持股 30％，大远国际发展控股 70％。

SOOGL 全称 Sinopec Overseas Oil & Gas Limited，成立于 2004 年 1 月 27日，注册地为开曼群岛，主要从事投资控股。

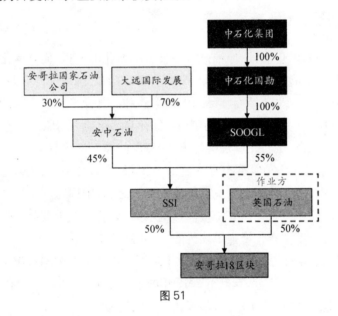

图 51

2. 代价支付方式

本次收购定价 4.215 亿美元，SSI 的 4.215 亿美元收购款由中石化担保贷出，14 亿美元后续开发贷款由项目资产和权益作抵押贷出。

根据交易当时探明储量 7.51 亿桶加上可能储量 1.10 亿桶共 8.61 亿桶，收购价格约在每桶 0.98 美元。

3. 后继资产注入

2010 年 5 月，中石化上市公司从母公司中石化手中收购 SSI 55％股权，18区块成为中石化惟一进入上市公司的海外资产。为此，中石化股份公司支付了16.78 亿美元，同时承接母公司给 SSI 公司提供的贷款，债权对价约 7.79 亿美元，交易总对价为 24.57 亿美元。

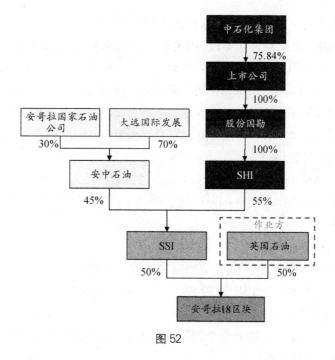

图 52

（二）阿根廷油气资产

1. 交易方案

中石化集团通过旗下中石化国勘与美国西方石油公司签署协议，以 24.5 亿美元收购西方石油公司其阿根廷子公司的全部资产及部分关联公司股份。

2. 代价支付方式

本次交易的收购对价为 24.5 亿美元。根据收购资产 3.93 亿桶油当量的探明及可能储量，收购价格约在每桶 6.18 美元。

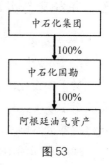

图 53

四、并购交易进程回顾

（一）安哥拉油气资产

2003 年 7 月，英荷皇家壳牌宣布招标转让其在安哥拉海上 18 区块的 50％权益。当时，英国石油（BP）持该区块另外 50％权益，同时也是区块的作业者。此时该区块已经商业开采七年。中海油以 3.8 亿美元参与竞标，因报价较低失败。印度石油公司 ONGC 与日本公司联合竞标，在 2004 年 4 月与壳牌签署了初步协议。

2004年7月2日,安哥拉国家石油公司下属公司安哥拉石油亚洲有限公司与中石化国勘签署框架合作协议,约定安哥拉国家石油公司行使优先回购权,收购壳牌在18区块所持50%权益,再转售给安中国际控股有限公司(Sonangol Sinopec International Limited,下称SSI),交易价格为4.215亿美元,由中石化国勘提供收购贷款。壳牌同意安哥拉国家石油公司行使优先收购权。

2005年1月21日,SSI在香港与安哥拉国家石油公司草签了安哥拉18区块50%权益的转让协议。

2005年2月18日,交易获得安哥拉石油部和财政部批准。

2005年2月25日,时任国务院副总理曾培炎访问安哥拉期间,双方正式签署转让协议。

（二）阿根廷油气资产

2010年12月10日,中石化集团宣布通过其全资子公司中石化国勘与美国西方石油公司签署确定性协议,以24.5亿美元收购西方石油公司阿根廷子公司100%股份及其关联公司。

2011年2月23日,中石化集团下属中石化国勘与西方石油公司就阿根廷资产收购项目成功交割。

五、并购交易实施效果

（一）安哥拉油气资产

1. 18区块交易

对于中石化而言,18号区块交易相当成功。项目投产顺利,市场油价后来疯涨至100美元以上。截至2011年6月底,18号区块累计产油1.93亿桶,SSI获得权益油9653万桶,即1328万吨,对应的销售收入累计约46.39亿美元,累计实现净利润约18.22亿美元。2011年7月,SSI还清银行贷款,首次分红,预计到2011年年底将向股东支付不超过1.6亿美元的分红。

市场普遍反映,安哥拉18区块是世界级的优良生产性资产,是中国石油化工集团公司最好的一项海外资产,目前其生产能力居全球深水石油资产前列。注入上市公司后,中国石化剩余原油探明储量将增加1.02亿桶,增长3.6%;原油产量将增加7.252万桶/日,增长8.8%。

2. 后继其他区块交易

18号区块成功交易开启了中石化在安哥拉收购优质油田资产的先河。通过与安中石油合作,中石化国勘先后在安哥拉收购了六个区块的部分权益:18、15(06)、17(06)、18(06)、31、32,均位于大西洋东岸深海区,总计权益可采储量约 8.2 亿桶。其中,18 区块东区目前正开发生产,31 区块 PSVM 区、15(06)西区正在建设,32 区块 KAOMBO、18 西区、1506 东区正进行开发概念设计;17(06)、18(06)仍处于勘探中,属于勘探井。

（二）阿根廷油气资产

阿根廷收购项目是中石化首次进入阿根廷油气勘探开发市场,评论普遍表示收购价格合理。就在交易发生的两个月前,中石化集团通过中石化国勘以 71 亿美元收购了西班牙大型石油公司 Repsol 巴西子公司的 40％股权。通过此次交易进入阿根廷石油勘探市场,中石化进一步增强了拉美地区的上游资源布局。本次交易标志着中国石化作为中国最大的石油化工公司,在顺应经济全球化趋势、保障石油供应多元化、积极推进国际化经营方面的又一重大举措。

六、借鉴和思考

从过去几年看来,相对于中石油、中海油,中石化在海外并购方面更为积极。中石化通过并购交易,获得了大量优质海外油气资产,在进行上游资源的全球性布局方面取得了重要进展,同时在海外资源并购方面积累了丰富的经验。

在海外并购的过程中,中石化主要通过集团公司旗下中石化国勘进行操作。由于中石化国勘是非上市公司,在进行跨国并购时不涉及上市公司相关审批程序,不需要证监会批准,操作程序更为简单灵活,增加了交易成功的可能性。

另一方面,利用集团非上市公司作为收购平台,收购后可能存在同业竞争、关联交易问题,需妥善处理。集团可能需要承诺后继将目标公司注入上市公司。同时,由于非上市公司缺乏融资渠道,出于财务压力的考虑,集团有动力将目标公司注入上市公司。届时需获得其他股东批准,操作程序较为复杂。

案例二　烟台万华收购匈牙利化工企业

【内容提要】

2011 年 2 月 9 日,上市公司烟台万华发布公告称其控股股东万华实业完成了对匈牙利 Borsod Chem 公司 96％股份的收购,交易对价为 12.63 亿美元。自万华实业 2009 年 9 月展开收购以来,历时近 1 年半。交易完成后,Borsod Chem 公司将和烟台万华构成同业竞争,万华实业将委托烟台万华对 Borsod Chem 公司管理运营。

收购完成后,万华实业可以在欧洲立即获得制造工厂,实现产品的全球覆盖,同时 MDI 产能进入全球前三名,并获取 TDI 装置实现产品和地域互补,通过协同效应大幅提升自身的可持续运营能力。

本次收购烟台万华通过母公司万华实业进行收购,以实现全球战略为导向,具有鲜明的技术输出特征,打破了中国企业以往以购买资源和技术为目标的传统海外并购模式,对中国企业实施"走出去"战略具有"灯塔效应"和重大借鉴意义。

一、交易各方基本情况介绍

(一)收购方简介

万华实业集团有限公司(简称万华实业)成立于2001年10月,原名为烟台万华华信合成革有限公司,2008年3月更名为万华实业集团有限公司。

万华实业是一家投资控股型公司,目前万华实业下属7家控股子公司,4家参股公司;万华实业的控股公司行业涉及MDI、生态板业、节能建材、煤炭生产等多个领域。其核心子公司烟台万华为A股沪市上市公司,是一家以二苯基甲烷、二异氰酸酯(MDI)、聚氨酯树脂等为主导产品的化工企业。

万华实业截至2009年12月31日,资产总额159.75亿元,净资产76.73亿元,资产负债率为51.97%。

(二)目标方简介

宝思德化学公司Borsod Chem Zrt.(以下简称BC公司)位于欧洲的匈牙利,BC公司的大部分生产设施都集中在匈牙利东北部地区的卡辛茨巴茨卡市,收购时MDI生产能力18万吨/年、TDI产能9万吨/年、PVC产能40万吨/年;除此之外,BC公司在建16万吨/年TDI装置,该装置完工率约为80%。BC公司的产品主要面向欧洲市场,有少量产品销往中东、非洲以及亚洲等地区,是中东欧最大的MDI和TDI生产商,同时也是全球八大聚氨酯企业之一。

截至2009年12月末,BC公司资产总额为16.45亿欧元,负债总额为14.73亿欧元,净资产1.72亿欧元,净利润—1.61亿欧元。

二、并购的背景及动因

(一)金融危机使全球资产价值缩水

2008年金融经济危机席卷全球,世界各大主要资本市场萎靡不振,全球资产价值严重缩水。在国家政策的扶持下,烟台万华决定要抓住这一契机,实现企业的跨越式发展,并将目光瞄向了深处债务危机中的昔日竞争对手、同为行业巨头的匈牙利BC公司。

(二)实现MDI业务跨越式发展及战略制衡竞争对手的需要

MDI是一个全球化的行业,全球主要消费区为欧洲、中国大陆、美洲,MDI行业前几位不管是销售渠道还是制造基地均是全球布局,并形成了很强的区域平衡能力;万华实业(主要是指万华实业的控股公司——烟台万华聚氨酯股份有限公司)目前只是在中国大陆拥有异氰酸酯(MDI)生产装置。万华要做强做大,要成为一个全球化的公司,在实现市场全球化的同时,也必须要实现制造基地的全球布局,形成对主要竞争对手的战略制衡。烟台万华董事长丁建生对此有着深刻理解:"在你最主要的竞争对手盈利的地方,你得有这种战略的支援能力,这就是万华为什么要进军欧洲"。因此,在全球最大的异氰酸酯消费区的欧洲拥有异氰酸酯制造基地是万华发展过程中的必然选择。而相对于在欧洲新建工厂,并购能缩短3到4年的审批时间,同时获得欧洲的市场通道和销售团队以及有经验的员工队伍。另外,并购将减少一家竞争对手。所以,与国内其他企业以获取技术与资源为目的的并购不同,万华此次收购也是中国首例以战略制约作为主要目的之一的海外收购。

(三)经济危机及行业低谷带来的低价收购契机

BC公司在2008年全球金融危机后不堪高负债重负,财务状况恶化,于2009年上半年出现了严重的资金链断裂,企业估值大大降低,为万华实业以兼并重组的方式收购BC公司,在欧洲拥有制造基地提供了一个非常难得的机遇。另一方面从历史上看,石化产业周期通常为7—9年左右一个循环。2009年至2010年的周期谷底,化工公司估值最低,是进行行业整合的最佳时机,而氨酯行业其他跨国公司由于受欧盟反垄断法的限制不能对BC公司收购,其他投资者由于不具备产业整合优势危机时期又不敢贸然行动,这也为万华收购BC公司提供了极好的机遇。

三、并购方案介绍和分析

(一)方案介绍

收购方:万华实业集团有限公司("万华实业")

目标公司:匈牙利 Borsod Chem 公司("BC公司")

收购主体:万华海外项目公司

交易对方:目标公司控股股东 Permira Ltd 及 VCP Vienna Capital Partners AG

收购金额:12.63亿欧元(含约10.1亿欧元债务,即用于股权收购约2.53亿欧元),交易完成后万华实业获得了BC公司96%股权

(二)方案分析

与一般的财务投资和战略投资不同,万华实业的此次收购需要获取对BC公司经营管理的控制权,以便于对BC公司资产进行高效整合,快速提升万华整

体产能,早日释放协同效应,从而实现自身企业发展的战略蓝图。因此万华实业的收购目标为 BC 公司的全部股权。

英国私募基金 Permira Ltd 与奥地利私募基金 VCP Vienna Capital 是 BC 公司的大股东,通过投资控股公司 FCH 全资持有 BC 公司 100％股权。其中 Permira 曾于 2006 年斥资 16 亿欧元收购 BC 公司,并将其从布达佩斯证券交易所摘牌退市。BC 公司是非上市公司,并且股权非常集中,因此收购方式也较为直接:与大股东进行接触,进行谈判达成收购协议,购买其持有 BC 公司的全部股权。

（三）收购完成后的股权结构

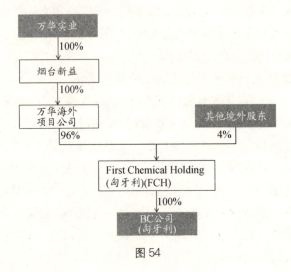

图 54

四、并购方案主要技术问题分析

（一）获取对方大股东认可是关键

此次收购的关键是能够和 BC 公司大股东进行充分沟通,进行切实有效的谈判,最大程度体现我方诚意,建立彼此之间的相互信任,在此基础上充分显示我方的收购方案既是有利于 BC 公司未来长期发展的最优选择又是现有股东退出的最佳路径,并最终得到对方的认可,向我方出售股权。

万华实业此前并没有跨国并购的经验,而万华实业股东合成国际是一家来自香港的具有一定行业经验的 PE,于是烟台万华与合成国际组成并购小组飞赴匈牙利,约见 BC 公司大股东代表。

可是出乎意料的是与 BC 公司大股东代表第一次会面并不顺利。

烟台万华董事长丁建生回忆说:"拿着笔呀,就在摆弄笔呀,你谈什么的,他根本没往脑子里去",合成国际执行董事赵兵:"再过两三个月你们再来,另外再尝尝我们这里的饼干,尝尝我们的三明治怎么样,于是就把我们打发走了",会面的长度只有短短的 15 分钟。丁建生感到失望的同时也有一丝丝气愤:"觉得说我们凭什么被你这样子,而且不是说没有能力"。

国际资本市场上的常客、BC 的公司的大股东显然没有将陌生的、来自遥远中国的买家放在眼里。Permira 也不情愿在此刻将不久前高价购买的股权"卖个白菜价"。与 BC 公司债权人商谈债务重组的方案,渡过眼前的资金短缺的危机,才是他们所关心的,并不想万华实业来搅局。

(二)细心分析,果断出击,扭转局势

复杂的跨境并购中,并购方案需要精心准备,要考虑到各种可能出现情形,以应对并购过程中可能出现的各种障碍,不然手里无牌,是很难打动交易对方,并购也会无果而终。丁健生不甘心就此回国,但他不知道那张牌在那里,能够让收购进程出现转机的只有他的盟友合成国际。

合成国际仔细研究分析发现,BC 公司一共负债约 10 亿欧元,其中高级债 7.5 亿,另外一部分是次级债,一共 2.5 亿欧元。次级债与高级债马上要还,原股东已无力投入,而由于市场低迷,次级债价格在公开市场也滑落到了低谷,2.5 亿欧元次级债市场价值只有 5 000 万欧元,假设万华控制次级债的 2/3,也就是支付 3 000 多万欧元,以较小的代价,就可以以债权人的身份,否定大股东原先计划的重组方案。合成国际终于找到了这张牌,让事件的结果出现了逆转。国际并购市场瞬息万变,兵贵神速,接下来合成国际通过自己在海外的金融网络,当夜以最快的速度拆借到了 3 000 万欧元,并通过香港的机构在公开市场上大举收购 BC 公司次级债。在对方完全没有意识到之前,合成国际成了 BC 公司 2/3 的次级债的主人。丁健生回国的飞机一落地,对方的电话就追了过来,要求万华实业重返谈判桌。而在此后 9 个月的收购拉锯战中,实力的天平开始倾向了万华。大股东再也承担不起拖延下去公司破产的危险。

(三)收购后的同业竞争问题

万华实业作为烟台万华的控股股东,在烟台万华上市之初做出不同业竞争的承诺:"本公司的主发起人万华集团公司及下属公司将不生产与股份公司相同或相近的产品,不以任何方式从事任何与股份公司直接或间接竞争的业务。"而根据此次万华实业收购的方案,一旦交易完成,将形成 BC 公司与烟台万华之间存在同业竞争的情况。因此跨过此项技术障碍也是此次收购的重要一环。为了解决同业竞争的技术问题,万华实业与烟台万华签订了为期 3 年的委托管理协议。其内容包括收购完成后委托烟台万华对 BC 公司管理运营,万华实业应支付相应的管理费用,对 BC 公司在受托管理运营期间的盈亏给予免责,且允许由烟台万华提名 BC 公司的管理人员。此外在 BC 公司状况显著改善以后的 18 个月内,万华实业应提出以适当的方式解决烟台万华与 BC 公司业务合并的议案。此项管理协议最终由烟台万华业董事会、股东大会讨论通过。

（四）估值分析

BC 公司收购时 MDI 生产能力 18 万吨/年、TDI 产能 9 万吨/年、PVC 产能 40 万吨/年;除此之外,BC 公司在建 16 万吨/年 TDI 装置,该装置完工率约为 80%,假设 TDI 可计入新增产能 12.8 万吨,TDI 产能增加 142%;2006 年 BC 公司公布数据显示 MDI、PVC 及 TDI 占收入比例分别为 21.3%、26.7%、16.7%,假设收购时 MDI、PVC 占收入比例不变,TDI 收入比例增加 142% 为 40.4%,其他业务相应收入比例减少。收购企业价值为 12.63 亿欧元,按占收入比例分配到各个板块得出企业价值与相应产品比值为 MDI 板块＝1 495 欧元/吨,TDI 板块＝2 341 欧元/吨,PVC 板块＝843 欧元/吨。

此外,2006 年收购时 BC 公司息税折旧摊销前利润约为 1.40 亿欧元,因此此次收购相对于 2006 年的企业价值/息税折旧摊销前利润的倍数约为 9 倍。

五、并购交易进程回顾

2009 年 9 月 8 日市场传闻来自中国的企业万华实业有意从英国私募基金 Permira 处购买匈牙利 PVC 生产商 BC 公司的股份。

2009 年 9 月 10 日万华实业承认确有成为 BC 公司股东的意向。

2009 年 10 月 15 日万华实业与 BC 公司股东签署了意向框架协议以债转股的形式获取 BC 公司少数股权,协议规定 Permira 仍然保持 BC 公司控股股东的地位,并继续保有 BC 公司的经营管理权。此前万华实业持有在公开市场从投资者 European Capital 及 Alcentra 处低价购买的 BC 公司 75% 的次级债/夹层债,收购价格约为 4 900 万欧元。

2010 年 2 月 25 日在经过一系列艰苦谈判之后,万华实业与 Permira 及 VCP Vienna Capital Partner 控制的 FCH 达成正式协议:万华实业放弃其持有的 BC 公司次级债/夹层债的债权,并向 BC 公司提供总计 1.4 亿欧元的高级贷款,其中首笔为 3 000 万欧元,在债务重组完成后支付余下 1.1 亿欧元。而作为回报,万华实业将拥有 BC 公司相当一部分非控股股权以及 BC 公司全部股份的买入期权。万华实业在债务重组完成之日起 24 个月内行使期权,收购 BC 公司全部股权。Permira 强调过去几个月的时间使其确信万华实业对 BC 公司的未来是十分看好的,并愿为之付出努力。

2010 年 6 月 30 日 BC 公司的债权人批准了此前万华实业与 Permira 及 VCP Vienna Capital Partner 签署的协议。万华实业正式持有 BC 公司 38% 的股份,其中 15% 为次级债转股,23% 为认购的新股(对价约为 2 400 万欧元)。BC 公司管理层高度评价了债权人的决定,称为公司所有股东创造了一个双赢的局面,并期待和万华联手成为业界领军者。

2010 年 8 月 3 日万华实业宣称计划收购其余 62%BC 公司股份。

2011 年 2 月 1 日交易完成,万华实业行使了买入期权,以约 1.8 亿欧元的对价购入 BC 公司 58% 股份,合计持有 BC 公司 96% 股份,BC 公司余下 4% 股份为其债权人持有。BC 公司从中国银行借入约 8.7 亿美元,并由万华实业提供担保,完成高级债务重组。

2011 年 2 月 9 日上市公司烟台万华发布公告称其控股股东万华实业购买了匈牙利 BC 公司 96% 股份,交易对价为 12.63 亿美元(含债务)。

并购过程中烟台万华首先需通过国内相关部门的监管审批,先后获得了中国国家发展和改革委员会、商务部、国家外汇管理部门的批准。

六、并购交易实施效果

(一)MDI 业务跻身全球前三

此次万华实业收购 BC 完成后,可以在欧洲立即获得制造装置,将实现产品的全球覆盖;同时 MDI 产能的提升也使万华实业进入 MDI 行业前三位,成为全球仅次于巴斯夫和拜耳的第三大 MDI 生产企业,行业话语权和行业地位得以快速提升;另外,BC 公司 TDI 装置的运营,可以提前给万华积累运营经验,发挥协同效应,实现产品和地域互补。

(二)未来提升上市公司价值

万华实业同烟台万华达成了托管运营协议,在 BC 公司的运营状况显著改善以后的 18 个月内,烟台万华有权要求万华实业将 BC 公司与烟台万华业务进行合并。如果烟台万华未来获得 BC 公司资产注入,将对公司未来战略发展以及提升上市公司价值起到十分积极的作用。

七、借鉴和思考

万华实业以 12.63 亿欧元(含债务)收购匈牙利最大的化工公司 BC 公司 96% 的股权,是中国企业在中东欧地区最大的投资项目,在中国、匈牙利和欧洲都引起了广泛关注,得到了中匈两国政府及以中国银行为首的银团的大力支持,对中国企业投资中东欧乃至整个欧洲地区产生了积极深远的影响,具有重大借鉴意义。

此次并购以其交易的复杂性、影响力以及为各相关方所接受的最终方案,被《国际金融评论》(IFR)评选为"2010 年度欧洲、中东、非洲地区最佳重组交易"。并购过程中万华实业及其并购团队在面对经验丰富的交易对手时,毫不畏惧,通过细心分析,洞察到控制 BC 公司次级债的交易关键点,并果断出击,从而让整个交易进程朝有利于自己的方向发展,这一点不但为中国企业未来跨境并购树立了一个效法的榜样,也为中国企业在国际并购市场上闯出了名声。海外权威报刊《金融时报》发表文章评价:"中国人从来都是比较温和的,从来没见过中国人用这种强势的战术来收购,完全是西方那种打法。"BC 公司的 CEO 也表示:"真正让我印象最深刻的是,万华为此付出的时间以及我之前也提到过的精力,以及他们不达目的不罢休的精神。"

此次收购由烟台万华的母公司万华实业来进行,相对于上市公司烟台万华直接收购的好处在于可以很好地避免由于 BC 公司近年来经营亏损给上市公司财务报表带来的不利影响,短期内虽然对母公司盈利摊薄,但长期来讲具有积极的战略意义。不利的方面来看,母公司债务会有一定程度的增加,且收购完成后,形成与子公司业务的同业竞争,必须加以妥善解决。总体上未来 BC 公司经营好转后,资产注入上市公司,提升上市公司价值将是必然的选择。

此外此次并购的成功,也标志着中国企业的国际化实践在"以劳务、产品、资本输出为手段,以引进技术、资源为目的"的传统模式上,迈上了"以实现全球战略为导向,以创新的资本运作模式为手段,以技术输出为特征"的新台阶,对中国企业实施"走出去"战略具有"灯塔效应",成为中国企业国际化战略日臻成熟的里程碑事件。

案例三　深圳英飞拓科技股份有限公司收购 March Networks

一、交易各方基本情况介绍

（一）英飞拓基本情况

1. 公司情况

中文名称:深圳英飞拓科技股份有限公司

股票代码:002528

住所地址:广东省深圳市宝安区观澜高新技术产业园英飞拓厂房

注册资本:人民币 236 064 000 元

法定代表人:刘肇怀

上市地:深圳证券交易所

企业类型:股份有限公司

主营业务:开发、生产经营光端机、闭路电视系统产品、出入口控制系统产品、防爆视频监控产品、防爆工业通讯产品;视频传输技术开发及计算机应用软件开发;从事货物、技术进出口业务(不含分销、国家专营专控商品)。

深圳英飞拓科技股份有限公司(以下简称"英飞拓")是一家高科技电子安防产品供应商,公司产品广泛应用于公安、交通、水利、金融、电力等行业领域以及社区等民用领域。其中,公司核心产品矩阵切换器、快球和光端机 2008 年国内市场占有率分别居行业第一位、第一位和第二位。

2012 年 12 月 24 日,英飞拓登陆中国 A 股市场,发行股份 3 700 万,募集资金总额为 199 060 万元,净额为 185 404 万元。

2011 年,受国家宏观调控影响及外围经济尚处于复杂多变的阶段的影响,公司业绩下降较快,营业收入从 2010 年的 4.84 亿元下降至 2011 年的 3.55 亿元,营业利润从 1.10 亿元下降至 0.25 亿元。

2011 年公司在天津、大连、乌鲁木齐等地新设立分公司,不断加强和完善国内销售网络建设,进一步加强了品牌传播与管理,提升了市场信息快速反应和客户即时响应与服务的能力。

2. 实际控制人情况

公司实际控制人为刘肇怀先生,直接持有英飞拓 8 271.54 万股股份,占公司总股本的 35.04%,并通过其全资公司 JHL INFINITE LLC 间接持有英飞拓 8 448.59 万股股份,合计持有公司 16 720.13 万股股份,占公司总股本的 70.83%。

(二)被收购公司基本情况

1. 公司概况

英飞拓拟通过全资子公司英飞拓国际在加拿大设立的全资子公司加拿大英飞拓以协议收购(arrangement)的方式,以 5 加元/股(约合人民币 30.76 元/股)的现金对价收购在加拿大多伦多证券交易所上市的 March Networks Corporation(TSX:MN)(以下简称"目标公司")100%股权。目标公司总股本为 18 021 149 加元。Wesley Clover Corporation 系目标公司大股东,持有 3 153 909 股,持股比例为 17.50%。该公司主营业务为:视频监控相关设备和软件的研发、生产和销售。

2. 财务情况

目标公司 2010 和 2011 财年财务数据根据加拿大会计准则编制,并经德勤会计师事务所审计;目标公司 2012 上半财年财务数据是根据国际会计准则编制,并经德勤会计师事务所审阅。

（1）简明合并资产负债表

表 38

项　目	2011 年 10 月 30 日（万美元）	2011 年 4 月 30 日（万加元）	2010 年 4 月 30 日（万加元）
流动资产	7 342.8	7 704.2	7 951.8
非流动资产	1 769.5	3 849.6	4 202.6
总资产	9 112.3	11 553.8	12 154.4
流动负债	2 132.9	2 290.1	2 387.8
非流动负债	416.9	630.6	856.8
总负债	2 549.8	2 920.7	3 244.6
股东权益	6 562.5	8 633.1	8 909.8

（2）简明合并利润表

表 39

项　目	2012 上半财年（万美元）	2011 财年（万加元）	2010 财年（万加元）
销售收入	4 432.4	10 278.2	8 662.6
毛利	1 908.5	4 507.8	3 552.3
经营利润	−298.9	−480.7	−1 598.2
净利润	−324.7	−375.1	−3 249.3
基本每股收益	−0.18	−0.21	−1.88
稀释后每股收益	−0.18	−0.21	−1.88

（3）简明合并现金流量表

表 40

项　目	2012 上半财年（万美元）	2011 财年（万加元）	2010 财年（万加元）
经营活动产生的现金流量净额	49.2	−228.0	−78.7
投资活动产生的现金流量净额	−114.8	769.3	74.1
筹资活动产生的现金流量净额	24.1	3.0	1.0
汇率变动对现金及现金等价物	−35.6	−14.4	−59.8
现金及现金等价物净增加额	−77.1	529.9	−63.4
期末现金及现金等价物余额	1 482.2	1 479.1	949.2

3. 目标公司股价表现

2009 年上半年以来，目标公司开始从 2008 年全球金融危机的影响中逐步恢复，其股价也从 2009 年年初的 2 加元上升至 4 加元左右。之后目标公司股价一直稳定在此水平，直至 2011 年 6 月，由于目标公司对外公布拟聘请投资银行以寻求战略调整的计划，股价涨至 5.5 加元左右。在收购协议签订时，目标公司股价稳定在 4.8 加元/股左右。目标公司过去 3 年的股价表现如下图所示：

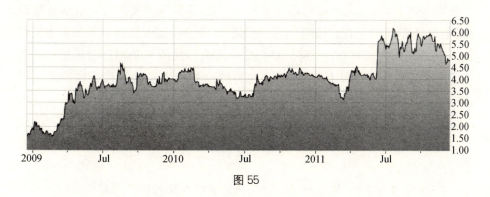

图 55

二、并购的背景及动因

（一）响应国家"走出去"的产业战略和政策

《2011 年世界投资报告》数据显示：中国企业 2010 年海外并购额超过 290 亿美元，同比增长 36%，全球排名第四位。但从联合国贸易和发展组织（UNCTAD）公布的企业国际化程度指数来看，中国企业的国际化程度仍不高，缺乏全球一体化的生产体系和完整的全球产业链，远落后于主要发达国家和新兴经济体的跨国公司。然而国内企业日益增长的外汇存款规模、对外投资渠道的多元化、资源和环境对国内经济发展带来的压力、产业结构调整升级换代等因素，都促使中国企业"走出去"，积极参与国际竞争。越来越多的中国企业正抓住新一轮国际产业结构调整的机会，通过海外并购等方式将产业链延伸到海外，在全球配置资源，逐步发展成为真正的全球性跨国企业。

《中国安防行业"十二五"（2011—2015 年）发展规划》明确指出，鼓励支持有条件的企业坚持外向型发展战略，开发国际市场，抓住世界产业结构调整和转移的机会，积极参与国际产业链分工，在国际竞争中不断发展壮大；鼓励集成与服务企业走出国门，积极探索国际化业务新模式，不断强化抗风险能力，主动防范与化解国际市场、汇率、税制变化带来的风险；我国《电子信息产业调整和振兴规划》也明确支持该行业优势企业的并购重组,即在集成电路、软件、通信、新型显示器件等重点领域,鼓励优势企业整合国内资源,支持企业"走出去"兼并或参股信息技术企业,提高管理水平,增强国际竞争力。因此本次交易符合国家产业政策。

(二)顺应电子安防行业持续、快速发展的形势

"十一五"期间,借助"平安城市"、"3111试点工程"、"北京奥运"等重大项目的推动,我国安防行业市场规模进一步扩大,整个行业实现了高速增长,行业总产值从不到1 000亿元增长到超过2 300亿元,其中电子安防行业发展速度较快,年均增长25%左右。按照"十二五"规划,未来我国安防行业年增长率仍将保持在20%左右,2015年达到5 000亿元,实现增加值1 600亿元,年出口产品交货值达到600亿元以上,市场需求的持续增长为安防企业带来快速发展的良机。

通过本次海外并购,将有利于英飞拓完善产品结构、拓展销售渠道、提升研发能力和扩大公司海外知名度,抓住安防行业持续发展的大好机遇,积极迎接市场挑战。

(三)攻占数字化、网络化、智能化、集成化的视频监控产品前沿

视频监控行业系电子安防行业的核心,产值占比约为55%。随着视频监控应用领域不断扩展,市场对信息采集和调用的高清化、系统的开放性、信息处理的智能化以及视频监控方案的集成化要求越来越高,数字化、网络化、智能化和集成化成为了主导行业更新换代的主要因素,也成为未来优势企业能够在竞争中获胜的关键指标。

目标公司定位于视频监控系统解决方案的提供商,在IP摄像机、高清摄像机、NVR/DVR及视频分析软件等领域掌握了多项核心技术及先进的管理经验,目标公司的企业级DVR在北美占据龙头地位,市场占有率第一,本次收购将使公司走在行业发展趋势的前沿,抓住行业升级的机遇,实现公司的快速发展。

(四)英飞拓战略发展的需要

受国家宏观调控影响,英飞拓经营业绩受到较大影响,在继续拓展国内市场的同时,海外市场扩张显得尤为迫切。从英飞拓自身来看,收购协议签订前,公司账面现金18.24亿元,为后续收购提供了资金支持。2011年英飞拓净资产收益率为1.91%,收购同行业内具有丰富销售渠道和深厚科研实力的公司不仅可直接提升公司业绩,更是战略扩张的需要。

(五)合适的交易机会

2011年,目标公司股价较低,约4.80加元/股左右,而公司每股净资产约

3.64 美元,截至 2011 年 10 月 31 日,目标公司账上现金及现金等价物与短期投资合计为 4 432.6 万美元。

受 2008 年全球金融危机和欧洲主权债务危机等影响,目标公司大股东希望出售公司股份,目标公司 100% 股权价值不超过 9 010.57 万加元(约合人民币 5.54 亿元,未考虑可能进行的调整),净资产溢价率 33.13%。因此,英飞拓有机会以合适的交易价格全面收购目标公司,是收购的合适时机。

三、并购方案介绍和分析

英飞拓拟通过全资子公司英飞拓国际在加拿大设立的全资子公司加拿大英飞拓以协议收购(arrangement)的方式,以 5 加元/股(约合人民币 30.76 元/股)的现金对价收购在加拿大多伦多证券交易所上市的 March Networks Corporation(TSX:MN)100% 股权。2011 年 12 月 9 日,公司及加拿大英飞拓与目标公司已就该收购事宜签订了《收购协议》。收购完成后,目标公司将成为加拿大英飞拓的全资子公司,并从多伦多证券交易所退市。

根据加拿大《少数股东保护 61—101》,协议收购需经出席目标公司股东大会的拥有投票权的少数股东(minority shareholders)所持表决权的过半数通过,该少数股东所持表决权的通过比例系法定比例,法院不做调整。但协议收购在加拿大是一项受法院监管的行为,在签订《协议书》后目标公司将向其所在地法院提出意向性申请,法院将决定该收购事项获得目标公司股东大会审议通过所需的表决权比例。

虽然根据《加拿大商业公司法》,通常法院裁定协议收购需经出席目标公司股东大会的股东所持表决权的三分之二以上通过即可,但仍存在法院裁定调高本次协议收购所需获得股东所持表决权的比例,而使该交易不能获得目标公司股东大会通过的风险。

此外,英飞拓与目标公司董事会协商确定的收购价格为 5 加元/股,目前目标公司二级市场股票价格维持在 4.8 加元/股左右,虽然英飞拓提出的收购价格高于目标公司二级市场股票交易价格,但仍存在无法获得目标公司股东大会或少数股东(minority shareholders)审议通过的风险。因此,在交易过程中,仍然存在一定的审批风险。

四、并购方案主要技术问题分析

(一) 收购方式

英飞拓 2010 年度营业收入 4.84 亿元,而目标公司 2011 财年营业收入

10 278.2万加元（约合人民币 6.38 亿元），约占英飞拓同期营业收入的131.82%。根据《重组管理办法》的相关规定，本次交易构成重大资产重组，需经中国证监会核准后方可实施。所以本次交易无论采用何种方式，都必须经过证监会审核。英飞拓在签订协议时，账面现金 18.24 亿元，所以，英飞拓使用现金收购具有很强的可操作性，此外，现金收购和发行股份购买资产方式相比，无需证监会重组委审核，为本次收购节省了宝贵的时间。

（二）收购时机的把握

目标公司的总部位于加拿大渥太华，主营业务为视频监控设备的研发、生产和销售，产品主要包括网络数字视频录像机（DVR/NVR）、编码器、IP 摄像机、移动数字视频录像机和视频管理软件，其核心客户中大部分集中在如银行客户（美国前五大银行中的三家、加拿大前六大银行的四家、欧洲前五大银行中的一家等）、零售连锁商家客户（沃尔玛等全球领先零售商）、交通运输客户（全球龙头国际性交通运输设备制造商等）等对安防要求高、需求独特的特定行业中的高端客户。目标公司产品和服务的主要销售市场为北美地区，其中企业级数字视频录像机产品（DVR）的市场份额为美国第一，移动视频监控设备产品的市场份额则为全球前三。

受 2008 年全球金融危机和欧洲主权债务危机等影响，目标公司一直处于亏损状态，2010 财年和 2011 财年分别亏损 3 249 万加元和 375 万加元。在此情形下，目标公司大股东希望出售公司股份，而英飞拓才得以有机会以合适的交易价格全面收购目标公司。

（三）收购节点的把控

在本次收购中，收购节点的把控尤为重要。根据协议约定，截至交易双方协定的最后期限 2012 年 4 月 30 日或交易双方根据交易进度签订的具有法律效力的补充协议所规定的日期，英飞拓仍未获得中国监管部门批准，英飞拓需要支付 137.3 万加元给目标公司并于终止协议后的两个工作日内支付所有分手契约费用。

英飞拓在本次收购中需深圳市发改委、深圳市经贸委、国家外汇管理局深圳分局和证监会批复同意，为在 2012 年 4 月 30 日前完成国内所有审批程序，英飞拓多次到相关部门咨询，提前沟通，终于在 4 月 13 日取得证监会的核准。

（四）收购所涉及的评估、审计问题

由于本次收购的目标公司在加拿大注册，系国外独立法人实体，与英飞拓不存在控制关系，所以在收购前及收购过程中，难以对目标公司按照中国企业会计准则编制的详细财务资料进行审计，也无法提供按照英飞拓适用的中国企业会计准则编制的目标公司财务报告及其相关的审计报告。在征求监管部门意见后,本次收购不进行评估,按照经协商的股价作价,但英飞拓承诺在收购完成后三个月内按相关监管部门要求完成并向投资者披露按照中国企业会计准则和本公司会计政策编制的目标公司财务报告和审计报告。

五、并购交易进程回顾

2011 年 12 月 9 日,英飞拓第二届董事会第十九次会议审议通过了《〈关于公司重大资产购买方案〉的议案》,同意英飞拓进行本次收购。并在根据境内证券监管要求编制的《深圳英飞拓科技科技股份有限公司重大资产购买预案》中对本次交易进行了披露。2011 年 12 月 9 日,目标公司特别委员会跟董事会审议通过协议收购。目标公司与英飞拓及加拿大英飞拓签订收购协议,并发布公告。

2011 年 12 月 21 日,英飞拓第二届董事会第二十次会议审议通过了《关于〈公司重大资产购买报告书(草案)及其摘要〉的议案》。

2012 年 1 月 10 日,英飞拓 2012 年第一次临时股东大会审议通过了《关于英飞拓科技股份有限公司重大资产购买方案的议案》。

2012 年 2 月 2 日,深圳市发改委批复同意英飞拓收购 March Networks Corporation 全部股权。2012 年 2 月 3 日,目标公司取得安大略省高级法院通过意向性协议收购申请的中期裁定。

2012 年 2 月 15 日,深圳市经贸委批复同意英飞拓收购 March Networks Corporation 100%股权。

2012 年 3 月 6 日,国家外汇管理局深圳市分局批准同意英飞拓用汇申请。

2012 年 3 月 7 日,证监会受理英飞拓重大资产购买申报材料。

2012 年 3 月 20 日,目标公司召开股东会,审议通过该协议收购。

2012 年 3 月 23 日,加拿大安大略省高级法院做出最终裁定,同意英飞拓收购目标公司。

2012 年 4 月 13 日,中国证监会出具了《关于核准深圳英飞拓科技股份有限公司重大资产重组方案的批复》(证监许可[2012]509 号),核准英飞拓本次交易。

2012 年 4 月 27 日,加拿大工业部出具确认函,正式宣布《收购协议》通过审批。

2012 年 4 月 27 日,英飞拓向交易对方支付所有价款,并完成股东在国外的登记程序。

2012 年 4 月 30 日,目标公司股票在多伦多交易所停止交易。

2012 年 5 月 31 日,March Networks 完成退市程序。

2012 年 7 月 5 日,英飞拓公告重大资产购买实施情况报告书及其他材料,本次收购正式结束。

六、并购交易实施效果

英飞拓正逐步与目标公司产生良好的协同效应和规模效应,提升未来的盈利能力。

(一)增加销量和销售额

由于目前目标公司主要销售产品为 NVR/DVR 和监控软件,前端的 IP 摄像机产品销量占比较小,而英飞拓主要产品集中在中前端设备方面,因而,可以利用目标公司的现有销售渠道和优质客户进行中前端设备和其他设备的整体销售,从而提高销量;目前目标公司的产品基本没有进入中国市场,而英飞拓在中国市场具有成熟的销售网络,因而,可以帮助目标公司的视频监控一体化解决方案进入中国市场,提高销量。

(二)降低生产成本及其他经营费用

1. 英飞拓承接目标公司的产品生产任务。目前目标公司的生产均委托给加拿大境外生产厂商通过委托加工方式生产,产品生产成本较高,本次交易完成后,英飞拓将承接目标公司的产品生产任务,有效降低其采购成本,从根本上提升目标公司的盈利能力。

2. 精简经营成本。目标公司披露的最近三年经审计的利润表显示其主要产品的毛利率保持在 40% 以上,导致亏损的主要原因在于期间费用过大,主要体现在研究、销售和管理费用等方面。

在销售费用方面,主要是因为目标公司在北美外市场的不断扩张所发生的费用,包括开拓渠道和设立销售办公室,例如 2009 年在阿联酋和澳大利亚等地设立销售公司以及 2010 年开发工商业企业客户市场等。英飞拓收购目标公司后,在巩固目标公司现有的销售区域、市场份额的基础上,维护好现有包括沃尔玛及银行在内的高端客户,暂时不会在销售和市场拓展等方面投入大量成本,力求短期内实现扭亏为盈。未来,目标公司将在成本可控的前提下进行稳健扩张。

此外,公司拟在本次重大资产收购完成后,削减目标公司与国内研发团队重合的研发人员,减少研发费用,并对目标公司管理层、中后台营运部门进行适当调整,降低管理成本。

七、借鉴和思考

（一）审批程序

在本次收购中，英飞拓除履行内部决策程序（董事会、股东会）外，还需深圳市发改委、深圳市经贸委、国家外汇管理局深圳分局和证监会批复同意，程序较多，工作繁琐，沟通协调工作量大。在海外并购中，交易对方都会约定协议有效期限（一般为 6 个月），国内繁琐的审批程序极易导致中方违约。所以，对于国内上市公司收购成熟国际资本市场上的上市公司时，能否简化批复程序，或将部分部门的批复程序调整为收购完成后的备案程序值得思考。

（二）审计相关的问题

《上市公司重大资产重组管理办法》第十八条规定："上市公司购买资产的，应当提供拟购买资产的盈利预测报告。"

《公开发行证券的公司信息披露内容与格式准则第 26 号——上市公司重大资产重组申请文件》第十六条规定："上市公司应当提供本次交易所涉及的相关资产最近两年的财务报告和审计报告……有关财务报告和审计报告应当按照与上市公司相同的会计制度和会计政策编制。如不能提供完整财务报告，应当解释原因，并出具对相关资产财务状况和/或经营成果的说明及审计报告。"

但是，在本次收购中，目标公司在加拿大注册，系国外独立法人实体，与英飞拓不存在控制关系，所以在收购前及收购过程中，不能对目标公司按照中国企业会计准则编制的详细财务资料进行审计，也无法提供按照英飞拓适用的中国企业会计准则编制的目标公司盈利预测报告或财务报告及其相关的审计报告。鉴于目标公司为规范运作并经会计师事务所审计的企业，且中国会计准则已经和国际会计准则接轨，所以，我国相关法规中能否明确规定此情形下可以免于披露"按照与上市公司相同的会计制度和会计政策编制"的盈利预测报告或审计报告值得探讨。

后　记

　　中国上市公司协会 2012 年 2 月成立以来,协会领导高度重视研究工作,特别是事关上市公司发展的各类共性问题,协会领导通过综合分析和研判,在征求了部分会员的意见和建议基础上,认为并购重组是上市公司实现跨越式发展的捷径,其中许多关键问题都亟待解决。考虑到目前国内的研究主要侧重于境内并购重组,对跨境并购的系统性研究较少。为推动上市公司跨境并购的发展,中国上市公司协会专门组织境内外相关机构成立了"中国上市公司跨境并购研究"课题组。

　　杨桦副会长在中国证监会上市公司监管部担任主任期间,一直持续关注并推动上市公司并购重组工作,先后研究出版了《上市公司并购重组和价值创造》和《全流通时代上市公司并购与重组经典案例解析》等著作。近年来,随着资本市场的发展和中国上市公司跨境并购的日趋活跃,他更加关注并力推跨境并购的研究和实践工作。他于 2012 年 5 月 18 日主持召开"中国上市公司跨境并购研究"开题会,对课题的结构、框架、内容、进度安排等内容进行了充分讨论和论证,此后,经过多次研讨,七易其稿,最终于 2013 年初完成课题的研究工作,并将研究成果形成《资本无疆:跨境并购全景透析》这本书。

　　我们对中国上市公司跨境并购的研究目前仅仅是一个开始,但课题组成员群策群力,尽最大可能将跨境并购的主要问题进行系统性研究,研究内容涉及了我国和主要欧美国家对跨境并购的相关法律法规及其审批制度,跨境并购的模式、操作程序、要点等诸多内容,这应该说是全面论述跨境并购的国内第一本书;其次,由于研究能力和时间的限制,我们对跨境并购研究的广度和深度可能需进一步拓展,本书出版后,请业内人士和有识之士多提宝贵意见,以便于适时修改完善。再次,本次课题的研究成果得到中国上市公司协会领导的大力支持和高度重视,为促进上市公司跨境并购的发展,我们将研究成果中涉及国内的审批和监管制度进行浓缩提炼,形成进一步完善上市公司跨境并购制度的若干报告,并将上报国务院和相关政府决策部门,以期推动上市公司跨境并购工作引起更多的关注和政策方面支持,进一步促进上市公司"走出去",参与国际竞争。

　　本次研究得到各方面的大力支持,除课题组参与单位外,还得到相关部委的支持。非常感谢国务院发展研究中心原党组书记、现任中国上市公司协会陈清泰会长的指导和支持,他对上市公司治理、改善企业发展环境和国有企业改革发展高度重视,在百忙中为本书欣然作序;感谢江苏人民出版社有限公司俆永松副总编辑、董事会杂志运营总监鲍晓玉为本书的付梓出版付出了心血;感谢本书责任编辑王小文同志和中国上市公司协会石世雄同志为本书的出版所付出的艰辛,在此深表谢意!

　　本书不仅系统研究了上市公司跨境并购的法律法规和操作实践,而且还对中国上市公司跨境并购的诸多经典案例进行了深入剖析,以期对跨境并购实践提供一定的指导意义,但受时间所限,上市公司跨境并购的案例没有充分征求投资银行界和上市公司的意见和建议,可能会存在不妥之处。在研究中,我们深感上市公司跨境并购问题的复杂和难度,未来将继续跟踪研究上市公司跨境并购的制度建设和实践动态,尚请有识之士不吝指正,共同探讨并致力于跨境并购的理论和实践发展。

图书在版编目(CIP)数据

资本无疆:跨境并购全景透析/杨桦等著.--南京:
江苏人民出版社,2013.7
ISBN 978-7-214-10301-7

Ⅰ.①资… Ⅱ.①杨… Ⅲ.①上市公司-跨国兼并-
研究-中国 Ⅳ.①F279.247

中国版本图书馆 CIP 数据核字(2013)第 163422 号

书　　　　名	资本无疆:跨境并购全景透析
著　　　　者	杨　桦　李大勇　徐翌成等
出 版 统 筹	佴永松
责 任 编 辑	王小文
装 帧 设 计	许文菲
出 版 发 行	凤凰出版传媒股份有限公司
	江苏人民出版社
出版社地址	南京市湖南路 1 号 A 楼,邮编:210009
出版社网址	http://www.jspph.com
	http://jspph.taobao.com
经　　　销	凤凰出版传媒股份有限公司
照　　　排	江苏凤凰制版有限公司
印　　　刷	江苏凤凰新华印务有限公司
开　　　本	787 毫米×1 092 毫米　1/16
印　　　张	21.5　插页 2
字　　　数	386 千字
版　　　次	2013 年 8 月第 1 版　2013 年 8 月第 1 次印刷
标 准 书 号	ISBN 978-7-214-10301-7
定　　　价	48.00 元

(江苏人民出版社图书凡印装错误可向承印厂调换)